はじめての人も
イチからわかる

やさしい
中学国語

改訂版

教科別専門教室 FiveSchools 代表
代々木ゼミナール講師
村上翔平 著

JN052159

はじめに

はじめまして。

あいさつは抜きにして、いきなり本題に入りましょう。勉強に限らずどの世界でも同じことが言えますが、まずは、

「何を目標に努力すればいいのか」

「どうやって努力すればいいのか」

その全体像が見えないと、ヤル気って起こらないですよね。

だから、ここでいきなり細かい知識を教えるのではなく、**国語がデキる中学生になるための「全体マップ」**——**この本で勉強すると、どんな「イイこと」があるのか**を皆さんに伝えようと思います。

特徴① ターゲットは「高校入試」！ 「定期テスト」はその中間目標。

この本は、中学校の**定期テスト**で高得点を取るための日常学習用はもちろん、全国の**公立高校**、あるいは**難関国立・私立**高校の入試を突破することを目標にした参考書です。実戦問題では、各都道府県入試、難関有名高校入試をベースにしたものを多数使用しています。

「高校入試で通用する、ホンモノの国語力」を身につけたいと願う中学生にとって、最も役に立つ本をめざして書きました。

特徴② 「丸暗記」を極限までなくし、「理解」を大事にする！

「入試を目指す！」「ホンモノの国語力！」と言われると、「自分には難しすぎるんじゃないか……」「ついていけないのでは……」と身構えてしまう人もいるかもしれません。

しかし、「入試を目指す」といっても、この本は「ただ難しい知識を並べただけの本」ではありません。「入試に通用するホンモノの力」を目指すからこそ、最初は本当に基礎の基礎から**「理解」**をしてもらわなくてはならないのです。

だから、「学校の授業が意味不明」「塾に通っているけど、ただ問題を解かされるだけ」「納得できる説明がほしい」「国語のテストで安定して点が取れない」と思っている「国語が苦手な人」にこそ、ぜひこの本を読んでもらいたいと思っています。

特徴③　「入試の読解問題」に対応。出題される重点ジャンルを攻略！

国語の試験で、最も点数配分が高いのは「読解問題」。

「定期テスト」では、基本的に毎年同じ文章が出題されます。しかし、**「入試」では、同じ文章は二度と出題されません**。だから、テキストや参考書の「答え」を覚えることには何ひとつ意味はないのです。

つまり、皆さんに必要なのは「答え」を覚えることではなく、「どんな文章／どんな問題」が出ても対応できる、**「正しい読み方／解き方」**を身につけることなのです。

「どうすれば文章が読めるようになるのか？」

「どうすればカンに頼らず選択肢が選べるのか？」

「どうすれば記述問題が書けるようになるのか？」

皆さんがいちばん知りたいことを伝えるために、この本を書きました。

特徴④　自分の力でできるまで、教えたことを何度も「反復復習」！

いくら参考書を読んで「わかった気分」になったとしても、実際の試験で点が取れなければ無意味です。最終的には自分だけの力で問題を解けるようにしなくてはなりません。

そのためには、「反復練習」が不可欠。この本では、「反復練習」ができるように、豊富な「例題」と「実戦問題」を用意しました。

特徴⑤　「一方的な説明」ではない**「対話」方式！**

　ただ一方的に先生がしゃべるだけの説明を聞くよりも、自分も一緒に授業に参加して、発言したり考えたりしながら勉強したほうが記憶に残りやすいですよね。

　この参考書では、皆さんと同じような「国語に悩める」中学生──「シュンくん」と「ワカナさん」が登場します。その中学生ふたりとわたしが対話をしながら、まるで本当に塾に通っているような臨場感ある授業を展開していきます。

　だから、読者の皆さんも、ぜひ「ワカナさん」と「シュンくん」になりきって、**自分も教室にいるつもりで**一緒に考えながら読み進めてほしいのです。すると、面白いぐらいにどんどん実力がアップしていくはずです。

　それでは、お待たせしました。「やさしい中学国語」いよいよ本編スタートです。

　中学国語、そして高校受験国語の世界に立ち向かおうとする皆さんにとって、きっと力を与えられる本だと思います。

　真剣に、そして楽しんで取り組んでくれることを願っています。

村上　翔平

本書の使いかた

　本書は、中学３年分の「国語」を、やさしくしっかり理解できるように編集された参考書です。最大の特徴は、「どう解けばよいのか、きちんと理解できる」ことです。国語（特に現代文）は、安定して点を取ることがもっとも難しい科目の一つです。この本で身につけた「解き方」は、高校入試だけではなく、大学入試にも生かすことができるでしょう。

① 最初から通してぜんぶ読む

　オーソドックスな方法ですが、この読み方は、必ずしも学校のカリキュラム（進度）と一致するわけではありません（それが、「国語」の、他のカリキュラムと異なる点です）。ただし、本書は、１冊の中に、高校入試に必要な項目をカバーしていますから、通して読むことで、国語の試験で安定して点を取る力が身につきます。

② 分野を選んで読む

　国語は、（特に現代文は）何となく点が取れてしまうこともありますが、きちんと学習していないと、安定して高得点を取り続けることができません。まずは、自信のない分野や、授業に関連のある分野を読むのも、ひとつの方法です。

③ 問題集的に使う

　本書には、例題や実戦問題など、さまざまな問題が収録されています。「本文を読んで問題を解く」のではなく、問題にチャレンジしてから本文を読めば、良質な問題集としても使えます。

登場キャラクター紹介

シュン

敬語の使い方に難がある中学生。しかし、思ったことは、何でもズバズバ質問するため、それが功を奏して成績も上がっている様子。

ワカナ

先生の授業のポイントを的確につかむ、「聞く力」をもつ中学生。たまに、苦手なジャンルがある様子。

先生

「解き方がわかる」と授業が好評。中学生〜高校生まで指導しているので、先生の授業では、大学受験にも使える国語力が身につく。

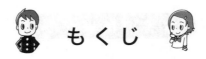

もくじ

第2部 古文・漢文

第3部 現代文

◆ブックデザイン　　Studio Give（山本雅一、柏幸江、野崎二郎）
◆編集　　　　　　　バンティアン（原田真希子）
◆イラスト　　　　　春原弥生
◆編集協力　　　　　高木直子、原郷真里子、松下明日香
◆ DTP　　　　　　四国写研

それじゃあ、授業を
はじめるよ!!

国語の基礎知識

漢字の成り立ち

　第1章の前半は、主に「漢字」について、テストによく出るテーマごとに理解を深めていきたい。まずは「漢字の成り立ち」から。

　タイトルのとおり、わたしたちが使っている漢字が**どのように作られたかを理解し、分類できるようになる**のが目標だ。

◇まずは、「分解」できるかどうか

　漢字の成り立ちには、「象形／指事／会意／形声」と呼ばれる4パターンがある。ただし、いきなり4つを見分けようとするのではなく、まずは**大きく2つのタイプに分けていこう。**

　1つ目は「2つ以上の漢字を**組み合わせた**タイプ」で、

　2つ目は「**組み合わせになっていない**」タイプだ。

　つまり、「**漢字を分解できるかどうか**」で見分けてしまえばいい。ちょっと例題をやってみよう。

（例題）次の漢字を、①「2つ以上に分解できるもの」、②「分解できないもの」に分けなさい。

　　A　晴　　B　固　　C　明　　D　山　　E　一　　F　清

Aは「日」と「青」に分解できるから①だね。Bは……？
これは「口」と「古」に分解できるってこと？

　Bのように、分解できるかどうか迷うときは「部首」を考えてみよう。「固」の「口」の部分は、何という名前がついていたかな？

「くにがまえ」だったかな。

　そう、「くにがまえ」だ。部首については「部首」のコーナーで詳しく勉強するけれど、こういうふうに**部首として名前がついているものは「1つの漢字」として扱う**。

　あるいは、**「他の漢字に入れ替え可能かどうか」で判断する方法**もある。今回の「くにがまえ」であれば「固」の「古」の部分を入れ替えて「国・困・囲・団・因」のように、さまざまな漢字を作ることができるよね。このように、**別の漢字に入れ替えが可能な場合は「分解できる」パターンとして扱って OK**。よって、Bの答えは①だ。

　Cは「曰」と「月」だから分解可能。答えは①。D「山」とE「一」はこれ以上分解するのは無理だな。どちらも②だ。

　Fは「さんずい」だね。これは「水」が変形した部首だから、1つの漢字として扱う。だから、「さんずい」と「青」に分解できると考えて、答えは①。

1　漢字の成り立ちの見分け方

漢字の成り立ちは、まず2つのタイプに分ける！

①　2つ以上に **分解可能**な漢字　　②　**分解不可能**な漢字

※「部首」として名前がついているもの、
　「他の漢字と入れ替え可能なパーツ」は、1つの漢字として扱う！

「漢字を分解できるかどうか？」で見分けよう！

◇「分解できない」タイプの漢字

　この2タイプに分けることができたら、次はそれぞれのタイプごとに、**さらに2つずつに分類すればOK**。まずは「分解できない」タイプから。

> ★Point★
> **2**　**「それ以上分解できない」タイプの漢字**
>
> 象形文字 →「物の形」を漢字にしたもの
>
> ＝動物、人、体、天体、自然などが多い！
>
> 指事文字 →「具体的なモノではない、抽象的な概念」を表す漢字
>
> ＝数字、位置関係を表す漢字が多い！
>
> 　（一二三 etc.）（上中下 etc.）

　象形文字は「形あるモノ」を示す漢字のこと。逆に指事文字は「形のない概念」を示す漢字のことだ。例題で練習しながら、よく出題されるパターンを頭に入れていこう。

> （例題）次の漢字を、①象形　②指事　③その他 に分けなさい。
> A　馬　　　B　人　　　C　目　　　D　一
> E　上　　　F　月　　　G　天　　　H　星

 Aは「動物」だから①。Bは「人」だから①。Cも「体」だから①。

 Dは「数字」だから②。Eも上下の「位置関係」を示すから②だな。

 F「月」は「天体」だから①だね。
あれ、Gの「天」は？　これは「天体」だから①？　でも……「天」には、「上の方」という意味もあるよね。だったら「位置関係」と

考えられるから、②なのかも。

「天」は間違えやすい漢字だから要注意。これは「位置関係」と考えて②を選ぶのが正しい。**指事文字は「点や線」を使って意味を表現する**ものが多いんだ。「天」も漢字のいちばん上に線をひくことで位置関係を示しているというわけ。「天」の他にも……

3 間違えやすい「指事文字」

天・本・末＝指事文字！

→この３つは間違えやすいので、覚えておこう。

 H「星」は「天体」だから①だな！

ひっかかったな！　本当に①かな？　何か大切なことを忘れていない？

 あっ、「星」は、**「日」と「生」に分解できますね**……。

 そうか、分解できるものは、そもそも象形や指事にはならないのか。Hの答えは③だ。

分解できない漢字は、象形文字か指事文字！

◇「分解できる」タイプの漢字

　では最後に「分解できるタイプ」について、ポイントをまとめよう。

「分解できる」タイプの漢字

形声文字	→ 分解したうちの**片方が、漢字全体の読みを表す。**

会意文字	→ 分解された漢字の読みと、もとの漢字の読みに関係がない。

※ここで言う「読み」とは**音読み**のこと。訓読みで考えてはいけない。

　コツは**「分解した漢字の読み方」**と、**「分解する前の読み方」を比較す
る**ことだ。例を使って説明してみよう。さっきの例題に出てきた「星」は
どうかな？　この漢字は何て読む？

「ほし」。

シュンくん、よく ★Point★ を見ないと……。「訓読みではなくて、音
読みで」と書いてあるよ。だから「セイ」と読まなきゃダメ。

　そうだね。この漢字全体の読み方は「セイ」だ。じゃあ「星」を分解し
た漢字＝「日」と「生」も同じように読んでみて。

「日」は「ニチ」、「生」は「セイ」です。**ん？　「セイ」？**

　ね！　つまり「星（セイ）」の読みと、それを分解したときの「生（セイ）」
の読みが同じということ。こういうのを「形声文字」というんだ。
　じゃあ、「岩」なんてどうかな？

「岩」は「ガン」ですね。で、これを分解したのは「山（サン）」と「石（セキ）」……。全然関係ないですね。

　でしょ！　こういうのを「会意文字」というんだ。

　これで「漢字の成り立ち」4パターンの見分け方は全部マスター。最後に実際の入試問題を解いてみよう。きっと、もう解けるようになっているはずだよ。

・・

チャレンジ！実戦問題① 漢字の成り立ち　　　（➡答えは別冊 P.1）

問1　□□の漢字を説明した次の文の□□に入る語を選びなさい。

　この漢字は、音を表す部分と意味を表す部分が組み合わされた□□文字に分類される。

　ア　指事　　イ　象形　　ウ　会意　　エ　形声

問2　「明」という漢字は一般に会意文字に分類される。次の中から会意文字を1つ選びなさい。

　ア　末　　イ　孫　　ウ　鳥　　エ　洋

・・

分解した漢字の
読みに注目しよう

楷書・行書

このコーナーでは、漢字の「書体」について勉強する。

「書体」というのは、簡単に言えば「文字の形」のことだね。

たとえば、「龍（りゅう）」という漢字をパソコンで打つと……。

> 龍　　　龍　　　龍　　　龍
> 明朝体　　ゴシック体　丸ゴシック体　ポップ体

　こんなふうにいろいろな書体（フォント）が用意されているし、それぞれの書体によって文字の印象もずいぶん変わってしまうよね。

　で、今見てもらった書体はパソコン用のものだけど、**「手書きの書体」というのもあって**、歴史的に5つの有名な書体がある。5つが全部テストに出るわけではないけど、一応見ておいてもらおう。**暗記は不要。**

①篆書（てんしょ）　𧰨 𥝌 黒 陽

　これは、中国の周（しゅう）～秦（しん）の時代によく使われていた文字。見てのとおり、複雑で装飾的な文字なので、今では日常で使われることはまずないけれど、印鑑（いんかん）に使われることは多いね。

②隷書（れいしょ）　菅 和 黒 陽

　篆書と比べると、だいぶシンプルになったし、現代人のわたしたちが見ても十分に読める文字だね。横長の特徴のある形をしていて、これも今では印鑑などに使われることが多い。

③楷書　菅　和　黒　陽

　今、学校で習う最も標準的な書体が「楷書」。漢字のテストではよく「楷書で書きなさい」という指示がついてくるよね。

④行書　菅　和　黒　陽

　①～③はどれもキッチリした「丁寧さ重視」の書体だけど、実際に文字を書くときは「スピード重視」で書くときもある。スピード重視で書くために多少崩して書かれた書体が「行書」だ。

⑤草書　菅　和　黒　陽

　「行書」よりもさらに「スピード重視」にしたのが「草書」。ここまで崩してしまうと、普通の人は読むのも困難だよね。書道の世界では使うことがあるけど、日常的にはあまり使わない。

　①～⑤の中で**「現代人が日常的に使う書体」**は③**「楷書」**と④**「行書」**だ。
　だから、テストで出題されるのは「楷書」と「行書」に関する問題だけだと思っていい。ここから先はすべて「楷書と行書」にポイントを絞って話を進めていこう。

◇**楷書と行書の特徴**

　もう一度確認。わたしたちが普段使っている「キッチリした丁寧^{ていねい}な書体」が「楷書^{かいしょ}」だったね。

　では「行書^{ぎょうしょ}」というのは何のために存在しているのかな？

「スピード重視」で書くためです。

1　楷書と行書の大原則

楷書→キッチリ丁寧に書く　　行書→スピード重視で書く

　そうだね。「楷書と行書の違い」を理解するには、この大原則をまず頭にたたき込むこと。これがわかっていれば、今から話す細かな違い^{ちが}も簡単に理解できるはずだ。全部で5つのポイントがあるので、1つ1つ例を見ながら確認していこう。では、1つ目。

2　楷書と行書の違い①

楷書→角張って直線的な形　　行書→丸みを帯びた形

　これは当然と言えば当然の話で、楷書は1つ1つ丁寧に書くから、はっきりとした<u>直線</u>になるし、キッチリと<u>角張った</u>形になる。

草　和　雨　⇒　草　和　雨

　それに対して、行書の場合はスピード重視で連続的に書くから、パーツ（特に角の部分）が<u>丸みを帯びた</u>形になってくる。では、違いの2つ目。

Point 3 楷書と行書の違い②

楷書 →標準的な形

行書 →方向・角度・トメ・ハネ・ハライが変化する場合あり

　スピード重視で書くためには**「次の点画につなげやすいように書く」**ことが絶対条件。次の点画につなげるためには、どうしても形を崩したり、変化させなければいけない部分が出てくる。

草　未　⇒　草　未

　たとえば、「草」の「艹」部分は、「楷書」だとタテの線が垂直に近い形になっているし、ヨコの線を貫いているけど、行書になると斜めになっているし、ヨコの線を貫かずに書かれているよね。

　「未」は、外側への「ハライ」が左右２つともなくなって内側にハネる形に変化している。では、違いの３つ目。

Point 4 楷書と行書の違い③

楷書 →点画が独立　　　行書 →点画が連続する場合あり

反　写　来　⇒　反　写　来

　行書はスピード重視で書くから**次の点画につながる**ことが多い。○で囲まれた部分を見れば、**「前後の点画のつながり」**がわかるよね。では、違いの４つ目。

5 楷書と行書の違い④

楷書 →標準的な形　　行書 →点画を省略する場合あり

さっきは「点画をつなげて書いた」だけだったけど、次はもっと大胆^{だいたん}。**点画そのものを省略して、なかったことにしてしまう**荒技^{あらわざ}だ。

無　和　雨　⇒　　無　和　雨

「無」は、「灬」の部分がまるで1本の線のように書かれているよね。

「和」は「禾」の部分が省略されて、直接「口」の部分へつなげられている。

「雨」は左の「冫」の部分が省略されている。本当は「、」が2つ必要なのに、1つしか打たれていない。

あと、「点画の省略」についてはもう1つ注意事項がある。

行書に関する問題では、**よく「総画数」を答えさせる問題が出る**んだ。今勉強したように、行書では点画が省略される場合があるので、当然楷書よりも総画数が少なくなることが多い。

だけど実際のテスト問題では、ほぼ**「楷書のときの総画数」を答えさせる問題が出る**。つまり、行書で書かれた漢字が出たときは、それを**自分で楷書に直してから答えなければならない**んだ。

では、違いの5つ目。これで最後だ。

6 楷書と行書の違い⑤

楷書 →標準的な書き順　　行書 →書き順が変化する場合あり

　行書は「連続／省略させて書きたがる」文字なので、それに合わせて**書き順を変化させる**場合がある。

　「草」の「艹」の部分に注目しよう。楷書の場合だと、ヨコ線が先で、後からタテ線を書くよね。でも、**行書の場合は先にタテ線を書いて、そのまま連続させてヨコ線を書いている**。「くさかんむり」は「書き順の変化」を問う問題で最も狙われやすいから、ぜひ覚えておきたい。

　「無」は、楷書では上の２本のヨコ線を先に書いて、４本のタテ線を書いて、最後に下のヨコ線を書くよね。でも、**行書ではヨコ線を３本書いてから、その後で４本のタテ線を書く**。これも、ヨコ線をまとめて書いたほうが速いからだ。

　このように、ヨコ線タテ線が連続する漢字の場合、**ヨコ線どうし、タテ線どうしを連続させて書く**場合が多い。

　これで行書・楷書の重要ポイントは OK。実際の入試問題に挑戦してみよう。

行書では、
点画が省略される
ことが多いよ!!

チャレンジ！実戦問題 **2** 楷書・行書　　　　　　（➡答えは別冊P.1）

問1　楷書と比べて**点画が省略されているもの**を1つ選びなさい。

①　ア 開　イ 性　ウ 頭　エ 店

②　ア 春　イ 雪　ウ 花　エ 風

問2　次の字に見られる行書の特徴として最も適切なものを選びなさい。

ア　①点画が独立している　　②折れが角張っている
イ　①点画が独立している　　②折れが丸みを帯びている
ウ　①点画が連続している　　②折れが角張っている
エ　①点画が連続している　　②折れが丸みを帯びている

問3　次の行書で書いた漢字の中から、楷書で書いた場合と**異なる筆順で**書いてあるものを1つ選びなさい。

①　ア 出　イ 何　ウ 楽　エ 書

②　ア 言　イ 逆　ウ 落　エ 早

問4　次の漢字と同じ総画数のものをそれぞれ1つずつ選びなさい。ただし行書で書かれた漢字は、すべて楷書での総画数で考えること。

①　区　ア 成　イ 円　ウ 己　エ 可

②　家　ア 紅　イ 河　ウ 格　エ 祝

③　複　ア 遠　イ 確　ウ 増　エ 報

1章

楷書は丁寧さ重視、
行書はスピード重視！

部首

　P.16 で勉強したように、**漢字の中には「いくつかのパーツ」に分解できる**ものがあるよね。

「形声文字」と「会意文字」と呼ばれるタイプでした。

　で、その漢字のパーツのうち、代表的なものには名前がついている。

> 池　海　沼　汚　沈　汗

　これらの「氵」の部分を「さんずい」と呼ぶよね。このように、**漢字のパーツに名前をつけたものを「部首」と呼ぶ**。テストでも部首に関する問題が出題されることがあるから、有名なものは覚えてしまおう。

先生！　何か部首を覚えるときのコツはありますか？

　部首を覚えるときのコツは、3つある。それは……。

★Point★ 1　部首の覚え方

① **部首のポジション**を意識する。　② **部首の意味**を理解する。

③ その部首を使う**漢字と一緒に**覚える。

　まず①。例えば漢字の中で　　のポジションにある部首は、だいたい同じ名前がついてるよね。

「へん」だよな。「きへん・にんべん・いとへん・しめすへん」とか。

　□のポジションにある部首には「かんむり」って名前がついたものが多い。「くさかんむり・うかんむり・わかんむり」とか。

　そうだね。このように、**部首のポジションによって似た名前がつく場合が多い**から、まとめて覚えてしまったほうが効率的だ。

　次は②。**部首の１つ１つにはちゃんと「意味」が備わっている。**「きへん」であれば当然「木」に関する漢字が多いし、「にんべん」「さんずい」がそれぞれ「人」「水」の意味を持つことは有名だよね。

　このように部首の意味を意識すると漢字や言葉をまとめて覚えやすくなるし、知らない漢字が出てきたときも意味を予測しやすくなる。

　（ただし、漢字の意味と部首の意味につながりがうすい場合も多いから、あまり部首の意味にこだわりすぎてもダメ。）

　最後に③。部首というのはあくまで漢字の一部なので、ただ部首だけを覚えようとしても難しい。部首を部首だけで使うことは実際にはまずないよね。やはり、**普段使っている漢字をイメージして部首を覚えていく**ほうが記憶に残りやすいし、漢字の勉強にもなるから一石二鳥。

　ということで「よく出る部首」を、この３ポイントを意識しながら覚えられる例題を用意したので、やってみよう。

部首の名前は、
ポジションと意味を
意識して覚えよう!!

（例題）次の表の空欄部分を埋めなさい。

◎へん　□

楷書・行書	部首名	該当する漢字を思いつく限り書いてみよう！	基本的意味
① 𧾷・𧾷		例 踊	足に関すること
② イ・イ		例 体	人間に関すること
③ 彳・彳		例 往	行動・移動に関すること
④ 犭・犭		例 独	動物・非人間的なこと
⑤ 阝・阝		例 阪	もとは「土が積み重なった丘」の意味
⑥ 衤・衤		例 袖	衣服や布に関すること
⑦ 礻・礻		例 神	神や祭りに関すること
⑧ 言・言		例 語	言葉に関すること
⑨ 氵・氵		例 海	水に関すること
⑩ 冫・冫		例 凍	氷や寒さに関すること
⑪ 扌・扌		例 持	手に関すること
⑫ 月・月		例 肝	肉や内臓に関すること
⑬ 禾・禾		例 秋	穀物に関すること
⑭ 忄・忄		例 情	心に関すること

1章

◎つくり　☐

楷書・行書	部首名	該当する漢字	基本的意味
①欠・欠		例 次	人が口を開けた様子を表す
②頁・頁		例 顔	頭や顔に関すること
③阝・阝		例 都	人がいる場所に関すること
④隹・隹		例 難	小鳥に関すること
⑤刂・刂		例 刈	刃物に関すること
⑥殳・殳		例 段	手の動き・攻撃に関すること

◎かんむり　☐

楷書・行書	部首名	該当する漢字	基本的意味
①宀・宀		例 宅	住居に関すること
②穴・穴		例 空	穴に関すること
③艹・艹		例 草	草に関すること
④亠・亠		例 亡	器のふたに似ていることが、名前の由来
⑤冖・冖		例 写	「ワ」に似ていることが、名前の由来

部首には、それぞれ意味があるんだね

◎あし

楷書・行書	部首名	該当する漢字	基本的意味
①心・心		例 思	心に関すること
②灬・灬		例 点	火・足に関すること

◎かまえ

楷書・行書	部首名	該当する漢字	基本的意味
①口・口		例 国	囲いに関すること
②門・門		例 門	入口に関すること

◎たれ

楷書・行書	部首名	該当する漢字	基本的意味
①厂・厂		例 原	もともとは「崖」を表す字
②广・广		例 広	屋根・建物に関すること
③疒・疒		例 病	病気に関すること

◎にょう

楷書・行書	部首名	該当する漢字	基本的意味
①辶・辶		例 進	道に関すること
②廴・廴		例 延	道・のばすことに関する字
③走・走		例 越	走ることに関する字

解答

◎へん

部首名	該当する漢字（例）
①あしへん	路・跡・跳・距・践・踊・踏・躍
②にんべん	仕・代・休・仁・仏・他・信・修・俳・健
③ぎょうにんべん	径・彼・後・役・往・待・律・従・徒・復
④けものへん	犯・狩・猫・狭・独・猛・猟・猶・猿・獲
⑤こざとへん	限・院・降・防・除・険・陸・階・陽・際
⑥ころもへん	補・複・襟・被・裕・褐・裸
⑦しめすへん	社・祈・祝・礼・神・祖・祉・祥・禅・福
⑧ごんべん	記・計・読・訓・訳・試・詩・話・語・調
⑨さんずい	池・汗・洗・決・泳・泣・注・海・流・清
⑩にすい	冷・准・凝・凍
⑪てへん	打・払・扱・技・折・投・指・持・拾・捨
⑫にくづき	肌・肺・胴・肥・胸・脈・脳・腸・腹・臓
⑬のぎへん	科・種・積・秋・秒・秘・移・税・種・積
⑭りっしんべん	快・性・懐・情・慣・忙・怪・怖・悔・愉

◎つくり

部首名	該当する漢字（例）
①あくび	欲・歌・歓・次・欧・款・欺
②おおがい	頭・題・願・頂・順・預・領・額・顔・類
③おおざと	部・邦・郵・邪・邸・郊・郎・郡・郷・都
④ふるとり	雑・雅・雄・雌・難・離
⑤りっとう	刊・列・判・別・利・刻・刷・制・副・割
⑥るまた	穀・殿・殺・殴・段

◎かんむり

部首名	該当する漢字（例）
①うかんむり	安・宇・守・宅・完・実・定・宝・室・家
②あなかんむり	究・窓・窮・空・突・窒・窯
③くさかんむり	花・芸・英・芽・若・草・茶・菜・葉・薬
④なべぶた	交・京・享・亭
⑤わかんむり	冗・冠・写

◎あし

部首名	該当する漢字（例）
①こころ	志・忍・忘・忠・念・急・思・恩・息・感
②れんが・れっか	煮・然・無・点・照・熟・熱・為・烈・焦

◎かまえ

部首名	該当する漢字（例）
①くにがまえ	回・団・囲・因・困・図・固・国・園・圏
②もんがまえ	間・開・関・閉・閣・閑・閥・閲・闘

◎たれ

部首名	該当する漢字（例）
①がんだれ	厚・厄・厘・原
②まだれ	庁・序・床・広・底・店・度・庫・座・庭
③やまいだれ	痛・症・疲・疫・疾・病・痢・療・癖・癒

◎にょう

部首名	該当する漢字（例）
①しんにょう	辺・近・返・述・逆・送・退・追・迷・造
②えんにょう	廷・建・延
③そうにょう	起・超・趣・赴・越

ポジションが同じ
部首は、
名前が似ているね

（➡答えは別冊 P.1）

チャレンジ！実戦問題 3 部首

問1 次の漢字の部首名を答えなさい。

① 照　② 析　③ 裕　④ 悔　⑤ 路

問2 次の漢字の部首名を答えなさい。また、この漢字の一部と組み合わせたとき、常用漢字表にある正しい漢字になるものを1つ選びなさい。

① 秋　ア 音　イ 責　ウ 成　エ 含

② 他　ア 巾　イ 工　ウ 手　エ 冫

③ 紀　ア 家　イ 包　ウ 東　エ 量

④ 間　ア 大　イ 井　ウ 木　エ 寸

問3 次の漢字と同じ部首を持つ漢字を選びなさい。

① 活　ア 補　イ 伯　ウ 演　エ 絡

② 拍　ア 仙　イ 祈　ウ 稿　エ 招

問4 次の □ 内の「へん」を含む漢字を1つ選びなさい。

① 衤　ア 拝　イ 礼　ウ 板　エ 和

② 扌　ア 経　イ 模　ウ 物　エ 持

辞書の使い方

では、次は「辞書の使い方」についてポイントをおさえていこう。

辞書といっても、主に試験で出題されるのは「漢和辞典」の引き方。

あと、たまに普通の「国語辞典」の引き方が問われる場合もある。

◇**漢和辞典**

漢和辞典というのは、その名のとおり**「漢字」の意味や成り立ち、書き順、読み方**を調べるための辞典。漢和辞典はすべて「漢字」ごとにまとまって情報が載っているので、漢和辞典を引くには**「調べたい漢字が、何ページに載っているか」がわかれば OK** ということだ。

そしてその調べ方には、3パターンの方法がある。

漢和辞典の引き方

① **読み方がわかる！**→ 音訓索引 を使う。

② **部首がわかる！**→ 部首索引 を使う。

③ 部首も、読み方もわからない。→**画数を数えて、** 総画索引 **を使う。**

◇**音訓索引**

まずは①。「漢字の読み方がわかるとき」は「音訓索引(さくいん)」が便利。たとえば……「控」という字を「音訓索引」を使って調べてみよう。「控」の読み方は何かな？

「ひか（える）」です。

そうだね。「音訓索引」と言うと「音読み訓読みが別々」というイメー

ジを持つかもしれないけど……実際は音訓ごちゃ混ぜで、ただ 50 音順で並んでいるだけの単純な索引だから、音／訓を区別して調べる必要はない（ただし、訓読みはひらがな、音読みはカタカナで書かれる）。図1 を見ると「控」は 534 ページだね。→図2

「ひか（える）」は訓読みで、「コウ」という音読みもあるんだな。

「控訴」「控除」みたいに使うことがあるよね。

　このように、「控」という字について、いろいろな情報を得ることができる。

図1　音訓索引（部分）

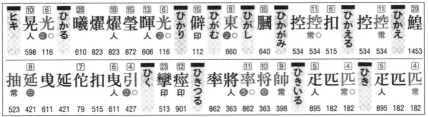

『現代標準 漢和辞典』（学研刊）より（P.35 ～ 37）

図2

　次は②。たとえば「洟」という字。これの読み方がわかる人はほとんどいないよね？　読み方がわからないということは「音訓索引」は使えない。でもこれの**「部首」だけは誰でもわかるはずだ。**

 さんずい。

　そう。「読み方はわからないけど、部首ならわかる」場合は「部首索引」が便利だ。

◇部首索引

　漢和辞典の表紙を１枚めくると、このように「部首索引」がついている。→図３（辞書によって場所は異なる）

図３　部首索引（部分）

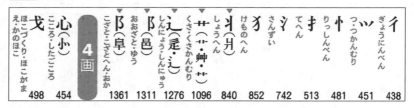

　「部首の画数が少ない」順で一覧表になっているから、「洟」を調べるには「さんずい＝３画」の場所を見ればOK。すると、742ページに「さんずい」の漢字が一覧で載っていることがわかる。

　あとは742ページの一覧表から「洟」を探せばいいだけだけど……。漢字一覧表は「部首を取り除いたあとの画数」が少ない順で載っているから、「洟」から「さんずい」を除いた「夷」の部分＝６画のところを見ればOK。→図４

 鼻水……。

図４

1
章

◇**総画索引**

じゃあ、最後③「総画索引」だね。やり方は超シンプル。**漢字の画数を全部数えるだけ**だよ。たとえば「廿」という漢字を調べたい場合……これの部首や読み方はわかるかな？

なんだこれ……。こんな字、一度も見たことない……。

こういうときは、しかたないから画数を数える以外方法がない。これは４画の字だから、総画索引の４画のところを見ればOKだ。→図５

図のように、同じ画数の漢字が一覧になっているんだけど……、同じ画数の漢字って、大量にあるんだよね。だから、総画索引はお目当ての漢字を見つけるのに**時間がかかるのが弱点**。

図5　総画索引（部分）

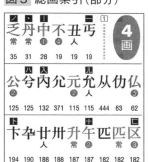

（注）総画索引の配列は次のようになっている。
①部首の画数が少ない順。
②同じ部首では、音読みの五十音順。

188ページを見ればこの字の正体がわかるはず。→図6

図6

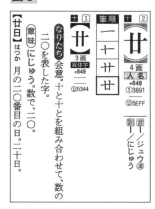

に、にじゅう！　20って、こんな漢字で書けるんですか。
「二十」だけだと思ってた……。

世の中知らないことがいっぱいあるんだな……。

チャレンジ！実戦問題❹ 漢和辞典の使い方

（➡答えは別冊 P.1）

問1 次の文章は「怪」という漢字を漢和辞典で調べる方法を説明したものである。空欄に入る適切な言葉あるいは数字を書きなさい。

> 「怪」という漢字の読み方を知っていれば、音訓索引で調べることができる。漢字の読み方を知らない場合でも、この漢字が「りっしんべん」に属することがわかれば、　①　索引で調べることができる。また、この漢字の画数が全部で　②　画であることがわかれば、総画索引で調べることもできる。

問2 次の漢字を漢和辞典で調べる方法を、用いる索引の種類を1つ示し、具体的に説明しなさい。

① 号　　② 慣

読み方、部首、
総画数のいずれかが
分かれば探せる！

◇**国語辞典**

　次は国語辞典の引き方。国語辞典を引くときに迷いやすいポイントは、「゛」「゜」と、「小さい文字＝ゃ・ゅ・ょ・っ」をどう処理するかということ。それさえ間違えなければ何も難しいことはない。

Point

2　**国語辞典の引き方（1）**

① 基本は「50音順」！　先頭の文字から順番に考える！

② 「゛」「゜」「小さな文字」は、

　一度「゛」「゜」がない形・「大きな文字」に直して考える！

この **Point** を見ながら、次の例題をやってみよう。

（例題）次の語を、国語辞典に載っている順番に並べ換えなさい。
A　純愛　　　B　瞬間　　　C　自由　　　D　柔道

A「じゅんあい」、B「しゅんかん」、C「じゆう」、D「じゅうどう」。50音順に並べ換えると言っても、「゛」「゜」「ゃ・ゅ・ょ・っ」がいっぱい混ざってるから、よくわからんなぁ……。

Point の②を見れば、いったん「゛」「゜」がない形／「大きな文字」に直すって書いてあるよ。ということは……、
A「じゅんあい」→「しゆんあい」　　B「しゅんかん」→「しゆんかん」
C「じゆう」　　　→「しゆう」　　　D「じゅうどう」→「しゆうとう」
になるよね。

そうか。だとすると**1～2文字目は全部同じ「しゆ」だから、**区別する必要がない。つまり、**3文字目から考えていけばいい**ということだ。3文字目はA・Bが「ん」、C・Dが「う」だから、「う」のほうが早い。ということは、C・Dのほうが、A・Bよりも先に来るということ。

 CとDを比べると、Cは4文字目がないから、Cが一番最初に来る。Cの次がD。AとBを比べると、Aの4文字目は「あ」で、Bの4文字目は「か」だから、Aの勝ちだよね。答えは、C→D→A→Bです！

　OK、そのとおりだ。最初から「゛」「゜」「小さな文字」を考えるから頭が混乱してしまうんだ。とにかく最初はすべて**「゛」「゜」がない形に直す、「大きな文字」に直す**ことが大切だ。

. . . .

チャレンジ！実戦問題 5 国語辞典の使い方　　　　　（➡答えは別冊 P.2）

問1　国語辞典で語句の意味を調べるとき、次のア～エはどの順で配列されていますか。一番目に配列されているものを1つ選びなさい。
　ア　祝福　　イ　充電　　ウ　集中　　エ　終日

問2　「心地」を国語辞典で調べました。次のア～エのどの語の後に配列されていますか。あてはまるものを1つ選びなさい。
　ア　心得　　イ　故国　　ウ　孤高　　エ　午後

. . . .

小さな文字は
大きな文字に直して
考えるんだよ！

なるほど、確かに簡単に解けたな……。でもさ、**「゛」「゜」を取り除いただけだと、区別がつかない場合もある**んじゃないかな？
たとえば、「品　ひん」と「瓶　びん」と「ピン　ぴん」とか。
これだと、さっきのやり方だと順番が決められないよな。

確かに。それに、「理由　りゆう」と「龍　りゅう」みたいに、**「小さな文字」を「大きな文字」に直しただけだと、区別がつかない場合もある**よね。

なるほど、その疑問はもっともだね。
では最後に、今二人が言った問題の解決方法を教えよう。

3　国語辞典の引き方（2）

③「゛」「゜」がない字 →「゛」のある字 →「゜」のある字
の順番で並べる！

★Point★の③を見てもらえば、シュンくんの疑問は解決だよね。
つまり「品」→「瓶」→「ピン」の順番で並んでいるということだ。

　問題はワカナさんの疑問のほうで……実は「理由」と「龍」だと、**どっちが先に来るかは辞書によって違って**……「理由」が先に来る辞書もあるし「龍」が先に来る辞書もある。だから、まず試験には出題されないと思っていいだろう。万が一出題されたら、そのときは問題に注がついて、そこでルールが説明されるはずだ。

1
章

和語・漢語・外来語／音読み・訓読み

シュンくん、**「和語・漢語」**って言葉を聞いたことがある？

小学校の授業で習ったような気がする。あまり覚えてないけど、「漢語」っていうんだから「漢字の言葉」じゃない？

　ふつうそう思うよね！　実は**それが大きな間違い**で……。**「漢字の言葉」の中には「漢語」もあれば「和語」もあり**、「漢字か漢字じゃないか」だけでは区別ができないんだ。では、どう区別すればいいか？　このコーナーで「正しい漢語／和語の見分け方」を身につけてもらおう。

（例題）次の漢字の「読み方」を、2つ以上答えなさい。
① 鳥　　② 海　　③ 成

---

①は「とり」と「チョウ」、②は「うみ」と「カイ」。③は「な-る」と「セイ」。

これ、**「訓読み」**と**「音読み」**だよな。**「読めば意味がわかる」のが「訓読み」で、「それだけ読んでも意味がわからない」のが「音読み」。**だから「とり・うみ・なる」は意味がわかるから「訓読み」。「チョウ・カイ・セイ」は意味がわからないから「音読み」。「チョウ」って言われても、「兆」なのか「腸」なのか「超」なのか、全然わからない。

　そうだね。あと、③「な-る」は「送りがな」がつくからね。**「送りがな」がつく読み方＝「訓読み」**と習った人も多いだろう。

そして、ここでもう1つ質問してみよう。

シュンくんは「意味がわかる＝訓読み」「意味がわからない＝音読み」と言ったけど、**なぜ同じ漢字なのに「意味がわかりやすいもの」と「わかりにくいもの」が出てしまうんだろうか？**

 訓読みは「日本」の読み方で、音読みは「中国」の読み方だからです。わたしは中国語になじみがないので、「日本の読み方＝訓読み」は意味がわかるけど、「中国の読み方＝音読み」は意味がわからない。

あれ…？　今わたしたちが勉強してるのは**「和語」**と**「漢語」**ですよね？**「和＝日本」で「漢＝中国」**ということは、もしかして。

そう！　つまり、同じ漢字を使った言葉でも**「訓読み」は「日本の読み方」**をしているから「和語」、**「音読み」は「中国の読み方」**をしているから**「漢語」**と区別しなければならない。

 わかりました！　「ひらがな／カタカナ」はどうなるんですか？

「ひらがな」で書く言葉は「和語」、「カタカナ」は「外来語」として「和語／漢語」とは別扱いをするのが基本。

1 和語・漢語・外来語の見分け方

和語 ＝「日本」の言葉＝**ひらがな／訓読み**／送りがなアリ

漢語 ＝「中国」の言葉＝**音読み**／送りがなナシ

外来語 ＝「その他の外国」の言葉＝**カタカナ！**

チャレンジ！実戦問題 ❻ 和語・漢語・外来語　　（➡答えは別冊 P.2）

問1　次の中から、和語であるものを1つ選びなさい。

　　ア　親子　　イ　時間　　ウ　自由　　エ　色彩

難 問2　日本語には「和語・漢語・外来語」が混在している。例にならい空
　　欄に入る適切な語を、漢語は漢字で、外来語はカタカナで答えなさい。

　　（例）　やどや（和語）　―　　旅館（漢語）　　―　　ホテル（外来語）

　　ア　ことづて（和語）　―　　① （漢語）　　―　　② （外来語）

　　イ　おきて（和語）　―　　③ （漢語）　　―　　④ （外来語）

　これで「和語・漢語・外来語」の基本は OK。「和語／漢語」を見分ける
には「音読み／訓読み」を見分ける必要があるわけだけど……音読みと訓
読みには、非常にまぎらわしいものもあるから要注意。
　たとえば……「本」の音読みと訓読みを考えてみてほしい。

 意味がわかりやすいのが「訓読み」だから……。
　「ホン」が訓読みですか？　“book”の意味ですよね。

　そう思うのも無理はない。でも「本」には**「もと」という読みもある**。「も
と」の読み方でも「一番根っこの部分」という意味が伝わるし、「ホン」
だと「奔」もあれば「翻」もあって、どの意味かが実はわからない。だか
ら「もと」が訓読み、「ホン」は音読みと考えるのが正しい。

このように、まぎらわしいも
のもいくつかあるから、覚え
ておいたほうがいいパターン
を表にしてまとめておくよ。

1章

★Point★ 2 音読みっぽいけど、実は訓読み！

血（訓：ち　音：ケツ）　　　　間（訓：ま・あいだ　音：カン）

戸（訓：と　音：コ）　　　　　馬（訓：ま・うま　音：バ）

野（訓：の　音：ヤ）　　　　　身（訓：み　音：シン）

場（訓：ば　音：ジョウ）　　　家（訓：や・いえ　音：カ・ケ）

灰（訓：はい　音：カイ）　　　夕（訓：ゆう　音：セキ）

日（訓：ひ　音：ニチ・ジツ）　夜（訓：よ・よる　音：ヤ）

次は、上とは逆のタイプ。

★Point★ 3 訓読みっぽいけど、実は音読み！

絵（音：エ・カイ　訓：×）　　　毒（音：ドク　訓：×）

駅（音：エキ　訓：×）　　　　　肉（音：ニク　訓：×）

客（音：キャク・カク　訓：×）　服・副・福・複（音：フク　訓：×）

死（音：シ　訓：×）　　　　　　本（音：ホン　訓：もと）

席（音：セキ　訓：×）　　　　　陸（音：リク　訓：×）

茶（音：チャ・サ　訓：×）　　　列（音：レツ　訓：×）

まぎらわしいものを見分けるルールとして、

・「ン」が最後につくものは音読み。
・「拗音（キャとかニャとか）」が入っているものは音読み。
・「イ・ウ・キ・ク・チ・ツ」で終わるものは音読みが多い。
・読み方が1つしか存在しないものは音読みが多い。

この4つの法則は、余裕のある人は覚えておいてもいい。

◇混種語／重箱読みと湯桶読み

　ただ、すべての言葉が「和語・漢語・外来語」に分類できるわけではなく、それらがゴチャゴチャに混ざっているような言葉もあって……そういう言葉を「混種語」という。次の例題を見てみよう。

（例題）次の語は、和語・漢語・外来語が混ざった混種語である。
　　　　語を分解し、「和語・漢語・外来語」に分類しなさい。
①　電子メール　　②　生ビール　　③　説明する
④　水栽培　　　　⑤　台所　　　　⑥　消印

---

①は「電子」と「メール」。「電子（デンシ）」は音読みだから、これは「漢語＋外来語」。②は「生」と「ビール」。「生（なま）」は訓読みだから、これは「和語＋外来語」だね。

③は「説明」と「する」。「説明（セツメイ）」は音読みだから、これは「漢語＋和語」。④は「水」と「栽培」。「水（みず）」が訓読み、「栽培（サイバイ）」が音読みだから、これは「和語＋漢語」。

⑤は……？　これは、1つの言葉じゃないんですか？

　そうだけど、ちょっと字を分解してみて。

⑤の「台（ダイ）」は音読み。あ！　「所（ところ）」は訓読みだ。これは**「重箱読み」**です。
　⑥は「消（けし）」が訓読みで、「印（イン）」が音読み。これは**「湯桶読み」**だよね。音読みと訓読みが混ざっているから、⑤と⑥はどちらも混種語になるんだ！

　「重箱読み」は「重（ジュウ）」が音読み、「箱（はこ）」が訓読み。
　「湯桶読み」は「湯（ゆ）」が訓読み、「桶（トウ）」が音読みだね。

　一見１つの語に見えても、和語と漢語の組み合わせでできている言葉もあるということだ。「重箱読み」と「湯桶読み」という名前は試験で問われることもあるから、覚えておこう。

★Point★ 4 重箱読みと湯桶読み

混種語	＝和語・漢語・外来語が混在した言葉！
重箱読み	＝「音読み」＋「訓読み」の二字熟語。
湯桶読み	＝「訓読み」＋「音読み」の二字熟語。

チャレンジ！実戦問題 7 混種語

（➡答えは別冊 P.2）

問1 「思惑」のように、湯桶読みをする熟語を選びなさい。
　ア　強弱　　イ　青空　　ウ　場面　　エ　楽屋

問2 「客間」のように、重箱読みをする熟語を選びなさい。
　ア　瞬間　　イ　雑誌　　ウ　仕事　　エ　失敗

問3 「一息ついて」の「一息」の部分は、漢字のどのような読み方の種類を組み合わせて読みますか。正しいものを１つ選びなさい。
　ア　訓読み　＋　訓読み　　イ　音読み　＋　音読み
　ウ　訓読み　＋　音読み　　エ　音読み　＋　訓読み

問4 次の熟語の中からそれぞれの熟語を構成している漢字の音読みと訓読みの組み合わせが、他と異なるものを１つずつ選びなさい。
　①　ア　角度　　イ　空中　　ウ　相手　　エ　価値
　②　ア　初雪　　イ　台所　　ウ　職場　　エ　本箱

熟語の構成

　熟語の構成……熟語というと、「四字熟語」とか？

　そうだね。その他に二字熟語、三字熟語もたくさんある。ここでは、**「漢字と漢字が集まって、決まった意味を表す言葉」** を「熟語」と呼ぶ。その漢字と漢字が**どんな関係になっているか**を分類するのが、これから勉強する「熟語の構成」だ。

◇二字熟語の構成

　入試で最も出題が多いのは「二字熟語」。「二字熟語」の組み立ては**全部で7タイプ**に分けていく。例を使いながら1つずつ見ていくよ。

> （例題）①〜⑦の二字熟語はそれぞれすべて同じ構成の熟語である。
> 　　前と後ろの字がどんな関係になっているか考えなさい。
> ①　寒冷　静寂　永遠　上昇　　②　寒暖　動静　遠近　上下
> ③　大蛇　白馬　苦戦　青空　　④　帰国　入院　握手　防寒
> ⑤　人造　国立　地震　雷鳴　　⑥　非情　不満　未定　無限
> ⑦　劇的　平然　酸性　悪化

　わかりました！　①は「寒い／冷たい」「静か／寂しい」「永い／遠い」「上がる／昇る」、全部**「似た意味の漢字」**です。

　じゃあ②は……「寒い／暖かい」「動く／静か」「遠い／近い」「上がる／下がる」……全部**「反対の意味の漢字」**だ。

1
章

1 「二字熟語」の構成①

① 「似た意味」の漢字　　② 「反対の意味」の漢字

③は……「大きな　蛇」「白い　馬」「苦しい　戦」「青い　空」。全部「**前の字が、後ろの字を詳しく説明している**」んだ!

④「帰る　国に」「入る　（病）院に」「握る　手を」「防ぐ　寒さを」。これ、③と逆だ!　全部「**後ろから前に読む**」んだ。

いいね!　でも、もう1つ覚えておこう。④は「国**に**」「（病）院**に**」「手**を**」「寒さ**を**」のように、全部後ろの字に「**に**」「**を**」がつく形になる。この「に／を」がつく部分を「目的／対象」と呼ぶこともあるよ。

2 「二字熟語」の構成②

③　前が、後ろを詳しく説明　　④　後ろから前に読む

④→後ろの字に「に／を」がつく!（目的・対象を表す。）

⑤は「人が　造った」「国が　立てた」「地（面）が　震えた」「雷が鳴った」。あれ?　これは③と同じじゃない?　全部「前が後ろを説明」してると思うんですけど……。

「前が後ろを説明」という意味ではそうだね。でも⑤と③は、別のタイプとして区別しなければならない。「前から後ろへ読む」こと以外に、⑤**に共通している特徴**はないだろうか。

あっ。⑤は全部「Ａが　Ｂした」という形になってる。
これって、小学校で習った「主語と述語」の関係だよな。(→ P.78)

　そのとおり！　まぁ、国語では「主語と述語」というと難しく感じるか
もしれないけど（→ P.78)、要するに「Ａが　Ｂした」という関係が見抜
ければ OK。

 ⑥は「情けが　ない」「満足して　ない」「定まって　ない」「限り
が　ない」。あ、これは**すべて前の字が「ない」を意味しています。**

　そうだね。「後ろから前に読む」という意味では④と同じだけど、これ
も別タイプとして区別しなければならない。具体的には、前に**「不・無・未・
非」**の４つがつくパターンと覚えておけばいい。
　そしてパターン⑦はちょっと難しいので、暗記をオススメする。
　「的・然・性・化」の４字が後ろに来るときは「様子／性質／変化」の
意味を表すパターンとして他と区別しなくてはならない。

★Point★ 3 「二字熟語」の構成③

⑤　「Ａが　Ｂした」（主語・述語）

⑥　前の字が「ない」の意味。→**「不・無・未・非」**

⑦　後ろに**「的・然・性・化」**がつく

漢字と漢字の
関係を考えれば、
分類できるね

チャレンジ！実戦問題 ❽ 二字熟語の構成

（➡答えは別冊 P.2）

問１　「巨大」の熟語の構成を説明したものとして最も適当なものを、Ⅰ群から１つ選びなさい。また、「巨大」と同じ構成の熟語として最も適当なものを、後のⅡ群から１つ選びなさい。

Ⅰ群　ア　前の漢字が後ろの漢字を修飾している。
　　　イ　前の漢字と後ろの漢字が主語と述語の関係にある。
　　　ウ　前の漢字と後ろの漢字が似た意味を持っている。
　　　エ　後ろの漢字が前の漢字の目的や対象を示している。

Ⅱ群　a　洗顔　　b　探求　　c　多数　　d　雷鳴

問２　次の語と熟語の構成が同じものをそれぞれ１つずつ選びなさい。
①多数〔ア　意思　　イ　就職　　ウ　温泉　　エ　増減〕
②読書〔ア　平等　　イ　登山　　ウ　雷鳴　　エ　善悪〕
③返答〔ア　県営　　イ　最後　　ウ　待機　　エ　永久〕
④未完〔ア　植樹　　イ　非常　　ウ　仮定　　エ　往復〕
難⑤遠近〔ア　雅俗　　イ　人造　　ウ　遷都　　エ　歓喜〕

◇三字熟語の構成

「三字熟語」の問題は、まず**「三字熟語の区切れ」**を探すことが重要。１つ例題をやってみよう。

（例題）次の三字熟語の、適切な箇所に「／（スラッシュ）」を入れて区切りなさい。スラッシュは１つとは限らない。
①　無　意　識　　②　反　体　制　　③　積　極　性
④　有　名　人　　⑤　走　攻　守

①は「意識が　無い」だから「無／意識」と区切る。

②は「体制に　反（対）する」だから「反／体制」。

③は「積極的な　性質」だから「積極／性」。

④は「有名な　人」だから「有名／人」。①②は「前の1字／後ろの2字」で区切れて、③④は「前の2字／後ろの1字」で区切れるんだ‼　⑤は…？

⑤は「走る」「攻める」「守る」、3つの言葉を並べた熟語だから、「走／攻／守」と1文字ずつすべて区切る。

4　「三字熟語」の構成

★熟語に「切れ目」を入れてみる！
① 前の1字　／　後ろの2字　で切れる。
② 前の2字　／　後ろの1字　で切れる。
③ 1字　／　1字　／　1字　で切れる。

　まずは三字熟語に「切れ目」を入れて、大きく3パターンに分類することが大切。あとは二字熟語のときと同じく、それぞれの意味のつながりを見抜けばOK！

①は前に「無」がついているから、「ない」がつくパターン。②は「後ろから前に読む」パターンだよね。

③は後ろに「的・然・性・化」がつくパターンで、④は「前が後ろを詳しく説明」するパターン。⑤「走攻守」は3つとも「野球のプレー」を表す字だから「似たものを並べる」パターンだ。

1章

（➡答えは別冊 P.2）

チャレンジ！実戦問題 ❾ 三字熟語の構成

問１　次の語と熟語の構成が同じものをそれぞれア〜エから選びなさい。
①有意義〔ア　好都合　　イ　自主的　　ウ　松竹梅　　エ　向上心〕
②統一体〔ア　無責任　　イ　衣食住　　ウ　社会人　　エ　半透明〕

難 **問２**　「不可能」と構成が異なるものを１つ選びなさい。
ア　未確認　　イ　初舞台　　ウ　再利用　　エ　無人島

◇**四字熟語の構成**

　最後は「四字熟語」。「四字熟語」の多くは「二字熟語の組み合わせ」で作られているから、まずは二字熟語に分解できるかどうか確かめよう。

> （例題）次の四字熟語を、２つの「二字熟語」に分解しなさい。分解できないものは、×と書きなさい。
> ①花鳥風月　②厚顔無恥　③弱肉強食　④前代未聞　⑤意味深長

「二字に分解できないもの」が１つあるんだけど、どれかわかる？

①です。「花・鳥・風・月」は、全部バラバラのもの。

5　四字熟語の構成

「二字熟語」に分解してから考える！
①分解できないとき ＝ ４つの漢字が並んでいるタイプ！

　OK、そのとおりだ。このように「**2つの熟語に分解できない、4つの
字が独立して並んでいるタイプ**」をまず見抜いてしまおう。

　熟語を「2＋2」の形に分解できれば、あとは二字熟語の解き方とほと
んど同じ。②から順番に考えていこう。

　②は「厚かましい顔」「恥が無い」だから、**似た意味どうし**。
　③は「弱い者は肉（食べられる）」「強い者が食べる」だから、**反対
の意味どうし**。

　④は「前の時代では」「聞いたことがない」だから、**前が後ろを説
明するタイプ**。
　⑤は「意味が」「深くて長い」だから、**主語と述語のタイプ**。
　二字熟語のときと何も変わらない。楽勝だな！

これ以外に「千変万化」「七転八起」
のように「数字を含むタイプ」、「日進
月歩」「東奔西走」のように「二字熟
語が交互に組み合わせられたタイプ」、
「前後左右」「古今東西」のように「意
味が反対の二字熟語×2のタイプ」、
「正々堂々」「戦々恐々」のように「（同
じ字×2の語）×2のタイプ」を区別
する場合もある。

チャレンジ！実戦問題⑩ 四字熟語の構成 （➡答えは別冊 P.3）

問1 「完全無欠」は「完全」と「無欠」という意味の似た２つの熟語で構成されている。これと同様の構成の熟語を選びなさい。

　ア　起承転結　　イ　暗中模索　　ウ　大器晩成　　エ　枝葉末節

難 問2 「片言隻句」という言葉があるが、①その構成の説明として最も適当なものを選びなさい。②また、それと同じ構成の四字熟語を選びなさい。

　①　ア　四字それぞれが対等の関係にある。
　　　イ　意味の似た二字の語を重ねている。
　　　ウ　前の二字が後ろの二字にかかっている。
　　　エ　意味が反対になる二字の語を重ねている。

　②　A　単刀直入　　B　起承転結　　C　針小棒大　　D　千差万別

まず、
二字熟語に分けられるか
を考えるんだ！

1-7　手紙の書式

◇手紙文の構成

　大人になると**正式な、改まった書式で手紙を書かなければいけない**場合が出てくる。そういう「正式な手紙の書き方」について試験でも出題されることがあるから、ここでポイントをマスターしていく。

　まず「正式な手紙」というのは「全体の構成」にルールが存在する。先に、サンプルを見てもらったほうがいいかな。

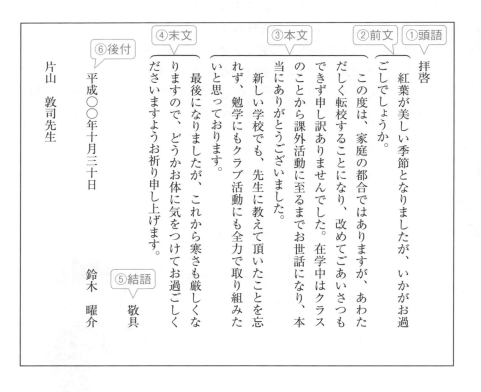

①頭語
拝啓　紅葉が美しい季節となりましたが、いかがお過ごしでしょうか。

②前文
この度は、家庭の都合ではありますが、あわただしく転校することになり、改めてごあいさつもできず申し訳ありませんでした。在学中はクラスのことから課外活動に至るまでお世話になり、本当にありがとうございました。

③本文
新しい学校でも、先生に教えて頂いたことを忘れず、勉学にもクラブ活動にも全力で取り組みたいと思っております。

④末文
最後になりましたが、これから寒さも厳しくなりますので、どうかお体に気をつけてお過ごしくださいますようお祈り申し上げます。

⑤結語
敬具

⑥後付
平成○○年十月三十日
鈴木　曜介
片山　敦司先生

　この手紙をサンプルにして、「正式な手紙」を書くときの6ポイントをまず紹介しよう。

1章

★Point★ 1　手紙の構成

① 頭語 ……「拝啓・前略」など。

② 前文 ……「時候のあいさつ ＋ 安否のあいさつ」が基本。

③ 本文 ……用件を書く。→ 正しく敬語を使う！

④ 末文 ……最後の締め。「相手の体調を気づかう」のが基本。

⑤ 結語 ……「敬具・草々」など。→ 頭語に対応させる！

⑥ 後付 ……日付、自分の名前、相手の名前。

　この中で、試験で問われやすいのは①「頭語」、②「前文」、⑤「結語」なので、このコーナーではその3ポイントに絞って解説する。③④⑥のところからも出題例はあるけれど、それは「敬語」を問う問題がほとんどなので、「第3章　敬語」（→ P.224）で勉強しよう。

正式な手紙には、
構成のルールが
あるんだね

◇頭語と結語

　まず①「頭語」から説明するけど……**「頭語」は必ず⑤「結語」とセットで理解すること！**　これが最大のポイント。

 「頭語」って、あの「拝啓」とか「前略」ってやつか。
　　あれ、何か意味あるの……？

　「頭語＝こんにちは」「結語＝さようなら」程度の意味だから、あまりそこは気にしなくていい。いちばん大事なことは、**頭語と結語は「対応関係」が決まっていて**、何でも自由に組み合わせられるわけではないということ。次の ★Point★ を頭に入れておこう。

★Point★
2　頭語と結語

	頭語	結語
① 普通の手紙	拝啓	敬具・敬白・拝具
② より丁寧な手紙	謹啓	敬具・敬白・謹言・謹白
③ 前文を省く手紙	前略	草々・早々

　この中で、特によく試験に出るポイントは2つ。
　1つ目は、**「拝啓－敬具」の組み合わせ**。これが最も出やすいので、最優先で覚えること。
　2つ目は、**「前略－草々」の組み合わせ**。「拝啓－草々」や「前略－敬具」の組み合わせは間違いなので、ヒッカケられないよう注意。その他細かいことを言えば……
★「拝啓－拝具」「謹啓－謹言」のように「**拝**啓－**拝**○」「**謹**啓－**謹**○」の組み合わせがあること。
★「**敬具（敬白）」は「謹啓」とも組み合わせ可能**だということ。
　ここまで覚えておけば、何が出題されても大丈夫だろう。

チャレンジ！実戦問題 ⑪ 頭語と結語　　　　　　（➡答えは別冊 P.3）

問1 次の手紙文の空欄に入る適当な語を1つ選びなさい。

> ①□□□□　厳しい寒さが続きますが、いかがお過ごしでしょうか。
>
> （中略）最後になりましたが、みなさまのご健康をお祈り申し上げます。
>
> 　　　　　　　　　　　　　　　　　　　　　　　　　　　　　敬具

ア　前略　　イ　敬白　　ウ　拝啓　　エ　草々

> ②拝啓
>
> 　新緑の美しい季節になりました。
>
> （中略）またお会いできる日を楽しみにしています。
>
> 　　　　　　　　　　　　　　　　　　　　　　　　　□□□□

ア　草々　　イ　追伸　　ウ　敬具　　エ　前略

問2 頭語と結語の組み合わせとして、適さないものを1つ選びなさい。

ア　謹啓－謹言　　イ　謹啓－謹白　　ウ　拝啓－拝具

エ　拝啓－敬具　　オ　前略－草々　　カ　前略－敬白

頭語と結語は
セットで覚えよう！

◇前文

　頭語を選んだら、次は②「前文」を書く。ただし1つポイント。頭語が「前略」のときは前文は書かずに省略する。前文を書くのは、頭語が「拝啓」「謹啓」のときだ。

 そうか！　前文を省略するから「前略」なんですね。

　そういうことだ。「前文」は、**まず最初に「時候のあいさつ」**を書いて、**次に「安否を気づかうあいさつ」**を書く。「時候のあいさつ」は、手紙を出す季節や月に合わせたあいさつのことで、いくつか有名なものは覚えておいたほうがいい。まず一覧表を見てみよう。

★Point★ 3　時候のあいさつ

	①　暦	②　自然物	③　気候	④　特別なもの
1月	新春・初春			謹賀新年（きんがしんねん）
2月	立春・節分	梅		
3月	春分	桃		
4月		桜		
5月	立夏	新緑	薫風（くんぷう）	
6月		深緑（しんりょく）・紫陽花（あじさい）	入梅・梅雨（つゆ）	
7月		蝉（せみ）		暑中見舞い
8月	立秋			暑中見舞い・残暑見舞い
9月	秋分・白露（はくろ）		野分（のわき）	
10月		紅葉（こうよう）（もみじ）・菊花		天高く馬肥ゆる秋（てんたかくうまこ）
11月	立冬	落ち葉	小春日和（こはるびより）	
12月	師走（しわす）		木枯らし（こがらし）	

※厳密に月が決まっているとは限らない。

　時候のあいさつは他にもいっぱいあるけれど、「厳寒」とか「春めいて」とかは、いちいち覚えなくてもわかるでしょ。この表にないものが出てきたら、実際の季節をイメージして問題を解こう。

では、この中で注意すべきものを確認していく。「①暦」「②自然物」「③気候」「④特別なもの」に分類してあるから、表をタテに見ていってほしい。

①「暦」。まず「立春／立夏／立秋／立冬」の4つは要注意。
「立春→2月」「立夏→5月」「立秋→8月」「立冬→11月」 と現代人の季節感覚とズレがあるので、フィーリングで解くと間違えやすい。まずは**「立春＝2月」を覚えて、それに3ずつ数字を足していけば「立夏」「立秋」「立冬」も正しく答えを出せる。** あと「白露→9月」も知らないと答えられないから余裕があれば覚えよう。

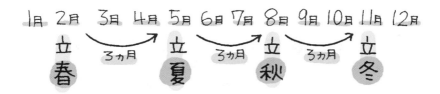

次は②「自然物」。 これは**最も出題されやすいから、真っ先に覚えよう。**「4月＝桜」「10月＝紅葉」「11月＝落ち葉」などはイメージしやすいと思うけど、**「5月＝新緑」「6月＝深緑」は要注意**だね。

次は③「気候」。「6月＝梅雨」はイメージがつくと思うけど、**「5月＝薫風（風薫る）」「9月＝野分」「12月＝木枯らし」は、知らない人は覚えておこう。** すべて季節の風を表す言葉だ。
あと**「11月＝小春日和」**はヒッカケ問題に使われやすい。「小春」だから3月あたりをイメージするだろうけど……実は「春のように暖かい、秋～冬の気候」という意味の言葉だ。

最後は④「特別なもの」。1月の年賀のあいさつは問題ないだろう。7～8月にかけて「暑中見舞い」を、8月に「残暑見舞い」を出す習慣があることは知っておきたい。

時候のあいさつを書いたらその後に**「安否を気づかうあいさつ」**を書く。

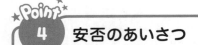

安否のあいさつ

① 安否を尋ねる。→ **「いかがお過ごしでしょうか」** etc.

② 発展を喜ぶ。　「○○様におかれましては、

　　例　ますますご健勝のこととお喜び申し上げます。
　　　いよいよご清栄（ご清祥）のこととお慶び申し上げます。」 etc.

・・・

チャレンジ！実戦問題⑫時候・安否のあいさつ　　（➡答えは別冊 P.3）

問1　空欄に入るあいさつとして最も適当なものを1つ選べ。

①

　　　　　　　　　　　　　　　　　　　　　　　　○年5月1日
　　拝啓　｜　　　　　　｜。いかがお過ごしでしょうか。

ア　木の葉が舞う季節となりました

イ　きびしい暑さが続いております

ウ　新緑の美しい季節となりました

エ　梅もほころび春めいてきました

②

　　　　　　　　　　　　　　　　　　　　　　　　○年10月9日
　　拝啓　｜　　　　　　｜、いかがお過ごしでしょうか。

ア　涼風恋しいこのごろ　　　　イ　風薫る季節になりましたが

ウ　寒さの厳しい折　　　　　　エ　街路樹も少し色づきましたが

問2　9月に書く手紙の時候の言葉として適さないものを1つ選べ。

ア　初秋の候　　イ　清涼の候　　ウ　野分の候

エ　薫風の候　　オ　白露の候

1
章

問3 空欄に入る言葉を書きなさい。ただしAは漢字2字、Bは尊敬語で、
4字で書くこと。（夏休みに出す、小学校時代の担任への近況報告の手
紙である。）

> ［ A ］ お見舞い申し上げます。
>
> 長かった梅雨も明け、夏の輝く太陽と青空の季節になりましたが、
> 先生におかれましてはいかが ［ B ］ でしょうか。（中略）
>
> これから夏本番となりますが、お体を大切に ［ B ］ ください
> ますようお祈り申し上げます。

有名な時候のあいさつは
定番フレーズとして、
覚えておこう！

2-①　めざせ文法マスター

　文法ですか……。はぁ……。

　おれ、無理だよ。文法だけは、無理。

　テンション下がりすぎでしょ、あなたたち……。でも、無理もないかな。文法は、国語の中でも極端に苦手な人の多いジャンル。普段使っている日本語なのに、多くの中学生が英語や数学よりイヤだという。

　原因の1つは、学校の授業で文法が日常的に教えられないことにあるかもしれない。英語なら毎回の授業で文法が扱われるけれど、国語は文章読解がメインで、その合間にだけ文法を扱う場合が多い。だから、前に教わったことをすっかり忘れたころに次の単元を教わることになる。その結果「文法の全体像」がつかめなくなってしまうんだ。

　もう1つは「日本語を“分解”して考える」発想が普段の生活の中にないこと。文法の本質は言葉を“分解”“分類”することにある。だけどわれわれは普段日本語を無意識に使っているから意識的に言葉を“分解”することに慣れていない。その違和感が苦手意識を増すのではないかな。

　逆に言えば、この2つを解決することが重要！
すなわち**「文法の全体像をつかむこと」**
「日本語を分解・分類する方法を身につけること」ができれば大丈夫！
　ワカナさんもシュンくんも、この本を読めば友達に説明したくなるぐらい文法が得意になるから！　まかせておきなさい。

文法は
難しくない！

1 文法ができるようになるには！

① **文法の全体像**をつかむこと

② **日本語を分解・分類する方法**を身につけることが必要！

2章

◇**言葉の単位**

「文法の全体像」をつかむにはまず言葉にいくつかの「単位」があることを理解する必要がある。

2 言葉の単位（1）

言葉には「単位」がある！　大きいものから順番に……

① 文章　→「本1冊」「新聞記事全部」などの最も大きな単位。

② 段落　→「原稿用紙」で1マスあけるところ。

③ 文　　→「。」の直後から次の「。」まで。

ここまでは問題ないよね。われわれが「普段の国語の授業」で勉強するのは、主にこの3つの単位に関することだよね。

　普段の国語の授業……。

「この文の意味を答えなさい。」

「筆者の言いたいことはどの段落に書かれていますか。」

「この文章の趣旨を答えなさい。」

確かに。いつもの国語のテストは、「文章・段落・文」の意味について聞かれるものが多いです。

そのとおり。でも、これから勉強する**「文法」**では、**「文章・段落・文」よりさらに小さな単位について考えなければならない**んだ。

Point

3 言葉の単位（2）

「文章・段落・文」よりさらに小さな単位 ＝「文法」で扱う範囲！

④ **文節** → **それだけで意味がわかる**言葉のカタマリ。

「**ネ**」を入れて区切る。

⑤ **単語** → **それ以上区切ると意味を失う、最も小さい**単位。

「文節」は聞いたことがある。「わたしはネー、きっとネー、今日ネー」のように「ネ」を入れて読むところ。

「単語」は英語の授業でもよく出てくるよね。「単語を覚えろ！」っていつも先生が言ってる。

「『文節』と『単語』って何が違うの？」って思ったかもしれないけど、それは後で勉強するから今は気にしなくていい。とりあえず今は

「文」よりもっと小さい単位が「文節」

「文節」よりもっと小さい単位が「単語」

というイメージがつかめればOK！ そして「文節」「単語」について勉強するうえで、絶対にはずせない3つのポイントが存在する！ その3ポイントを1つずつ説明していこう。

◇文法学習の3ポイント

まず1つ目。今ワカナさんが英語の話をしてくれたけれど、実は文法の勉強をするにあたって英語より国語のほうが面倒なポイントが1つある。

たとえば……次の文を「単語に分けろ」と言われたら、どっちが簡単だ

英語	I liked an apple.
日本語	私はりんごが好きだった。

ろうか？

 英語のほうが簡単ですね。「I ／ liked ／ an ／ apple」。だって最初からスペースが入っているんだから、見たらわかりますよ。

 日本語の場合は……「私は」→「私／は」と分けるのか？
「好きだった」→「好き／だった」「好き／だっ／た」「好きだった」どう区切っていいかパッとわからない。

つまり日本語は英語と違ってスペースで区切れていないから、**文節や単語に分けるときの「区切り方」から勉強していかなくてはいけない**んだ。

「文法」で勉強しなければならないこと（1）

「文」→「文節」に、「文節」→「単語」に分けられるようになること！

　では2つ目。英語でも、単語を「名詞／動詞／形容詞」みたいに分類するよね。国語も同様に「文節」「単語」を分類して、いろいろな名前をつけることが必要なんだ。
　具体的な分類方法は後で勉強するけど、とりあえず名前だけ先に紹介しておくから暗記できる人は今ここで覚えてしまおう。

　まずは文節。**文節は「主語／述語／修飾語／接続語／独立語」の5種類**があり、まとめて「文の成分」と呼ぶ。

　そして**単語には「名詞／動詞／形容詞／形容動詞／連体詞／副詞／接続詞／感動詞／助詞／助動詞」の10種類**があり、まとめて**「品詞」**と呼ぶ。「品詞」とは、要するに「単語の種類」のこと。

★Point★

5　「文法」で勉強しなければならないこと（2）

「文節」を5種類に、「単語」を10種類に分類できるようになること！

　最後の3つ目。「区切って分類する」問題以外に、もう1つ試験によく出る問題があるんだ。たとえば、次の2つの文を比べてほしい。

「なんでも食べられる。」「クマに食べられる。」

これ、同じ「られる」だけど、意味が全然違います。

「なんでも食べられる」は「できる！」という意味（可能）だけど、「クマに食べられる」だと食い殺される（受け身）。

　つまり「同じ形」の文節／単語でも、実は意味が１つでなく、複数存在する場合がある。だから「同じ意味・用法を選べ」という問題が試験によく出るし、われわれはただ言葉を分解するだけでなく、言葉の「意味や使い方の違い」まで理解する必要がある。

2章

6　「文法」で勉強しなければならないこと（3）

「同じ形」の文節／単語を、「**意味や使い方**」の面から区別する！

　以上、この３ポイントができるようになれば、文法マスターを名乗る資格がある！

　細かい知識ややり方は今から１つずつ教えていくから、今は文法マスターになった自分をイメージしてみよう！

2-₂　文節に区切る

ここからは「文節」について勉強する。「文節」って、何だっけ？

「文」を細かく区切ったものです。

「それだけで意味がわかるカタマリ」って言ってたな。

　そうだね。で、日本語の文節は全部くっついてしまっているから、まず「区切る」ところから始めなければならなかった。では、実際に**文節に区切る方法**を身につけてしまおう。これはとても有名な方法があって……。

1　「文節」の区切り方（1）

「ネ」を入れながら読む！

（例題）次の文を文節に区切って「／（スラッシュ）」を入れなさい。
① 相手の攻撃を受けて、彼は右膝を痛めた。
② 度重なる手術に耐え、祖母の病状は回復へ向かった。

---

①は、「相手のネー、攻撃をネー、受けてネー、彼はネー、右膝をネー、痛めたネー。」です。

②は、「度重なるネー、手術にネー、耐えネー、祖母のネー、病状はネー、回復へネー、向かったネー。」かな。

　ね、簡単でしょ?　実際、多くはこれで解けてしまうから、とりあえず「ネ」を入れる方法をマスターしよう。

・・・

チャレンジ!実戦問題13 文節に区切る①　　　　（➡答えは別冊P.3）

問題　次の文の中に入っている文節の数を答えなさい。

　では、人間を動物と区別するもっとも大きな違いはなんだろうか。

・・・

◇注意すべき文節の区切り方

　しかし、これで話は終わらない。**「ネ」方式ではダメな場合もあるんだ。**次の例題を、同じように「ネ」を入れて区切ってみよう。

（例題）次の文を文節に区切ってスラッシュを入れなさい。
① 丸い顔のおじさんが笑いながら公園を走っている。
② 自分のやることをきちんとやれ。

---

　①は「丸いネー、顔のネー、おじさんがネー、笑いながらネー、公園をネー、**走っているネー**。」です。

　そうなるはずだよね。でも……その答えは不正解なんだ。ワカナさんのやり方が悪いわけではない。つまり、**「ネ」を入れて読むだけでは通用しない場合がある**ということ。

　どこがダメかというと、最後の部分だ。
①の最後は**「走って／いる」の二文節に分けなければならない。**

「ネ」を入れながら
読めばいいんだ!

★Point★ 2　文節の区切り方（2）

「て⁽ッ⁾／く／じゃ」の下は、文節に区切る！

例　食べてみる　→　食べ⑦／みる
　　飛んでいく　→　飛ん⑰／いく
　　青くなる　　→　青⑦／なる
　　雨じゃない　→　雨⑮／ない

「走っている」は、「て」があるから、その直後で区切るんですね。これで①はOK！

②は……「自分のネー、**やることをネー**、きちんとネー、やれ。」

これも「ネ」を入れて読むと、シュンくんのようになるはず。
　でも、太字の部分**「やることを」は「やる／ことを」に分けなければならない**んだ。

わかりました。でも、どうやって見抜けばいいんですか？

それは「やることを」の**「こと」の部分に注目してほしい。**
　「やる／こと」「する／こと」「見る／こと」「思う／こと」のように、「こと」がついているときは、その前で区切ると覚えておくんだ。
　「こと」だけではない。**「とき・もの・とおり・ため・ところ・わけ」のような言葉も、その前で文節に区切る。**
　（こういう言葉を「形式名詞」と呼ぶ→詳しくはP.166。）

3 文節の区切り方(3)

「形式名詞」＝「こと・とき・もの・とおり・ため・ところ・わけ」etc.
はその前で文節に区切る!

2章

チャレンジ!実戦問題14 文節に区切る②　　　（➡答えは別冊 P.3）

問題　次のア〜エの各文の中で、文節の数が最も多いのはどれか。

　ア　読めない漢字が出てきたら、先生を頼らずに自分で漢和辞典を引き
　　　なさい。

　イ　卒業式では在校生の代表として生徒会会長が、お祝いの言葉を先輩
　　　たちに贈ります。

　ウ　今日は部活がお休みなので、帰ったら散らかっている部屋の片づけ
　　　をしよう。

　エ　電車でお年寄りに席を譲ったら、大きな声でお礼を言われて恥ずか
　　　しくなった。

「こと」に注目
するんですね!

わかった！　これでもう大丈夫だな。……でも、**なんで「て／く／じゃ」の後ろで区切らないとダメなんだろう？**　ちょっと気になるな。

 そうだよね。「こと・とき・もの・とおり・ため・ところ・わけ」の前で区切る理由も気になります。

　おっ、そこ気になる？　気になっちゃう？　そこを理解するには、結局「文節とは何か？」という基本に戻る必要がある。覚えてるかな？

 えーっと。「**それだけで意味がわかる**言葉のカタマリ」でした。

　そうだね。言い換えると、文節というのは「**意味不明な部分が出ないように、ギリギリまで細かく区切った**もの」なんだ。
　つまり文節に区切るときには……
　① 「**意味不明な部分が出るまで区切ったら、区切りすぎ**」
　② 「**意味のわかる言葉が複数入っていたら、区切り足りない**」
　この２つのルールを守る必要がある。もう一度例題に戻って考えてみよう。

丸い／顔の／おじさんが／笑いながら／公園を／走って／いる

　たとえば「丸い」という文節を「丸／い」に区切ってしまったらどうなる？　「丸」の意味はわかるけれど……

「それだけで意味が
わかる言葉のかたまり」
が、文節！

「い」はそれだけじゃ意味不明。いきなり「い！」と言われても何のことかさっぱりわからん。

そのとおり。「顔の」を「顔／の」に区切ったら？

「の」だけじゃ全然意味がわかりません。

つまり、それらは区切ってはいけないということ。**ルール①「意味不明な部分が出たらダメ」**に違反することになってしまう。

じゃあ逆に、「丸い顔の」を区切らず、1つの文節と考えるのはどう？

「丸い」は意味わかるし、「顔」も意味がわかるよ。

そのとおり。「丸い顔の」を一文節と考えてしまうと、一文節の中に「意味がわかる言葉」が2つ（丸い＋顔）入ってしまうことになる。これだと**ルール②「意味のわかる言葉が複数入ったらダメ」**に違反するから、ここは区切る必要があるんだ。

じゃあラスト1問。「走っている」を1つの文節と考えるのはどう？

「走っている＝走る＋いる」……「走る」と「いる」はどちらも「意味がわかる言葉」だ。

「意味がわかる言葉」が2つ入ってしまうのはルール違反。だから「走って／いる」と区切る必要がある……あ！　これ、*Point*②の「て」の下で区切るパターンだ！

2章

　わかったみたいだね。気づいてほしいのは、**「走っている」の中には「走る／いる」という意味のわかる、それだけで使える言葉が2つ入っている**ことなんだ。「く」や「じゃ」の場合も同じ。

「やって／みる＝やる＋みる」
「青く／なる＝青い＋なる」
「雨じゃ／ありません＝雨＋ありません」

　どれも意味がわかる言葉が2つ入っているでしょ？　だから、「て／く／じゃ」の後は区切らなければならない。

　ということは、「こと・とき・もの・とおり・ため・ところ・わけ」で区切るのも、同じ理由ですか？

　そのとおりだよ。「こと・とき・もの・とおり・ため・ところ・わけ」のような言葉も、もともとは「それだけで使える、意味がわかる言葉」だよね。だから文節に区切る必要がある。

　確かに……「コトが起こった」「モノになる」「トキとトコロを教えてください」のように、それだけで使う場面がある。

　……まぁ「て・く・じゃ」の後「こと・とき・もの・とおり・ため・ところ・わけ」の前は区切る！　と覚えるだけで十分点数は取れるから、今の話は別に暗記しなくてもいい。
　「なるほど～」と思ってくれればそれで OK。

2
章

「て／く／じゃ」の後と、
形式名詞の前は、
文節を区切ろう！

2-3 文節の種類

　文を「文節」に区切る方法をマスターしたら、次は分けた文節を正しく分類する方法を覚えなくてはならない。

　文節には、**「主語」「述語」「修飾語」「接続語」「独立語」の5種類**があるというのは前に言ったよね。**その5種類が何者なのか、どう見分ければいいかをこのコーナーで理解**しよう。

◇主語と述語

　最も基本となるのは「主語と述語」。「主語と述語」は、英語の勉強でも「主語と動詞」という形で登場するし、文章読解にも役立つ重要な考え方だから、必ずここでマスターしてほしい。

　そもそも「主語」って、どういう言葉か知ってる？

　「主語」なら小学校のときに習ったことがあります。確か……
「は・が・も・こそ」がつく言葉が「主語」だったはず。

　ワカナさんが言うように、「主語＝『は・が・も・こそ』」と教わった人も多いと思う。でも、ハッキリ言おう。**その考え方は間違っています。**「主語＝『は・が・も・こそ』」などという覚え方をしているうちは理解できるようにはならないから、今日で認識を改めよう。

　えっ。でも「主語」って「私は」「あなたが」みたいに、「は」や「が」がつくイメージがあるけど……。

　では、「『は・が・も・こそ』＝主語」という考え方の何がマズイのか、わかりやすく見せてあげよう。次の例題を解いてみて。

> （例題）次の文から、主語と述語を表す文節を抜き出しなさい。
> 今日は　私は　ふとんでは　寝ない。

 簡単だろ。「は」がついてるから、「今日は」が主語だよ。

 シュンくん、待って。「私は」にも、「は」がついてるよ……？

 ん？　た、確かに……。それに「ふとんでは」にも「は」がついてる。

でしょ？　でも、この文は日本語としては何も間違っていないよね。「は」だけじゃないよ。たとえば……

> 「が」　＝「面倒だ**が**、私**が**あなたを我**が**家に招待しよう。」
> 「も」　＝「今日**も**、私**も**仕事**も**休んだ。」
> 「こそ」＝「明日**こそ**、私**こそ**王者だと君に**こそ**示したい。」

　このように**「主語ではない言葉」にも「は・が・も・こそ」を使うことができる**んだ。確かに「は・が・も・こそ」がついているものが主語である可能性は高いよ。でもそれは「可能性が高い」だけであって、正確な判別方法では決してないんだ。

 わかった。じゃあ、正確に見分けるにはどうすればいいのかな？

　結論を言うと、「主語」から考え始めると、うまく見分けることはできない。**「述語」から先に考えるのが、「主語」の本質を理解するコツなんだ。**では、「述語」とは何か。

1　「述語」とは

「**何をするのか**」「**どんな様子か**」「**何者か**」を表す文節。

→　「**。**」の前に来る！

　この条件を満たす文節を「述語」と呼ぶ。特に**「。」の前の文節＝「述語」**というのは、問題を解くうえでいちばんスムーズな方法なので、必ず覚えてほしい。

　では、例題に戻ろう。例題の文で「述語」はどれかな？

 「。」の前だから……述語は「寝ない」です。意味も「動作／様子」に関することだし。

　そのとおり。そして「述語」さえわかってしまえば、「主語」も簡単にわかってしまうんだ。

　「述語」の動作・様子が、**「誰の／何の」**動作・様子か？　それを表すのが「主語」なんだよ。「述語」を見つけたら**「誰が？何が？」**とツッコんでやればそれだけで「主語」がわかる。

2　「主語」の見つけ方

① 　まず「**述語**」を見つける→その後で「主語」を考える

② 　述語が、**「誰の／何の」動作・様子か**考える！

① 「主語」には「は／が／も／こそ」がつくことが多い。

これで、例題の「主語」もわかるんじゃないかな？

「述語＝寝ない」ということは**「誰が」寝ないのか考えればいい**わけだから……主語は「私は」だ。「寝る／寝ない」のは「私」であって、「今日」や「ふとん」が寝るわけではない。

2
章

チャレンジ！実戦問題⑮ 主語と述語 （➡答えは別冊 P.3）

問1 次の傍線部の<u>述語</u>を、一文節で抜き出して書きなさい。

<u>その人は</u>、自分の家の前の「マエヤマ」（家の正面に立った時に見える山の風景あるいは山そのもの）に見える桜の木は、自分の祖父が植えたものであり、今後生まれてくる孫や曾孫の代の人々が自分の植えた満開の山桜を楽しめるように、今のうちに桜の苗木を植えておくのだと言った。 （波平恵美子『いのちの文化人類学』）

問2 次の傍線部の<u>主語</u>を、一文節で抜き出して書きなさい。

① すると、隣のユリカがぼくの顔を見てから、大きな笑みを浮かべて<u>叫んだ</u>。 （関口尚『はとの神様』）

② 時間の流れとともに移り変る自然は、さまざまに変化するその姿を通じて、日本人の心のなかに、美は移ろい易いもの、はかないものであり、それ故にいっそう貴重で、いっそう愛すべきものだという感覚を<u>育て上げた</u>。 （高階秀爾『移ろいの美学―四季と日本人の美意識』）

述語が見つかれば主語も分かる！

　「主語と述語」の基本はこれで OK だけど……あと、２つ補足しておきたい。１つ目は「述語は文末に来る」というルールに、実は例外があるということ。たとえば……

> もう　辞めたい、こんな　会社は。
> 　　　述　　　　　　　　主

　この文は「主語と述語が入れ替わった」つまり「倒置法」を使った文だ。倒置法のときは当然、述語が先頭や真ん中に来る。

　２つ目は「主語は省略されやすい」ということ。この例文で「誰が」会社を辞めたいかというと「私」つまり「話し手」だよね。このように、実際の日本語では主語をいちいち書かずに省略する場合が多いんだ。ここまで細かく問う問題は実際の入試では考えにくいけど……念のため気を付けておきたい。では、次は「修飾語」へ進んでいこう。

◇修飾語とは？

　「修飾語」という言葉は聞いたことがあると思うけど、そもそも「修飾」って、どういう意味か知ってる？

 「修飾」というのは……「説明する」という意味だと思います。

　そう、そのとおりだね。ただし、１つ注意すべきことがある。

> （例題）次の文から、「修飾語」を抜き出して答えなさい。
> ①　青い　うさぎは　これだ。　　②　この　うさぎは　青い。

　この２つは、「うさぎ」について説明している文だよね。
　「どんな」うさぎなのかな？

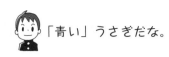「青い」うさぎだな。

　そうだね。 「どんな」うさぎ？ → 「青い」うさぎ！ このように、「どんな」うさぎかを説明している、「青い」のような言葉を「修飾語」と呼ぶ。よって、①の文では「青い」が「修飾語」ということになる。

①だけですか？　②にも「青い」って入ってますけど……。

　確かに②の文でも「青い」うさぎだと書いてあるけど……本当に「青い」を修飾語と呼んでいいのだろうか？
　P.80 の Point ①で勉強したことを思い出してほしい。

「。」の前にある文節は **「述語」** ……②の文は、「青い」が「。」の前に来ている！　ということは、「青い」は修飾語じゃなくて、述語になるんだ！

　そのとおり。つまり、「他の言葉を説明する」言葉であっても、すべてが修飾語になるわけではない。

3 「修飾語」とは？

　他の言葉を「説明する」言葉！
　→「修飾語」は、必ず**「説明される言葉」より前に来る！**

　「説明される言葉＝うさぎ」だから……
「うさぎ」より前に来る言葉でないと「修飾語」にはなれないということだ。

となると、②の答えは「この」です。「どの　うさぎ？」→「この　うさぎ！」と、うさぎを説明することもできているし。

　そのとおり。つまり「前から後ろを説明する」のが修飾語のはたらきなんだ。

◇修飾語と被修飾語

　ただ実際の試験で「どれが修飾語？」という問題はあまり出なくて……多くは「どの言葉を修飾していますか？」という形で出題されるんだ。つまり「説明する言葉」を探すのではなく、**「説明されている言葉」を探す問題**が解けなくてはならない。

　そのために、まずは次のを覚えておこう。

Point
4　　**修飾語と被修飾語（1）**

★　「説明される言葉」＝「**被修飾語**」と呼ぶ。

★　「**連体修飾**」と「**連用修飾**」を区別する

たいげん **体言（名詞）を説明！！**	ようげん **用言（動詞 etc.）を説明**
例　珍しい → 亀 　　黒い → 車	例　小刻みに → 動く 　　よく → 知っている

　まず名前から。「説明する言葉＝修飾語」なら**「説明される言葉＝被修飾語」**だ。「被〜」という字には「〜される」という意味があるよね。被害者とか、被写体とか。それと同じこと。

　大事なのは次。「連体修飾」と「連用修飾」の違いは知ってる？

連体修飾は「体言」を修飾すること。連用修飾は「用言」を修飾すること。

そうなんだけど……、**じゃあ「体言」と「用言」って何**？

 えっ……？　それは、その……。

　詳しくは P.131 で勉強するから今は簡単な説明だけ。「体言」は要するに「名詞」のこと。「用言」は「動詞や形容詞」などのこと。「名詞」は主に「モノ」を表すし、「動詞・形容詞」は主に「動作・様子」を表すから……

「連体修飾語＝モノ・人を説明する言葉」

「連用修飾語＝動作・様子を説明する言葉」

と覚えておけばいい。少し練習してみようか。

（例題）傍線部が直接修飾している文節を答えなさい。

　　　また傍線部が連体修飾語ならＡ、連用修飾語ならＢと答えな

　　　さい。

① 肩を　**強く**　もむ。　　　② 彼は　**強い**　男だ。

③ **きれいな**　部屋に　した。　④ **きれいに**　部屋を　片づけた。

⑤ **ゆっくり**　起きてから　時計を　見て　あわてて　玄関を　出た。

 修飾語は、必ず「後ろの言葉」を説明する。

　①は……後ろに「**もむ＝動詞／動作**」しかないから、**連用修飾語でＢ**。

　②は……後ろに「**男＝名詞／人**」しかないから、**連体修飾語でＡ**。

　そのとおり。修飾語の後ろに言葉が１つしかない場合は簡単。でも、③と④のように、修飾語の後ろに２つ以上言葉が来るときは難易度がアップする。

③と④は、どちらも文の意味は同じに見えます。

　そうだね。③も④も、言っていることは同じだよね。でも「連体か連用か」という観点で見ると、③と④は区別しなければならない。

5　修飾語と被修飾語（2）

「どこを修飾しているか」を考えるには？
　→まず「**一緒に読んで、うまく意味が通る**言葉」を探す！

　つまり後ろに来る言葉を1つずつ、修飾語と一緒に声に出して読んでみればいい。**一緒に読んで、うまくいくほうが被修飾語。**
　③からやってみよう。可能性は次のどちらかだね。
「きれいな　部屋」　／　「きれいな　した」
どっちが、意味が通るかな？

　「きれいな　した」だと、意味がわからない。
　「きれいに　した」ならわかるけど。

　「きれいな　部屋」なら意味がわかるよね。
　ということは、被修飾語は「した」ではなく「部屋に」ですね。

　「**部屋に＝名詞／モノ**」だから……③の答えは**連体修飾語でA**！

　④は「きれいに　片づけた」なら意味がわかる。「きれいに　部屋」だと意味不明。つまり「**片づけた＝動詞／動作**」が被修飾語だから、**答えはB**。

　このように「一緒に読んでうまくいく場所」が「被修飾語」になることをまず認識しよう。**ただ、これだけですべての問題が解けるかというと、そこまで甘くない。**⑤「ゆっくり」と一緒に読んでうまくいくのはどこかな？

　「ゆっくり　起きてから」かな。
　でも……「ゆっくり　見て」とか「ゆっくり　出た」でもいいような気がするな。

　そうだね。このように、「一緒に読んでうまくいく」言葉が２つ以上ある場合も多い。こういう場合は**「意味のつながり」を考える必要がある。つまり、今回この人が「ゆっくり」やったことは何かを考えればいい。**

　寝坊した話だから、「ゆっくり」なのは「起きた」だと思います。
　「ゆっくり時計を見」たり、「ゆっくり玄関を出」るヒマはないです。

　その通り。このように、**修飾語の言葉の意味を考えて、その言葉の意味に合う場所**を答えにすればいい。⑤の答えは「起きてから＝動詞／動作」だからＢだね。

6　修飾語と被修飾語（3）

「どこを修飾しているか」を考えるには？

→修飾語の意味を考えて、その意味に合う文節を探す！

チャレンジ！実戦問題⓰ 修飾語と被修飾語　　　　　（➡答えは別冊 P.4）

問1　傍線部が直接かかる言葉をそれぞれ一文節で抜き出しなさい。

①　謙太郎は <u>べたべたと</u> マンガとアイドル写真集の告知が貼られたガラ

スの自動ドアを割って本屋にはいった。　　（石田衣良『青いエグジット』）

②　「てがみ」は <u>幅広く</u> どんな内容にも使えるが、「たより」は事務連絡

や依頼状や督促状などとはイメージが合わず、「桜のたより」「旅先か

らのたより」のように、特別の用件が含まれていない折々の挨拶や近

況報告を連想させるからだろう。　　　　　（中村明『語感トレーニング』）

問2　傍線部が直接かかる文節を、〜〜〜線部の中から1つ選びなさい。

①　しかし私には、<u>何か</u> 情報の ₐ残り方、理解の ʙ仕方が ꜀違うよう

な ᴅ気が ᴇします。　　　　　　　　　　　　（高田高史『図書館で調べる』）

②　<u>ただでさえ</u> ₐ二日目の ʙコースは ꜀きつめに ᴅ設定されている。

　　　　　　　　　　　　　　　（竹内真『自転車冒険記　12歳の助走』）

③　<u>夕食時</u>、ₐぼくは 今日押野が ʙ言った ことを ꜀おじいさんに

ᴅ伝えた。　　　　　　　　　　　　　　　（椰月美智子『しずかな日々』）

◇**接続語と独立語**

　「文の成分」の勉強は次で最後。残るは「接続語」と「独立語」だ。

　……まず、最初に言っておこう。実際の試験で、**「独立語を選べ」**とい

う問題が出ることは少ない。

　接続語は、穴埋め問題はよく出るけど、それは文法というより内容理解

の問題だから、「説明文」（→ P.576）のコーナーであらためて勉強する。

ということで、ここでは最低限必要なポイントを覚えるだけで OK。

7 接続語と独立語

★**接続語 → 前後を「つなぐ」はたらき**をする言葉！

> 例 しかし、〜だが、だから、〜ので、〜から、そして、そこで、〜ば、す
> ると、ところで、たとえば、また、むしろ、〜のに、つまり etc.

⇒入試では「**穴埋め**」の形で出るので、「**接続語のはたらき・使い方**」
を**覚える**ことが重要！（→ P.576 へ）

★**独立語**　次のパターンを頭に入れておけば OK。

> ①**感嘆**　　「**うわっ**、私の点数、低すぎ……。」
> ②**返事**　　「**いえ**、特にありません。」
> ③**あいさつ**「**こんばんは**、ニュースの時間です。」
> ④**呼びかけ**「**おい**、小池」
> ⑤**提示**　　「**青雲**、それは若者の夢。」

→他の文節とのつながりが薄い文節。

　文頭にあり、直後に「、」がつくことが多い！

これで、
文節の見分け方は
完璧（かんぺき）！

（例題）次の傍線部が接続語ならばＡ、独立語ならばＢと答えなさい。
① <u>もしもし</u>、木村です。
② <u>平和</u>、それは　人類に　共通する　願いだ。
③ <u>寒かったので</u>、　火を　つけた。
④ <u>ところで</u>　これを　見てください。
⑤ 何が　やりたいんだ、<u>コラ</u>。

①は「あいさつ」「呼びかけ」だな。独立語でＢ。
②も「平和、」が「提示」になっているので、これもＢ。

③は「〜ので」があるから接続語、Ａだね。
④「ところで」も話を変えるはたらきをする接続語。Ａ。
⑤の「コラ」は「呼びかけ」になっているから独立語でＢかな。でも、独立語って文頭に来るんですよね？

　文頭に来ることが多いだけで、絶対ではない。⑤のように文中や文末に来ることもあるから、ＢでOK。

2
章

前後を「つなぐ」
働きをするのが、
接続語！

2-4 文節どうしの関係・補助動詞・連文節

　これまでの勉強では、「1つの文節」のはたらきや、文中での役割を分類していった。次に勉強するのは**「2つの文節」どうしが、どのような関係になっているか**を見抜くこと。

1 文節どうしの関係

①　**主語・述語**の関係　　　②　**修飾・被修飾**の関係

③　**並立**の関係　　　　　　④　**補助**の関係

◇**主語・述語／修飾・被修飾の関係**

　①の「主語・述語」は、P.78で勉強したよね？　②の「修飾・被修飾」もP.84でやりました。

　ワカナさんの言うとおり、①、②は前に勉強した「主語／述語／修飾語」がわかっていればOK。いきなり例題をやってみよう。

（例題）次の文節どうしの関係が「主述の関係」ならA、「修飾・被修飾の関係」ならBと答えなさい。

①　六甲の　**おいしい　水が**　飲みたい。

②　**もたもたと　動く**　たぬきを　見かけた。

③　この　マラソンには　**ゴールが　見えない**。

④　**ゴールの　見えない**　マラソンを　走り続ける。

---

①は「どんな水か」を説明しているから「修飾・被修飾」でB。
②も「どんなふうに動くか」を説明しているから「修飾・被修飾」でBだね。

そのとおり。もう一歩掘り下げておくと、①は「水」という「名詞」を修飾するから「連体修飾」、②は「動く」という「動詞」を修飾するから「連用修飾」だった。

③は「見えない」が文末に来ている。「何が見えないのか」を考えたら「ゴールが見えない」わけだから、これは「主語・述語」でA。

そうだね。①〜③までは、すでに勉強した内容ばかり。**ただ、ちょっと注意が必要なのは④。**

これ、③と同じじゃない？　だって③も「ゴールが　見えない」で、④も「ゴールの　見えない」。これも「主語・述語」じゃないの？

でも……③は「見えない」が文末にあったけど、**④の「見えない」は文中にあるよね。**④も「主語・述語」の関係って言っていいのかな？　「述語」は文末に来る、ってP.80で習ったけど…。

答えはシュンくんの言うとおり「主語・述語の関係」でAなんだ。
「述語は必ず文末」というルールは「文の成分」の問題のときに成り立つ法則であって、「文節どうしの関係」のときにはあてはまらない。文の真ん中にある場合でも「主語と述語の関係」になることは十分あり得る。

文節どうしの関係を
考えるときも、
考え方は同じ！

じゃあ、どうやって見抜けばいいんですか。

　「Aが　Bする」「Aが　Bである」という形で文が作れるかどうか試してみればいい。④も「ゴールの見えない」⇒「ゴールが見えない」と言えるよね。

★Point★
2　「主語・述語の関係」の注意点

① 「述語」が文末に来るとは限らない。文中でもOK。
② 「Aが　Bする。」「Aが　Bである。」の形にできるかどうかチェック。

◇並立の関係
　じゃあ次、「並立の関係」へ進もう。これはすごく簡単。

★Point★
3　並立の関係とは？

文節が**対等に並んでいる**とき。
　→**位置を入れ替えても問題ない**ものが「並立の関係」！

（例）たぬきと　きつね　→　きつねと　たぬき

　　　泣いたり　笑ったり　→　笑ったり　泣いたり

文の形を
変えてみると、
関係がわかるね！

◇補助の関係

最後に、「補助の関係」だね。これは、教科書に書いてある説明を読んでも、なかなかピンとこないところなんだよね。

 わたしが持っている教科書には……「主な意味を表す文節に、補助的な意味を表す文節がついたもの」って書いてますね。
わかるような、わからないような……。
「主な意味」「補助的な意味」ってなんだろう？

ちょっと難しそうでしょ？　でも、実は問題を解くだけであれば全然難しくないんだ。とりあえず、次のポイントを覚えておこう。

4　補助の関係とは？

「て⁽で⁾／く／じゃ」でつながる関係！

この「て（で）／く／じゃ」の形は、すでにP.72で勉強している。

 「走って／いる」「青く／なる」「誠実じゃ／ない」みたいに、「て／く／じゃ」の後ろは文節に区切る！　って習った。

そうだね。この**「走って・青く・誠実じゃ」**と**「いる・なる・ない」**の間の関係を**「補助の関係」**と言うんだ。
実際のテストでは「て」のパターンが圧倒的に出やすいから、「て」の場合を真っ先に覚えておこう。

チャレンジ！実戦問題 ⑰ 文節どうしの関係

（➡答えは別冊 P.4）

問1　傍線の文節相互の関係と同じ関係を表すものを1つずつ選びなさい。

①　**タイプの違う**あらゆる波長を含んだ太陽の光を浴びた花びらは、ほとんどのタイプの光を吸収します。　　（武田双雲『人生を変える「書」』）

　　ア　赤く見える　　イ　花を見る　　ウ　花が赤い　　エ　赤い花

②　物語は、あえて無駄や脱線が加味されることで、内容に豊かな魅力を**帯びてくる**ものです。　　　　　　　（玄田有史『希望のつくり方』）

　　ア　矛盾に見える　　　　イ　待っています

　　ウ　魔力があります　　　エ　知的興奮や感動に

問2　次の＿＿＿部の文節と＿＿＿部の文節の関係を1つずつ選びなさい。

①　丘の上の大きな家まで**ゆっくり 歩く**。

②　計画書を、父さんは目を丸くして**読んで いる**。

　　　　　　　　　　　　　　　　　　（竹内真『自転車冒険記』）

③　それは十分にその達成に満足していい**バランスと 完成度を**たたえている。　　　（原研哉『日本のデザイン　―美意識がつくる未来』）

　　ア　主述（主語・述語）の関係　　イ　修飾・被修飾の関係

　　ウ　並立の関係　　　　　　　　　エ　補助の関係

◇**補助動詞（用言）**

　全部合ってました！　でも……さっき「補助の関係」のところで言ってた、**「補助的な意味を付け足す」**って、結局どういう意味なんですか？　ちょっと気になる……。

なるほど、そこは気になるよね。じゃあ、説明しよう！
「補助的な意味」というのは、次の表のような感じだ。

	基本的な意味	付け足された意味
〈走って　**いる**〉	「走る」	今進行中！
〈食べて　**みる**〉	「食べる」	試しに
〈買って　**おく**〉	「買う」	前もって準備
〈助けて　**やる**〉	「助ける」	恩を着せる

「走る」「食べる」「買う」「助ける」だけの場合と比べると、**意味が付け足されている**のがわかるはずだ。

ここでいう「いる・みる・おく・やる」のような言葉を**「補助動詞（用言）」**と言う。「補助の関係」を作る動詞だから補助動詞。

「補助動詞」という名前からもわかるように、こういう「いる・みる・おく・やる」などの**補助動詞も、「動詞」の一種**なんだよね。

 あぁ、確かに「みる」とか「おく」とかは「動詞」だよな。

 同じ動詞なのに「補助動詞」という特別な名前がついているということは……、「普通の動詞」と何か違いがあるのかな？

「普通の動詞」と「補助動詞」には大きな違いがある。次の例を比べて、意味の違いを考えてみよう。

① きれいな　女性を　横目で　**見る**。
② まずは　少しだけ　食べて　**みる**。

①の「見る」は**「目で見ている」**んですよね。
でも、②の「みる」は**「目で見ている」**わけじゃない。

　そのとおり。ふつう「見る」と言えば、①**「目で見る」**の意味で使うよね。①のような「本来の意味で使う動詞」のほうを「本動詞」と呼ぶ。

　②は、**本来の「目で見る」という意味が失われ**、「試しにやる」という意味に変化してしまった。こういう動詞を「補助動詞」と呼ぶんだ。

★Point★

5　補助動詞（用言）とは？

★もとの意味を失い、別の意味に変化した動詞（用言）。

★「て／く／じゃ」の後について、前の言葉に意味を付け足す！

本来の動詞…本来の意味	補助動詞…補助動詞の意味
犬が　ー　〈**いる**〉…存在している	走ってー〈**いる**〉…今進行中
コップをー〈**置く**〉…設置する	買ってー〈**おく**〉…前もって準備
金を　ー　〈**やる**〉…贈与する	助けてー〈**やる**〉…恩を着せる
先生がー〈**来る**〉…移動してくる	帯びてー〈**くる**〉…少しずつ

　このポイントがわかっていると、次のようなヒッカケ問題でも間違えずに済む。

意味を付け足す
「補助動詞」も、
動詞の一種！

（例題）次の文節どうしの関係のうち、「補助の関係」を選べ。
① 風邪をひいているのに、シャワーを **浴びて 寝た**。
② 風邪をひいているのに、シャワーを **浴びて しまった**。

 ①も②も「て」があるから、両方「補助の関係」じゃないの？

 「もとの動詞の意味を失っている」のが「補助動詞」だけど……①の「寝た」は「本当に寝ている」よね。これは「本来の動詞の意味」そのまま。

 ②の「しまった」は、本来「本を棚にしまった」のように「収納」という意味で使う。でも、今回は「失敗した！」という気持ちを付け足すはたらきをしている。答えは②だ。

チャレンジ！実戦問題⑱補助動詞　　　　　　　　　（➡答えは別冊 P.4）

問題　次の傍線部と同じ働きをしている「くる」を、１つ選びなさい。
　進行方向左手に、雪をいただいた山々が迫って**くる**。
　ア　車に乗ってここまで**くる**。　　　ウ　もどって**くる**しかなかった。
　イ　**くる**日も**くる**日も勉強する。　　エ　胸がわくわくして**くる**。

※「補助動詞」と「補助用言」は何が違う？
　補助の関係を作る語には「青くなる」「走っている」のような補助動詞だけでなく「青くない」「走ってほしい」のような補助形容詞も存在する。補助動詞・補助形容詞をまとめて「補助用言」と呼ぶ。
　（動詞／形容詞／用言とはそもそも何か？　→ P.124）

◇連文節

「連文節」というのは、文字通り「2つの文節を1つにまとめたもの」という意味なんだけど…。

これは、例題を先にやってもらったほうがわかりやすいかな。

（例題）次の文の「主語」と「述語」を答えなさい。
① 激しい 雨が 降って いる。
② 女の子と 犬が すごい 勢いで こっちに 来た。

 これ、①は「降っている」の部分が「補助の関係」。②は「女の子と犬が」の部分が「並立の関係」ですよね。さっき勉強しました。

 ①の述語は、文末にあるから「いる」。主語は「雨が」。②の述語は文末にあるから「来た」。主語は「犬が」。

---

① 激しい <u>雨が</u> 降って <u>いる</u>。
　　　　　　 主語　　　　　　 述語

② 女の子と <u>犬が</u> すごい 勢いで こっちに <u>来た</u>。
　　　　　　 主語　　　　　　　　　　　　　　　 述語

---

①②の文から「主語／述語」を抜き出すと、シュンくんが言ったようになるよね。でも、ちょっと考えてみてほしいんだ。

この答えは、文の意味を考えると、ちょっと変だと思わない？

 確かに……。**「雨が　いる」**って変ですよね。述語＝「動作・様子」だから、「降る」のほうが「動作」っぽい気がします。

②も、**主語が「犬」だけなのはおかしい**よな。だって、「女の子」だって一緒に来てるわけだし。これだと、「犬」だけが来てるみたいだ。

でしょ。特に「補助の関係／並立の関係」があるときは、１つの文節だけで「文の成分」を考えてもうまくいかないことが多い。

①は**「降っている」でまとめて１つの「述語」**と考えなければ変だし、②は**「女の子と犬が」でまとめて１つの「主語」**だと考えなければ変だ。このように、２つ以上の文節を、まとめて１つの「文の成分」と考えたものを**「連文節」**と言うんだ。

ただ、「主語／述語」という名前のままだと「１つの文節」の場合と区別がつかないので、**「連文節」の場合は「主部／述部」と呼ぶ**。もちろん、「修飾部／接続部／独立部」もあるよ。

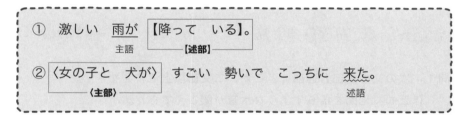

なるほど、「２つの文節がまとまって、１つの役割を持つ」ということですね！　でも……それだと「激しい　雨が」も１つのまとまりになっているのでは？

「すごい　勢いで」「こっちに　来た」も１つのまとまりと言える。

　そのとおりだね。「補助」と「並立」だけでなく、「修飾・被修飾の関係」
にある文節どうしも「連文節」を作ることができる。

連文節とは？

★ **2つ以上の文節が1つのカタマリになったもの！**

① 「並立の関係」にある文節　　　② 「補助の関係」にある文節

③ 「修飾・被修飾の関係」にある文節

⇒これらは、文節どうしが**まとまって1つの「連文節」**になる。

★ 「連文節」は「〜語」➡「**〜部**」に名前が変わる！

チャレンジ！実戦問題⑲ 連文節　　　　　　　　　　　（➡答えは別冊P.4）

問1　次の文の主部と述部はどこか、二文節以上で答えなさい。

　ほどなく地面を揺らすような水音が聞こえてきた。

（伊集院静『親方と神様』）

難 **問2**　次の＿＿線の主部を、二文節で抜き出しなさい。

　どんな細胞でも、その中身、つまりタンパク質や脂質など細胞を形作
る分子群は絶え間のない合成と分解のさなかにあり、流転しながらも何
とかバランスを保っている「動的平衡」状態にある。

（福岡伸一『ルリボシカミキリの青』）

2章

文節どうしが
まとまって、
「連文節」になる！

2-5　主述の対応・二重解釈

「文節」編の最後は、「日本語の誤り」を直すタイプの問題だ。

◇**主述の対応**

> （例題）①〜④の文法上の誤りを見つけて正しく直せ。
> ①　私が後悔していることは、大学に8年間も通いました。
> ②　渡辺さんの願いは、株で大もうけします。
> ③　キョウコがなくしたチケットは、親切な人に拾っていた。
> ④　村のみんなが、穴にはまったクマを外に出た。

①は「通いました」が変。
"私が後悔している**ことは**、大学に8年間も通った**ことです**。"
"**私は**、大学に8年間も通ったことを**後悔しています**。"
にすればいいと思う。

②は「大もうけします」の部分がおかしい。
"渡辺さんの**願いは**、株で大もうけする**ことです**。"
"渡辺さんの**願いは**、株での**大もうけです**。"
"渡辺さんは、株で**大もうけしたい**。"
にすれば OK じゃないかな。

　そのとおりだね。一言で言えば、①②は両方**主語と述語がうまく対応していない**文なんだ（主述の「ねじれ」）。
　主語が「〜ことは」の形であれば、述語も「〜ことです」の形がぴったりだし、逆に述語を「〜します」のままにするなら、主語を「私は」のように換える必要がある。

じゃあ、③と④。これも①②同様「主語と述語」の対応を意識しよう。

③は**「チケットは」が主語**で、**述語が「拾っていた」**だな。
これだと、チケットが歩いて何かを拾ったみたいだ。
"キョウコがなくした**チケットは**、親切な人に**拾われていた**。"
"**親切な人が**、キョウコがなくしたチケットを**拾っていた**。"
にすればいい。

④は、**「村のみんなが」が主語**で、**「出た」が述語**だね。これだと、
穴にはまったのが「クマ」ではなく「村のみんな」になってしまう。
「出た」じゃなくて「出した」が正解。
"村の**みんなが**、穴にはまったクマを外に**出した**。"

そのとおりだね。③は「受け身」と言われる文の形で、④は「自動詞／
他動詞」（→ P.159）にかかわる文だ。これらも「ねじれ」が発生しやす
いので要注意。

1 主述の対応

「文末＝述語」と「主語」の対応をチェック！

★文末を「〜ことだ」の形にするかしないか

★「受け身」にするかしないか

★「自動詞」「他動詞」どちらを使うか　　　に特に注意。

主語と述語を
対応させないと
いけないんだ！

チャレンジ！実戦問題⑳ 主語と述語の対応

（➡答えは別冊P.4）

問1　次の傍線部を、受け身の表現に直しなさい。

　　一階にある特別教室などでは、アサガオの葉っぱでできた自然のカーテンによって、**強い日差しをさえぎります**。

問2　次の文の──線部を、……線部との関係が適切になるように改めなさい。

① 　最近、新聞や雑誌、テレビなどで**気になっていることは**、和語や漢語でも表現できるような外来語がとても多く**使われている**。

② 　**私の夢は**、アジアの国々で貧しい人々のために働く医師に**なりたい**。

③ 　**体験に必要な時間**は、**1時間かかります**。

受け身の表現は、
ねじれが発生しやすい
から要注意ね

◇**二重解釈の問題**

> （例題）次の①②は「2つの意味」で解釈できる。
>
> 　　　　その「2つ」とは何か考えなさい。
>
> ①　私はニンジンを食べながら走るシマウマを見ていた。
>
> ②　大きな馬と鹿が牧草を食べている。

2章

このような「二重解釈」の問題を考えるコツは2つあるんだ。

1つは**「動詞」が連続している場所**をチェックすること。これが例文①。

もう1つは**1つの「修飾語」が、2つの「被修飾語」につながる場所**をチェックすることだ。これが例文②。

> ①　私はニンジンを**食べながら**（動詞①）**走る**（動詞②）シマウマを見ていた。
>
> ②　**大きな**（修飾語）**馬と**（被修飾語①）**鹿が**（被修飾語②）牧草を食べている。

これを見ながら、なぜ「2つの解釈」が生まれるかを考えよう。

①は「ニンジンを食べる」のが、「私」なのか「シマウマ」なのかわからないです！

"私は、ニンジンを食べながら走るシマウマを見た。"

"私はニンジンを食べながら、走るシマウマを見た。"

そのとおり。このように、動詞が連続してしまうと、**誰がその動作をやるのかがあいまいになりがちだ。**

②は、**「鹿」**が**「大きい」**のかどうかがはっきりしないな。
"大きな馬と（大きな）鹿" "大きな馬と（普通サイズの）鹿"
の、どちらとも解釈ができてしまう。

　そうだね。1つの修飾語が、後ろ2つの被修飾語を説明しているときは、
後ろに来る被修飾語の意味があいまいになってしまうことが多い。

★Point★
2　「二重解釈」の問題

① 「**動詞の連続**」に注意！

② 「**1つの修飾語 → 後ろに2つの被修飾語**」の形に注意！

 チャレンジ！実戦問題㉑二重解釈　　　　　　　　（➡答えは別冊 P.4）

問1　次の文は、書き言葉としてあいまいでわかりにくい。どのような点
　　があいまいなのか、「熱」という言葉を用いて、15〜20字で書きなさい。
　　私は熱を出して横になっている子どもの手を握っていました。

問2　次のうち、解釈をする上で誤解の生じない文はどれか。
①　ア　彼はお昼前に学校に来るよう担任の先生から連絡を受けた。
　　イ　母親は笑いながら走り回っている子どもたちに声をかけた。
　　ウ　今朝東京に住む兄から正月には実家に帰ると電話があった。
　　エ　祖母から誕生日のお祝いに小さなかばんと財布をもらった。
②　ア　父と私は急いで海外に行く叔父を見送りに行った。
　　イ　父と私は海外に行く叔父を急いで見送りに行った。
　　ウ　私は父と海外に行く叔父を急いで見送りに行った。
　　エ　私は父と急いで海外に行く叔父を見送りに行った。

2章

二重解釈の問題は、
動詞の連続と
修飾語に注目！

2-6 品詞の種類

では、いよいよ「文節」編を終えて、ここからは「単語」編に入る。**「単語」は、「文節」よりもさらに小さい**、それ以上区切ると「意味を失ってしまう」単位。例を挙げると、こんな感じ。

文節	彼は ／豚肉（ぶたにく）よりも ／牛肉が ／好きだと ／言った。
単語	彼 は 豚肉 より も 牛肉 が 好きだ と 言っ た。

この例でいう「は・より・も・が・と・た」の部分は、**「それだけでは意味不明な言葉」**だよね。「文節」に区切るときは「意味不明な部分を出してはいけない」というルール（→ P.74）があるから、「は・より・も・が・と・た」の前で区切ることはできなかった。

でも「単語」の場合は、これらはすべて１つの単語として区切る。

 なるほど。では、どうやって文節を単語に区切るんですか？

それは当然の疑問だよね。**だけど……いきなり「単語への区切り方」をマスターするのは、とても難しいんだ。**

いきなり難しいことをやるよりも、まずは「すでに区切られている単語」の分類方法をマスターしてから、最後に「単語への区切り方」を勉強すべきだ。

だから今は**「単語→それだけで意味不明な言葉も区切る」**とだけ理解しておけば OK。具体的な区切り方は P.204 でまた勉強する。

◇「品詞」を見抜く２つの原則

では、話を進めよう。「文節」が５種類に分かれたのを覚えている？

 「主語・述語・修飾語・接続語・独立語」。（→ P.68）

そうだね。で、これから勉強する「品詞」は**全 10 種類に分かれる**。

1 「単語」の種類

★品詞 ⇒ **動詞・形容詞・形容動詞・名詞・連体詞**
　　　　副詞・接続詞・感動詞・助詞・助動詞 の全 10 種類！

 「動詞」「名詞」「形容詞」「助動詞」あたりは、聞いたことがある。英語の授業でも出てくるし。

 でも、「連体詞」は聞いたことがない。「形容動詞」もよくわからないし……。そもそも、10 種類は多すぎだろ……。

たしかに「品詞」は種類が多いし、なじみのないものも混ざっているから、拒否反応を起こす中学生は多いよね。

しかし今から教えるやり方を覚えれば、こんなものは楽勝で見分けられるようになる！　そのポイントは「いきなり 10 種類に分けようとしても無理。**まずは２種類ずつ分類する**」ことなんだ。

「単語」は、それだけでは意味不明な言葉も区切るんだ！

Point 2　品詞の見分け方（1）

「単語」の種類＝「品詞」を問われたら、**まず2種類ずつ**見分ける！

① **「自立語」か？「付属語」か？** を見分ける！

② **「活用がある」か？「活用がない」か？** を見分ける！

この2つを無視して、いきなり「形容詞か連体詞か」とか「助動詞か形容動詞か」とか考えようとするからうまくいかないんだ。**とにかく「自立語 or 付属語」「活用ある or ない」を見分ける練習をしていく**こと！

では、「自立語 or 付属語」「活用ある or ない」とは何なのか、どうやって見分ければいいのかを順番に覚えていってもらおう。

◇「自立語」と「付属語」

「自立語」「付属語」という言葉は聞いたことがあるかな？

学校で、**「自立語」は「それだけで意味がわかる言葉」**
「付属語」は「それだけでは意味がわからない言葉」 と習いました。
あれ？　それって、さっき勉強しませんでしたっけ？

そうなんだよ。さっきの例文、もう一度見てみようか。

彼	は	豚肉	より	も	牛肉	が	好きだ	と	言っ	た。
自	付	自	付	付	自	付	自	付	自	付

この例で言うと**「彼・豚肉・牛肉・好きだ・言う」はそれだけでも意味がわかる**言葉だよな。でも、**「は・より・も・が・と・た」は
それだけ言われたら意味不明**。

ということは、「**彼・豚肉・牛肉・好きだ・言う**」が「**自立語**」で、
「**は・より・も・が・と・た**」が「**付属語**」ですね。

　そのとおり。こうして自立語か付属語かがわかれば、**さっきの 10 品詞**
を「自立語グループ」と「付属語グループ」大きく2つに分けることがで
きる。

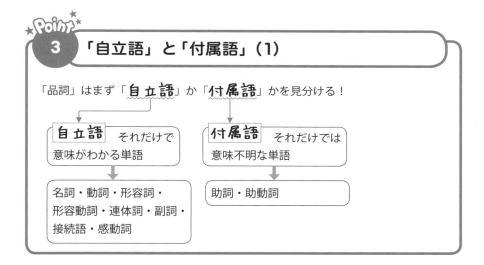

　つまり「**それだけでは意味不明な言葉＝付属語**」だった時点で、**100%**
「助詞」か「助動詞」のどちらかだということ。
　逆に「**それだけで意味がわかる言葉＝自立語**」だった時点で、「**助詞**」「**助**
動詞」になることは 100%ありえない。
　このように、段階を踏んで考えていくことが大事なんだ。
　では、まず自立語と付属語を見分ける練習をしておこう。

順番に
考えていけば
わかるわ

（例題）自立語の下に「自」、付属語の下に「付」と書きなさい。

例：　彼 は 豚肉 より も 牛肉 が 好きだ と 言っ た。
　　　自 付 自　　付　　付 自 付 自　　付 自 付

① どこ に も 家 の 鍵 が ない。

② 今日 こそ は 必ず やっ て みる。

①は「どこ・家・鍵・ない」は、意味がわかります。
でも「に・も・の・が」はそれだけだと意味不明。

正解：① どこ　　　に　　　も　　家　　の　　鍵　　が　　ない。
　　　　　自　　　　付　　　付　　自　　付　　自　　付　　自

②は、「今日・必ず・みる」は意味がわかるな。「こそ・は・て」は意味不明。でも……**「やってみる」の「やっ」って「それだけで意味がわかる言葉」なのかな？**

② 今日　　こそ　　は　　必ず　　やっ　　て　　みる。
　　自　　　付　　　付　　自　　　？　　　付　　自

　「やってみる」の「やっ」のように自立語か付属語か迷う場合もあるだろう。

　こういうときのために、**自立語と付属語の「もう1つの見分け方」を教えよう！**　例をもう一度見てほしいんだけど……今度は「単語」に分けたものだけでなく、「文節」に分けたものと見比べてみてほしいんだ。

| 文節 | 彼は | 豚肉よりも | 牛肉が | 好きだと | 言った。 |

| 単語 | 彼 | は | 豚肉 | よりも | 牛肉 | が | 好きだ | と | 言っ | た。 |
| | 自 | 付 | 自 | 付 付 | 自 | 付 | 自 | 付 | 自 | 付 |

上下を比べて、何か気づくことはないかな？

 これは……。**文節の中で先頭に来る言葉は、必ず「自立語」になってるんじゃない？**

 あっ、確かに！　文節の先頭は全部「自立語」だし、**2番目より後ろの言葉は、全部「付属語」**だ。

4 「自立語」と「付属語」（2）

文を「文節」に区切ってみる！

① 「**文節**」**の中で先頭**にくる単語＝「**自立語**」

② 「**文節**」**の中で2番目以降**の単語＝「**付属語**」

そのとおり！　このポイントがわかれば、②の問題はもう解けるはずだ。さっそく「文節」に区切ってみよう。

 えーっと。「ネ」を入れて読んで、「て」の下は区切るんだろ。「今日こそはネー、必ずネー、やってネー、みるネー」だ！

| ② | 今日 こそ は | 必ず | やっ て | みる。 |
| | 自 付 付 | 自 | ？ 付 | 自 |

「やっ」は、文節の中で先頭に来てる！　ということは「自立語」です。

正解：②

今日	こそ	は	必ず	やっ	て	みる。
自	付	付	自	自	付	自

　これで「自立語か付属語か」は OK！　**次は「活用があるか、活用がないか」の見分け方だ。**

◇「活用」とは

　「活用」というのは、一言で言うと**「語尾の形が変化すること」**。

　たとえば、「走る」という言葉。これの**後ろに「ない」「ます」「て」「う」をつけてみると**、どうなるかな？

えーっと、こうですか？

「走**る**」＋ ない → 「走**ら**」ない　　「走**る**」＋ て → 「走**っ**」て

「走**る**」＋ ます → 「走**り**」ます　　「走**る**」＋ う → 「走**ろ**」う

　そうだね。「走**る**」が「走**ら**・走**り**・走**っ**・走**ろ**」のようにどんどん形を変えていく。このように**形が変化する言葉を「活用がある」という**んだ。

　逆に、「形が変化しない言葉」もある。

　「ねこ」とか「ゆっくり」とか、変化させられないでしょ？

確かに。「ねこ→ねか・ねき・ねく」にはならないし、「ゆっくり→ゆっくら・ゆっくれ・ゆっくろ」に変化することはない。

このように
形が変化しない言葉を
「活用がない」という

5 「活用」とは？

★「活用」＝「語尾の形が変化する」こと！

① 語尾の形が**変化する**言葉 ＝「活用がある／活用する」

② 語尾の形が**変化しない**言葉＝「活用がない／活用しない」

2章

（例題）傍線部が活用する語ならＡ、活用しない語ならＢと書け。
①**走っ**ていく。　②**そっと**手を触れる。　③**鍋**の中の猫
④後頭部が**痛く**なる。　⑤**静かに**しろ。　⑥**この**人痴漢です。
⑦怒るで、**しかし**。　⑧**ねえ**、聞いてる？　⑨鋼の**ような**心
⑩私**が**王だ。　⑪また怒ら**れ**た。　⑫海**で**泳ぐ。

①は「走る・走らない・走れば」と変化するから、Ａ。
②は「そっと・そった・そって」とはならないから、Ｂ。
③「鍋」が変化するわけないよね。Ｂ。
④は「痛い・痛ければ・痛かったら」と変化するから、Ａ。
⑤は「静かだ・静かなら・静かで」と変化するから、Ａ。
⑥は「この・こな・こね」とはならないから、Ｂ。

⑦は「しかし・しかさ・しかそ」とはならないから、Ｂ。
⑧も変化しようがないよな。Ｂ。
⑨は「ように・ようで・ようだ」と変化するから、Ａ。
⑩は「が」以外には変化させられないよな。これはＢ。
⑪は「れ・れる・れれ・れろ」と変化するな。Ａ。
⑫は……？　**「で」が「だ」に変化するような気もする**けど…。

⑫のように、活用するかしないか判断しにくいケースもある。

でも、**「言葉の意味」を考えてほしい**んだ。

「海**で**・東京**で**・駅の中**で**・砂漠**で**」この「で」の意味って、何だろう？

「場所」を表していると思います。英語で言う「in」とか「at」みたいな。

そうだよね。この「で」は「場所」の意味を持つ「で」だ。

シュンくんが言ったように「で→だ」に変化させた場合、「海だ」になるよね。「海だ」の「だ」は、どんな意味で使うだろう？

「海だ」の**「だ」は、「～である」という意味**だな。

そうか、「場所」を表す「で」と全く違う意味になってしまう。「場所」を表す「で」は、形を変えることができない。答えはBだ。

そういうこと。一見形が変化するように思えても、**意味が変わってしまえばそれは別の単語**。「形が変化した」とは考えないんだ。

で、さっき勉強した **10種類の品詞**を、「活用がある」ものと「活用がない」ものに分けると以下のとおり！

品詞の見分け方（2）

「品詞」は、**「活用がある」**か**「活用がない」**かを見分ける！

	「活用がある」品詞	「活用がない」品詞
自立語	動詞・形容詞・形容動詞	名詞・連体詞・副詞 接続詞・感動詞
付属語	助動詞	助詞

　いきなり「これは動詞？　形容詞？　連体詞？」のように答えを出そうとするからダメなの。**まずは「活用の有無」を判断すること**。これができないうちは絶対に品詞はできるようにならないからね。

　そんなに「活用のあり／なし」って大事なのか。
　でも……**なんでそんなに「活用」が大事なんだろう？**

　じゃあ、「活用」の重要性をまず理解してもらおうか。
　二人は英語の授業で「形容詞／副詞」について習ったことはあるかな？

　英語では、「形容詞」は「名詞を説明・修飾する」
　　　　　「副詞」は「主に動詞を説明・修飾する」と習いました。

　そうだよね。じゃあ、次の文を見てもらおうか。

| ① | **大きい** | 男 | ② | **この** | 男 |
| ③ | **ゆっくり** | 動く。 | ④ | **激しく** | 動く。 |

　まず①と②から見てみよう。①と②の傍線部は、今ワカナさんが言った英語の考え方だと、何詞になるかな？

　①と②は両方とも「男」という**名詞を修飾しているから、どちらも「形容詞」になるはずですよね。**

　でしょ。英語の考え方だと確かにそうなるわけ。
　でも、**今説明した「活用」の視点で見ると、どうなるだろうか？**

　①は「大きい・大きく・大きけれ」と変化するので、**「活用あり」**。
　②は変化しないので**「活用なし」**です。

あれ？　ワカナ、さっきの★Point★⑥を見てみろよ。

ワカナは①②を両方「形容詞」と答えたけど……**「形容詞」は「活用がある」ほうのグループに入っていて、「活用がない」グループには入ってないぞ。**

あっ、確かに。ということは……**②「この」は「活用がない」から「形容詞」にはなれない**ということ？

　そのとおり！　英語では「名詞を修飾している言葉」は基本的にすべて「形容詞」になるけれど、国語の世界の「形容詞」は**「活用がある言葉」限定**のものなんだ。

　言い換えれば、**「活用がない言葉」はたとえ名詞を修飾していても、絶対に「形容詞」になることはできない。**

　同じ「形容詞」という名前がついているから混乱する人が多いけれど、英語の「形容詞」と国語の「形容詞」は、全く意味が違うものなんだ。

　「形容詞」だけじゃない。「副詞」についても全く同じことが言える。③と④の文は、英語の考え方だと、何詞になるかな？

「動く」という**動詞を修飾している**から、英語だと「副詞」のはずだ。でも、「活用のあり／なし」で考えると……

　③「ゆっくり」は**形が変わらないから「活用なし」**。

　④「激しく」は**形が変わるから「活用あり」**だよな。

★Point★⑥によれば、**「副詞」は「活用がない言葉」のグループ**だよね。ということは…。④「激しく」は、「活用がある」から「副詞」**にはなれない！**

　考え方が身についてきたようだね。国語では、**「言葉の意味やはたらき」を考えるだけでは品詞を正しく見抜くことはできない。**意味やはたらきを考えるよりも、まずは**「活用のあり／なし」を見破ることができないと、正解にたどりつけるようにはならない**んだ。

でも、ここまで理解できれば後は簡単！

「活用がある言葉」であれば100%「動詞・形容詞・形容動詞」（付属語であれば「助動詞」）のうちのどれか。

「活用がない言葉」であれば100%「名詞・連体詞・副詞・接続詞・感動詞」（付属語であれば「助詞」）のうちのどれかになるわけだから……。

 後は**「動詞・形容詞・形容動詞」の見分け方**と…

 「名詞・連体詞・副詞・接続詞・感動詞」の見分け方をマスターすればいいんだ！

そういうことだ！　その見分け方さえ覚えてしまえば、「品詞」は全部正解が出せるようになるはず。

◇「活用がある言葉」

じゃあ、まずは「活用がある」グループの品詞から倒していこう！

 「活用がある」のは、**「動詞・形容詞・形容動詞」**の３つですね。

 「付属語」の場合は100%助動詞。これは簡単だな。

そうだね。後は「動詞・形容詞・形容動詞」の見分け方さえ覚えればOK。では**「動詞・形容詞・形容動詞」は、何が違うのかな？**

 えっと……**動詞は「動作」**を表して、**形容詞は「状態」**を表す。形容動詞は……わかりません。

「動詞は『動作』、形容詞は『状態』」という考え方は、だいたい正しい。ほとんどの動詞は「動作」を表すし、形容詞は基本的に「状態」を表す。

ただ、その考え方だけで「動詞」と「形容詞」を見分けようとすると、**あまりにも「例外」が多すぎる**んだよね。たとえば……。

---

①　ここに犬が**いる。**　　②　私は何でも**知っ**ている。

③　確かにそう**思う。**　　④　その答えは**違う。**

⑤　私は母に**似**ている。　　⑥　バイクを**持っ**ている。

---

①～⑥の傍線は**全部「動詞」なんだけど、これって「動作」かな？**

 これは、全部「状態」と言ったほうがいいですよね。
何も「動作」してないし。

でしょ。だから「動詞＝動作」「形容詞＝状態」というのはだいたい正
しいんだけど、それだと見分けがつかない場合が結構ある。だから、**別の
見分け方も覚えておく必要がある**んだ。

「形容詞」と「形容動詞」の見分け方についても同じことが言える。

---

①　頭が**悪い。**　　②　**愚かだ。**

③　今日は**暖かい。**　　④　今日の気候は**温暖だ。**

⑤　都合の**いい**男。　　⑥　**便利な**男。

この①②、③④、⑤⑥の文を見比べると、どっちもほぼ同じ意味だよね？
でも、①③⑤は「形容詞」で、②④⑥は「形容動詞」なんだ。つまり**「形
容詞」と「形容動詞」はどちらも「状態」を表すから、それだけでは判別
ができない。**

では、どうするか。

「動詞・形容詞・形容動詞」は、**「意味」
よりも「形」で判別する**んだ。「言い
切りの形」って聞いたことある？

判別方法が
あるんだ！

「言い切りの形」は……「。」がつくときの形だよな。

　そのとおり。「動詞・形容詞・形容動詞」は、「言い切りの形」つまり「。」がつくときの形に直すことで、すべて判別することができる。

（例題）次の傍線部を「言い切りの形」に直しなさい。

① **許さ**れない。　　⑤ 空は**青かっ**た。　　⑨ **真っ赤な**カニだ。
② 本を**買お**う。　　⑥ 頭が**痛けれ**ば休め。　⑩ **豊かに**育った。
③ 男が**寝**ている。　　⑦ 全く**つらく**ない。　⑪ **哀れで**しかたない。
④ 砂に**埋まっ**た。　　⑧ それは**高かろ**う。　⑫ **簡単だろ**う。

「。」がつくときの形に直すと、こんな感じになります。

① 許さ→**許す**　　⑤ 青かっ→**青い**　　⑨ 真っ赤な→**真っ赤だ**
② 買お→**買う**　　⑥ 痛けれ→**痛い**　　⑩ 豊かに→**豊かだ**
③ 寝→**寝る**　　　⑦ つらく→**つらい**　⑪ 哀れで→**哀れだ**
④ 埋まっ→**埋まる**　⑧ 高かろ→**高い**　⑫ 簡単だろ→**簡単だ**

　OK、すべて正解だ。このように「言い切りの形」に直してから……**左の列（①〜④）、真ん中の列（⑤〜⑧）、右の列（⑨〜⑫）の、□で囲んでいるところを比べてみるといい。**

これは……。
左の列（①〜④）は、全部最後が「u」の音になってるな。
「許すぅー、買ゥー、寝るぅー、埋まるゥー」。
真ん中の列（⑤〜⑧）は、全部最後が「い」だ。
右の列（⑨〜⑫）は、全部最後が「だ」だ。

　そう！　これで、実は「動詞・形容詞・形容動詞」の区別がつくんだよ。

7 「活用がある」グループの品詞

★「言い切りの形」に直して、語尾の形をチェックせよ！

3つまとめて用言

動詞 → 語尾が「u」の音で終わる。── 主に動作を表す

形容詞 → 語尾が「い」で終わる。

形容動詞 → 語尾が「だ」で終わる。── 主に状態を表す

「動作」か「状態」かでは見抜けない場合も多いけど、このやり方なら百発百中判別ができる。

あ、あと1つだけ用語を覚えてもらおう。これら「動詞・形容詞・形容動詞」をまとめて何て言うか知ってる？

 あ、それ学校で習いました。確か「用言（ようげん）」です。

前に「文節」のところで「連用修飾語」ってやったでしょ？ あれは「用言」を「修飾」するから「連用修飾語」という名前になっていたというわけ。

これで「活用がある」言葉についてはほぼマスター！

（本当は、あと1つだけ話しておきたいことがあるんだけど……。）

. . . .

チャレンジ！実戦問題 22「活用がある」品詞 （➡答えは別冊 P.5）

問1　次の傍線部と品詞が同じものを1つ選びなさい。

① **楽しく**もあり、つらいこともある。

ア **残さ**れた　　　イ **きわめて**ゆがんだ世界

ウ 学生も**多い**が　　エ **格別で**ある

② **ささやかな**希望

    ア **しみじみと**思いにふける   イ **激しく**も

    ウ **豊かで**もない   エ 肝が**すわる**

問2 次の傍線部について、品詞が異なるものを1つ選びなさい。

① ア **かんたんに**言う   イ **きちんと**はまっている

    ウ **いったい**どういうものなのか   エ **とても**言い尽くせない

② ア 彼はいつでも**親切だ**。   イ 明日の方が天気はよさ**そうだ**。

    ウ 不用品が山の**ようだ**。   エ 三日で一冊の本を読ん**だ**。

問3 次の傍線部の品詞名を書きなさい。

① もっとたくさん笑顔を見せてあげれば**よかっ**た。

② まるで本物の**ように**鮮やかに描写している。

- -

◇ **「ない」の識別**

 ……先生、「あと1つだけ話しておきたいこと」って、何?

あっ、聞こえてたか。本当は後でまとめて教えようと思っていたんだけど、聞かれてしまってはしかたない。

実際の試験では「識別」と呼ばれるタイプの問題がよく出る。

たとえば、次のページの問題。

次のページの問題を解いてみよう!

（例題）次のうち、文法上のはたらきが異なるものを1つ選びなさい。
① 手紙が届か<u>ない</u>　　② 運動量が足り<u>ない</u>
③ 話を信じ<u>ない</u>　　④ 気が気じゃ<u>ない</u>

……全部同じにしか見えないけど。

　でしょ。だから、識別問題をいやがる受験生は結構多い。
　でも、今取り上げた**「ない」の識別**は、さっき教えた**「自立語／付属語」**
の考え方だけで実は解けてしまうんだ。

「自立語」は「それだけで意味がわかる／文節の先頭」。
「付属語」は「それだけでは意味不明／文節の2番目以降」。

　そうだね。ただ、今回の「ない」は全部見た目が同じ言葉だから、「意
味不明かどうか」で考えても答えは出ないよね。
　ということは……**「ない」を識別するには、「文節に区切って、先頭に**
来るか？　来ないか？」で判定すればいい！

①は「手紙がネー／届か**ない**ネー」
②は「運動量がネー／足り**ない**ネー」です。

③は「話をネー／信じ**ない**ネー」
④は「気がネー／気じゃネー／**ない**ネー」だな。
「じゃ」の後は、文節に区切るんだった。（→ P.72）

あっ、④だけが「文節の先頭」に来ているけど、
①～③は全部「文節の2番目以降」に来ている。
つまり④だけ「自立語」で、①～③は「付属語」。答えは④。

　ちなみに、④の「ない」と、①～③の「ない」の品詞名はわかるかな？

今の二人なら、品詞名までしっかり答えられるはずだ。

 そうか。これまでの勉強を思い出せばいいんだ！
④は「**自立語**」で、**形が変化して、「い」で終わる**言葉だから、「**形容詞**」になるはずです。
①～③は「**付属語**」で、**形が変化する**から「**助動詞**」です。

8　「ない」の識別

★「ない」は、「**自立語か？　付属語か？**」で識別！

→「**文節**」に区切ってみる！

① 「**文節**」の中で<u>先頭に来る</u>「**ない**」　　→「自立語」→「**形容詞**」

② 「**文節**」の中で<u>2番目以降に来る</u>「**ない**」→「付属語」→「**助動詞**」

チャレンジ！実戦問題㉓「ない」の識別①　　　　　（➡答えは別冊 P.5）

問題　各傍線部の中で品詞が異なるものを1つ選びなさい。

① ア　会話になら**ない**。　　　イ　メールでは補え**ない**。
ウ　あるかもしれ**ない**。　　エ　またと**ない**かもしれない。

② ア　今日は夕飯を食べたく**ない**。
イ　今日が日曜では**ない**ことに気が付いた。
ウ　おいしく**ない**お菓子を無理して食べた。
エ　時計が壊れて動か**ない**。

これで「活用がある」グループについてはパーフェクト。
次は「活用がない」グループの見分け方へ行こう！
P.118でやった★Point★を、もう一度見てみようか。

◇「活用がない言葉」

	「活用がある」品詞	「活用がない」品詞
自立語	動詞・形容詞・形容動詞	名詞・連体詞・副詞・接続詞・感動詞
付属語	助動詞	助詞

 「活用がない言葉」は、つまり「形が変わることがない言葉」。「名詞・連体詞・副詞・接続詞・感動詞・助詞」の6つだね。

 そのうち「付属語」の場合は、「助詞」で決まり。これは1つしかないから簡単だな。

そういうことだね。では「名詞」から順番に見分け方を覚えていこう！

◇「名詞」とは？

 「名詞」は簡単だよ。だって **モノの名前** だろ？

「名詞」は「モノの名前」、そう思ってる人多いでしょ？
実は、そんなに甘くないんだよね！　次の例文を見て。

---

①　人の**心**がわからないの？　　②　これが私の考える**ところ**だ。

傍線部は両方「名詞」なんだけど、これって「モノ」なのかな？

 たしかに「心・ところ」は、どちらも形がないから……あんまり「モノ」って感じがしない。

「モノ」って
あいまいだ…

でしょう。だから「モノか、モノじゃないか」という見方で「名詞」を見分けるのはおすすめできない。

じゃあ、どうすればいいのか？ 答えは、こうだ！

9 「名詞」の見分け方

「名詞」＝「主語になれる」言葉！

→「が」をつけて、主語として文が作れれば「名詞」！

「主語」は「文の成分」で勉強したからもう大丈夫だよね（→ P.80）。実際に「が」をつけてみて、主語として使えるような言葉であれば全部「名詞」と言っていい。

①は最初から「心が」って「が」がついているよな。

②も「思うところが伝わらない」みたいに**「が」をつけて文を作れる**。だから、どっちも「名詞」と考える。

このことがわかれば、次のような難しめの問題もうまく解ける。

（例題）次の言葉が名詞であればＡ、名詞でなければＢと書け。
① 素早い**動き**を見せた。　② **やさしさ**に包まれる。
③ 魚の**臭み**を取ろう。

---

①は「動詞」ですよね？ だって、「動く、動け、動けれ」って形が変わるし、言い切りの形は「動くゥー」＝「u」の音。

でも、**「が」をつけて主語にできたら「名詞」**だよな？

①は「動きが良い」みたいに「が」をつけて主語にできる。ということは、**①は「名詞」と考えるべきでは？**

確かに……。ということは、**②と③ももしかして同じ？**

②と③は言い切りの形が**「やさしい」「良い」**だから**「形容詞」**だと思ったんだけど……「やさしさが必要」「臭みがある」のように**「が」がつく言葉と考えれば「名詞」になる。**

……これ、どっちが正解なんだろう？

　結論から言うと、①～③**全部「名詞」が答えだ。**もともと「動詞や形容詞」だった言葉でも、それが**「主語にできる形」**に変化した場合、**「動詞・形容詞」**ではなく**「名詞」**として扱う。

チャレンジ！実戦問題 24 名詞　　　　　　　　　　　（➡答えは別冊 P.5）

問1　次の傍線部と品詞が同じものを1つ選び、記号で答えなさい。

　身近な草花に**親しみ**を感じます。

　　ア　一回り**大きな**サイズの帽子を探しています。

　　イ　負けたときの**悔しさ**から学ぶことも多くある。

　　ウ　彼は何が起きても**少しも**動じない。

　　エ　こうしてお目にかかれることを**喜ばしく**思っています。

問2　品詞が異なるものを1つ選んで記号で答えなさい。

　　ア　こっち　　イ　それ　　ウ　これ　　エ　その

　最後に1つ補足。「動詞・形容詞・形容動詞」をまとめて「用言」と呼ぶよね（P.124）。「名詞」は別名**「体言」**と呼ばれる。

「体言」って「名詞」のことだったのか。
……ていうか、同じものなら「名詞」のままでよくない？

　まぁそうなんだけど……。「用言」というのは、言い換えれば「述語になれる言葉」をまとめて呼ぶための名前なんだ。だから「主語になれる言葉」として「体言」という名前がペアで用意されているというわけ。

2章

10 「体言」と「用言」

★「動詞・形容詞・形容動詞」＝「述語」になれる言葉＝「用言」
★「名詞」　　　　　　　　　＝「主語」になれる言葉＝「体言」

◇「連体詞」と「副詞」

「連体詞」という言葉に、何か聞き覚えはないかな……？

あっ、「連体修飾語」！　「連体修飾語」と「連用修飾語」というのを前に勉強しました（→ P.85）。
　「連体修飾語」は**「名詞＝体言」を説明・修飾**して、
　「連用修飾語」は**「主に動詞＝用言」を説明・修飾**する言葉。

そうだよね。それがわかれば「連体詞／副詞」は実に簡単。
「連体修飾語」つまり**「名詞を説明」**するのが「連体詞」。
「連用修飾語」つまり**「用言、主に動詞を説明」**するのが「副詞」。

主語になれるのが「体言」、
述語になれるのが「用言」

えぇ、それだけ！　そんな簡単なのか……。
あれ、でも「形容詞」も名詞を修飾する言葉では？

シュンくん、それさっき習ったでしょ……（→ P.120）。**「形容詞」は「活用がある」ときだけ！**
今は**「活用がない」言葉について勉強している**んだから、「形容詞」は全く関係ないんだよ。

ワカナさんの言うとおり。「連体詞／副詞」になれるのは、あくまでも**「活用がない＝形が変化しない言葉」だけだ。**もう一度原則を確認しておこう。

★Point★ 11　「連体詞」と「副詞」

活用がない ＝ 形が変化しない言葉の中で……

① 「体言(名詞)」を修飾・説明するもの　　　　＝　連体詞

② 主に「用言(動詞など)」を修飾・説明するもの　＝　副詞

（例題）次の各傍線部の品詞名を、後の選択肢の中から選びなさい。

① 手を**激しく**振る。　　　② 手を**ゆっくり**振る。

③ 手を**静かに**振る。　　　④ **とても**静かなベンチ。

⑤ **大きい**男性が言った。　⑥ ベンチに**座る**男性。

⑦ **あの**男性が言った。　　⑧ **あらゆる**男性が言った。

⑨ **ある**男性が言った。　　⑩ ここに**ある**酒を飲め。

⑪ **小さな**男性が言った。

A　動詞　　B　形容詞　　C　形容動詞　　D　連体詞　　E　副詞

①は**「活用あり」**ですね。だから A 〜 C のどれか。言い切りの形が「激しい」だから、「形容詞」。答えは B。

②は「ゆっくら・ゆっくれ」とはできないから**「活用なし」。だからDかEのどちらか。**「振る」という**動詞を修飾しているから「副詞」**だね。答えは E。

③は**「活用あり」**ですね。言い切りの形は「静かだ」だから、「形容動詞」。答えは C。

④は「とてま」「とてめ」とはできないから**「活用なし」**。「静かな」を修飾してるよね。「静かな＝静かだ」は「形容動詞＝用言」。**「用言」を修飾しているということは、これは「副詞」**だね。答えは E！

⑤は**「活用あり」**。「い」で終わるから「形容詞」だ。答えは B。

⑥も**「活用あり」**。「座るゥー」だから「動詞」だな。答えは A。

⑦は**「活用なし」**。「男性＝名詞＝体言」を修飾してるということは、**これは「連体詞」**。答えは D。

⑧も**「活用なし」**。「男性」を修飾しているから「連体詞」で D。

いいね！　よくできている。こんな感じで解いてもらえば大丈夫だよ。

ただ……特に**「連体詞」**は、**いくつかまぎらわしいタイプも存在する**ので、注意点を覚えてもらう必要がある。それが⑨〜⑪のパターン。

◇ **「ある」の識別**

⑨ **ある**男性が言った。	⑩ ここに**ある**酒を飲め。

どちらも「ある」ですね。両方とも名詞を修飾しているから「連体詞」かな？

でも……、「ある」は活用するのでは？
「あれば、あって、あります」みたいに。
言い切りの形が「あるゥー」だから「動詞」なんじゃ？

　「ある」は「名詞を修飾」という見方で言えば「連体詞」に見えて、「活用」の観点で見れば「動詞」にも見える。
　でも……この2つの「ある」は、似ているように見えて、実は**意味が全然違う**ことに気づいてほしい。

 ⑨の「ある」は**「不特定の何者か」**という意味ですよね。
⑩の「ある」は**「存在している」**という意味。

 そうか！　⑩の「ある」は、英語でいう「be 動詞」のような意味か。
「あれば、あって、あります」と活用するのは、⑩の意味のほう。
だとすると、⑩は「動詞」と考えるのが正しい。
⑨は「ある人、ある日、ある国」みたいに「名詞を修飾」する形でしか使えない。これは形が変化しない「連体詞」なんだ。

Point 12　「ある」の見分け方

① **「存在している」**という意味の「ある」　＝　動詞

② **「不特定の何か」**という意味の「ある」　＝　連体詞

活用がなく、
体言を修飾するのが
「連体詞」だったはず！

◇「大きな・小さな・おかしな」問題

⑪ __小さな__男性が言った。

 こんなの簡単だよ。言い切りの形が「小さい」だろ。
「い」で終わるから「形容詞」。楽勝じゃん。

そう思うでしょ？　そう思うのが当然なんだよ。
でも……**「小さな」は「形容詞」ではない。正解は「連体詞」。**

 はぁ!?　なんで!?　「活用がある言葉」は絶対に連体詞にはなれな
いって言ってたのに……。
「小さな、小さい、小さく、小さければ」、どう考えても活用あるだ
ろコレ……。

そうだよね。気持ちはよくわかる。
まぁ細かい理屈は後で説明するから、とりあえず今は**この★Point★を覚
えておきなさい**。これだけ覚えておけば問題は全部解けるから。

★Point★
13　「大きな・小さな・おかしな」の品詞は？

「大きな・小さな・おかしな」
→この3つは「形容詞」ではなく「連体詞」！

でも、二人が知りたいのは**なぜ「大きな・小さな・おかしな」が「形容
詞」ではないのか**、だよね。逆に聞くけど、どうして「大きな・小さな・
おかしな」を「形容詞」だと思うのかな？

だって、言い切りの形が「大きい・小さい・おかしい」って、全部「い」で終わるじゃないですか。だから、**「い」→「な」に活用した**と考えたんです。

そう、「大きな・小さな・おかしな」を「形容詞」だと考えた人は、

大き**い** → 大き**な**　　小さ**い** → 小さ**な**　　おかし**い** →おかし**な**

と形が変わったと考えたはずだ。じゃあ、次の形容詞も同じように活用させてみようよ。**「い」が「な」に変わるんだよね**？

青い	くさい	美しい	汚い	かわいい	まずい
うまい	暑い	高い	さみしい	きつい	つらい

 青な、くさな、美しな、汚な、かわいな、まずな……。これ、どれも「な」には変化させられない！

そのとおり。実は**「大きい・小さい・おかしい」以外の形容詞は、どれも「な」には形を変えられない。**

だから国語文法の考え方では「大きな・小さな・おかしな」を**「形容詞が変化したもの」とは考えず、別の言葉として処理しようとする**わけだ。

「形容詞」とは別の言葉で、かつ「名詞を修飾する」はたらきをするから「連体詞」だということだね。

「大きな・小さな・おかしな」は、連体詞！

◇**よく出る連体詞のパターン**

　「連体詞」は、今回の「大きな・小さな・おかしな」を代表に、よく出るパターンが限られている。次の一覧表を見て「よく出る連体詞」を覚えてしまうのもよい。

Point 14　よく出る連体詞のパターン

「〜な」パターン＝「大きな・小さな・こんな・そんな・おかしな」

「〜る」パターン＝「ある（→ P.134）・いわゆる・あらゆる」

「〜の」パターン＝「この・あの・その・どの」

「〜た」パターン＝「大した・とんだ」

「〜が」パターン＝「わが」　　　　　など。

チャレンジ！実戦問題 25 連体詞と副詞　　（➡答えは別冊 P.5）

問1　次の傍線部と品詞が同じものを 1 つ選び、記号で答えなさい。

　それは、ものすごく**大きな**一歩です。

　ア　**苦手な**もの　　　イ　**その**仕事

　ウ　**恐ろしい**こと　　エ　**それ**が、人を進化させる

問2　品詞が異なるものを 1 つずつ選びなさい。

　①　ア　いわゆる　　イ　かえって　　ウ　やっと

　　　エ　決して　　　オ　やはり　　　カ　うっかり

　②　ア　**まったく**ない　　　　　　　　イ　**やはり**存在する

　　　ウ　**決して**不可能な試みとは言えない　エ　**大した**ものだ

③　ア　**しっかり**水分をとることは大切だ。

　　イ　**あらゆる**場面を想定して対策を練る。

　　ウ　**あの**若さで当選するのはたいしたものだ。

　　エ　**いかなる**困難にもくじけない強い心。

◇「接続詞」と「感動詞」

　最後は「接続詞」と「感動詞」。この2つは、「文の成分」のところで（→ P.89）ほぼ勉強済みだ。

┌─────────────────────────────┐
│ 接続語 → 前後を「つなぐ」はたらきをする言葉！
│ しかし、〜だが、だから、〜ので、そして、そこで、〜ば、すると、ところで、たとえば、また、むしろ、つまり　etc.
│ 独立語
│ ①　声が出る「**げぇっ**、敵だ」　②　返事「**いいえ**、りんごです。」
│ ③　あいさつ「**どうも**、木村です。」　④　呼びかけ「**ねえ**、みんな」
│ ⑤　提示「**青雲**、それは若き日の幻」
└─────────────────────────────┘

　これが頭に入っていれば、「接続詞／感動詞」はほぼ終了。つまり……

Point 15　接続詞と感動詞

接続詞 = それだけで「接続語」になる単語。

感動詞 = それだけで「独立語」になる単語。

　「接続語＝接続詞」「独立語＝感動詞」と考えれば、ほとんどの問題は解ける。ただ……「接続語・独立語」と「接続詞・感動詞」が全く同じかと言うと、異なる部分もある。次の例題を見てもらおう。

（例題）次の傍線部の品詞を答えなさい。
① そうは言っても、**しかし**前例がないからねぇ。
② 口だけなら簡単だ**が**、実際には難しいよ。
③ **うわっ**、何をするんだ君。
④ **青雲**、それは人生の宝物。

①と②は、両方「接続詞」じゃないんですか？
どちらも、「前後をつなぐ」はたらきをしてますけど。

そう、確かに①も②も「接続語」にはなっているよね。
でもさ、**「大原則」に戻ってみよう**よ。「品詞」を考えるときに、最初に
考えなければならないことは、何だっけ？

あっ、「活用の有無」と……**「自立語か付属語か」**（→ P.113）。
そうか。①**「しかし」はそれだけで意味がわかる／文節の先頭に来
る「自立語」**だけど、②**「が」は、それだけでは意味不明／文節の
後ろに来る「付属語」**。
ということは、①**は「接続詞」になれる**けど、②は**「付属語で、形
が変化しない」から「助詞」**が正解（→ P.118 の表）。

そういうことだ。「接続語」のはたらきをするのは「接続詞」だけでは
なく「助詞」の場合もある。じゃあ、③と④は？

③も④も「独立語」になってるよな。③は「声を出してるだけ」だ
し、④は「提示」だし。両方とも「感動詞」じゃないの？

③は OK だけど、④は本当に「感動詞」かな……？
１つヒントをあげよう。**主語になれるのは、何詞だっけ？**

主語になれるのは、名詞だよ（→ P.129）。
ということは……④は「名詞」だ！　「青雲が広がる」のように主
語として使えるよな。

　そういうこと。つまり「独立語」になれるのは「感動詞」だけじゃなく
「名詞」の可能性もあるということ。

　これで「品詞の見分け方」はすべて終了！　もう一度全体を表にして整
理しておこう。

★Point★ 16　品詞の見分け方　総整理

	活用がある ◆語尾の形が変化する	**活用がない** ◆語尾の形が変化しない
自立語 ◆それだけで意味がわかる ◆文節の先頭	**動詞**（言い切りの形が「u」） **形容詞**（言い切りの形が「い」） **形容動詞**（言い切りの形が「だ」）	**名詞**（主語になれる） **連体詞**（名詞を説明） **副詞**（名詞以外を説明） **接続詞**（しかし、そして etc.） **感動詞**（呼びかけ、挨拶 etc.）
付属語 ◆それだけでは意味不明 ◆文節の 2 番目以降	**助動詞**	**助詞**

チャレンジ！実戦問題 26 品詞総合問題 (➡答えは別冊 P.5)

問1　次の傍線部分の中から感動詞を1つ選び、その記号を書きなさい。

ア　「**これ**だ！」　　　イ　「**ん**？　**あれ**？」

ウ　「**でも**、きっと大丈夫。」

エ　「**まさか**こんなことになるなんて……」

問2　次の文章の傍線部分について、その品詞名を記号で答えなさい。

① 　a**あらゆる**場所を探したが、教科書はどこにも見あたらない。
「こんなことなら、もっと早く準備しておけばよかった」 b**彼**はそう
叫んだが、c**もはや**、あとの祭りだった。
「d**ああ**、困ったわね。だからいつも注意していたのに」母がため息
まじりにつぶやいた。e**しかし**、少年の耳には全く入らなかった。

② 　時雨の降る窓辺のそばに f**じっと**動かない老婆の姿を見る時、私の
心には熱い思いが生まれるのが感じ g**られる**。h**その**老婆の姿から i**静
かな**思いそしてけわしい現実と、それへの人間としての苦闘 j**や**苦悩
が思われてくるからなのだろうか。

ア　動詞　　イ　形容詞　　ウ　形容動詞　　エ　名詞

オ　副詞　　カ　連体詞　　キ　接続詞　　　ク　感動詞

ケ　助詞　　コ　助動詞

問3　次の傍線部と品詞が同じものを1つ選び、記号で答えなさい。

また**しばらく**三人で話をしてから母が笑いかけながらきいた。

（川上健一『翼はいつまでも』）

ア　**あらゆる**手段を尽くして情報を集める。

イ　金環食は**めったに**見られない現象である。

ウ　彼女に感謝状**ならびに**記念品が贈られる。

エ　小学生のころが**なつかしく**思い出される。

オ　生徒たちは**熱心に**先生の話を聞いている。

2-7 活用形と活用の種類

　次は「活用形」と「活用の種類」という項目を勉強する。さっき勉強した「活用」を、もっと詳しく理解していくんだけど……もう一度確認。**「活用」って何だっけ？**　例を挙げて説明してみて。

　活用とは、**「語尾の形が変わること」**です。たとえば……
「動く」は**「動か、動き、動け、動こ」**と形が変わります。

　そのとおり。じゃあもう1つ質問。「動く」を「動か、動き、動け、動こ」以外の形に変えることはできるだろうか？

　他にですか？　うーん……ちょっと無理です。

　そのとおり。**「動く」を「動か、動き、動け、動こ」以外の形に変えることは、文法ルール上不可能なんだ。**このように「語尾の形が変わる」と言っても、何でもかんでも好き勝手に形を変えられるわけではなく、**ちゃんとルールがある**ということ。そのルールを勉強するのが、今回の「活用形」と「活用の種類」という単元なんだ。

◇**「活用形」**
　じゃあ、まずは**「活用形」**から。そもそも「活用形」とは何なのか、イメージを持ってもらう必要がある。次の例題を考えてみよう。

（例題）次の語を活用させなさい。
① 走**る** ＋ ない　　② 走**る** ＋ ます

---

①は「**走ら**ない」で、②が「**走り**ます」。
①は「**る→ら**」になるな。②は「**る→り**」になる。

そうだね。**もともとは同じ「走る」という動詞なのに、①の場合は「走ら」、②の場合は「走り」と、別々の形に変化してしまった**わけだ。

①と②の形の違いは、どこから生まれるんだろうか?

もとの形は同じ「走る」だから、**その後ろにつく言葉の違いじゃな**いかな。後ろに**「ない」がつくと「走ら」**になって、**後ろに「ます」がつくと「走り」**になるんだよ。

すばらしい。つまり**「活用」する言葉は、後ろにつく言葉によって、その変化のしかたが変わる**ということ。

たとえば①のように後ろに「ない」がついたときの形を「未然形」と呼ぶ。また②のように後ろに「ます」がついたときは「連用形」という形に変化する。

このように「後ろにつく言葉」によって形を分類したものを「活用形」と呼ぶ。

「活用形」とは?

後ろにつく言葉が違えば、言葉の変化のしかたは変わる!
その変化のパターンが「活用形」。

「活用形」は、その名前のとおり、全部「〜形」という名前になる。

「未然形・連用形・終止形・連体形・仮定形・命令形」まず、この6つの名前を暗記すること。

楽勝!

「後ろにつく言葉」で活用形が決まるということは……

6つの活用形ごとに、「後ろにつく言葉」を覚える必要があるということ？

　そのとおり。**「後ろに〇〇という言葉がつくときは、□□形になる」**という形で、試験によく出る代表的なものを覚える必要がある。

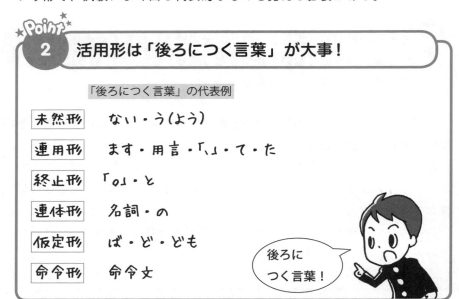

（例題）「働く」の後ろに、以下の語をつけてそれぞれ活用させなさい。

未然		連用				
① ない	② う	③ ます	④続ける	⑤　、	⑥　て	⑦　た

終止	連体		仮定		命令
⑧　。	⑨　男	⑩ のは	⑪　ば	⑫　ど	⑬（命令）

①は「働**か**ない」。②は「働**こ**う」。つまり、**「働か」「働こ」２つの形が「未然形」と呼ばれる形。**

そうだね。**後ろに「ない」と「う（よう）」があれば「未然形」**だ。

 でも……「働**か**」と「働**こ**」って全く別の形だよな。**なんで別の形なのに、同じ「未然形」になる**んだ？

やっぱり、そこ気になってしまうよね……。これは、後で古文を勉強するときに教えようと思っていたんだけど、簡単に今説明してしまおう。

今、われわれが言う 「働**か**ない」 と 「働**こ**う」 という２つの形は
                    ↓   ↓
古文の世界では   「働**か**ず」   と 「働**か**む」 と書かれていた。**古文の世界ではどちらも「働か」の形だった**んだよ。ただ、それが現代になって「働**か**む」とは言わなくなって、「働**こ**う」に形が変わってしまった。

　本当はそのとき「働**こ**う」を別の名前（「意向形」とか）にしてしまえばよかったんだろうけど……。古文のときのまま、同じ「未然形」として扱われ続けているんだ。

まぁそういうルールだから、あきらめて覚えよう。

★Point★ 3 「未然形」とは？

> **未然形**＝後ろに**「ない」「う（よう）」**がつく形！
>
> ① 「ない」がつく場合と「う（よう）」がつく場合で形が変わることがあるが、どちらも同じ「未然形」！
>
> ※形容詞の場合は、後ろに「ない」がつくと連用形に活用する。

「ない」と「う」の他にも未然形になる場合はいくつかあって、

> ★ 「働かれる」「働かせる」⇨ **「れる（られる）」「せる（させる）」**
> が後ろにつくとき
> ★ 「働かず」「働かぬ」⇨ **「ず」「ぬ」** が後ろにつくとき

これらも同じ **「未然形」** だから、覚えられたら一緒に覚えておこう！
じゃあ、次は③〜⑦、「連用形」の形に行こうか。

 ③は「働きます」、④は「働き続ける」、⑤は「働き、」。
これは3つとも「働き」の形になっている。

 でも、⑥は「働いて」、⑦は「働いた」が答え。
これも形は違うけど、同じ「連用形」になるんだね。

それも「未然形」のときと全く同じ理屈で……

現代では | 「働いて」「働いた」 | と言うけど、
⬇　　　⬇
古文では | 「働きて」「働きたり」 | と書かれていたんだよね。

もともとは同じ形だったんだよ。

Point 4 「連用形」とは？

連用形 ＝後ろに **「ます・用言・『、』・て・た」** がつく形！

① 「ます・用言・、」がつく場合と「て・た」がつく場合で形が変わることが
あるが、どちらも同じ「連用形」！

「ます・用言・『、』・て・た」の他にも……

> ★ 「で・だ」が後ろにつくとき（飛<u>ん</u>で・飛<u>ん</u>だ）
> ★ 「たい」が後ろにつくとき（働<u>き</u>たい・飛<u>び</u>たい）

なども同じ連用形になる。形が似ているから、まとめて覚えてしまおう。
では、次は⑧～⑩「終止形」「連体形」の形だ。

　⑧は「**終止形**」。「働く̇。」のまま変わらない。
　⑨と⑩は「**連体形**」。あれ？　「働く̇男」「働く̇のは」だから、終止
形と同じ形ですよね？　わざわざ区別する意味ある？

「終止形」と「連体形」は同じ形になる場合が多い。
ただ、たとえば「形容動詞」が前に来るときは違う形になるよ。

> ★ 「この教室は　静か<u>**だ**</u>。」（終止形）←→「静か<u>**な**</u>　教室」（連体形）

つまり、一見同じ形に見えても、それは偶然同じ形になってしまっただ
けで、やはり**「後ろにつく言葉」を見て答えを出さないと間違ってしまう。**
じゃあ最後、⑪～⑬。

　⑪⑫は「**仮定形**」。⑪＝「働<u>け</u>ば」、⑫＝「働<u>け</u>ど」。
　⑬は「**命令形**」。命令文だから「働<u>け</u>。」が答えだな。仮定形のとき
と同じ形だけど、これもただの偶然？

たとえば前に「来る」をつけてみたらどうかな？
「仮定形」だと「くれば／くれど」だけど、
「命令形」だと「こい」だよね。仮定形と
命令形も同じ形の場合があるけど、違う
形の場合もたくさんある。

正解

未然		連用				
働**か**	働**こ**	働**き**	働**き**	働**き**	働**い**	働**い**
ない	う	ます	続ける	、	て	た
①	②	③	④	⑤	⑥	⑦

終止	連体		仮定		命令
働**く**	働**く**	働**く**	働**け**	働**け**	働**け**
。	男	のは	ば	ど	。
⑧	⑨	⑩	⑪	⑫	⑬

チャレンジ！実戦問題㉗ 活用形　　　　　　　　（➡答えは別冊 P.6）

問1　傍線のうち活用形が異̇な̇る̇ものを1つ選び、その活用形を答えなさい。

① ア　ひとことで**言え**ば、「論理」とは、言葉が相互にもっている関連性にほかならない。

　　イ　論理に対するひとつの一般的な誤解を**解い**ておこう。

　　ウ　思考の本質はむしろ飛躍と自由に**あり**、そしてそれは論理の役目ではない。

　　エ　論理は、むしろ閃(ひらめ)きを**得**たあとに必要となる。

　　　　　　　　　　　　　　　　（野矢茂樹『新版　論理トレーニング』）

② ア　**親しい**人にちょっとでもわかってほしい。

　　イ　最も**まずい**聴き方だ。

　　ウ　**重い**口を開く。

　　エ　ぎすぎすしてしまうことが**多い**。

問2　次の傍線部分の活用形を書きなさい。
① **なつかしがっ**てね。　　② そこでは自我は**育た**ないのです。
③ 親しんでき**た**東京　　④ 元気で日々を**過ごそ**う
⑤ 私たちが病気で大学病院に行く**する**と、まず、たとえば消化器系か、循環器系か、呼吸器系かといったように、系に振り分けられる。

（小出泰士『人間の尊厳とはなんだろうか―現代の医療と生命』）

◇「活用の種類」①〜　基本は「ない」をつける！

　「活用形」が全部終わったので、**次は「活用の種類」**だ。「活用形」と「活用の種類」って、名前も似ているし、何が違うのかイメージしにくい。まず「活用の種類」とは何なのか、そのイメージを捉えてもらおう。

（例題）次の語を活用させて、すべてひらがなで書きなさい。
① 書く＋ない　　⑤ 感じる＋ない　　⑨ 寝る　＋ない
② 泳ぐ＋ない　　⑥ 見る　＋ない　　⑩ 建てる＋ない
③ 呼ぶ＋ない　　⑦ 借りる＋ない　　⑪ 溶ける＋ない
④ 死ぬ＋ない　　⑧ 起きる＋ない　　⑫ 負ける＋ない

今回は、全部「ない」をつけるんですね。でも、同じ「ない」をつけるなら、全部同じ形になるんじゃないのかな？

正解
① か**か**ない　　⑤ かん**じ**ない　　⑨ **ね**ない
② およ**が**ない　　⑥ **み**ない　　⑩ た**て**ない
③ よ**ぱ**ない　　⑦ か**り**ない　　⑪ と**け**ない
④ し**な**ない　　⑧ お**き**ない　　⑫ ま**け**ない

　今ワカナさんがとてもいいことを言った。「同じ『ない』をつけるなら、全部同じ形になるのでは？」って。
　まさに、その疑問に答えるのが、「活用の種類」の勉強なんだ。

では、今の正解一覧を、タテに見てもらおう。つまり①～④、⑤～⑧、⑨～⑫の3列を比較してもらいたいんだ。何か気づかないかな？

「かか<u>ア</u>ない・およが<u>ア</u>ない・よば<u>ア</u>ない・しな<u>ア</u>ない」
これ、①～④は全部**「ない」の直前が「a」の音**になってる！

ということは……。
「かんじ<u>イ</u>ない・み<u>イ</u>ない・かり<u>イ</u>ない・おき<u>イ</u>ない」だから、
⑤～⑧は全部**「ない」の直前が「i」の音**だ。
「ね<u>エ</u>ない・たて<u>エ</u>ない・とけ<u>エ</u>ない・まけ<u>エ</u>ない」だから、
⑨～⑫は全部**「ない」の直前が「e」の音**。

そういうことだ。つまり、**同じ「ない」が後ろについていても、もともとの動詞が違えば、活用のしかたが変わる**ということ。**もともとの動詞それ自体を分類したもの**が「活用の種類」と呼ばれる。

「活用形」は後ろにつく言葉で判断するけれど、「活用の種類」は**動詞そのもので判断する**ということですね。

そのとおり。見分け方は今のように**「ない」をつける**のが基本だ。

★Poin☆
5 活用の種類

<u>「ない」</u>をつけて、<u>直前の音</u>を考える！

① <u>「a」</u>＋ない＝ 五段活用

② <u>「i」</u>＋ない＝ 上一段活用

③ <u>「e」</u>＋ない＝ 下一段活用

① 「ない」をつけるとき、「可能」の形にしないよう注意。

①～④は直前が「a」だから「五段活用」。

⑤～⑧は直前が「i」だから「上一段活用」。

⑨～⑫は直前が「e」だから「下一段活用」なんですね！

でも……たとえば①**「書かない」って、「書けない」でも OK では？**
「書けェない」だから、下一段活用かと思ったんだけど。②の「泳がない」も、「泳げない」でもいい気がする。

2章

そこは間違えやすいポイントだ。

「書**け**ない」は「書く**ことができない**」という意味でしょ？　もともとの「書く」という動詞に「できる」という意味は含まれていないから、「書けない」にしてしまうと意味が変わってしまうんだ。

今シュンくんが間違えたように、**「ない」をつけるとき、勝手に「～できる」の意味を付け足さないよう気をつけよう！**

わかりました！　あと…もう１つ質問していいですか？

「五段」「一段」という名前に、どういう意味があるんですか？　柔道とか空手みたい。

それはね、今の ★Point★ **「活用の種類」**と、さっき勉強した**「活用形」**を、**組み合わせて表にしてみればわかる。**

（例題）次の活用表を、例にならって完成させなさい。

	ない	う(よう)	ます	「。」	男	ば	命令！
①五段 死ぬ	(例1) 死な						
②上一段 いる				(例2) いる			
③下一段 受ける				(例3) 受ける			
	未然		連用	終止	連体	仮定	命令

ちょっと量が多いけど、1つ1つ見ていけばできるはず。

 はい……えーっと。できました！

正解

	ない	う(よう)	ます	「。」	男	ば	命令！
①五段 死ぬ	(例1) 死な	死の	死に	死ぬ	死ぬ	死ね	死ね
②上一段 いる	い	い	い	(例2) いる	いる	いれ	いろ
③下一段 受ける	受け	受け	受け	受ける	(例3) 受ける	受けれ	受けろ
	未然		連用	終止	連体	仮定	命令

　パーフェクトだ。で、なぜ「五段」「上一段」「下一段」という名前がついたか。その答えは、今の正解一覧表を**アルファベットに直してみる**と一発でわかるはずだ。

	ない	う(よう)	ます	「。」	男	ば	命令！
①五段 死ぬ	(例1) 死na	死no	死ni	死nu	死nu	死ne	死ne
②上一段 いる	i	i	i	(例2) iる	iる	iれ	iろ
③下一段 受ける	受ke	受ke	受ke	受keる	(例3) 受keる	受keれ	受keろ
	未然		連用	終止	連体	仮定	命令

「a・i・u・e・o」の音に特に注目してほしい。

 ①「五段」活用は、「a・i・u・e・o」の音が5つ全部登場している……**「a・i・u・e・o」が5つ出てくるから「五段」活用**なのか！　ということは……。

「上一段」活用は「i」しか出てこないし、「下一段」は「e」しか出てきてないよね。 だから「一段」なんだ！

「a・i・u・e・o」の中では「u」が真ん中に来るよね。

だから「u」より前にある「i」は「上」一段で、「u」よりも後に出てくる「e」は「下」一段になるということ。

まとめると、「五段・上一段・下一段」活用はすべて次の表の形になる。

 「五段・上一段・下一段」活用表

	未然	連用	終止	連体	仮定	命令
五段活用	a／o	i	u	u	e	e
上一段活用	i	i	iる	iる	iれ	iろ（よ）
下一段活用	e	e	eる	eる	eれ	eろ（よ）

この表を覚えてなくても、実際ほとんどの入試問題は解けてしまうんだけど……結局この表は、高校に入学したら「古文」の勉強で覚えなきゃいけないんだよね。だから、高校に入った後で困らないためにも、**この表の形はできるだけ暗記しておいたほうがいいだろう。**

◇「活用の種類」②　～暗記すべき「変格」活用

ただ……「活用の種類」は「五段・上一段・下一段」だけじゃないんだ。次の例題を解いてみてもらおう。**「活用の種類」は、どう解くんだったかな？「ない」をつけるんだよね。**

（例題）次の動詞の「活用の種類」を答えなさい。
① やる　　② 飽きる　　③ 食べる　　④ 来る

①は「やら**ァ**ない」だから「**五段**活用」。
②は「あき**ィ**ない」だから「**上一段**活用」。
③は「たべ**ェ**ない」だから「**下一段**活用」。
④は「こ**オ**ない」だから……。
えっ？　あれっ？　**「o」の音が出てきたぞ。**

　そうなんだよね。①〜③はさっきと同じなんだけど、④**「来る」**に**「ない」をつけると、直前に「o」の音が来てしまう**んだ。
　だから**「来る」だけは「カ行変格活用」と呼んで**特別扱いをする。
　特別扱いをする動詞は「来る」だけではなく、もう1つあるんだ。

> （例題）次の語の傍線部を活用させなさい。
> ①　<u>通じる</u>　＋　ない　　②　<u>発展する</u>　＋　ない
> ③　<u>通じる</u>　＋　ば　　④　<u>発展する</u>　＋　ば

①は「つうじ**ィ**ない」だから「上一段」活用。
②も「はってんし**ィ**ない」だから、これも「上一段」活用。

　そう思うよね。でも…①は確かに上一段活用なんだけど、実は**②は上一段活用ではない**。その理由は、③と④を解いてみればわかるはずだ。

③は「つうじ**ィ**れば」。上一段の「仮定形」は、「iれ」の形になる。
④は「はってんす**ゥ**れば」だから……
あれ？　**「i」じゃなくて「u」の音が出てきちゃったよ。**

　そうなんだよね。「する」という動詞は、「ない」をつけただけだと「上一段」っぽく見えるんだけど、未然形以外の形も含めて考えると、やはり特別な変化をすることがわかる。
　よって**「する」だけは、特別に「サ行変格活用」と呼んで区別する。**

Point 7 「来る」と「する」

「来る」と「する」は Special！

「来る」＝ カ行変格活用　　「する」＝ サ行変格活用

※サ行変格活用には、「観察する」「ワクワクする」など、後ろに「する」がつく複合動
　詞の形もある。

この２パターンを暗記しておくこと！　　一覧表にすると、以下のとおり。

Point 8 「カ変・サ変」活用表

	未然	連用	終止	連体	仮定	命令
カ行〜	こ (ko)	き (ki)	くる (ku る)	くる (ku る)	くれ (ku れ)	こい (ko い)
サ行〜	し (si)	し (si)	する (su る)	する (su る)	すれ (su れ)	しろ (si ろ)

①「ない」がつくと→しない
　「れる／せる」がつくと→される／させる
　「ず／ぬ」がつくと→せず／せぬ
　すべて未然形。

①古風な言い方
　「せよ」
　もある。

「来る」「する」は
例外として
覚えておこう！

チャレンジ！実戦問題 ㉘ 活用総合問題　　（➡答えは別冊 P.6）

問1　傍線部と活用の種類が同じ動詞を含むものを選びなさい。

① 　その街も**過ぎ**て

　　ア　みんなが一斉に起きた。　　　イ　友だちが朝早く来た。

　　ウ　兄が短い手紙を書いた。　　　エ　母がドアを開けた。

② 　安く**売る**ことも大切だが

　　ア　短所には**触れ**ない。　　イ　**繁盛する**店。

　　ウ　よく**見れ**ば　　　　　　エ　心をそろえて**やろ**う。

③ 　欲望を**抑えろ**ということではありません。

　　ア　桜の花が美しく咲く。　　　イ　父が質問に答える。

　　ウ　友人が家に来る。　　　　　エ　キャプテンが指示をする。

問2　傍線部の動詞のうち、活用の種類が異なるものを1つずつ選びなさい。また、そこで選んだ動詞の活用の種類を1つずつ選びなさい。

① 　ア　状況や物事の様子から**見**て取る。

　　イ　植物や水を一切**用い**ず、石や砂だけで自然を表現する。

　　ウ　日本文化が世界から注目を**浴び**ている。

　　エ　四季の花々の文様で**飾ら**れた衣装。

② 　ア　自然は**怒ら**ない。　　　　　イ　自然そのものとは**ちがう**。

　　ウ　自然はさまざまに**変化する**。　エ　日本人もそう**思っ**ている。

　　A　五段活用　　　　B　上一段活用　　　　C　下一段活用

　　D　カ行変格活用　　E　サ行変格活用

問3　傍線部の動詞について、その活用の種類と活用形を書きなさい。

① 　権威を**受け入れ**ていかない。　② 　未来の予測に**役立つ**と考えられた。

③ 　ひょっと**する**と　　　　　　難④ 　ほとんど**見**られなくなった。

2
章

活用の種類は、
「ない」をつけて
見分けるのよね

動詞・名詞・副詞・助詞のパターン

このコーナーでは、これまで勉強した10品詞のうち**「動詞・名詞・副詞・助詞」**の4つに焦点を当て、**さらに細かく分類する**方法を勉強する。

◇**「動詞」のパターン**

動詞については**「自動詞・他動詞・可能動詞」**の3つを理解してもらう。まずは、「自動詞と他動詞」から。

---

① 羊が**集まる。**　　② 私は羊を**集める。**

---

①が「自動詞」で、②が「他動詞」。違いがわかるかな？

①は「集ま・る」で、②が「集め・る」だから、形が違います。
あと、①は主語である「羊」が**勝手に・自然に**行った動作ですけど、②は主語である「私」が、**相手である「羊」に働きかける**動作です。

そうだね。①「自動詞」は**働きかける「相手」がいない、「主語」だけ**で成り立つ動作。②「他動詞」は**「主語」が「相手」に働きかける**動作だ。

1　自動詞と他動詞

| 自動詞 | ＝ | 主語だけで成り立つ動作 |

| 他動詞 | ＝ | 主語が、相手に働きかける動作 |

⇒「～を」が必要な動詞は、**他動詞**！

2章

自動詞と他動詞は、簡単な見分け方がある。

「～を」という言葉が必要であれば「他動詞」、必要でなければ「自動詞」。この法則をもとに、例題を解いてみよう。

（例題）①〜③は「自動詞」、④〜⑦は「他動詞」の文である。これらと対になる動詞を用い、①〜③を「他動詞」、④〜⑦を「自動詞」の文に書き換えなさい。

① 音楽が流れる。　→　音楽を流＿＿＿＿＿。
② いんこが飛ぶ。　→　いんこを飛＿＿＿＿＿。
③ 心が痛む。　→　心を痛＿＿＿＿＿。
④ 火を消す。　→　火が消＿＿＿＿＿。
⑤ ステーキを焼く。　→　ステーキが焼＿＿＿＿＿。
⑥ 棒を折る。　→　棒が折＿＿＿＿＿。
⑦ ごはんを残す。　→　ごはんが残＿＿＿＿＿。

正解　①音楽を流す。　　④火が消える。
　　　②いんこを飛ばす。　⑤ステーキが焼ける。
　　　③心を痛める。　　⑥棒が折れる。
　　　　　　　　　　　⑦ごはんが残る。

※　～「を」がついていても、それが「場所」の意味のときは他動詞ではなく、自動詞になる。

（例）公園を歩く／車を降りる／家を出る
　　→場所を表すので、「歩く・降りる・出る」は自動詞

- -

チャレンジ！実戦問題㉙ 自動詞と他動詞　　　　（➡答えは別冊 P.6）

問題　次の一文には、_2つの自動詞_が用いられている。この自動詞を他動詞に変え、「私は、」で始まる一文になるように書きなさい。

> 大きく育った鳥が、カゴから逃げた。

- -

では、次は「可能動詞」。①②の例文を比べてみよう。

> ①　クミはうさぎを**飼う**。　　②　クミはうさぎを**飼える**。

 ②のほうは「飼うことができる」という意味を含んでいますね。**「〜できる」の意味があるから、②が「可能動詞」**ですね。

そういうことだね。**「〜できる」の意味を持つ動詞が「可能動詞」**だ。可能動詞の作り方はルールがはっきりしているから、いくつか練習問題をやってみればすぐに理解できると思うよ。

> （例題）次の動詞を「可能動詞」に変えなさい。
> ①　会う　　②　書く　　③　切る　　④　飲む　　⑤　使う

 えーっと、こんな感じかな。

> | 正解 |　①　会える　　②　書ける　　③　切れる
> 　　　　④　飲める　　⑤　使える

正解！

そうだね。この例題を通じて理解してほしい3つのルールがある。

1つ目は「会う→会える」「書く→書ける」「切る→切れる」のように、**動詞の「u」の部分を「eる」に変えれば「可能動詞」になる**こと。

2つ目は……今、例題に出した5つの動詞は、「活用の種類」で言うと何活用になるかな？ （→ P.150）

「活用の種類」は「ない」をつけて考える。
「会わァない・書かァない・切らァない・飲まァない・使わァない」
「a」の音だから、①〜⑤全部「五段活用」です！

そうだね。実は**「可能動詞」を作れる動詞は「五段活用」だけ**なんだ。「五段活用」以外の動詞を「可能動詞」の形にすることはできない。これが2つ目のルール。

あれ？　でも「上一段活用（起きる・見る etc.）」とか「下一段活用（寝る・食べる etc.）」も「可能動詞」にできるんじゃないか？
「起きる　→　起きれる」「見る　→　見れる」「寝る　→　寝れる」

それ、「ら抜き言葉」じゃない？　「ら抜き言葉」は「間違った日本語」だから、使ってはダメ。正しくは「起きられる」「見られる」「寝られる」だよ。

「間違った日本語」とまで言っていいかは微妙なところだけど……。

「五段活用以外」の動詞を「可能動詞」の形にしたものは「ら抜き言葉」と呼ばれ、**テストでは不正解とされる**。「五段活用」以外の動詞を「可能」の意味にしたいときは**「られる」という助動詞を使う**んだ。ただ、**この場合は「可能動詞」という呼び方はしない**。

じゃあ最後に３つ目のルール。

例題に出した５つの動詞と、「可能動詞」の形にした５つの動詞の「活用の種類」を考えてみてほしい。（→ P.150）

 例題①〜⑤の動詞は全部「五段活用」でしたよね。
同じように「ない」をつけて考えてみると、「会えェない・書けェない・切れェない・飲めェない・使えェない」。ということは、全部「下一段活用」ですね！

そのとおり。「五段活用」の動詞を「可能動詞」にすると、「下一段活用」に化けてしまうんだ！

★Point★
2　可能動詞

① 「可能動詞」を作れるのは「五段活用」の動詞だけ！

② 「u」を「eる」の形に変えればOK！

③ 「可能動詞」になると、「五段活用」から「下一段活用」に変わる！

可能動詞に
なれるのは、
五段活用の動詞だけ！

◇「名詞」のパターン

　では、次は「名詞」の勉強。名詞は、次の6パターンに分かれる。

3　「名詞」のパターン（1）

① 普通名詞　② 固有名詞　③ 数詞

④ 代名詞　⑤ 形式名詞　⑥ 転成名詞

　①「普通名詞」は名前のとおり、ごく一般的な普通の名詞。

　②「固有名詞」は人名・地名など、「世界で1つだけのもの」を指す名詞。英語で言う「最初が大文字になるもの」と考えてもいい。逆に言えば①「普通名詞」は「世界にたくさんある、一般的なもの」を指す。

| 駅 | 画家 | 野球選手 | 小説 | …普通 |
| 東京駅 | ピカソ | イチロー | 坊っちゃん | …固有 |

　次は③「数詞」。これは名前のとおり、「数（量）に関する名詞」で、

　　1冊・2本・3か月　のように「数字＋単位」の形で表すのが基本。

ただし、

　　いくつ・いくら・何回　のような、「数について質問する疑問詞」も同じく数詞として扱う。

　④「代名詞」も名前のとおり、他の名詞の「代わり」に使う名詞だ。

ムラカミ　シュンくん　ワカナさん　携帯電話　東京ドーム
　⋮　　　　　⋮　　　　　⋮　　　　　⋮　　　　　⋮
　私　　あなた・君・彼　彼女　　　これ　　そこ → 代名詞！

　数詞のときと同様に「誰・何・どれ・どちら・どこ」のように、**名詞をたずねるときの疑問詞も、「代名詞」として扱う。**

Point 4　「名詞」のパターン (2)

① 普通名詞 →世界にたくさんある、一般的な物事。

② 固有名詞 →世界に1つしかない、人名や地名など。

③ 数詞 →「数字＋単位」の形／数をたずねる疑問詞。

④ 代名詞 →他の名詞を示す名詞／名詞をたずねる疑問詞。

⑤ 「形式名詞」については、実は P.73 ですでに勉強している。

「こと・とき・もの・とおり・ため・ところ・わけ」のような名詞が「形式名詞」。直前で文節に区切らなければならない。

　そうだね。では「普通の名詞」と「形式名詞」はそもそも何が違うのだろう？

（①普通名詞）　　　　　　　　　　（⑤形式名詞）
通りに面した店　　　　　　　　　　君の言う**とおり**だ

どちらも同じ「トオリ」ではあるんだけど、いくつかの違いがあるよね。

①普通名詞の場合は「通り」と漢字を使って書いているけど、
⑤形式名詞の場合は「とおり」と**ひらがなで書いている**よな。

あと、**意味も違う**と思うな。
①普通名詞の「通り」は**「street・道路・街路」の意味**だけど、⑤
形式名詞の「とおり」は**「〜と同じだ」と言う意味**だよね。
ふつう、「トオリ」って言ったら「道路」の意味だと思うけど……。
形式名詞のときは、「道路」の意味が消えてしまってる！

　そうだね。つまり「形式名詞」というのは、もともと「普通名詞」だったものが、**別の意味に変化して使われるようになった言葉**なんだ。

①普通名詞	元の意味	⑤形式名詞	形式名詞の意味
通りに面した店	道路	➡君の言う**とおり**	〜と同じだ
事を構える	事件・争い事	➡合格したという**こと**だ	うわさだ・話だ
金と人と**物**	物体・商品	➡親の話は聞く**もの**だ	当然だ・常識だ
為になる本	利益	➡寝る**ため**に帰った	理由・目的
お**所**と電話番号	住所・場所	➡今見ている**ところ**だ	最中
時が流れる	時間・時刻	➡雷の**とき**は眠れない	場合
訳を話してくれ	理由・意味	➡つい盗んだ**わけ**だ	結果

　このように「元の意味」が薄まって、別の意味へ変化したということ。形式名詞にはたくさんの意味があるから、あくまで1つの例だけどね。

　もう1つ「普通名詞」と「形式名詞」には違いがある。
　「普通名詞」は修飾語がなくても意味が成り立つけれど、「形式名詞」は**必ず前に修飾語をつけなければならない**。

なるるほど!!

5 「名詞」のパターン（3）

⑤ 形式名詞

★もとの意味が弱まり、別の意味で使われるようになった名詞！

★ふつう、漢字を使わず**ひらがなで**書く！　★前に**修飾語**が必要！

最後に⑥「転成名詞」。実はこれも P.130 で勉強済み。**もともと「動詞・形容詞・形容動詞」だったものが、「名詞」に変化する**って話、覚えてる？

 はい。確か……こういうのでしたよね。

動きが悪い。　　**臭み**がひどい。　　**にぎやかさ**がほしい。

そうだね。**もともと「動く・臭い・にぎやかだ」という用言だった**ものが、すべて**「が」をつけられる名詞の形に変化**している。こういう名詞を「転成名詞」という。

6 「名詞」のパターン（4）

⑥ 転成名詞 →用言が名詞に変化したもの！

★連用形を使う！　★「さ」を使う！　★「み」を使う！

では、「転成名詞」のつくり方その１。**「連用形」**って覚えてるよね（→ P. 146）。

 後ろに「て・た・ます」などがつく形です。

そうだね。では次の用言を、連用形にしてみよう。

> ①　**動く**　＋　ます　　　②　**遠い**　＋　て

 ①は「**動き**」、②は「**遠く**」。
あっ、この「**動き**」「**遠く**」の形は、**主語として使える**な！
「**動き**が素早い」「**遠く**がよく見える」。

　主語にできるということは、すなわち「名詞」になったということ。このように、「連用形」にすることによって「名詞」にできる場合がある。
　では、つくり方その２とその３。形容詞、形容動詞は、次の表のように**「さ」と「み」を使って「名詞」をつくる**ことができる。

形容詞	「さ」	「み」	形容動詞	「さ」	「み」
臭い	臭さ	臭み	新鮮だ	新鮮さ	新鮮み
楽しい	楽しさ	楽しみ	嫌だ	嫌さ	嫌み
寒い	寒さ	×	静かだ	静かさ	×

　あと、「寒さ→寒気」のように「〜け」を使って転成名詞を作れるケースもあるよ。

チャレンジ！実戦問題 **30** 名詞のパターン　　　（➡答えは別冊 P.6）

問1　次の中から一般名詞を選び、記号で答えなさい。
　ア　枕草子　　イ　随筆　　ウ　清少納言　　エ　京都

問2　⬚に共通してあてはまる「活用形」の名称を漢字で答えなさい。
　「しきたり」は、動詞「しきたる（仕来る）」の⬚が名詞となっ
たもので、「ずっとそうやってきたこと」を意味するし、「ならい」は動
詞「ならう（習う）」の⬚で、「くりかえし経験したこと」を意味
する。

◇ **「副詞」のパターン**
　では、次は「副詞」。「副詞」って、何だっけ？（→ P.132）

「活用しない言葉の中で、動詞を主に修飾する」言葉です。

　そうだね。特に「活用しない」というところが大きなポイントだった。
その「副詞」の細かい分類は、次の3つのパターンがある。

★Point★
7　**「副詞」のパターン**

① 状態→「どんなふうに？」　② 程度→「どのぐらい？」
③ 呼応（叙述・陳述）→後ろに決まった言い方が来る！

　まず「状態」と「程度」から。★Point★にあるとおり**「どんなふうか？」**
を表す副詞が**「状態」**で、**「どのぐらいか？」**を表す副詞が**「程度」**。

> （例題）傍線の副詞が「状態」ならＡ、「程度」ならＢと答えよ。
>
> ① 　マイクを<u>ゆっくりと</u>つかんだ。
> ② 　かなこは歯磨きが<u>とても</u>嫌いだ。
> ③ 　ブタは<u>ブーブーと</u>鳴く。
> ④ 　佐藤先生は<u>相当</u>残業している。

2章

 ①は**マイクを「どんなふうに」つかんだか**を表すから「状態」でＡ。
②は**「どのぐらい」歯磨きが嫌いか**を表すから「程度」でＢ。

 ③は**「どんなふうに」ブタが鳴くか**を表すから「状態」でＡ。
④は**「どのくらい」残業しているか**を表すから「程度」でＢ。

そうだね。「状態と程度」についてはこれでOK。
「**呼応の副詞**」は別名「**叙述の副詞**」「**陳述の副詞**」という。ただ、どの
名前でも中身は同じ。「**後ろに必ず決まった言い方が来る**」副詞のことだ。

> （例題）傍線部分に注目して、次の中から適切なものを選びなさい。
>
> ① 　**全然**痛（くない／すぎる／いだろう）。
> ② 　**なぜ**こんな時間に（食べよう／食べるのか／食べません）。
> ③ 　**たぶん**木口さんの（絵だろう／絵ですか／絵なはずがない）。
> ④ 　**もし**三鷹市議に（なるだろう／なるまい／なったら）……。
> ⑤ 　**まさか**死ぬことは（ある／ないだろう／あるようだ）。
> ⑥ 　松村は**まるで**モデル（に違いない／になりたい／のようだ）。
> ⑦ 　**ぜひ**当社に入って（ください／くれるだろう／くれまい）。
> ⑧ 　**決して**そこから（動け／動くな／動こう）。

はい、できました！

正解

① くない　　② 食べるのか　　③ 絵だろう　　④ なったら

⑤ ないだろう　　⑥ のようだ　　⑦ ください　　⑧ 動くな

　そうだね。このように**「必ず後ろに決まった言い方が来る」タイプの副**
詞を「呼応」と呼ぶ。よくテストに出る代表的なものを表にしておこう。

★Point★ 8　呼応の副詞

後ろに決まった言い方が来るタイプの副詞！

	呼応の副詞	後ろに来る言葉		呼応の副詞	後ろに来る言葉
①否定	全然・決して・少しも・全く	〜ない	⑤打消の推量	まさか・よもや	〜まい 〜ないだろう
②疑問	どうして・なぜ・はたして・いったい	〜か	⑥比喩	まるで・あたかも・ちょうど	〜ようだ
③推量	たぶん・きっと・おそらく	〜だろう	⑦希望	ぜひ・どうか	〜したい 〜ください 〜ほしい
④仮定	もし・かりに・いくら・たとえ	〜たら 〜ても 〜なら 〜ば	⑧禁止	決して	〜な

チャレンジ！実戦問題 31 副詞のパターン　　　（➡答えは別冊 P.6）

問1　傍線の説明として最も適当なものをⅠ群から1つ選びなさい。また、傍線と同じ働きをする語として最も適当なものをⅡ群から1つ選びなさい。

① **たとえ**それに類するものがあったとしても、それが本来の自然の森林とは量的質的に劣ることは致し方あるまい。　（只木良也『ヒトと森林』）

② その場に**どっしりと**根をおろし、変わらずに存在し続けてきたという重みがある。　　　　　　　　　　（白幡洋三郎『日本人にとっての庭』）

（Ⅰ群）　ア　ある状態がどのくらいであるかを表す。

イ　下にきまった言い方を求める。

ウ　ある動作がどのような様子で行われているかを表す。

エ　あとに付く体言（名詞）を修飾する。

（Ⅱ群）　カ　もっと　　キ　まるで　　ク　大きな　　ケ　きらきら

問2　次の選択肢の中から、呼応の副詞を含む文を1つ選びなさい。

ア　駅は図書館よりももっと遠くにある。

イ　牧場では牛がのんびり草を食べる。

ウ　成功するまで決してあきらめない。

エ　あなたに会えてとてもうれしい。

問3　傍線部はいずれも後に決まった言い方を要求するが、どの言葉を要求しているか。最も適当なものを点線の中から1つずつ選びなさい。

① そのとき、<u>はたして</u>あなたは<u>画面の上</u>にある色や形を、写真機のレンズが_a**対象のイメージを** _b**そのまま映すように** _c**見ているかどうか**、_d**考えてみれば**疑問です。　（岡本太郎『今日の芸術』）

難 ② **あたかも**国境という人工的に引かれたラインは_a**かつてのような**厳格な意味を_b**もたなくなったかのようで**あり、その傾向はますます_c**強まっている**という_d**印象を受ける**。

（住原則也『「グローバル化」のなかの異文化理解』）

◇「助詞」のパターン

最後は「助詞」の種類。「助詞」って、何だっけ？（→ P.118）

 付属語で、活用しない言葉です。

そうだね。付属語の中で**活用するものは「助動詞」、活用しないものが「助詞」**だった。「助詞」は全部で4つのパターンに分類されるので、まずは名前を覚えてしまおう。

「助詞」の4パターン

① 格助詞　② 副助詞　③ 接続助詞　④ 終助詞

この4つの分類方法を勉強するんだけど……①からではなく、**最も簡単な④「終助詞」**からスタートする。これは名前のとおり**「文の終わり」に来る助詞**のこと。

疑問・反語

何度言ったらわかる**の**。

そんなことが信じられる**か**。

念押し・強調

お前は平田だ**な**。

一緒に出かけよう**や**。

明日から本気を出す**ぞ**。

十分わかってる**とも**。

まだダメだ**よ**。

じゃあ一回家に帰る**わ**。

私の責任じゃないですから**ね**。

感動・詠嘆

お前だったの**か**。

こんなこともあるんだ**な**。

やってられない**や**。

このフランス料理は本物だ**よ**。

それは飲みすぎだ**わ**。

あの男は本当にひどい**ね**。

全部君のおかげ**さ**。

命令・禁止

二度と来る**な**。

私の目を見て話す**の**。

　次は③**「接続助詞」**。これも名前のとおり、**「接続語」**になって前後をつなぐはたらきをする助詞のこと**だ。

順接（≒だから）

寒い**ので**、鍋にしよう。

寒い**から**、鍋にしよう。

寒く**て**、ふとんから出られない。

逆接（≒しかし）

働い**ても**、昇給しなかった。

働いた**けれど**、昇給しなかった。

働いた**が**、昇給しなかった。

働いた**のに**、昇給しなかった。

辞めたいと思い**ながら**、続ける。

仮定（≒もしも）

このアプリを使え**ば**、店が探せる。

このアプリを使う**と**、店が探せる。

仮定の逆接（≒だとしても）

父が何と言おう**と**、受験する。

父が何と言っ**ても**、受験する。

父が何と言った**ところで**、受験する。

単純接続・並立（≒そして）

肉があれ**ば**、ネギもある。

肉もある**けれど**、ネギもある。

肉もある**が**、ネギもある。

肉もある**し**、ネギもある。

肉もあっ**て**、ネギもある。

肉を食べ**ながら**、ネギも食べる。

肉を食べ**つつ**、ネギも食べる。

肉を食べ**たり**、ネギを食べ**たり**。

2章

☆Point☆ 10　終助詞・接続助詞

終助詞→**文末に来る！**

主に「疑問・反語／念押し・強調／感動・詠嘆／命令・禁止」の意味。

接続助詞→**接続語になる！**

主に「だから／しかし／もしも／だとしても／そして」の意味。

　最後は①**「格助詞」**と②**「副助詞」**。これらは両方とも似たような位置に来るので、③④に比べて区別が難しい。まずは**「格助詞」**と**「副助詞」の違い**を理解するところからスタートしよう。

> ①　納豆**を**　食べた。　　　②　納豆**も**　食べた。

①は、ただ「納豆を食べた」というだけで、それ以外のことはわかりません。でも②の場合は「**納豆以外の何かを食べた**」ことが読み取れます。

　そうだね。つまり①は**基本的な意味しか表さない**のに対して、②はそこに**別の意味をプラス**しているということ。①のように「**基本的な意味を表す**」だけのものを「**格助詞**」、②のように「**プラスアルファの意味を付け足す**」ものを「**副助詞**」と言うんだ。
　覚え方としては、副助詞よりも格助詞のほうが数が少ないから、まず**「格助詞」を覚えてしまって、格助詞でないものは「副助詞」と考える**のが早いだろう。「格助詞」は以下のとおり。

主語

メグミ**が**見つけた宝物

メグミ**の**見つけた宝物

連体修飾

昨日**の**話

こと・もの

ネットを見る**の**はもうやめなさい。

相手・目的語

武藤選手**を**倒した。

武藤選手**に**トロフィーを贈った。

武藤選手**と**戦った。

一緒の相手

女性**と**写真を撮った。

比較相手

昔**と**違って優しい。

昔**より**優しい。

場所

北九州**を**通り過ぎる。

広島**に**向かう。

神戸**へ**着く。

名古屋**から**新幹線に乗る。

埠頭（ふとう）**で**ぶどうを食べた。

時間

5時**に**起きる。

今年**で** 32 歳だ。

理由・原因・目的

見積もりを受け取り**に**お店へ行く。

寝不足**から**ミスを連発する。

菅原さんは風疹（ふうしん）**で**お休みです。

結果

夜更けに、雨は雪**に**変わった。

彼女の本はベストセラー**と**なった。

会話・引用	並立
「つらい」**と**つぶやいた。	料理**と**科学を結びつけた研究
手段・道具・材料	化学**や**生物を勉強したい。
芋**から**作られた焼酎	
この楽器店**で**買えば送料無料だ。	

　格助詞は全部で10個だけ。「**を・に・が・と・の・へ・や・から・で・より**＝鬼が殿（の）部屋から出より」と覚えよう！

　また、例文を見ればわかるように、格助詞の**直前はほぼ「名詞」**しか来ない。この2ポイントを覚えておけば簡単に見分けがつくはずだ。

2章

★Point★ 11　格助詞

①主語や修飾語など、文の中で不可欠な**基本的な意味**を表す！

②「**を・に・が・と・の・へ・や・から・で・より**」の10個！

③**直前に名詞**が来る！

　「**副助詞**」は、格助詞のような基本的な意味だけでなく「**プラスアルファの意味を付け足す**」ところが大きな特徴。例文を見てイメージをつかもう。

格助詞の文	副助詞の文	付け足された意味	
手**が**きれいだね。	手**は**きれいだね。	他はきれいじゃない	他を類推させる
	手**も**きれいだね。	他もきれい	
	手**さえ**きれいだね。	当然、他もきれい	
	手**まで**きれいだね。		
これ**が**100mのタワーだ。	これ**こそ**100mのタワーだ。	他と比較して強調	強調
	これが100m**も**あるタワーだ。	大きさ・多さを強調	
3日間温泉**に**行こう。	3日間温泉**でも**行こう。	例をあげる	あいまいにする
	3日間温泉**なり**行こう。		
	3日間温泉**など**行こう。		
	3日間温泉**とか**行こう。		
	3日間温泉**やら**に行ったよ。	不確かなこと	
	3日間温泉だ**か**に行ったよ。		
	3日間**ほど**温泉に行こう。	だいたいの程度	
	3日間**ばかり**温泉に行こう。		
	3日間**ぐらい**温泉に行こう。		
	どれ**だけ**の間温泉に行こうか。		
時計**を**買って一人**で**楽しむ。	時計を買って一人**きり**で楽しむ。	他に人はいない	限定
	時計**だけ**買って一人で楽しむ。	他は買わない	
	時計**ばかり**買って一人で楽しむ。		
	時計**さえ**あればいい。	他はいらない	
父**が**いない。	父**も**母**も**いない。	並立・追加	並立
	父がいない。母**さえ**いない。		
	父がいない。母**まで**いない。		

12　副助詞

「**プラスアルファの意味**」を付け足す！

（類推／強調／例／不確かなこと／限定／並立・追加 etc.）

2
章

・・・

チャレンジ！実戦問題 32 助詞のパターン　　　　　　（➡答えは別冊 P.7）

問題　傍線部の助詞の種類を答えなさい。

①　それぞれの系は各種の臓器**から**構成されている。

②　医学は冷たい**など**と批判されるようになった。

・・・

プラスアルファの
意味を付け足すのが
副助詞！

2-9 意味と用法の識別

　P.125 ～ 127 で「ない」の識別について勉強したよね。一見同じ形に見える言葉が、実は全く違うはたらきや意味を持つことがある。その違いを見抜くのが「識別問題」だ。

　「識別」は、文法問題の中で最も入試によく出るタイプのひとつ。「品詞」と同じぐらい、いや出題量で言えば「識別」のほうが数多く出題されているぐらい。

 でも、教科書を見ても、ものすごくたくさんの意味や用法が書かれていて、訳わからなくなるんだよな……。

　1つ1つの意味と用法を丸暗記していたら、いくら時間があってもキリがない。**そもそも、全部を丸暗記する必要なんてないんだ。**

Point 1 「識別問題」の基本方針

① 傍線部を**別の言葉に置き換えてみる！**
　→ただし、**意味を変えないよう**注意。

② **よく出るもの／見分けにくいもの**は暗記する。

　まずは①**「別の言葉に置き換えて」考える**方法を理解してもらおう。この方法をマスターすれば、いちいち暗記しなくても「識別問題」が解けるようになる。

> 暗記は
> 不要だよ！

> （例題）次の文の傍線部と意味・用法が一致するものを1つ選べ。
> 猫の**手**も借りたい。
> ア　今はそれしか**手**がない。　　イ　深**手**を負ってしまった。
> ウ　家は人**手**に渡ってしまった。　エ　女**手**ひとつで子供を育てた。

「猫の手も借りたい」の「手」を、文の意味が変わらないように、何か別の言い方に変えられないかな。

 うーん、「猫の**手**も借りたい」って、すごく忙しいときに使う言い方ですよね。だから「猫の**労働力**も借りたい」なんてどうかな？

いいね！　すばらしいよ。じゃあ、次はア〜エの中で、同じく「労働力」に置き換えても通用するものはないかな？　もし**「労働力」に置き換えられるものが選択肢の中にあれば、「同じ意味・用法」だと言える**はずだよね。

 アは「手段／方法」、イは「傷」、ウは「所有」に置き換えられる。あっ、**エだけは「女の労働力」でも意味が通る！**

そのとおり！　こうやって、いろいろな言葉に置き換えながら正解を探していけばいいんだ。もちろん、今みたいに一発で答えが出るときもあれば、なかなかうまくいかないときもあるだろう。うまくいかないときは置き換えられそうな言葉を、他にいくつか探してみればいい。

チャレンジ！実戦問題㉝「置き換え法」による識別（➡答えは別冊P.7）

問題　傍線部の意味・用法に最も近いものを選択肢の中から選びなさい。
①　彼は流行を追いかける**口**だ。
　　ア　アルバイトの**口**をきいてもらう。　　イ　まだまだ宵の**口**だ。

　　ウ　**口**をそろえて猛抗議する。

　　エ　彼女は甘いものならいける**口**だ。

　　オ　まず彼が話の**口**を切った。

②　登校途中で雨に**あう**。

　　ア　友達が交通事故に**あう**。　　　イ　ユニホームが体に**あう**。

　　ウ　運動会の勝利を喜び**あう**。　　　エ　公園で級友に偶然**あう**。

　　オ　母の料理は私の口に**あう**。

③　花びらのように、雪が降ってくる様子は**なんとも**新鮮だ。

　　ア　**なんとも**落ち着きがない。　　　イ　体は**なんとも**なかった。

　　ウ　**なんとも**思わない。　　　エ　**なんとも**言ってこない。

④　その**道**の専門家

　　ア　人としての**道**を外れる。　　　イ　帰り**道**で先生と会う。

　　ウ　昇進の**道**が絶たれた。　　　エ　この**道**一筋四十年だ。

- -

　では、この「置き換え法」を基本としたうえで、「テストによく出るパターン」をいくつか紹介していく。

◇**「ない」の識別**

 あれ？　「ない」はP.125〜127でやりましたよね？

　そうだね。「自立語＝文節の先頭」だったら「形容詞」。

「付属語＝文節の2番目以降」だったら「助動詞」と勉強したはずだ。

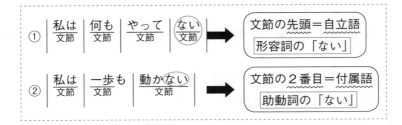

この方法でもちろん OK なんだけど、さっき勉強した「置き換え法」でも解くことができる。①②を、それぞれ別の言葉に置き換えてみよう。

 ①は「**いません**」に換えられるな。②は「**ぬ**」に換えられる。

それで OK。「**いません／ありません**」に置き換えられれば「**形容詞**」、「**ぬ**」に置き換えられれば「**助動詞**」。これでほとんどの問題は解ける。ただし……難関高校受験生のために、さらにハイレベルな問題を 1 つ出そう。

（例題）傍線と最も近い意味・用法のものを選びなさい。
① 一歩も動か**ない**。　② せつ**ない**気分だ。
③ ここには何も**ない**。　④ 何もやって**ない**。
　ア　靴をはか**ない**。
　イ　人間関係ははか**ない**。
　ウ　全然甘く**ない**。
　エ　灰皿が**ない**。

---

 ①は「ぬ」に換えられるから「助動詞」。**答えはア**。
②は……これ、何にも置き換えられる言葉がない！
でも、選択肢の中で「他に置き換えられない」のはイだけだから、**答えはイ**。

そうだね。②とイは「せつない／はかない」という 1 つの形容詞の中に、たまたま偶然「ない」が含まれていただけだ。

 ③④は両方「いません」に置き換えられるな……。
選択肢ウとエも両方「ありません」に置き換えられる。これは全部「形容詞」のはずでは？

どちらも形容詞であることには違いないんだけど……。

今回は、形容詞をさらに２種類に分ける問題なんだ。ヒントは２つ。

★「いません／ありません」以外に、置き換え可能な言葉を考える。

★「補助の関係」（→ P.95）を復習する。

 ③だけは「存在しない」に換えられます。選択肢エも「存在しない」に換えられるから、③の答えはエ。

 ④は「て」の下に「ない」があるから「補助の関係」だ！　選択肢ウも「く」の下にあるから「補助の関係」。④の答えがウだ。

　そうだね。③のように「存在」の意味を持つ「ない」が「普通の形容詞」。そして④のように「て／く／じゃ」の後ろにつく「ない」が「補助形容詞」だ。一般的な公立高校／定期テストでここまで問われることは珍しいけれど、難関校受験生であれば理解しておきたい知識だ。

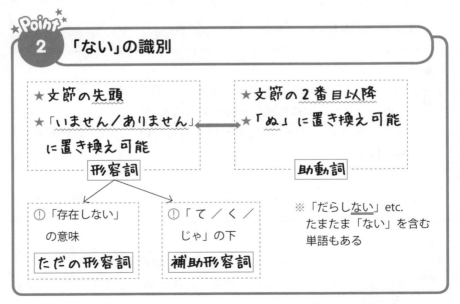

★Point★
2　「ない」の識別

★文節の先頭
★「いません／ありません」に置き換え可能
　　　形容詞

★文節の２番目以降
★「ぬ」に置き換え可能
　　　助動詞

① 「存在しない」の意味
　　ただの形容詞

① 「て／く／じゃ」の下
　　補助形容詞

※ 「だらしない」etc.
たまたま「ない」を含む単語もある

チャレンジ！実戦問題 34「ない」の識別　　（➡答えは別冊 P.7）

問 1　傍線部と同じ意味・用法のものを 1 つずつ選びなさい。

① こうしたい、ああなりたいと思うのに、そうでき**ない**。

ア　遊びに熱中している幼児の表情はあどけ**ない**。

イ　このテレビゲームはおもしろく**ない**。

ウ　近所の公園にはゴミが**ない**。

エ　荷物がなかなか届か**ない**。

難 ② それは本物の物自体では**ない**。

ア　いくら考えてもこのパズルが解け**ない**。

イ　薬を飲んだので頭はもう痛く**ない**。

ウ　例年と比較すると積雪がかなり少**ない**。

エ　彼の言葉がどうしても忘れられ**ない**。

オ　体育祭の翌日だが疲れは全く**ない**。

問 2　次の選択肢の中には、1 つだけ異なる意味・用法の「ない」が含まれている。その記号を書きなさい。

ア　死はタブーでは**ない**。

イ　「もう死のう」と思っているわけでは**ない**。

ウ　こんな生と死の感覚だったのでは**ない**か。

エ　変わった人生を送ったわけでは**ない**。

オ　満ち足りた死もみいだせ**ない**。

まず、別の言葉に置き換えて考えるのがコツだ！

◇「の」の識別

> （例題）傍線部分と最も近い意味・用法のものを1つずつ選べ。
>
> ①　タカさん**の**作る料理。　　②　サトシ**の**と同じ髪型。
>
> ③　猫**の**ゴローが歩いている。　　④　焼酎**の**飲み方はどうする？
>
> 　ア　社長**の**高尾です。　　イ　このチケット誰**の**？
>
> 　ウ　次郎**の**描いた絵。　　エ　家庭科**の**実習生が来る。

①は**「が」**に置き換えできるから、答えはウ。

②は**「のもの」**に置き換えられるから、答えはイ。英語で言う"mine"とか"yours"のような意味ですね。

③は**「である」**に置き換えられるから、答えはア。

④は……**特に何にも置き換えられない**なぁ。置き換えられるものがないのはエだけだから、答えはエ。

そうだね。補足しておくと、①は「主語」を作るはたらきの「の」だ。

②は、「準体言（準体格）」と呼ばれ、「名詞＝体言の代わり」になる。「もの・こと・人」のように名詞を補える「の」は準体言だ。

③は「同格」と呼ばれる。「猫＝ゴロー」「社長＝高尾」と、「の」の前後が全く同じものを表しているよね。

④は、最も基本的な「連体修飾」をつくるはたらき。

★Point★ 3　「の」の識別

① 「が」に換えられたら 主格 ！

② 「のもの（こと・人）」に換えられたら 準体言 ！

③ 「である」に換えられたら 同格 ！

④ ただの 連体修飾

　①～④の他に「終助詞」の「の」もある。「あなた、大丈夫な**の**」のような、**文末に来る「の」**は①～④とはまた別パターンとして考えよう。

チャレンジ！実戦問題35「の」の識別　　　　　　　（➡答えは別冊 P.7）

問1　傍線と同じ意味・用法のものを1つずつ選びなさい。

①　美術部員**の**描いたポスター。

　　ア　桜**の**咲く公園。　　　　イ　庭**の**植木。

　　ウ　歩く**の**に疲れる。　　　エ　秋な**の**に暑い。

②　昨日見た**の**と同じ人物です。

　　ア　友達**の**家でパーティーをする。　　　イ　そのカバンは私**の**です。

　　ウ　行くの行かない**の**と迷っている。　　　エ　私はあの絵が好きな**の**。

　　オ　「そんなことも知らない**の**」と友人に言われた。

問2　傍線と同じ意味・用法のものそれぞれ1つずつ選びなさい。

①　少し力**の**こもった口もと　　②　新しい**の**を買ってきた

③　乗客**の**誰かが声を上げた　　④　ここな**の**？

　　ア　私は将来、外国に住むつもりな**の**。

　　イ　昨日は何をしていた**の**と聞かれた。

　　ウ　私**の**描いた絵が展覧会に出された。

　　エ　弟は、走る**の**をたいへん嫌がった。

　　オ　つめたい秋**の**雨が降ってきました。

「の」の識別でも、
基本的な考え方は
同じだね

◇「れる／られる」の識別

（例題）①〜④の傍線部と最も近い意味・用法のものを選びなさい。
① 何でも食べ**られる**　　② 熊に食べ**られる**
③ 校長が訓示を述べ**られる**　　④ 人質の安全が心配**される**
　ア 亡き祖母が思い出さ**れる**　　イ 朝早くても起き**られる**
　ウ 社長に表彰さ**れ**た　　エ お客さまが来**られる**

①は「ことが**できる**」に置き換えられるから、答えはイ。
②は「熊に食べる**被害を受ける**」という意味だな。選択肢ウも「**表彰を受ける**」で、**同じ「受ける」という意味がある**。
③は「**おっしゃる**」に換えられる。エも「いらっしゃる」で同じ「**敬語（尊敬語）**」（→ P.234）だから、答えはエ。
④は「**自然と心配してしまう**」という意味。アも「**自然と思い出してしまう**」だから、答えはア。

OK、それでパーフェクトだ。それぞれ補足して行こう。
①は「できる」すなわち「**可能**」の意味だね。
②のように、動作を「受ける」意味を持つものを「**受け身**」と呼ぶ。
③のように、「れる／られる」は「尊敬語」としても使える。敬語は次の第3章で詳しく勉強するから、今は**「目上の相手」の動作に「れる／られる」をつけると「敬語」にできる**ことだけ覚えておいて。
④には「**自発**」という名前がついている。ただ……この名前が誤解を招くんだ。「自発」というと、「もっと自発的に勉強しろ！」のように「自分から進んで」という意味をイメージするよね。
でも、ここでいう「自発」は全く意味が違って、「**自然発生**」を略して「**自発**」と呼んでいると考えてほしい。さっきシュンくんが言ったように「**自然と〜してしまう**」という意味で、基本的に「**気持ち**」に関することに使われる。

★Point★ 4 「れる／られる」の識別

① 「**できる**」に換えられたら **可能** ！

② 「(動作を)**受ける**」意味があれば **受け身** ！

③ **目上の相手の動作**であれば **尊敬** ！

④ 「**自然と～してしまう**」に換えられたら **自発** ⇒ **気持ち** に関すること

- -

チャレンジ！実戦問題 36 「れる／られる」の識別　（➡答えは別冊 P.7）

問1　傍線部と同じ意味・用法のものそれぞれ 1 つずつ選びなさい。

①　旦那様、奥様、恭一ぼっちゃんの三人で出かけ**られ**た。

②　旦那様に命じ**られ**て、お二人を迎えに行った。

③　奥様のなさったことを実際に真似してみ**られる**機会があれば、それだけは逃したくないとも思っていた。　　　　（中島京子『小さいおうち』）

　　ア　雨が降っていても傘をさせば行か**れる**。

　　イ　小さいころのことが思い出さ**れる**。

　　ウ　彼はみんなから笑わ**れる**。

　　エ　お風呂のお湯があふ**れる**。

　　オ　お客さまが席に着か**れる**。

問2　次の中で、1 つだけ異なる意味・用法のものを選びなさい。

　　ア　私には、単にこの小娘の気まぐれだとしか考え**られ**なかった。

　　イ　煙を満面に浴びせ**られ**た。

　　ウ　この曇天に押しすくめ**られ**たかと思う程、揃って背が低かった。

　　エ　私の心の上には、切ない程はっきりと、この光景が焼きつけ**られ**た。

　　　　　　　　　　　　　　　　　　　　　　　　　（芥川龍之介『蜜柑』）

- -

◇「そうだ／ようだ／らしい」の識別

　この3つは比較的似た意味を持つ言葉だから、まとめて整理してしまおう。「そうだ→ようだ→らしい」の順番で1つずつ例題を見ていく。

（例題）①②の傍線と同じ意味・用法のものを選べ。
① 榊原は音楽が好きそうだ。　　② 榊原は音楽が好きだそうだ。
　ア　山田は英語を話すそうだ。　　イ　山田は英語を話せそうだ。

---

　①は「〜に見える」という意味ですね。答えはイ。
　②は「と言う」に換えられます。答えはア。

　そのとおり。①は話し手が**自分の目で見て判断**したことで、②は**人から聞いた話**。①を「様態」、②を「伝聞」と呼ぶ。

　また、直前の形で識別する方法もある。②「伝聞」は直前が「好きだ」と**終止形**になっているよね。直前が終止形なら「伝聞」、そうでなければ「様態」。

★Point★ 5　「そうだ」の識別

① 「に見える」に換えられたら 様態 ！＝自分で見て判断

② ｛「と言う」に換えられたら
　　直前が**終止形**なら｝ 伝聞 ！＝他人から聞いた話

（例題）①～③の傍線と同じ意味・用法のものを選べ。

① 春菜は影ひなたのない人間の**ようだ**。

② 彼女はくらげの**ように**ふよふよと泳ぐ。

③ くらげの**ような**海の生き物が好きだ。

　ア 大石はパソコンばかりやっている**ようだ**。

　イ 鋼の**ような**鉄製品が欲しい。

　ウ 鋼の**ような**強い心が欲しい。

①は「どうやら」を補うことができる。**答えはア**だ。

あれ？　**②と③は両方「みたい」に換えられる**な。

まず①はいいよね。何らかの根拠にもとづいて「推定」する表現。

②と③は「みたい」に換えるだけでは区別が不可能だ。

そこで①に「どうやら」を補ったように、②③にも別の言葉を補えないだろうか？

②は**「まるで」を補うとピッタリきます！**

③は**「たとえば」を補う**ことができる。**②の答えがウ、③の答えがイ**ですね。

そのとおり。②は「比喩」で、③は「例示」と呼ばれる（→ P.190）。「比喩＝本当ではないこと」「例示＝本当のこと」という区別もできる。**②は、泳ぐのはあくまで「人間」であって本物の「くらげ」ではない**けど、**③は、本物の「くらげ」のことを言っている**よね。

別の言葉を補うと、意味の違いが分かりやすいね

Point 6　「ようだ」の識別

① 「**どうやら**」を補えたら　推定　！＝根拠を持って推測

② 「**まるで〜みたい**」に換えられたら　比喩　！＝本当ではないこと

③ 「**たとえば〜みたい**」に換えられたら　例示　！＝本当のこと

①〜③の他に、次のようなパターンもある。

④　どうか合格しています**ように**。

⑤　寝坊しない**ように**、目覚ましを３つセットした。

　④は「依頼／命令」。今回は神様に依頼しているけど「明日は必ず出席するように」みたいに人に命令することもできる。

　⑤は「目的」を表す。「ために」に置き換えられるパターンだ。

（例題）①〜③の傍線と同じ意味・用法のものを選べ。

① 鈴木先生は世界史の先生**らしい**。

② 鈴木先生の趣味は先生**らしく**ない。

③ 鈴木先生のすば**らしい**コレクションだ。

　ア　田中さんは男**らしい**人だ。

　イ　田中さんは毎週東京に来る**らしい**。

　ウ　田中さんはめず**らしい**メガネをしている。

①は「どうやら」を補えるから、**答えはイ。**

②は「**ふさわしく**」に換えられます。**答えはア。**

③は……何にも換えられません。「**すばらしい／めずらしい**」は、そもそも切り離せない1つの言葉。**答えはウ。**

①は、「ようだ」にも出てきた**「推定」**。根拠を持って推測する表現。

②は**「ふさわしい」の意味**。この場合「先生らしい」「男らしい」のように、「らしいの直前の言葉」とあわせて「1つの形容詞」と考える。この文を「単語に分けろ」と言われたら「先生らしい」「男らしい」は分解せず、1つの単語として考えよう。

③は「すばらしい」「めずらしい」という1つの言葉の中に、偶然「らしい」の形が含まれているだけ。これは意味も①・②と全然違うから、すぐ見抜くことができるだろう。

★Point★ 7　「らしい」の識別

① 「**どうやら**」を補えたら | 推定 |！

② 「**ふさわしい**」という意味を持つ→ | 形容詞の一部 |

③ その他の | 形容詞の一部 |

言葉を補ったり
置き換えたりすると、
識別しやすくなるね

チャレンジ！実戦問題 37「そうだ／ようだ／らしい」の識別（➡答えは別冊 P.8）

問題　傍線部と同じ意味・用法のものを1つずつ選びなさい。

① 芽が真赤で白い粉を吹いているので化粧柳というのだ**そうだ**。

　ア　病気で死に**そうだ**　　イ　旅行する**そうだ**　　ウ　それも**そうだ**

② 思うに希望とは、もともとあるものともいえぬし、ないものともいえない。それは地上の道の**ような**ものである。

　ア　和歌にも詠われている**ように**、草に置く露、葉上の水玉は、古来人々の詩情を誘ってきた。

　イ　鳥をまねた舞いは、古くから世界中で舞われた**ようだ**。

　ウ　群れ全体がまるで1つの生き物の**ように**移動できるのはなぜか。

③ 日本的感性に固有の構造がある**ように**思われる。

　ア　彼は将来の夢について次の**ように**情熱を込めて語った。

　イ　子どもたちは遠足を楽しみにしている**ように**見えた。

　ウ　私は庭の花がきれいに咲く**ように**毎日水をやった。

　エ　彼女は明日こそは晴れる**ように**と一心に祈った。

難 ④ 夜中に眼がさめて郭公**らしい**声をきいた。

　ア　子供**らしい**純粋さ　　イ　明日は雨**らしい**　　ウ　目つきがいや**らしい**

◇「だ／で／に」の識別

「だ／で／に」の３つは、まとめて覚えてしまおう。なぜこの３つをまとめるかというと、**「だ／で／に」には大きな共通点があるから**なんだ。その共通点は２つあって……、

> ① **「形容動詞」**（→ P.124）**の可能性がある**こと
> ② **「そうだ」「ようだ」**（→ P.188）**の可能性がある**こと

★形容動詞➡静か**だ**／静か**で**／静か**に**
★「そうだ」➡痛そう**だ**／痛そう**で**／痛そう**に**
★「ようだ」➡中止のよう**だ**／中止のよう**で**／中止のよう**に**

このように、どれも「だ／で／に」の形にすることができる。

「だ／で／に」の識別問題は、**まず「形容動詞／そうだ／ようだ」を見抜いてしまおう！「ようだ／そうだ」は形を見ればすぐにわかる。「形容動詞」の見抜き方**は、次の ★Point★ を覚えてほしい。

★Point★ 8 「だ／で／に」の識別

① 助動詞「ようだ／そうだ」かどうかを先にチェック！

② 「形容動詞」かどうかを先にチェック！

  ★「だ／で／に」を「な」に置き換えられれば形容動詞！

  ★「とても」をつけられれば形容動詞！

（例題）傍線が形容動詞の一部であるものを３つ選びなさい。

① もうだめ**だ**。　　　　　② 馬ではなくシマウマ**だ**。
③ ラーメン屋の行列に並ん**だ**。　④ いいかげん**に**しなさい。
⑤ 穏やか**で**優しい性格。　　　⑥ 17歳の女子高校生**で**ある。

「**な**」**に換えられる**ものは「形容動詞」。

①④⑤は「だめ**な**／いいかげん**な**／穏やか**な**」にできます。でも②
③⑥は「シマウマ**な**／並ん**な**／女子高校生**な**」とは言えない。とす
ると、①④⑤が形容動詞で、あとは違うということ。

　そう。あと「**とても**」**をつける**方法もある。①「とてもだめだ」④「と
てもいいかげんだ」⑤「とても穏やかだ」。全部「とても」をつけられる。
　このように、「だ／で／に」について問われた場合は、**まず「ようだ／
そうだ」かどうか、「形容動詞」かどうかを最初にチェックする癖をつけ
よう。** では、ここまで理解したら「だ／で／に」のポイントを1つずつ確
認していく。まずは「だ」から。

（例題）傍線と最も近い意味・用法のものを1つずつ選びなさい。
① 　サオリはフルートが得意**だ**。　　② 　とても上手だそう**だ**。
③ 　突然ふとんが吹っ飛ん**だ**。　　④ 　彼女は都内で働く女性**だ**。
　ア 　フミヒコは英語の先生**だ**。　　イ 　学芸会で樹木の役を選ん**だ**。
　ウ 　大学で働いているそう**だ**。　　エ 　絵画の知識が豊富**だ**。

---

①は「得意**な**」「**とても**得意だ」にできるから、これは形容動詞。
エも「豊富**な**」「**とても**豊富だ」にできるから、**①の答えはエ。**
②は「**そうだ**」の一部だから、**答えはウ。**
③と④は……どうやって解けばいいんですか？

　③④は「**直前に来る品詞**」**をチェック**すれば区別が可能だ。③の直前は
「吹っ飛ぶ」、④の直前は「女性」だから……

③は「動詞＋だ」、④は「名詞＋だ」になっているんですね！　と
いうことは**③の答えがイ、④の答えがア**です。イは直前が「選ぶ＝
動詞」、アは直前が「先生＝名詞」になっている。

いいね！　③のように、直前に「動詞」が来るときは**「過去」**の助動詞。
　④のように、直前に「名詞」が来るときは**「断定」**の助動詞。断定というのは「～である」という意味。英語でいう be 動詞のようなものだ。

★Point★
9　「だ」の識別

①　**「な」**に換えられる＝ 形容動詞 の一部

②　直前が**「そう／よう」**＝ 助動詞「そうだ／ようだ」の一部

③　直前が**「動詞」**＝ 過去 の助動詞

④　直前が**「名詞」**＝ 断定 の助動詞

※③は「完了・存続」の意味もある。

チャレンジ！実戦問題❸❽「だ」の識別　　　　　　　　（➡答えは別冊 P.8）

問題　傍線部分と同じ意味・用法のものを１つ選びなさい。

①　このピアノは、音がきれい**だ**。

　　ア　よく晴れた日**だ**。　　　　　　イ　彼女は表情が豊か**だ**。

　　ウ　ボールが遠くまで飛ん**だ**。　　エ　彼は明日の午後来るそう**だ**。

②　かなり年数がたった後に見て詠ん**だ**のであろう。

　　ア　僕の勘**だ**と、こちらの道が正しい。

　　イ　この高校は、文化祭も体育祭も盛ん**だ**。

　　ウ　のどか渇いたので、水を飲ん**だ**。

　　エ　もうすぐ雪もやみそう**だ**。

（例題）傍線と最も近い意味・用法のものを1つずつ選びなさい。

① きれい**で**素晴らしい風景だ。　② 元気だったよう**で**何より。

③ 死ん**で**、また生き返った。　④ 私は料理が趣味**で**して。

⑤ 病気**で**悩んでいる。

　ア 彼は持病に悩ん**で**いる。　イ 子どもがにぎやか**で**大変だ。

　ウ 空港**で**お土産を買った。　エ かつて教師**で**あった。

　オ 疲れていたよう**で**、すぐ寝てしまった。

「で」の識別も、まずは「形容動詞／そうだ／ようだ」のチェックから。

①は「とてもきれい」「きれい**な**風景」にできるから、**形容動詞でイ**。

②は**「よう」がついている**から「ようだ」の一部で**オ**。

③だけ**直前に「動詞」が来ています**ね。同じく動詞が前にあるのは**ア**。

④⑤は……両方**直前が「名詞」になっている**。④「趣味」、⑤「病気」。どっちも名詞だよね。

いいね！　④⑤はいったん置いておくとして、①〜③はさっきの「で」と全く同じ方法で解ける。③「直前が動詞」のパターンは「**接続助詞**」。英語でいう「and」に近い意味だ（→ P.173）。

で、問題は④と⑤だね。「で」の場合、「直前に名詞」が来るタイプが、さらに2パターンに分かれる。

④は、「だ」のところでも勉強した「**断定の助動詞**」だ。「断定の助動詞」は「〜である」の意味を持つ。

たしかに④は「料理が趣味**である**」と言えますね。

となると、**④の答えはエ**。

⑤は「**格助詞**」と呼ばれる（→ P.175）。「格助詞」の「で」には、次のような意味がある。

★病気で悩んでいる。　　原因（〜のせいで）

★空港でお土産を買った。　場所

★来年で 35 歳になる。　　時限（タイム・リミット）

★飛行機で札幌に帰る。　　手段（〜を使って）

★一人で帰れる。　　　　　状態（〜の状態で）

---

 ⑤は「病気のせいで」だから、「原因」を表す格助詞だな。ウも「場所」を表す格助詞。

⑤とウは意味は全然違うけれど、格助詞であることには変わりない。だから、**⑤の答えはウ**で OK だ。

10 「で」の識別

① 「**な**」に換えられる＝ 形容動詞 の一部

② 直前が「**そう／よう**」＝ 助動詞「そうだ／ようだ」 の一部

③ 直前が「**動詞**」＝ 接続助詞

④ 直前が「**名詞**」＆「**である**」の意味＝ 断定 の助動詞

⑤ 直前が「**名詞**」＆「**場所・原因**」等の意味＝ 格助詞

だんだん違いが
分かってきた！

チャレンジ！実戦問題 39「で」の識別

（➡答えは別冊 P.8）

問題　傍線部と同じ意味・用法のものを1つずつ選びなさい。

① 昨日、自動車**で**家族と牧場に出かけた。

　ア　日本は平和**で**ある。　　　　　イ　やかん**で**お湯を沸かす。

　ウ　彼は疲れていたよう**で**ある。　エ　シラコバトが飛ん**で**いる。

② 私の担当**で**なくてもよい。

　ア　鉛筆**で**字を書いた。　　　イ　もう過ぎたこと**で**ある。

　ウ　荷物を運ん**で**疲れた。　　エ　運動場**で**サッカーをする。

「とても」を
つけられるものは
形容動詞！

では、最後「に」へ進もう。今までの方法でほぼ全部解けるから、まずは自力で解いてみよう。

（例題）傍線と最も近い意味・用法のものを1つずつ選びなさい。

① かわいい彼女と幸せに暮らす。　② 二人はうれしそうに見える。

③ 齋藤さんに料理を作った。　　④ すぐにでも結婚しよう。

　ア おいしそうに見える豚肉。　イ おもむろにコートを脱いだ。

　ウ 豚肉が好きになった。　エ 二人は家に着いた。

---

①は「幸せな」「とても幸せ」になるから、**形容動詞でウ**。

②は**「そう」がついている**ので、**答えはア**。

③は直前が「齋藤さん」という**名詞**。同じく直前に名詞が来るのは**エ**。

④は……何だろう？　でも、残ってるのはイだから、**答えはイ**。

①〜③はこれまでどおりのやり方ですべて解けるし、①〜③にあてはまらない場合が④だと思えばいい。③のように直前に「名詞」がくる場合は「**格助詞**」。格助詞は次のような意味を持つ。

・札幌に着いた。 場所　　　　・病気に苦しむ。 理由

・3月になった。 時間　　　　・落選に終わった。 結果

・プロレスを見にいく。 目的　　・一日食べずに過ごす。 状態

・彼女に頼んだ。 相手

ただ、実は**直前に「用言」や「助動詞」が来ることもある**。たとえば、「プロレス観戦に行く」だと直前が「名詞（観戦）」になるけど、「プロレスを見に行く」だと直前が「動詞（見る）」になるよね。でも、この2つは意味が全く一緒なわけだ。意味が同じである以上、両方同じ格助詞として扱

う。それに「食べ<u>ず</u>に過ごす」「食べ<u>させ</u>に行く」のように「<u>助動詞</u>」が
直前に来るケースもある。

④　「すぐに／おもむろに」は、切り離せない**1つの副詞**だ。

★Point★
11 「に」の識別

① 「**な**」に換えられる＝ 形容動詞 の一部

② 直前が「**そう／よう**」＝ 助動詞「そうだ／ようだ」の一部

③ 直前が「**名詞**（用言・助動詞）」＝ 格助詞

④ 副詞 の一部

チャレンジ！実戦問題⓪「に」の識別　　　　　　　（➡答えは別冊 P.8）

問題　傍線部と同じ意味・用法のものを1つずつ選びなさい。

①　この瞬間**に**愛が生まれる。

　　ア　さら**に**またお若い年代にいくと

　　イ　そういう季節**に**、お水汲みのほうは、なかなか手がつかなくて

　　ウ　自然**に**足をこういうふうにさせる。

　　エ　今さらのよう**に**新鮮な感動。

②　ほのか**に**甘い味。

　　ア　近いところ**に**生えていて

　　イ　電車に乗らず**に**歩いて帰った

　　ウ　それらの枝も素直**に**横にひろがって

　　エ　どうも格好が悪いよう**に**見えたのである。

　　オ　ある生命の自然な美しさ**に**冠されている。

◇その他の識別

　最後に、あまり出題頻度の高くないタイプをまとめて扱う。すべての解き方を覚えてはいられないので、「置き換え法」を用いたり、「直前に来る品詞」を比較したりして答えを出していこう。

．．．

チャレンジ！実戦問題41 その他の識別問題　　　（➡答えは別冊 P.8）

問 1　傍線部と同じ意味・用法のものを 1 つずつ選びなさい。

① 　先入観のある間違っ**た**意見

　　ア　登校中、変わっ**た**形の車を見かけた。

　　イ　今日は、見たかっ**た**映画を見に行く。

　　ウ　昨夜は、寒かっ**た**から重ね着をした。

　　エ　彼は、誰にでも歌声を聴かせ**た**がる。

　　オ　友人は、旅行が楽しかっ**た**と喜んだ。

② 　風を見**ながら**、慎重に舵をきった。

　　ア　子ども**ながら**に厳しい試練によく耐えた。

　　イ　公園の中を散歩し**ながら**お話しましょう。

　　ウ　昔**ながら**の町並みを保存するたたずまい。

　　エ　及ばず**ながら**私もその企画に協力します。

③ 　ダイレクトにアクセスできるよさはあります**が**、それ以外の記事に目を通す機会は減る。

　　ア　書架のように並んでいれば目につく可能性**が**ある。

　　イ　図書館の蔵書検索はパソコンでするの**が**一般的です。

　　ウ　パソコンで検索するほう**が**便利なはずです。

　　エ　便利なはずです**が**「目録カードのほうがよかった」と言っている人がいました。

　　オ　便利なはずですが「目録カードのほうがよかった」と言っている人**が**いました。

④　どれも今日の問題とつながるもの**ばかり**だ。

　ア　うたた寝をした**ばかり**に、風邪を引いてしまった。

　イ　泳ぎ疲れたので、一時間**ばかり**眠ることにした。

　ウ　わたしも妹もその推薦図書を読んだ**ばかり**です。

　エ　静寂の中、聞こえてくるのはせみの声**ばかり**だ。

⑤　プログラムを開発した者で**さえ**、ロボットが次にどのような動作を
とるか、予測できなくなる。

　ア　それは小学生に**さえ**解ける簡単なクイズだ。

　イ　夜には雨が降り雷**さえ**鳴り出した。

　ウ　弟も静かに**さえ**していれば怒られないのに。

　エ　彼はひま**さえ**あれば本を眺めている。

難 ⑥　服が汚れる**と**ママに叱られるよ。

　ア　もう帰ろう**と**弟に言った。

　イ　友人**と**二人だけで出かける。

　ウ　門を入る**と**雨が降り出した。

　エ　焦らずゆっくり**と**やりましょう。

　オ　少しは休まない**と**体に障ります。

問２　傍線部の中で、意味・用法が異なるものを１つ選びなさい。

　ア　緊張状態**から**解放される。

　イ　それは、純度の高いかたちで解放感にひたれる**から**のことだ。

　ウ　自分たち**から**遠い、切実でない話。

　エ　この段など**から**うかがえるのではないか。

まずは、
文字を置き換えて
考えてみよう！

2-10 品詞分解

　文法編もいよいよこれで最後。これまでの集大成として「品詞分解」をマスターする！　品詞はすでに P.110 で勉強済みだけど、それは「あらかじめ単語に区切られたもの」に名前をつけただけだ。今回勉強するのは、**「区切られていない文を、自分で単語に区切る」方法**。非常に苦手な人が多い分野だけど、この章を最後まで理解してくれれば必ずできるようになるよ！

　最初に**「基本方針」を確認**する。

1 「品詞分解」の基本方針

① まず「**文節**」に区切る。

　　→文節より、品詞が大きくなることは絶対にありえない。

② 「活用がある言葉」と「活用がない言葉」で区切り方が変わる。

　　→「活用があるかないか」を判断しながら区切る！

　以上2つだ。これから先どんな問題が出てきても、この方針にしたがってアプローチすることが大事だから、必ず覚えてほしい。

品詞分解のコツは、
まずは文節に
区切ること

◇「活用がない単語」の区切り方

まず「活用がない単語」から。

A〜Hの8題を順番にクリアしていくと、自然と品詞分解の方法が身につくようになっている。

（例題）次の傍線部に「／」を入れて、単語に区切りなさい。

A　**その本は**参考書だ。

B　**私の彼は左利きだ。**

C　お刺身、**今日のはもう完売かしら。**

D　1か月の給料が、**たった 10 万だけか。**

E　それは、**いつかの打ち合わせのメモだ。**

F　**電話の後ワンワンと**泣き出した。

G　彼女は美しい**ものの、**性格が悪い。

H　デフレで**ものの**値段が下がっていく。

では、AとBから考えてみようか。

 まず、文節に区切ることからスタート。

　Aを文節に区切ると「その／本は」、Bは「私の／彼は／左利きだ」。
これを、さらに単語に分けられるかどうか考えていく。うーん……
「その」は「そ／の」に区切るのか、区切らないのか……？

　まずはAを解くポイント。ここで「**文節の先頭は、必ず自立語**」という
法則（→ P.115）を思い出してほしいんだ。「**自立語＝それだけで使える・
意味のわかる言葉**」だったよね？

 ということは…。「**そ」だけじゃ使えないし、意味もわからない！**
　じゃあ、「その」は区切ってはいけない、1つの単語と言える。
　次の「本は」は「本」だけで使えるし、意味もわかる。だから、「本
／は」に区切れる。

Bも同じように考えると「私」「彼」「左利き」が「**文節の先頭にあって、それだけで使える自立語**」。だから「私／の／彼／は／左利き／だ」が正解だな。

2 「活用がない」言葉の品詞分解（1）

文節の先頭は「**自立語**」の**直後**で区切る！

Cを文節に区切ると「今日のは／もう／完売かしら」。文節の先頭を見ると、「今日」「もう」「完売」が「それだけで使える自立語」だよな。
でも……「今日のは」の**「のは」って区切るのかな？**　「完売かしら」の**「かしら」も、区切るのかどうかよくわからない**な。

次は「文節の後半に来る言葉」の対処法だね。基本的な考え方は2つ。
　1つ目は「**他の言葉に入れ替えができるかどうか**」を考えること。たとえば「今日**の**／**は**」でいうと「今日**の**／も」「今日**の**／で」「今日**の**／すら」「今日**の**／でも」というふうに、**「の」だけを独立させて使うことができる**よね。それに、「今日から／**は**」「今日と／**は**」「今日こそ／**は**」「今日で／**は**」というふうに、**「は」だけを独立させて使うことも可能**だ。ということとは、**「のは」は1つの言葉ではなく、独立した意味を持つバラバラの言葉**だということだ。
　2つ目は「意味」を考えること。「の」には「もの」「商品」「刺身」という意味があるし、「は」には「今日は完売だけど、明日はある」というニュアンスがこめられている。**別々の意味を持つということは、別の単語・別の品詞**だということだ。

「かしら」は、バラバラに分けて使うことはできない…。「か／しら」だと「しら」が意味不明だし、「かし／ら」だと両方意味不明だ。

そのとおり。「かしら」は疑問の意味を表す1つの助詞。Cの答えは「今日／の／は／もう／完売／かしら」。では、同じようにDもやってみよう。

　Dを文節に区切ると、「たった／10万だけか」。
「たった」はそれだけで使える自立語だから区切らない。
「10万だけか」は「10万」が自立語だから、「10万」の後で区切る。
「**だけ**／**か**」もバラバラに使えるから、区切る。
（「10万**だけ**／よ」「10万**だけ**／だって」「10万**だけ**／さ」
「10万ぽっち／**か**」「10万も／**か**」「10万ぐらい／**か**」）
　Dの答えは「たった／10万／だけ／か」です！

そうだね。「10万」を「10」と「万」に区切ってしまった人もいると思うけど、「数詞は、数と単位を合わせて1つの名詞」だ（→ P.163）。

3 「活用がない」言葉の品詞分解（2）

★**入れ替えできる／別々の意味を持つ**語は区切る！
★**別の語にできるかどうか**を試してみる！

　Eを文節に区切ると「いつかの／打ち合わせの／メモだ」です。
「いつかの」は**「いつ」**だけで使える言葉だから、**「いつ」で区切る。**
「か／の」は、バラバラで使えますよね。

だから、単語に区切ると
「いつ／か／の」
かな？

　これまでの考え方だとそうなるよね。**でも、その答えは間違いなんだ。**
さっき「別々の意味を持つ語は区切る」と教えた。言い換えれば、**「1つ
の単語＝1つの意味」という原則**があるとも言える。

　ワカナさんがやったように「いつ／か／の」と区切った場合、「いつ」「か」
はそれぞれ何の意味を持つことになるのだろう？

　「いつ」は「時間」の意味で、「か」は**「疑問」の意味**です。
　「どうです**か**？」とか「明日も来ます**か**？」みたいな。
　あれ……この文全体には「疑問」の意味は含まれていない気がする。

　そのとおりだ。つまり、**「いつか」は「以前」という1つの意味を持つ
語**であって、「いつ（時間）」と「か（疑問）」で別々の意味を持っている
わけではないんだ。だから、切り離せない1つの単語として扱う。

　「打ち合わせ」も同じ。「打つ」と「合わせる」という2つの意味がある
のではなく、「ミーティング」という1つの意味を表しているだけ。だから、
「打ち合わせ」も区切れない1つの単語なんだ。答えは「いつか／の／打
ち合わせ／の／メモ／だ」になる。

4　「活用がない」言葉の品詞分解（3）

1つの意味しかないものを、2つに区切ってはいけない！

　Fを文節に区切ると「電話の／後／ワンワンと」になる。
　「電話」は自立語だから、その直後で区切る。

「ワンワンと」は、
区切るのかな？
これ……

「ゆっくり<u>と</u>／がっしり<u>と</u>／ふらふら<u>と</u>」のような「と」がつく副詞は、区切らずに1つの単語として考える。答えは「電話／の／後／ワンワンと」だ。

★Poinナ★
5　「活用がない」言葉の品詞分解（4）

「と」がつく副詞→「<u>と</u>」の前で<u>区切ってはいけない！</u>

2章

では最後のGとH。GとHを比べて、何か気づくことはないかな？

　両方とも「ものの」が入ってます。でも……意味が全然違います。Gは、接続詞「しかし」のような「**逆接**」の意味。Hは「**物質**」「**商品**」という意味。

そのとおり！　Gの「ものの」は全体で「逆接」という1つの意味を表しているから、**切り離せない1つの単語**。

でもHは「物質／商品」という意味の名詞「もの」に、格助詞の「の」がついたものだ。だから、「もの／の」で区切らなくてはならない。

このように「接続詞／接続助詞」にかかわる言葉は、間違えやすいものが多い。次の★Poinナ★と例文を見て確認しておこう。

★Poinナ★
6　「活用がない」言葉の品詞分解（5）

まちがえやすい「<u>接続詞／接続助詞</u>」に要注意！
「しかし／だから／さらに／さて」のような接続語としての意味を持つ言葉は、
<u>切り離せない1つの単語</u>として考える！

接続語の場合	意味	接続語でない場合	意味
美しい もの の 性格が悪い	しかし	もの／の 値段	物質
君に言った ところで 無駄だ	しかし	指定された ところ／で 待つ	場所
ところで 、仕事はどう？	さて		
終わった ので 帰ります	だから	車がないなら私 の／で 行け	のもの
そのうえ ケーキまで食べた	さらに	その／上 に置いといて	上部

　このように形が同じ言葉であっても、意味の違いによって区切る場合と区切らない場合に分かれるということだ。

　ここまで理解してくれれば、「活用がない言葉」の区切り方は OK ！続いて「活用がある言葉」の区切り方へ進んでいこう。

◇「活用がある品詞」の区切り方

　「活用がある言葉」には「動詞・形容詞・形容動詞・助動詞」の４種類があるのはもう大丈夫だよね（→ P.121）。

　今回もＡ〜Ｉの問題を順番にクリアしていくことで、品詞分解の方法が身につくようになっている。

（例題）次の傍線部に「／」を入れて、単語に区切りなさい。

Ａ　飛行機が全く**飛ばない**。　　Ｂ　家を**建てれば**金がかかる。

Ｃ　明日はもっと早く**来よう**。　　Ｄ　無理やり**説明させ**た。

Ｅ　お父さんは**寝ている**。　　Ｆ　あちこちで**見られる**。

Ｇ　何もかも**取られる**。　　Ｈ　こんなものを**頼んだ**。

Ｉ　もちを**焼いて食った**。

　「活用がある言葉」の場合、形がいろいろ変化してしまうから、「活用がない言葉」に比べて区切り方がわかりにくい。混乱を防ぐために「活用がある言葉」はまず**「終止形＝言い切りの形」に戻して考える発想**が大切なんだ。形が変化してしまうなら、変化する前の形に戻してしまえ！　ということ。

ということは……、Ａは「飛ぶ」、Ｂは「建てる」、Ｃは「来る」、Ｄは「説明する」、Ｅは「寝る」と「いる」、Ｆは「見る」、Ｇは「取る」、Ｈは「頼む」、Ｉは「焼く」と「食う」。これらが「終止形に戻せる言葉」ですね。

Point

7　「活用がある」言葉の品詞分解

まずは「終止形 ＝ 言い切りの形」に戻す！

◇**動詞の品詞分解**

　今回のA〜Iは、すべて「動詞」が含まれた文だ。

　動詞を終止形に戻したら、**終止形の「最後の文字」に注目する。**　Aで言えば「飛**ぶ**」の「**ぶ**」、B〜Gは全部「**る**」、Hは「頼**む**」の「**む**」、Iは「焼**く**」の「**く**」と、「食**う**」の「**う**」だ。

　次に、今注目した「最後の文字」を、**「同じ行」を使って活用させてみる。**つまり、Aだと最後の文字は「ぶ」だから「バ行」＝「ば・び・ぶ・べ・ぼ」に活用させるということ。

　B〜Gだと「ら・り・る・れ・ろ」、Hだと「ま・み・む・め・も」、Iの「焼く」だと「か・き・く・け・こ」、「食う」だと「わ・い・う・え・お」だ。そして、その**「同じ行で活用させた文字」があれば、その直後で単語に区切る。**

8　動詞の品詞分解（1）

まず、**終止形の「最後の文字」**に注目する！

　★「最後の文字」を、**「同じ行」**の中で活用させてみる！

　　（書く→か・き・く・け・こ　　読む→ま・み・む・め・も etc.）

　★**同じ行の中で活用させた文字の直後**で、単語に区切る！

　AとBはこれだけで答えが出るはずだよ。

　Aは「飛**ぶ**」→「飛**ば**」に変化してるから、「ば」の直後で区切る。「ない」はこれ以上区切れないから、答えは「飛ば／ない」。

　Bは「建て**る**」→「建て**れ**」と変化してるから、「れ」の直後で区切る。答えは「建てれ／ば」。

　では、次はC〜E。**C〜Eは、今の Point だけでは通用しない。**

Cは「来**る**」→「来よう」、Dは「説明す**る**」→「説明させた」、Eは「寝**る**」→「寝て」……これ、**「る」が消えてしまってます！**「ら・り・る・れ・ろ」が出てこない。

そうなんだ。実は**「五段活用」（→ P.153）以外**の動詞だと、活用させると「る」が消滅してしまうケースが出てくる。この場合は、終止形から**「る」を取り除いたもの**を、「同じ行」で活用させればいい。

　C「来る」の場合は、「る」を取り除いたものは「来」だよね。だから同じ行で活用させると**「か・き・く・け・こ」**になる。

　D「する」の場合は、「る」を取り除いたものは「す」だ。だから、同じ行で活用させると**「さ・し・す・せ・そ」**になる。

　E「寝る」の場合は、「る」を取り除いたものは「寝」だよね。だから同じ行で活用させると**「な・に・ぬ・ね・の」**になる。

　これらの直後で、単語に区切ればいいんだ。

〈注釈〉ただし、E「寝る」は下一段活用である。上一段活用・下一段活用の動詞の場合、「る」を取り除いた直前部分が他の形に変化することはありえないので、本来「寝る」の「ね」が「な・に・ぬ・の」に変化することはない。また、C「来る（カ行変格活用）」の場合も「き・く・こ」には変化するが、「か・け」になることはない。D「する（サ行変格活用）」の場合も「さ・し・す・せ」には変化するが、「そ」になることはない。ただし読者の混乱を避けるとともに、活用表の丸暗記ではない形で活用のイメージを捉えてもらうため、このような説明の形を取った。

　ということは……Cは「来る」⇒「来／よう」と区切る。「よう」は「意志」の意味を持つ1つの言葉。

　Dは「説明する」⇒「説明さ／せ」と区切る。

　Eは「寝る」⇒「寝／て／いる」と区切る。「いる」は最初から終止形になっているから、何もしなくて OK。

まず、終止形の最後の文字に注目するんだよね

　　Dは「説明」と「する」を区切ってしまう人が多いけど、それは間違い
だ。「する」の前に名詞が来るときはその名詞まで含めて1つの動詞とし
て扱う。「持ち運ぶ」みたいな動詞も同じく複合動詞。「持ち」と「運ぶ」
に区切ってしまってはダメで、あくまで1つの動詞として扱う。

★Point★ 9　動詞の品詞分解（2）

「五段活用以外」の動詞

終止形最後の文字「る」が消滅する場合あり。

⇒「る」の**直前の文字**を、同じ行で活用させる。

　（**来る**→か・き・く・け・こ　　**する**→さ・し・す・せ・そ）

⇒その**直後**で、単語に**区切る！**(※)

(※)　「来る」の命令形「来い」／「する」の命令形「しろ」はこの法則にあてはまらな
　　いので、覚えておく。

複合動詞に注意！→区切らず、1つの動詞として扱う。

（例）愛する／リピートする…「○○する」

　　　寄り添う／取り乱す…「動詞（連用形）＋動詞（終止形）」

　　これで、動詞を正しく区切るための基本はOK。ここからは間違えやす
い細かい要注意パターンをいくつか勉強する。まずはFとG。

　　Fは「見る→見られる」、Gは「取る→取られる」だからどちらも
　　「ら」の直後で区切るはず。

複合動詞は、
区切らず
1つの動詞扱い

さっきの ★Point★ だとそうなるはずだよね。でも「られる」の形が出て
きたときは要注意なんだ。

★Point★
10 **動詞の品詞分解（3）**

「**られる**」に要注意！ ┌ 五段活用 られる → 「ら」の直後 ┐
                      │   │ で区切る
                      └ そ の 他 られる → 「ら」の直前 ┘

Fの「見る」は「上一段活用」だよね（→ P.153）。この場合は**「られる」
の直前で区切る**から、答えは「見／られる」。逆にGの「取る」は「五段
活用」。この場合は「取ら／れる」が正解になる。
　HとIも、まず今までのやり方で考えてみようか。

 HとIを終止形に直すと「頼む」「焼く」「食う」ですよね。どれも
「五段活用」の動詞。あれ⁉　Hは「頼**む**」なのに「まみむめも」
が出てこない。Iも「焼**く**」なのに「かきくけこ」の形になってい
ないし、「食**う**」も「わいうえお」の形が出てこない。

　「五段活用」の動詞に「て」や「た」がつくと、これまでのルールが通
用しない特殊な形が出てくることがある。

★Point★
11 **動詞の品詞分解（4）**

「五段活用」＋「て／た」の形
　→「い／っ／ん」が出てきたら、**その直後で区切る！**

 答えは「頼**ん**／だ」「焼**い**／て」「食**っ**／た」ですね！

こういうのを「音便」と呼ぶ。古文の世界ではどれも「頼**み**て」「焼**き**て」「食**ひ**て」とルール通りに書いていたんだけど、発音がしにくいので現代語では形が変化してしまったんだ。ただ、この**3文字しか例外は存在しないから、「い／っ／ん」の3文字を覚えればそれで解ける**。これで「動詞」はOK。次は「形容詞・形容動詞」へ進んでいこう。

◇「形容詞・形容動詞」の品詞分解

P.151の例題で「動詞」の活用表を作ってもらったから、今度は**「形容詞」の活用表を作る**ことからスタートしよう。

（例題）形容詞「汚**い**」の後ろに、以下の語をつけて活用させよ。

未然	連用		終止	連体	仮定
う	た	て	。	男	ば

 形容詞に「命令形」はないんですね。確かに形容詞を命令文にするのは変ですよね。えーっと、答えはこうです。

★Point★

12　形容詞の活用表

（例）汚い

	未然	連用（※）		終止	連体	仮定
	汚**かろ**	汚**かっ**	汚**く**	汚**い**	汚**い**	汚**けれ**
	う	た	て	。	男	ば

→「**かろ／かっ／く／い／けれ**」が出てきたら直後で区切る！

〈注釈〉

1．形容詞の連用形「〜く」は、音便化して「〜う」の形になることがある。

（例：お早く→お早うございます）

2．「ない」が下につくときの活用形には注意を要する。動詞の下に「ない」がつくと、その動詞は未然形となるが、形容詞・形容動詞に「ない」がつくと連用形となる。（例：汚くて／汚くない　のように、ともに「く」の形となる。）形容詞・形容動詞の下につく「ない」は「ありません」に置き換えられる「補助形容詞＝用言」である。用言が下につくということは連用形と考えるのが適切ということになる。

2
章

　これだけ覚えておけば解けるから、動詞よりはラクだよね。では、いくつか問題を解いて試してみよう。

（例題）次の傍線部に「／」を入れて、品詞に区切りなさい。

A　膝が**青く腫れてしまった**。　　B　**大きければ大きいほどよい**。

C　たとえ**痛かろうと頑張る**。　　D　**つらかったのは私もだ**。

　まず文節に区切ると、A「青く／腫れて／しまった」、Bは「大きければ／大きいほど／よい」、C「痛かろうと／頑張る」、Dは「辛かったのは／私もだ」だね。

　まずA。**形容詞は「く」で区切るのがルール**だから、「青く」はこれ以上区切らなくていい。「腫れる　→　腫れて」は、**「れ」の直後で区切る**（→ P.212）。

「しまう→しまった」は**「っ」が出てくるから、その直後で区切る**（→ P.215）。答えは「青く／腫れ／て／しまっ／た」。

　次はB。**形容詞は「けれ」の直後で区切る**。「大きいほど」は**「い」の直後で区切る**。最後の「よい」は終止形そのままだから、区切らない。答えは「大きけれ／ば／大きい／ほど／よい」。

ではC。**形容詞は「かろ」の直後で区切る**。残った「うと」は入れ替え可能な言葉だから、区切る（→ P.216）。「頑張る」は終止形そのままだから、区切らない。答えは「痛かろ／う／と／頑張る」。

 最後D。**形容詞は「かっ」の直後で区切る**。「たのは」はすべて入れ替え可能で、バラバラに使える言葉だから全部区切る。「もだ」も同じくバラバラに使える言葉だから区切る。答えは「辛かっ／た／の／は／私／も／だ」。

　「痛かろ／う／と」は「痛かろ／う／<u>が</u>」「痛かろ／う／<u>ね</u>」のように入れ替えが可能。「つらかっ／た／<u>の</u>／<u>は</u>」は「辛かっ／た／<u>こと</u>／は」「辛かっ／た／の／<u>も</u>」のように入れ替えが可能。「私／<u>も</u>／だ」は「私／<u>だけ</u>／だ」「私／も／<u>か</u>」のように入れ替えが可能。

　次は形容動詞。形容動詞も、同じようにまず活用表を作ろう。

（例題）形容動詞「静か**だ**」の後ろに、以下の語をつけてそれぞれ活用させなさい。

未然	連用			終止	連体	仮定
う	て	いる	なる	。	男	ば

こんな感じかな

13 形容動詞の活用表

（例）静かだ	未然	連用			終止	連体	仮定
	静か**だろ**う	静か**だっ**て	静か**で**いる	静か**に**なる	静か**だ**。	静か**な**男	静か**なら**ば

→「**だろ／だっ／で／に／な／なら**」の**直後**で区切る！

2章

（例題）次の傍線部に「／」を入れて、品詞に区切りなさい。

A　あの先生は**やはり親切だろう**。　　B　教室は**とても静かだった**。

C　犬と猫が**元気に遊んでいる**。　　　D　**にぎやかな祭りだね**。

E　今日**暇なら会おう**。

まず文節に区切ると、

A「やはり／親切だろう」、　B「とても／静かだった」、

C「元気に／遊んで／いる」、　D「にぎやかな／祭りだね」、

E「暇なら／会おう」だね。

まずAから。「やはり」は活用がないし、切り離すと意味不明になるから、区切らない。**形容動詞は「だろ」の直後で区切る**。答えは「やはり／親切だろ／う」。

Bは、「とても」は活用がなくて切り離せないから、区切らない。**形容動詞は「だっ」の直後で区切る**から、答えは「とても／静かだっ／た」。

じゃあC。**形容動詞は「に」の直後で区切る**。「遊んで」は**「ん」**があるから、その直後で区切る。「いる」は終止形そのままだから、区切らない。答えは「元気に／遊ん／で／いる」。

　　次はD。形容動詞は**「な」の直後で区切るルール**だから、「にぎや
かな」を途中で区切ったらダメ。「祭り」は主語にできる1つの名
詞（→P.129）だから、「祭り」の直後で区切る。「だね」は入れ替
え可能で、バラバラで使える言葉だから、区切る。答えは「にぎや
かな／祭り／だ／ね」。

　　最後のE。**形容動詞は「なら」の直後で区切るルール**だから、「暇
なら」を途中で区切ったらダメ。「会う→会おう」だから、「会お」
の直後で区切る！　答えは「暇なら／会お／う」。

　OK、二人ともよくできるようになった。では、いよいよラスト。「助動詞」
の区切り方を勉強して、実際の入試問題演習で仕上げよう！

品詞分解をするときは、
活用表を作って
考えてみよう！

◇　「助動詞」の品詞分解

> （例題）次の傍線部に「／」を入れて、品詞に区切りなさい。
> A　私が**やりたかった**。　　B　テストを**受けさせます**。
> C　明日は**雨でしょう**。　　D　私が**やりましょう**。
> E　**仕事が終わったら寝る**。

実は「助動詞」の区切り方は何も難しいことはなくて、**今まで勉強した「動詞・形容詞・形容動詞」の応用**だと思えばいいんだ。ためしにＡをやってみよう。今までどおり「活用のある言葉」をちゃんと終止形に戻すのを忘れないように。

　活用がある言葉は、まず「やる」ですよね。「や**る**→や**り**」に活用しているので、「やり」の直後で区切ります。
　次の「**たかった**」を終止形に戻すと「たい」ですよね。付属語で活用しているから「助動詞」です。
　あれ？　「た**い**→た**かっ**た」って、形容詞と同じ活用パターンじゃないですか？（→ P.216）形容詞も「青**い**→青**かっ**た」みたいに、同じパターンで活用しますよね。

そのとおりだ。つまり助動詞「たい」は**「形容詞」と全く同じ活用のしかたをする助動詞**なんだ（～たかろう／たくて／たかった／たければ）。ということは、**区切るポイントも「形容詞」のときと同じ**。

　だとすると、形容詞は「かっ」の後で区切るから、同じように「たかっ」の直後で区切ればいい！　答えは「やり／たかっ／た」。

そのとおりだ。「助動詞」のほとんどは、今まで勉強した「動詞・形容詞・形容動詞」のどれかと同じ活用のしかたをする。だから、**助動詞が出てきたら「動詞・形容詞・形容動詞」のどれと同じ形になるかを考えればいい**。

そうすれば、全く同じやり方で答えが出せる。

14 助動詞の品詞分解（1）

ほとんどが**動詞・形容詞・形容動詞と同じ活用**をする！

次のBには、「動詞」と同じ活用パターンの助動詞が登場する。

終止形に戻すと、まず動詞「受ける」が出てくる。
「受<u>ける</u>」が「受<u>け</u>させ」に変化しているから、「け」の直後で区切る（→ P.212）。
残った「させます」を終止形に戻すと「させる」。「さ<u>せる</u>」が「さ<u>せ</u>ます」に変化しているから、「せ」の直後で区切る。
「ます」をこれ以上区切ると意味不明だから、答えは「受け／させ／ます」。

「させる」は下一段の動詞と全く同じ活用をするタイプの助動詞だね。
ただ、助動詞の中には「動詞・形容詞・形容動詞」とは異なる、特殊な活用のしかたをするものも存在する。間違えやすいものを2つ覚えてほしい。

15 助動詞の品詞分解（2）

★助動詞「**です**」「**ます**」 ➡「**でしょ／ましょ**」の直後で区切る。
★助動詞「**た／だ**」　　　 ➡「**たら（だら）／たろ（だろ）**」の直後で区切る。

そうすれば、C～Eの正解がわかるよね。Cが「雨／でしょ／う」、Dが「やり／ましょ／う」、Eが「仕事／が／終わっ／たら／寝る」。

チャレンジ！実戦問題 42「品詞分解」　　　（➡答えは別冊 P.9）

問題　①〜⑨を例にならって品詞分解し、その品詞名を書きなさい。

> 例：| にぎやかな ／ 祭り ／ だ。|
> 　　形容動詞　　　名詞　　助動詞

①　限られるらしかった。　　　②　引きずられることになる。

③　一致しなければならない。　④　あばれさせないように。

⑤　必死で横走りをしているにすぎない。

⑥　けれどもしっかり目をつぶったまま。

⑦　さまざまな役割を担った人が住んでいる。

⑧　ゆっくりと長くつづけてゆきたいと思っている。

⑨　寿命が来たというわけでもないだろう。

助動詞の区切り方も、
動詞・形容詞・形容動詞
の応用だね

 敬語かぁ。先生さぁ、オレ敬語ってさっぱりわかんなくてさぁ。全然使えないんだよね、マジで。ヤバくねぇ？

うん、見ればわかるよ！　かなりヤバいよね！

 シュンくん、先生にそんな言い方をおっしゃられてはダメだよ！もっと丁寧な言葉を使わせていただくようにしないと。

……ワカナさんはワカナさんでヤバそうだね。

ということで、**ここからは「敬語」**！　「敬語」は、文字通り**「人に敬意を払うために使う言葉」**。一般的な中学生で、ちゃんとした敬語を使える人は少ないだろう。ふつう敬語は仕事をするときに最も必要になるものだから、まだ働いていない中学生が敬語が苦手なのは当然といえば当然だ。

ただ、将来働くようになったときに敬語が使えないままだと困るし、入試でもわりと高い頻度で出題されるから、この章で**「敬語のメカニズム」**をしっかり理解してもらって、自分でも使えるようにしてしまおう！

「敬語のメカニズム」と言ったけど、敬語は作り方のルールがしっかりと決まっていて、次のような感じで**「動詞の形」を変えていく**ことが多い。

> <u>書く</u>　→<u>書か</u>れる、お<u>書き</u>になる、お<u>書き</u>する、お<u>書き</u>いたします

1　「敬語」のメカニズム（1）

「敬語」は主に**「動詞の形」を変化させて**作る！

　となると、重要なのは「**どんなときに敬語を使うのか？**」「**どのように動詞の形を変えたらいいのか？**」**そのルールをしっかりと理解する**こと。

　そのためには、まずは一口に同じ「敬語」と言っても、「**尊敬語・謙譲語・丁寧語」の３種類に分かれる**ことを理解する必要がある。その違いを理解するために、次の例題を考えてもらおう。

3章

> （例題）田村くんが怒られた理由を「敬語」の観点から考えなさい。また田村くんは何と言えばよかったのかも一緒に考えなさい。
>
> 　営業部に配属された、新入社員の田村くん。週末の会議で次のように発言したところ、先輩から呼び出されて説教された。
> A「部長、今何と言いましたか？」
> B「先輩方に、私が自分の考えをおっしゃるのはちょっと……。」
> C「しっかり準備して、来週の会議で私の考えを申し上げるわ。」

　ポイントは、「主語と述語」（→ P.80）。「敬語」をマスターするためには、**絶対に「主語と述語」の考え方を理解してないとダメ**だから、記憶があやしい人は要復習。

ルールを理解すれば、敬語が作れるのか !?

◇尊敬語

　「主語＝誰が」、「述語＝何をしたか」 ですよね。
　　Aは「主語＝部長」、「述語＝言いましたか」です。

　そのとおり。「敬語」は基本「目上の人」に対して使うべきもの。Aで言えば「部長」つまり **「主語」が目上の人** になっているわけだ。
　このように、**「主語」が目上** のときは、その目上が行う動作を **「尊敬語」** と呼ばれる言葉にする。

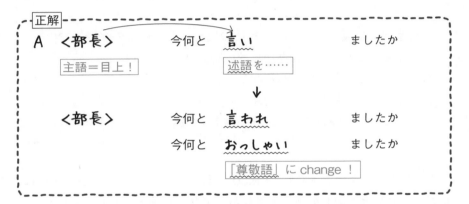

　具体的な「尊敬語」の作り方はP.234から勉強する。今は「主語が目上」→「動詞を尊敬語に変える」というルールだけ覚えてくれればいい。

Point 2
「敬語」のメカニズム（2）

「**主語**」が**目上**の場合、動詞を**尊敬語**に change !

「目上の人」に対して
使うのが、
敬語の基本！

◇謙譲語

Ｂも同じように「主語－述語」の観点から分析してみよう。

「主語＝私が」、「述語＝おっしゃる」だな。

Ａは**主語が「部長＝目上の人」**でしたよね。
でもＢは「**主語＝自分**」になっています。

　そのとおり。Ｂは主語（言う人）が「自分」で、相手（言われる人）が
「先輩方＝目上の人」になっている。
　このように、「**主語＝自分**」＆「**相手＝目上**」のときは、自分が行う動
作を「**謙譲語**」と呼ばれる言葉にする。

Ｂの例文だと自分の動作が「おっしゃる」になってる。Ａのときに
「おっしゃる」は「尊敬語」って習ったけど。

　そのとおり。だから「おっしゃる」の部分が間違いなんだ。「尊敬語」は、
目上が主語のときに使う言葉だから、**自分が主語のときには使えない。**

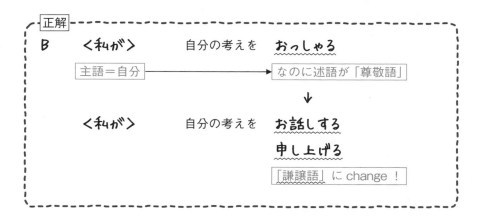

こんなふうに直す必要がある（具体的なルールは P.242）。

　このように尊敬語と謙譲語は全く別の形をとるから、**「主語は目上？**
自分？」「主語がエライ？　相手がエライ？」かを見分けて、動詞の形を
使い分ける必要がある。

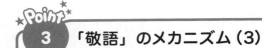

★Point★
3　「敬語」のメカニズム（3）

「主語」が自分で、「相手」が目上 ➡ 動詞を「謙譲語」に！

ポイントは、
「主語」が誰なのか
ということだね！

◇丁寧語

最後は例文Ｃ。Ｃは「主語＝自分」「述語＝申し上げる」だよね。

 Ｂで「申し上げる＝謙譲語」と習ったばかりですよね。主語は「自分」だから、謙譲語でいいはず。じゃあ、Ｃは問題ないのでは？

そうだね。「尊敬語／謙譲語」という観点で言えば、例文Ｃには何の問題もない。でも……「新入社員」の発言としては、明らかにヤバいよね？

 あっ、語尾だ。「申し上げるわ」って、完全にタメ語！

そのとおり。「主語・述語」以外にも、実はもう１つ考えるべきことがある。それは**「話し手ー聞き手」の関係**なんだ。今回は「話し手＝新入社員」「聞き手＝上司・先輩」だよね。このように**「目下＝話し手」「目上＝聞き手」**のときは、**「丁寧語」**と呼ばれる言葉を付け足す必要がある。

> ┌正解┐
> Ｃ　申し上げる<u>わ</u>。→申し上げ<u>ます</u>。

「丁寧語」は、実はたった３つしかないから、今この場で覚えてしまおう！

```
⭐Point⭐
4   「敬語」のメカニズム（4）

   「話し手」が目下、「聞き手」が目上の場合は丁寧語！
 →「です／ます／ございます」の３つ！
```

これで「敬語の３パターン」の考え方・見分け方は頭に入ったはず。実際の入試問題で確認しよう。

チャレンジ！実戦問題 ④③「敬語の種類」　　　（➡答えは別冊 P.10）

問題　傍線部の敬語の種類として最も適当なものを選びなさい。

① 先生は、毎日、庭の木々の様子を**ごらんになる**。

② 頭を下げておわびを**申し上げ**ました。

③ すぐに参ったしだいで**ございます**。

　　ア　尊敬語　　イ　謙譲語　　ウ　丁寧語

◇「目上」とは誰か？　「自分」とは誰か？

　「尊敬・謙譲」の考え方をもう一度確認しておくと、

| 尊敬語 | **主語が「目上の人」**の場合 |
| 謙譲語 | **主語が「自分」**で、**相手が「目上の人」**の場合 |

　だったよね。基本はこれで OK なんだけど……この考え方だけでは理解できないケースも実はある。次の例題を考えてみよう。

（例題）次の傍線部は**どちらも「尊敬語」であるが、誤った使い方で**ある。なぜ誤りか、理由を考えなさい。

D　先生！　うちの父が、先生によろしくと**おっしゃって**いました。

E　「お客様、大変申し訳ありませんでした。うちの松本部長も、お客様におわびを**おっしゃって**いました。」

 Dは、**主語は「父」**で、述語が**「おっしゃって＝尊敬語」**ですよね？
「父」は目上だから、尊敬語でいいんじゃないかな？

Eも、**主語は「松本部長」**で、述語は同じく「尊敬語」だよな。主語が「部長」なら尊敬語を使うのが当然だと思うけど……。

　ふつうはそう思うよね。今回のケースは単純に「目上」かどうかだけでは判断できない。D・Eの誤りを理解するには**「身内か、身内じゃないか」**という観点を持つ必要があるんだ。
　たとえば、Dの文。この文には「先生／父／私」3人の登場人物がいる。この3人を**「身内かどうか」という観点**で見るとどうなるだろう？

「身内かどうか」だと……こんな（→右の図）感じだと思います。**「父」と「私」は家族**ですから。

　そのとおりだ。ここで大事なことは「身内の人間（父）」と「外部の人間（先生）」が両方登場する場合、**「身内の人間」は「自分」と同じ低い立場の人間として扱う**ということ。

　「父」は確かに家の中では「目上の存在」かもしれないけれど、「家の外の人間（先生）」と話をするときには「自分」と同等に低く扱う。つまり「父の動作」は「自分の動作」と同じ扱いだから……。

3章

尊敬語ではなく、謙譲語を使わなくてはならない！

　そういうことだ。今回で言えば「うちの父が、先生によろしくと**申して**いました」が正しい敬語になる。

　ここまで理解できれば、Eの文もわかるはず。Eの登場人物は「お客様／松本部長／私」だよね。

 そうか、**「私と松本部長」は同じ会社**だから、**「身内」**なんだ。
でも**「お客様」は同じ会社じゃない**から、**「外部」**の人間。

　そういうことだね。部長は同じ会社の中では私よりエライ立場だけれど、「社外の人間」と話すときは「自分の身内の人」として扱う必要がある。だから正解は「松本も、お客様におわびを**申して**いました。」と、謙譲語を使う必要がある。実は「松本部長」と呼ぶのもダメで、本来「松本」「部長の松本」のように呼び捨てにしなくてはいけない。

3章

これで「敬語のメカニズム」は理解できたはず。次は実際の「敬語の作り方」を１つずつマスターしていこう！

3-2 尊敬語

では、さっそく「敬語の作り方」をマスターしていこうか！
まずは「尊敬語」からだけど、「尊敬語」って、何だったっけ？

 「主語」が目上のときに使うのが、「尊敬語」です。

　そうだね。敬語の問題を解くときは、常に「主語」が誰かをチェックしなければならない。では「主語」が目上の場合、「述語（動詞）」をどんな形に変えればいいのか、そのルールを教えよう。基本的に、**「尊敬語」の作り方は3パターンある**んだ。

Point 1 「尊敬語」の基本パターン

① 助動詞「＿＿れる／＿＿られる」を使う！

② 「お＿＿になる」の形にする！

③ 「尊敬の意味を持つ動詞」を使う！

　これだけ見てもよくわからないと思うけど……とりあえず今の段階では「尊敬語の作り方」が3つあること。①〜③のうち、1つを選んで作ることだけ覚えておけばいい。

　では、これら①〜③の作り方を、1つずつ確認していこう。

主語が目上のとき、
述語はどうなるかな？

◇尊敬語パターン①　「＿＿れる／＿＿られる」

> （例題）次の動詞に「れる／られる」をつけて、「尊敬語」にしなさい。
>
> A　私は小説を**読む**。→先輩は小説を＿＿＿＿＿＿。
> B　私が**書いた**レポート。→先輩が＿＿＿＿＿レポート。
> C　私はビデオを**借りて**いる。→先輩はビデオを＿＿＿＿いる。
> D　私が**建て**た家。→先輩が＿＿＿＿＿た家。
> E　私は６時に会社に**来る**。→先輩は６時に会社に＿＿＿＿。
> F　私が**説明する**番です。→先輩が＿＿＿＿＿番です。

3章

★Point★ 2　「尊敬語」の作り方（1）　「れる／られる」

　動詞の形を「**未然形**」に変える！

★　「五段活用」のときは「れる」を使う

★　「上一段／下一段／カ変」のときは「られる」を使う

★　「サ変」のときは、「する→される」にする

　まずパターン①。「未然形」って、覚えてるかな？（→ P.145）

　後ろに「ない」がつくときの形。A「読む」だと「読ま（ない）」、B「書いた」だと「書か（ない）」みたいなのが未然形。

　そうだね。「れる／られる」をつけるときには、まず「ない」がつく形にすること。次に考えるのは「活用の種類」だ。
　A「読む」B「書く」は、何活用かな？（→ P.150）

　どちらも「五段活用」。「五段活用」のときは、「未然形」のうしろに「れる」を付け足す。答えはA「読まれる」、B「書かれた」。

OK、次はC〜E。C〜Eも、まず活用の種類を考えよう。

 Cは「借りィない」だから上一段、Dは「建てェない」だから下一段、Eはカ変。**上一段、下一段、カ変のときは「れる」じゃなくて「られる」を使う**から……答えはC「借りられて」、D「建てられた」、E「こられる」。

そうそう、それでOK。簡単でしょ？　じゃあ、最後にFをやろう。

 F「説明する」を未然形にすると、「説明し（ない）」。んん？　じゃあ、「説明しれる」とか「説明しられる」になるんですか!?

……そんなわけがないよね。**「〜する＝サ変」は特別で、「ない」がつく形にはせず、「する」をそのまま「される」の形に変えてしまえばいい。**答えは「説明される」だ。

◇尊敬語パターン② 「お＿＿＿になる」

(例題) 傍線部を「お＿＿＿になる」の形を使って尊敬語にせよ。
A　私はチケットを**申し込む**。→お客様はチケットを＿＿＿＿＿＿＿＿。
B　私は鍋を**食べる**。→お客様は鍋を＿＿＿＿＿＿＿＿＿＿＿＿＿。
C　鈴木君、もう**帰ってください**。→お客様、もう＿＿＿＿＿＿＿＿。
D　私はずっと駅で**待っています**。→お客様はずっと駅で＿＿＿＿＿。
E　私が**説明する**番です。→お客様が＿＿＿＿＿＿＿＿＿＿番です。

(例題) 傍線部を尊敬語にせよ。
F　鈴木君、**注意してください**。→お客様、＿＿＿＿＿＿＿＿＿＿。

パターン②は「お＿＿＿になる」の形を使った「尊敬語」の作り方。まず、いちばんの基本を覚えてもらおう。

3　「尊敬語」の作り方（2）-1　「お＿＿になる」

動詞を**「連用形」に変える**→「お **連用形** になる」の形！

※「お＿＿になる」の形にできない動詞もある→「見る／いる」など

「連用形」は直後に「ます」がつく形（→ P.146）だから……
A「**申し込み**（ます）」、B「**食べ**（ます）」。
答えはA「お**申し込み**になる」、B「お**食べ**になる」だな。

連用形を作ると、Cは「**帰り**（ます）」、Dは「**待ち**（ます）」。答え
はC「お**帰り**になってください」、D「お**待ち**になっています」。

　そのとおり！　……ただし、**ここで2つ目の**を付け加えておき
たい。

4　「尊敬語」の作り方（2）-2　「お＿＿になる」

★　「＿＿てください」→尊敬語「お＿＿になってください」は、

「お 連用形 ください」の形に短縮可能！

★　「＿＿ている」　　→尊敬語「お＿＿になっている」は、

「お 連用形 です」の形に短縮可能！

（※）すべての動詞をこの形にできるわけではない。

　つまり、C「帰ってください」は「お**帰り**になってください」でもOK
だけど、「お**帰り**ください」の形でも意味は同じ。
　同様に、D「待っています」は「お**待ち**になっています」でもOKだけど、
「お**待ち**です」の形でも意味は同じだ。今回の例題では〝「～になる」の形
を使って〟という指示があるからダメだけどね。

EとFを連用形にすると、「説明し（ます）」「注意し（ます）」。
ルールにあてはめると、Eが「お説明しになる」？
Fが「お注意しになってください」？

……そんなはずがないよね。「説明する／注意する」のような「名詞＋
する」という形の動詞は、つくり方が普通の動詞と少し違ってくる。

★ Point ★

5　「尊敬語」の作り方（2）- 3　「お＿＿＿になる」

★ 名詞 する→「ご 名詞 になる」の形！（※1）

★ 名詞 してください→「ご 名詞 ください」の形！（※2）

① 名詞が漢語（→ P.43）のときは、「お」でなく「ご」を使うのが基本。（※3）

（※1）すべての名詞を「ご 名詞 になる」の形にできるわけではない。よく使
　　　われるのは「ご利用／ご使用／ご乗車」など。

（※2）すべての名詞を「ご 名詞 ください」の形にできるわけではない。よく
　　　使われるのは「ご利用／ご使用／ご注意／ご連絡／ご確認／ご記入」な
　　　ど。

（※3）「お電話ください」のように、漢語でも「お」を使う場合がある。

 正解はEが「ご 説明 になる」、Fが「ご 注意 ください」だな！

 「説明」「注意」はどちらも音読みの漢語だから、「お」ではなく「ご」
を使うんですね。

◇尊敬語パターン③ 「Special! 尊敬の意味を持つ動詞」

パターン③は**完全なる暗記モノ**。たとえば「言う」という動詞なら……

> 私が**言う** → 部長が**おっしゃる**

のように「尊敬語」を作れる。「言う」と「おっしゃる」は、見ての通り全く形が違う動詞。だからパターン①／②のように「作り方の公式」にあてはめて答えを出すことはできない。**とにかく覚えるしかない。**

3章

(例題) 傍線の動詞を「尊敬」の意味を持つ動詞に書き換えなさい。
　　　　ただし、もとの動詞を活用させた言葉を答えてはいけない。

A　鈴木君が説明する。→お客様が説明＿＿＿＿＿。

B　鈴木君がお金をくれる。→お客様がお金を＿＿＿＿＿。

C　鈴木君が東京に行く。／来る。／いる。
　　　→お客様が東京に＿＿＿＿＿。／＿＿＿＿＿。（2つ）

D　鈴木君が全部食べる／飲む。→お客様が全部＿＿＿＿＿。

E　鈴木君が絵を見る。→お客様が絵を＿＿＿＿＿。

F　鈴木君が言う話。→お客様が＿＿＿＿＿話。

G　鈴木君はこの話を知っている。→お客様はこの話を＿＿＿＿＿。

H　鈴木君は9時に寝る。→お客様は9時に＿＿＿＿＿。

Point 6 「尊敬語」の作り方（3）　尊敬の意味を持つ動詞

正解

A　する→**なさる**　　　　　B　くれる→**くださる**

C　行く／来る／いる→**いらっしゃる／おいでになる**

D　食べる／飲む→**召し上がる**

E　見る→**ご覧になる**　　　F　言う→**おっしゃる**

G　知っている→**ご存じだ**　H　寝る→**お休みになる**

チャレンジ！実戦問題 44「尊敬語」

(➡答えは別冊 P.10)

問題　次の傍線部を、適切な敬語表現に直しなさい。ただし（　）内の条件があるときは、その条件にしたがって答えること。

① ところで先生、このフォーラムに校長先生は**来る**のですか。

② 中村先生が**して**いる研究。（３字で）

③ 先生が**言った**「大器晩成」という言葉が印象に残っています。（尊敬語・一文節で）

④ どうぞ**食べて**からお帰りくださいとのことです。（「食べる」を活用させた語は用いないこと）

⑤ 指導員の方が教えて**くれる**。

⑥ 皆さんも**知っている**ように、政宗は仙台藩の藩主でした。

　最後に１つだけ補足。★Point★⑥のＡで勉強した「なさる」という尊敬語があったよね。「なさる」は、実は「連用形」や「名詞」を組み合わせていろいろな尊敬語を作ることができる。

書く → お書きなさる／書きなさる
説明する → ご説明なさる／説明なさる

　「〜なさる」はやや古風な言い方で格式の高い敬語として今も使われているから、余裕があれば覚えておこう。

3章

尊敬語の、
３つのパターンを
再確認しよう！

 **3-3 謙譲語**

次は「謙譲語」。もう一度確認。謙譲語って、何だっけ？（→ P.227）

 「主語＝自分」＆「相手＝目上」のときに使うのが、「謙譲語」。
「私（主語）が、お客様（相手）にお願いする」みたいな。

そのとおりだ。この「謙譲語」の具体的な作り方を覚えるのが今回の目標。まず、基本ルールは以下のとおり。

謙譲語の基本パターン

① 「お＿＿＿する」の形にする！

② Special！「謙譲の意味を持つ動詞」を使う！

「尊敬語」は助動詞「れる／られる」を使うことができたけど、「謙譲語」を作る助動詞は存在しない。「謙譲語」を作るには、「お〜する」の形にするか、「謙譲の意味を持つ動詞」を使うか、２つに１つだ。

◇**謙譲語パターン①　「お＿＿＿する」**

 尊敬語のときは「お〜になる」の形にしましたけど、**謙譲語は「お〜する」**の形にするんですね。これ、まぎらわしいな……。

ワカナさんが言うように、**尊敬語の「お〜になる」と、謙譲語の「お〜する」は形が似てるので、とても間違えやすい。**実際の入試でも、これを使ってヒッカケ問題が作られるので、しっかり区別をつけて覚えよう。

（例題）傍線部を「お＿＿＿になる」の形を使って「尊敬語」にするか、
　　　　「お＿＿＿する」の形を使って「謙譲語」にしなさい。

A　私が、部長のかばんを**持つ**。　　　→

B　私は、部長に手紙を**書く**。　　　→

C　先生は、私から本を**借りた**。　　→

D　私は、先生から本を**借りた**。　　→

E　お客様が、われわれに**説明する**。　→

F　われわれが、お客様に**提案する**。　→

3
章

「お＿＿＿する」の作り方は、基本的に「お＿＿＿になる」のときと同じ。

★Point★ 2　謙譲語の作り方（1）「お＿＿＿する」

★　動詞を「**連用形**」に変える　→「お **連用形** する」の形！

★　$\boxed{\text{名詞}}$ する→「ご $\boxed{\text{名詞}}$ する」の形！

（※）すべての動詞／名詞を上の形にできるわけではない。

（※）名詞が漢語のときは「ご」を使うのが原則だが、「お電話」のような例外も多い。

まずはAとB。両方とも**主語が「私」、相手が「部長＝目上」**だから「**謙譲語**」。答えはA「お持ちする」、B「お書きする」。

Cは**主語が「先生」**だから「**尊敬語**」。「お＿＿＿になる」を使って、答えは「お借りになった」。Dは**主語が「私」、相手が「先生」**だから「**謙譲語**」。「お＿＿＿する」を使って、答えは「お借りした」。

Eは、**主語が「お客様」**だから「**尊敬語**」。Fは、**主語が「われわれ」**で、相手が「**お客様**」だから「**謙譲語**」。

ただし、ＥとＦは両方「する」の前に「名詞（説明／提案）」がつく形。Ｅを「尊敬語」にすると「ご 説明 になる」（→ P.238）。Ｆを「謙譲語」にすると「ご 提案 する」だ。

◇謙譲語パターン②　「Special！　謙譲の意味を持つ動詞」

　では、パターン②へ進もう。これも「尊敬語」のときと同様、完全なる暗記モノだ。たとえば、「言う」という動詞なら……

言う → 尊敬 部長が**おっしゃる** → 謙譲 私が部長に**申し上げる**

　このように敬語を作ることができる。「言う／おっしゃる／申し上げる」はそれぞれ全く形が違う動詞であって、パターン①のように「作り方の公式」にあてはめて答えを出すことはできない。**あきらめて覚えるしかない。**

（例題）次の動詞を、「謙譲」の意味を持つ動詞に書き換えなさい。
　　　　ただし、もとの動詞を活用させた言葉を答えてはいけない。

A　妹にお土産を<u>あげる</u>。→お客様にお土産を＿＿＿＿＿＿。

B　妹にお土産を<u>もらう</u>。
　　　→お客様にお土産を＿＿＿＿＿＿。／＿＿＿＿＿＿。（２つ）

C　妹の手料理（お茶）を<u>食べる（飲む）</u>。
　　　→お客様の手料理（お茶）を＿＿＿＿＿＿。

D　友達の家へ<u>行く（来る）</u>。→お客様のお宅へ＿＿＿＿＿＿。

E　妹の話を<u>聞く</u>。
　　　→お客様のお話を＿＿＿＿＿＿。／＿＿＿＿＿＿。（２つ）

F　妹の作品を<u>見る</u>。→お客様の作品を＿＿＿＿＿＿。

G　妹に<u>会う</u>。→お客様に＿＿＿＿＿＿。

H　妹に意見を<u>言う</u>。→お客様に意見を＿＿＿＿＿＿。

---

3 謙譲語の作り方（2） 謙譲の意味を持つ動詞

正解

A　あげる→差し上げる　　　B　もらう→いただく／頂戴する

C　食べる／飲む→いただく　D　行く／来る→伺う／参る

E　聞く→伺う／承る　　　　F　見る→拝見する

G　会う→お目にかかる　　　H　言う→申し上げる

3章

チャレンジ！実戦問題 45 尊敬語と謙譲語　　　　（➡答えは別冊 P.10）

問1　次の傍線部分で使われている敬語と敬語の種類が同じものを、次の
選択肢の中から選びなさい。

①　責任をもって、すばらしいメロンを**お送りする**から。

ア　ご覧になる　　　イ　お見えになる

ウ　召し上がる　　　エ　お知らせする

②　お手紙を**いただき**たい、お会いしたい。

ア　**おっしゃる**とおりにいたします。

イ　新着書籍はこちらに**ございます**。

ウ　これからお話を**伺います**。

エ　いまどちらに**いらっしゃい**ますか。

次のページに続くよ！

問2　次の空欄に入る最も適切な敬語表現を選択肢の中から選びなさい。

　　先生「昨日、保護者会のプリントを配りましたね。」

　　生徒「私は、学校を休んでいたので、そのプリントを　　　　　。」

　　　ア　くれますか　　　　　イ　もらえますか

　　　ウ　いただけますか　　　エ　うけたまわれますか

問3　次の傍線部を、適切な敬語表現に直しなさい。ただし（　）内の条件があるときは、その条件にしたがって答えること。

　　①　まず、幼稚園の先生の仕事内容を**聞きたい**のですが。

　　②　お礼を**言おう**としたのに、感謝の気持ちが伝わらず、かえって失礼なことをしてしまいました。

　難　③　先生を訪ねて、小学校に**行きたいと思っている**。（謙譲語と丁寧語を用いて）

問4　次の各選択肢のうち、敬語の使い方が正しくないものを**2つ**選びなさい。

　　山田さん「いらっしゃいませ。何に**ア：なさい**ますか。」

　　お客さん「カレーライスをください。辛口はありますか。」

　　山田さん「辛口はありませんが、小袋の辛みスパイスを**イ：差し上げ**ますので、お好みでかけて**ウ：いただい**てください。**エ：お使いになり**ますか。」

　　お客さん「では、辛みスパイスをください。」

　　山田さん「分かりました。ほかに必要なものがありましたら、遠慮なく**オ：申し上げ**てください。」

　　お客さん「ありがとう。大丈夫です。」

　　山田さん「では、準備ができましたら、**カ：お呼びし**ます。」

問5　傍線部を、（　）の条件に従って適切な敬語表現に直しなさい。

　　お忙しい時期とは存じますが、ぜひ**ご出席してください**。

　　（「出席」の語をそのまま用いて）

　最後に1つ補足。「いたします」や「申し上げる」と組み合わせることで、いろいろな動詞を謙譲語に変えることができる。

> 　書く　　→　お書きいたします／お書き申し上げます
> 説明する → ご説明いたします／ご説明申し上げます

　特に「お＿＿＿いたします」の形はビジネスの場などでよく使われるので、できれば覚えておきたい。

謙譲語を作る
２つのパターンを
覚えよう！

3-4 敬語の要注意パターン

　敬語の基本的な考え方・作り方は、これでマスターできたはず。最後に、ハイレベルな問題にも対応できるよう4つの話をしていきたい。

① 「〜してもらう」を敬語にする	② 二重敬語
③ 名詞を敬語にする	④ 謙譲語Ⅱ（丁重語）

　これだけ見ても意味不明だと思うけれど、どれも間違えやすい要注意項目ばかり。1つずつ説明をしていこう。

①「〜してもらう」を敬語にする

　まず①。もう一度基本に立ち戻ろう。
　「尊敬語」と「謙譲語」の違いは、何だっけ？

　「尊敬語」は**「主語」が目上**のとき。
　「謙譲語」は**「主語」が自分**のとき＆**「相手」が目上**のときです。

　そうだね。「目上の人が何かをする」ときに使うのが「尊敬語」、「私が、目上の人に何かをする」ときに使うのが「謙譲語」だ。
　では、次の文を敬語にするとしたら、どうすればいいだろうか？

　（例題）次の文を敬語にしなさい。
　部長に　書いて　もらう。

　「〜してもらう」の形になっているよね。
　「〜してもらう」の文を敬語にするときのポイントは、1つの文（述部）に**「動詞が2つ」入っている**ところ。どれとどれか、わかるかな？

そして、その**2つの動詞**の**「主語」**をよく考えてほしい。

「**書く**」と「**もらう**」この2つは両方「動詞」だ。

「**書く**」の主語は「**部長**」ですよね。でも部長が書いたものを「**もらう**」のは……「**私**」。これ、**主語が二人いる**ってこと？

そのとおり。「主語が二人登場する」のが、「〜してもらう」の文の特徴。図にすると、こんな感じだ。

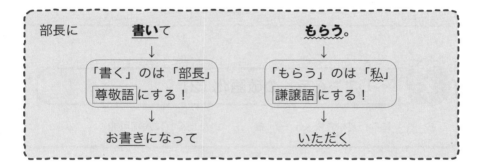

「書く」は、主語が「部長＝目上」なので**尊敬語にする**けれど、「もらう」は主語が「私」なので**謙譲語にする**ということ。

このように、「〜してもらう」の文を敬語にすると、**「尊敬語と謙譲語が並んだ形」**が発生する。（※1）

「〜してもらう」の敬語化（1）

動詞て　もらう
　⇓　　⇓
尊敬語て　いただく（※2）

（※1）必ずしも「尊敬語＋謙譲語」を両方使う必要はない。「見ていただく」「ご覧になって
　　もらう」のように、「尊敬」「謙譲」片方だけを使うこともありうる。

（※2）ただし、この場合「尊敬語」として使えるのは「お＿＿＿になる」「尊敬動詞」だけで、「れ
　　る／られる」を使用することはできない。「お書きになっていただく」は○だが、「書かれて
　　いただく」は×である。また「ご覧になっていただく」は○だが、「見られていただく」は
　　×である。

　あるいは、このように短縮形を使う方法もある。

部長に　　　**お書きになって**　　　**いただく。**
　　　　　　　　　　　　↓
　　　　　　　　お書き　　　　　　**いただく。**

★Point★
2　「〜してもらう」の敬語化（2）

「お＿＿＿になっていただく」→「お＿＿＿いただく」に短縮可能！

チャレンジ！実戦問題 **46**「〜してもらう」→「〜いただく」（➡答えは別冊 P.10）

問1　傍線部を、（　）の条件に従って適切な敬語に直しなさい。

　　先生に「贈る言葉」を書いて**もらう**予定です。

　　（先生に対する敬意を表す表現に直す）

問2　各選択肢のうち、敬語の使い方が**誤っているものを1つ**ずつ選びな

　　さい。

　①　ア　皆さんに**ご理解いただける**と思います。

　　　イ　皆さんにここまで**お話しした**とおりです。

　　　ウ　皆さんは、どのように**拝見なさった**でしょうか。

　　　エ　皆さんからご意見を**お寄せいただき**たいと思っています。

② ア　みなさんも、病院などでどのように呼ばれているかということ
　　　を**思い出していただきたい**と思います。
　イ　結果をまとめたグラフを**ご覧ください**。
　ウ　自治体の規模によって、「さん」と「さま」の使用状況に差が
　　　出ていることが**おわかりになる**と思います。
　エ　アンケート用紙にみなさんの意見を**ご記入した**うえで、後ほど
　　　ご提出くださるようお願いします。

②「二重敬語」とは何か？

 でも、先生。昔「二重敬語」は使ってはダメ！　って聞いたような
気が。「お書きになっていただく」「ご覧いただく」は、**2つの敬語**
を同時に使っているけど「二重敬語」にならないのかな？

　なるほど。「二重敬語」という言葉を知っている人は「お書きになって
いただく」を間違った敬語だと感じてしまうかもしれないね。
　でも、これは**「二重敬語」でもなんでもない、正しい敬語**なんだよ。
　「二重敬語」というのを簡単に定義すると、「**1つの動詞に、2つの敬語**
を使ったもの」が「二重敬語」だ。たとえば……

```
　　　先生が　**言っ**ています。
　　　　　　　↓
A　先生が　**おっしゃら**　**れ**　　ています
B　先生が　**お**　**おっしゃり**　になっています。
```

　「言う」という**1つの動詞**に、Aは「おっしゃる」と「＿＿れる」、Bは
「おっしゃる」と「お＿＿になる」という**2つの尊敬語を同時使用してし**
まっている。こういうのを「二重敬語」と呼ぶんだ。
　じゃあ、Cの文も見てもらおう。これは「二重敬語」だろうか？

```
      先生が　　言って　　　　くれます。
              ↓　　　　　　　↓
  C　先生が　おっしゃって　くださいます。
```

　Ｃも、２つの尊敬語が入っているのは同じだけど、**「１つの動詞に」ではない**。「言う」という動詞と、「くれる」という動詞、合計**２つの動詞をそれぞれ尊敬語にしている。こういうのは「二重敬語」とは呼ばない**んだ。だとすると、さっきの「お書きになっていただく」はどうかな？

```
  先生に　　書いて　　　　　もらう。
           尊敬語            謙譲語
           お書きになって　　いただく。
```

　「書く」と「もらう」**２つの動詞それぞれに１つずつ敬語を使っているから、**これは二重敬語ではないんだ。（敬語連結）

③「名詞」を敬語にする

　今までは、「動詞」を敬語の形に変える方法だけを勉強してきた。ただし出題率は低いけれど、なかには「名詞」を敬語に変える問題が出ることもあるんだ。

```
（例題）次の傍線部を、場面に合う適切な敬語表現に改めなさい。
  A　先生！　　名前はいつもうわさでお聞きしております。
  B　先生！　　これはわが社が作った車でございます。
  C　「茶、飲まない？」「うん、いいよ。」
```

Aは**「先生の」名前**ですよね。「目上の人」のものだから、**「尊敬語」**にすべきじゃないかな。

Bは**「自分の」会社**だよな。「自分の」ものだから、**「謙譲語」**にすべきだと思う。

　そうだね。つまり「名詞」の場合は、**その「名詞」が誰のものか？**によって、尊敬と謙譲の区別をつければいいということだね。
　「尊敬の名詞」と「謙譲の名詞」の作り方に決まったルールはないけれど、だいたい次のような漢字を使って作ることが多い。

「名詞」の敬語表現

★**「誰のものか？」**で判断する
① **尊敬語**＝**目上の人**のもの
　→「**貴・御・尊・高・芳・厚・玉**」の漢字を使うことが多い！
② **謙譲語**＝**自分**のもの
　→「**拙・小・愚・弊・粗・駄**」の漢字を使うことが多い！（※）

　尊敬語に使う「貴・御・尊・高・芳・厚・玉」の漢字は、どれも「レベルが高い・すばらしい」という意味の漢字だ。これらの漢字を使うことで、相手を高めて、尊敬する気持ちを表現する。
　逆に、謙譲語に使う「拙・小・愚・弊・粗・駄」の漢字は、どれも「レベルが低い・つまらない」という意味。これらの漢字を使うことで、自分を低めて、謙遜（けんそん）する気持ちを表現する。

Aの場合は、尊敬語だから……この中で言うと「ご高名」「ご芳名」「ご尊名」という言い方を聞いたことがある。

Bの場合は、謙譲語だから……この中でいうと「弊社」「小社」という言い方を使えばいい。

（※）「自分のもの」を表す字として「当」が使われることも多い（当社 etc.）。ただし「当」の文字は謙遜の意味を持たないため、謙譲語とは言えない。

じゃあ、最後にCをやってみよう。

 これは、誰の茶なのかな……？　私の茶なのか、相手の茶なのか、よくわからない。

 そもそも、二人ともタメ語で会話しているから、明らかに友だちどうしだよな。だったら、別に敬語にしなくてもいいような……。

　Cの文は特に「誰のものか？」がはっきりしていない文だし、そもそも尊敬語や謙譲語を使う必要のない場面だ。
　ただ、このままだとちょっと下品で乱暴な感じがする。上品な表現にするには「茶→お茶」のように「お」をつければそれで OK。
　このように**「お」や「ご」をつけて、上品な言い方にしたものを「美化語」と言う。**

・・・

チャレンジ！実戦問題 **47**「名詞」の敬語　　　　　　　（➡答えは別冊 P.11）

問題　次の空欄に入る最も適切な語を漢字一字で答えなさい。
　①　□□父（父　→相手側に対する尊称）
　②　□□名（名前　→相手側に対する尊称）
　③　□□去（亡^なくなること　→相手側に対する尊称）
　④　小□□（男性の一人称　→自分側に対する謙称）
　⑤　□□著（著作本　→自分側に対する謙称）
　⑥　□□品（品　→自分側に対する謙称）

・・・

④謙譲語Ⅱ（丁重語）

最後は**「謙譲語Ⅱ」あるいは「丁重語」と呼ばれる敬語**について。

「謙譲語Ⅱ」？ 謙譲語にⅠとⅡがあるんですか!? Ⅲは……？

Ⅲはない。ⅠとⅡだけだ。「謙譲語Ⅰ」は、P.242で勉強した普通の謙譲語のこと。つまり「**主語は自分＆相手が目上**」の場合だった。

```
＜私は＞  【お客様に】  手紙を  お書きします。
 主語      相手              謙譲語Ⅰ
```

「私」という主語がいて、「お客様」という目上の相手がいるときは「謙譲語Ⅰ」を使う。ただ、逆に言えば……

```
＜私は＞   毎日   日記を   お書きします  →  書きます。
 主語    相手がいない！    謙譲語Ⅰ
```

このように、主語が「私」だったとしても、**目上の相手がいないとき・自分一人だけで行う動作のときは「謙譲語Ⅰ」は使えない**んだ。

この考え方に従うと、次の例文はどうなるだろう？

```
（例題）次の傍線部を敬語にしなさい。
A  あっ、部長。私は今から駅に行きます。
B  ウチの息子はお客様のところと違い、出来が悪くて苦労します。
C  みなさん、こんにちは。私はマイク・ミラーと言います。
D  部長、事務所には私たちがいますので、心配ありません。
E  部長、私は来年国に帰りたいと思います。
```

3
章

Ａ〜Ｅまで、全部主語は「私／私たち」だよな。
ということは、全部「謙譲語」にするということか？

 主語は確かに「私／私たち」なんだけど……、**「目上の相手」がいないんじゃないかな。**
　Ａは「駅に行く」でしょ？　**駅に「部長」がいるわけじゃない**から、「目上の相手」に対する動作とは言えない。
　Ｂも「苦労する」のは「自分の息子」に対してであって、**「お客様」に対して苦労するわけじゃない**よね。

 なるほど、Ｃの「言います」も、単に自分の名前を紹介しているだけで、**「目上の人」に対して何かを言っているわけではない。**
　Ｄの「います」も、Ｅの「思います」も**「部長」に対する動作ではない。**
　じゃあ、**Ａ〜Ｅに「謙譲語」は使えない？**

　Ａ〜Ｅはすべて主語は「自分」だけれど、「目上の相手」に対する動作ではないものばかり。シュンくんの言うとおり原則で言えば**「謙譲語」を使えないケース**のはずだ。
　しかし！　「行く・来る／する／言う／いる／思う・知る」の５つに限っては、**「目上の相手」に対する動作じゃなくても、例外的に謙譲語を使える。**
これを「謙譲語Ⅱ」あるいは「丁重語」と呼ぶ。

★Point★ 4 「謙譲語Ⅱ」（丁重語）

「目上」に対する動作でなくても使える謙譲語！
① 行く／来る　→　**参る**　　② する　→　**いたす**
③ 言う　　　　→　**申す**　　④ いる　→　**おる**
⑤ 思う／知る　→　**存じる**

正解 A 参ります B 苦労いたします C 申します D おります
E 存じます

(※)「謙譲語Ⅱ」は通常丁寧語「ます」を伴う形で使う。
(※)「行く／来る」は謙譲語Ⅰでは「うかがう」、Ⅱでは「参る」。「言う」は謙譲語Ⅰでは「申し
上げる」、Ⅱでは「申す」。これらはまぎらわしいので注意を要する。
(※)謙譲語Ⅱを「目上の相手がいるとき」に使うことも当然可能である。「東京に参ります」「お
客様のお宅へ参ります」「お客様のお宅へ伺います」いずれも正しい敬語である。

チャレンジ！実戦問題48 敬語総合問題 (➡答えは別冊 P.11)

問1 空欄に「言う」の適切な敬語表現を書き入れなさい。

　私は夢見が丘中学校１年Ａ組の田中花子と□□□□ます。

問2 次のうち、敬語の使い方が正しいものを**1つずつ**選びなさい。

① ア　来場の皆様にご連絡をなさいます。

　　イ　まだ食事をいただいていない方は

　　ウ　ご注文の品とお引き換えします。

　　エ　お早めにお参りください。

② ア　私の母もそう申しておりました。

　　イ　私の母もそう話されていました。

　　ウ　私のお母さんもそう申し上げていました。

　　エ　私のお母さんもそう言われていました。

問3 傍線部と敬語の種類が同じものを１つ選びなさい。

　何を**なさる**おつもりか、と怪しんだ。

　　ア　「大雪のため、校庭での競技会は中止**です**。」と放送をした。

　　イ　優勝者には、主催者から商品を**差し上げる**ことに致します。

　　ウ　十年ぶりに再会し、「お久しぶりで**ございます**。」と言った。

　　エ　食事を**召し上がる**時のお客様のうれしそうな顔が印象的だ。

問4　次の①～⑤について、**a 動作主**、**b 敬意を含まない形（終止形）** を答えなさい。また、それは **c 誰から誰への敬意** を表していますか。a と c については文中の言葉で答えなさい。

・生徒「先生は昨晩のニュースを①**ご覧になり**ましたか。」

・店員「お客様が②**召しあがっ**た料理は当店の名物でございます。」

・「この古い写真は父の友人から③**お預かりし**た大切なものなんだ。」と僕は山田君に言った。

・私は「先日の演奏会の御礼を母が④**申し**ております。」とピアノの先生に⑤**お話しし**ました。

文章を読むときは、「主語が誰か」を意識しよう！

第 2 部

古文・漢文

古文の勉強法とは？

 古文ですか……。はぁ……。

 おれ、無理だよ。古文だけは、無理。

どこかで見たことのある風景だな……。

　たしかに、古文というのは多くの中学生が苦手意識を持っているジャンルだよね。だからこそ、古文の勉強を本格的にスタートする前に、「古文は、実はそんなに難しくない」という事実を理解してほしいと思う。

 ウ、ウソだよ、あんなの、読めるようになるわけないって。
そりゃ、先生みたいな頭がいい人には簡単かもしれないけど、おれたちみたいなアホにはムリムリ。

 あの、一緒にしないでほしいんだけど……。

　まぁ最初はそう思うよね。でも心配は不要。この先を読めばちゃんとわかるようになる。……ていうか、なんでそんなに古文が嫌いなの？

 それは……古文は**何百年も昔の文章で、今とは全然違う言葉で書かれている**から。これ見てみてよ、先生。こないだ学校で解いた問題なんだけど……。

> たとひうすきこときこそあれ、いかでか三毒なからむ

何ひとつ意味がわからないよ！　知らない言葉だらけだし、こんなの入試で出たら、終わりだ……。

なるほど！　確かにこれは難しそうだね。でも、シュンくん。本当にこれを「現代語に訳せ」と言われていただろうか……？
実際の問題では、こんなふうに書かれていたはずだ。

たとひうすきこきこそあれ、　　いかでか三毒なからむ
　（程度の差があったとしても）　　（３つの毒は必ずあるだろう）

 えっ、これって現代語訳ですよね。
問題に、現代語訳が書いてあるんですか!?

そのとおり。まず、「中学校の古文」と「高校の古文」の違いを理解したほうがいいだろう。「高校の古文」は古い時代の単語をたくさん（400語ぐらいが標準）覚えなければならないし、文法も勉強しなくてはいけない。そうやって、自力で古文を読めるように訓練していく。
でも**「中学校の古文」では、そこまでハイレベルなことは求められない。中学生では理解できない部分には、ちゃんと現代語訳をつけてくれる**のが通常なんだ。これが「古文がそんなに難しくない」理由の１つ目。

 なるほど……。まずは**現代語訳をしっかりと読む癖をつける**ことが大事なんですね。
でも、全部に現代語訳がついているわけじゃないですよね？

 ワカナの言うとおりだよな。いくら現代語訳があったって、問題で問われるのは現代語訳がない部分だろ？

ちんぷんかんぷんだ!!

◇「今でも使う言葉」を探して読む！

　なかなか鋭いね。では、古文が難しくない理由の２つ目を説明しよう。

　たしかに、中学校の古文だって、全部に現代語訳がついているわけではない。でも……古文も現代文も「同じ日本語」であることに変わりはない。「同じ日本語」である以上、**古文の中にも「現代と変わらない言葉」が、たくさん入っている**ものなんだ。論より証拠。高校入試に実際に出た古文を使って一度試してみよう。

　次の文を現代語に訳してほしいんだけど、まず**「今でも使う言葉」「意味がわかる言葉」**にマーキングをしてみるといい。

（例題）次の古文を現代語に訳せ。
　　関東へ下りて将軍家の御前にて物書きけるが、関東は水悪<ruby>悪<rt>あ</rt></ruby>しくて、筆の勢ひ伸びがたき由<ruby>由<rt>よし</rt></ruby>を言ひければ、……

「今でも使う」「意味がわかる」言葉にマーカーを引くんですよね？
こんな感じかな。

　　関東へ下りて将軍家の御前にて物書きけるが、関東は水悪しくて、筆の勢ひ伸びがたき由を言ひければ、……

たしかに、意外とわかる言葉が多いかも……。
特に**「漢字が使われている場所」**はほとんどわかりますね。

「伸びがたき」は最初わからなかったけど、現代でも「忘れがたき思い出／許しがたい事件」のように使うことがある。「～しにくい」という意味だ。

1章

そうだよね。ワカナさんの言うとおり、**「漢字」というのは今も昔もほぼ使い方が変わっていない**んだ。だから漢字を手がかりに読むことで、おおよその意味が理解できる場合は多い。

もちろん「書き<u>ける</u>」「勢<u>ひ</u>」「言<u>ひければ</u>」のような「現代と大きく異なる言葉」も混ざってはいる。だけど、それはこの文全体の中では少数派。**いったん無視したとしても**おおまかな意味であれば全体を訳すことができるはずだ。

 〝関東へ行って、将軍の前で書くけど、関東は水が悪くて、筆の勢いが伸びにくいと言った〟。

そのとおりだよ。もちろん、細かい部分は不正確なところもあるよ。でも、**高校入試なんてこの程度の訳ができれば十分満点が取れる。**

「わかる言葉」も古文の中にいっぱい入っているのに、「わからない言葉」ばかりを気にして、「古文は難しい」という先入観に必要以上にとらわれているんだ。**「わからない言葉」に悩むより、「わかる言葉」を探す。**これが、高校入試古文攻略の基本姿勢だ。

1 古文ができるようになるには!?

① 「わからない部分」はいったん無視してもいい。

② 「わかる部分」「今でも使う言葉」を探して読んでいく!

③ 特に「漢字」が入った言葉は、ほとんど今と意味が変わらない。

④ 「現代語訳」「注」がつくときは、絶対に見落とさない。

じゃあ、ちょっと練習してみよう。次の文を「意味がわかる言葉」を探しながら訳してみてほしい。

7～8割ぐらい訳せれば十分だ!!

（例題）次の古文を現代語に「だいたい」訳せ。
① けしからず物ごとに祝ふ亭主ありて、与三郎に、大晦日の晩言ひ教へける。
② 今宵は常よりとく宿にかへり休み、あすは早々起きて来り門をたたけ。
③ 今は昔、親に孝する者ありけり。朝夕に木をこりて親を養う。
④ これも今は昔、田舎の児の比叡の山へ登りたりけるが、桜のめでたく咲きたりけるに、風の激しく吹きけるを見て、この児さめざめと泣きける。

じゃあ、①と②をやります。①の中から「今でも使う言葉」「わかる言葉」を探して、マーカーを引いてみると……。

けしからず物ごとに祝ふ亭主ありて、与三郎に、大晦日の晩言ひ教へける。

こんな感じです。だから……〝物事を祝う亭主がいて、与三郎に、大みそかの晩に言って教える〟という意味。
②も同じように、マーカーを引きながら訳してみます。

今宵は常よりとく宿にかへり休み、あすは早々起きて来り門をたたけ。

「常」は「常日頃」「常時」のように使うので、「いつも」という意味。
だから……〝今夜はいつもよりも宿で休んで、明日は早く起きて来て門をたたきなさい〟と訳す。

1章

　いいね！　特に②「常」の意味を、**「同じ漢字を使う現代語」から類推**したのがすばらしい。さっきシュンくんが「伸びがたき」を「伸びにくい」と訳してくれたのと同じで、「現代語の似た言葉」をもとに類推することは非常に大切なことだ。

　もちろんワカナさんの訳は100％の正解ではないけれど^{（※）}、意味を大きく取り違えているところは1か所もないし、これだけわかっていれば十分入試問題も解ける。

　（※）①「けしからず」…異様に
　　　　「ごと」…すべて、〜たびに（「丸ごと」の「ごと」と同じ→P.330）
　　　②「とく」…早く（→P.332）

　なんか、オレにもできそうな気がしてきたな。じゃあ、③は……。

> 今は昔、親に孝する者ありけり。朝夕に木をこりて親を養う。

　「今は昔」は学校で習った。「今ではもう昔のことだが」って訳せばいい。「親に孝する」は「親」「孝」の漢字から考えれば「親孝行」の意味。「木をこりて」は「木こり」の意味だろう。
　だから……〝今ではもう昔のことだが、親孝行な者がいた。朝も夕方も木こりをして親を養う〟かな。おおっ、なかなかいい感じだ。
　④は長いけど……こんな感じかな。

これも今は昔、田舎の児の比叡の山へ登りたりけるが、桜のめでたく咲きたりけるに、風の激しく吹きけるを見て、この児さめざめと泣きける。

 長いだけで、特に難しいところはないな。

〝これも今ではもう昔のことだが、田舎の子どもが比叡山に登ったが、桜がめでたく咲いているのに、風が激しく吹くのを見て、この子どもはさめざめと泣いた〟。「めでたく桜が咲く」ってちょっと変な気もするけど、まぁいいか。

　そうだね。「めでたく」というのは、ここでは「すばらしく」の意味であって、別におめでたいことがあったわけではない。
　ただ、「おめでたく」と訳しても、ちょっと違和感があるぐらいで、全体的な意味は間違えていないでしょ。このぐらいの、気楽な感じで読み進めてしまえばいいんだ。

◇古文で何を勉強すればいいのか？

　「じゃあ、古文では暗記や勉強を何もしなくていいのか？」というと、そんなはずはないよね。やはり古文を自力で読めるようになるには、勉強しなくてはいけないことがいくつかある。
　古文が難しいと思うのは「現代にない」言葉が出てきたときだ。だから**「現代語と古文の違い」**を知れば、これから何を勉強すべきかもわかる。そのポイントを、大きく3つに分けて説明しよう。

① 言**ふ**／く**はへ**て／見て**ゐる**／言**はむ**とすること
② 書き**ける**／立ち**ぬ**／行か**む**／言**はで**／をかしから**ず**／飲ま**ば**
③ **とく**参れ／**とみに**早く／**やむごとなき**殿／**のたまひ**けり

まず①を見てもらおう。①の傍線部は**「歴史的かなづかい」**と言われる。今の言葉と意味は同じなんだけど、**「ひらがなの書き方」が違う**せいで、現代と違う言葉のように見えるだけ。

これ、「言**う**／く**わえ**て／見て**いる**／言**わん**とすること」に直せばいいんですよね。前に学校で習いました。

そのとおり。「歴史的かなづかい」の直し方は、簡単なルールを覚えればすぐにできるようになる（→ P.270）。

2 古文で、覚えなければならないこと①

「歴史的かなづかい」の直し方を覚える！

→簡単なルールがあるので、ルールを覚えてしまえば楽勝！

次は②。傍線が6か所あるけれど、これらには**大きな共通点がある。**

「けり」「ぬ」「む」「で」「ず」「ば」……。
これ、全部「付属語」ですよね。それだけでは意味不明だし、他の自立語の下につかないと使えない（→ P.113）。

そうだね。「付属語」には、「助詞」「助動詞」の2種類があった。
実は、古文の「助詞・助動詞」には現代語との違いが大きいものが多い。だから、「助詞・助動詞」をある程度覚えておかないと、とんでもない訳し間違いをする危険性が出てくる。

3　古文で、覚えなければならないこと②

「**助詞・助動詞**」に要注意！

　→現代語との違いが大きいので、訳し方をしっかり覚える。

　では、最後に③だ。これはもうシンプルに、「単語」の問題だよね。

「とく」「とみに」「やむごとなき」「のたまひ」……。
うん、全然わからん。

中学レベルでは「現代と同じ言葉」が多いとはいえ、少しは単語も覚えないとダメですよね。

　そういうことだね。学校でも「いと」「をかし」「あはれ」とかは習うでしょ？　中学校の授業で習うレベルの言葉は、当然入試でも現代語訳はつかないからね。難関高校を受験するなら、100単語ぐらいは覚えておきたいところだ（→ P.328）。

（※）とく…早く／とみに…特に／やむごとなき…身分が高い／のたまひ…おっしゃる

4　古文で、覚えなければならないこと③

現代とは異なる「**単語**」を覚える！

「**現代語訳の注釈**」を見落とさずに、「**今でも使う言葉**」を探しながら、だいたいの訳ができるように練習すること。

それと、**「かなづかい」「助詞・助動詞」「単語」を、必要なだけ覚える**ようにすること。これが、オレたちがやるべき古文の勉強なんだ。

1
章

　そのとおりだ。この基本方針にしたがって、これから１つ１つ順番に勉強していこう。

わからない言葉に
悩（なや）むより、
わかる言葉を探そう！

歴史的かなづかいの直し方

　まず、最も基本となる「歴史的かなづかい」からスタートしよう。

　さっきも言ったように、古文と現代文では**「ひらがなの書き方」**に少し違いがあるんだ。そして、「古文における、ひらがなの書き方」を**「歴史的かなづかい」**と呼ぶ。「歴史的かなづかい」を「現代かなづかい」に直すには、まず、大きく分けて2つのルールがあることを理解しよう。

1　歴史的かなづかいの考え方

① **文字を見て**直す。　　② **音（ローマ字）**で考える。

　①は、かなづかいを直すべき「文字」があるということ。たとえば「ゐ」という文字を見たら「い」と直す。「ゑ」を見たら「え」と直す。単純に文字を覚えるだけだから、簡単といえば簡単。

　②「音で考える」というのは……たとえば、「かう・らう・たう・まう」の4つには、すべて「au」の音が含まれているよね。この場合、「こう・ろう・とう・もう」つまり「ou」の音に直す必要がある。見た目上はすべて異なる文字なので、音（ローマ字）を考えないと正しくかなづかいを直すことができない。

◇パターン①「文字を見て直す」場合

> （例題）次の傍線部を「現代かなづかい」に直しなさい。
> A　何も言**は**ず　　B　問**ひ**かける　　C　思**ふ**
> D　与**へ**ず　　　　E　お**ほ**くの人

ＡからＥまでつなげてみると、「は・ひ・ふ・へ・ほ」ですね！

　そういうこと。つまり、**「は・ひ・ふ・へ・ほ」を見たら、現代かなづかいに直さなくてはならない。** 直し方は、**「実際に発音してみる」** と予想がつくと思うけど……。

Ａ「何も言**わ**ず」、Ｂ「問**い**かける」、Ｃ「思**う**」、Ｄ「与**え**ず」、Ｅ「お**お**くの人」。全部つなげると「わ・い・う・え・お」だ！

2 歴史的かなづかいの直し方①-1

★「ハ行＝は・ひ・ふ・へ・ほ」

→「ワ行＝**わ・い・う・え・お**」に直す！

※「**は**がき／ひ**げ**／ふね／へや／ほこり」など、語の先頭にくるものは直さない。
　「私**は**／東京**へ**」など、助詞は直さない。

・・・

チャレンジ！実戦問題 49 かなづかいの直し方①　　（➡答えは別冊 P.12）

問題　次の言葉を現代かなづかいに直し、すべてひらがなで書きなさい。

① いへば　　② いはく　　③ たとひ　　④ さはり

⑤ 思はく　　⑥ あたへき　　⑦ とひくる　　⑧ いひがひなし

⑨ すみたまへり　⑩ いそがはし　　⑪ あらそひ

⑫ つひに　　⑬ あらはれぬ　　⑭ つくろひ

⑮ くはへて　　⑯ 問はせたまへば　　⑰ 伝はらず

⑱ たがはず　　⑲ にはかにさむくさへなりぬ

・・・

では、次は **「今では使わなくなった文字」** について勉強してもらう。

「**ゐ**」や「**ゑ**」のことですね。

（例題）次の傍線部分を「現代かなづかい」に直しなさい。

F　よ**ゐ**こ　　　G　こ**ゑ**　　　H　**を**とめ

F「よ**い**こ」、G「こ**え**」、H「**お**とめ」。あれ？　「今では使わなく
なった文字」って言ったけど、「を」は今も使うのでは？

「を」は確かに今でも使うんだけど、それは「あなた**を**」とか「パン**を**」
みたいに、格助詞（P.175）として使う場合だよね。でも古文では、名詞
や形容詞などとしても使われるということ。

⭐**Point**⭐

3　**歴史的かなづかいの直し方①-2**

★「**ゐ・ゑ・を**」→「**い・え・お**」に直す！
※「君**を**」など、助詞は直さない。

あと、念のためもう1つだけ。この「ゐ・ゑ・を」を **50音図** で書くと
き、どこに入れたらいいか知ってるかな？

「を」は、今では「わ」の後に書きますよね。
だから、**「わ・ゐ・う・ゑ・を」** にすればいいのかな？

そのとおり。ローマ字で書くと「ゐ＝wi」「ゑ＝we」「を＝wo」。パソ
コンで「wi・we・wo」と入力するとちゃんと「ゐ・ゑ・を」って出るよ。
言い換えれば **「ゐ・ゑ・を」は「ワ行」になる** ということ。「ア行」とか「ヤ
行」と間違えやすいから気をつけよう。

1
章

チャレンジ！実戦問題 50 かなづかいの直し方②　（➡答えは別冊 P.12）

問題　次の言葉を現代かなづかいに直し、すべてひらがなで書きなさい。

①　ゐたりける　　②　くちをしき　　③　用ゐる　　④　植ゑて

⑤　ゆゑなり　　⑥　食はず飢ゑて　　⑦　まゐりたり

（例題）次の傍線部を「現代かなづかい」に直しなさい。
　I　もみ**ぢ**　　J　いた**づ**らに　　K　竹な**む**一筋ありける

 I は「もみ**ぢ**→もみ**じ**」ですね。 J は「いた**づ**らに→いた**ず**らに」。

 K は学校でやった「竹取物語」。「竹な**む**→竹な**ん**」。

4　**歴史的かなづかいの直し方①-3**

★「**ぢ・づ**」→「**じ・ず**」に直す！　　★「**む**」→「**ん**」に直す！

チャレンジ！実戦問題 51 かなづかいの直し方③　（➡答えは別冊 P.12）

問題　次の言葉を現代かなづかいに直し、すべてひらがなで書きなさい。

①　よろづ　　②　思はむ　　③　いづれ　　④　男ならむ

⑤　なむぢ　　⑥　かはづ　　⑦　あぢはひ

これでパターン①「文字を見て直す」場合は終了。今までの知識をまとめて整理しておこう。

★Point★
5 パターン①「文字を見て直す」場合のまとめ

「は・ひ・ふ・へ・ほ・ゐ・ゑ・を・ぢ・づ・む」を見たら

「わ・い・う・え・お・い・え・お・じ・ず・ん」に直す！

※ 出題頻度は低いが、以下の場合も歴史的かなづかいを直す。
★ 「くわ・ぐわ」→「か・が」 例 「くわんげん→かんげん（管弦）」
★ 「つ・や・ゆ・よ」→「っ・ゃ・ゅ・ょ」 例 「がつき→がっき（楽器）」

要は、ひらがなをたった11個覚えるだけでいいんだから、そんなに難しい話ではないよね。古文を読んで、この11個のひらがなを見つけたら、現代で使うひらがなに直す。ただそれだけのことだ。

しかし「歴史的かなづかいの直し方」には、あと1つ大切なルールがあったよね。「かなづかいの直し方」パターン②へ進んでいこう。

◇パターン②「音（ローマ字）で考える」場合

ルールをあれこれ言う前に、まず例題を見てもらおう。

次の3つには、大きな共通点があるんだけど、気づくかな？

（例題）次の傍線部を「現代かなづかい」に直しなさい。
L その**はう**がいい　　M うつく**しう**　　N **れう**り

「は**う**」「し**う**」「れ**う**」だから、全部「う」がある。

そのとおり。かなづかいを直すときに**「う」が入っていたら要注意**。パターン①のように「文字」だけを見てすぐに直すことはできず、**「音」や「ローマ字」に直して考える**ことが必要になる。

ローマ字に直すということは……Lは「はう→ h**au**」、Mは「しう → s**iu**」、Nは「れう→ r**eu**」ですよね。

「音」を考えるということは……「h**au**」は**「アウ」の音**、「s**iu**」は**「イウ」の音**、「r**eu**」は**「エウ」の音**だな。

　そのとおり。今回のように、ローマ字に直したとき**「au・iu・eu」が出てくる場合**、つまり**「アウ・イウ・エウ」の音**が出てくる場合は、かなづかいを直す必要があるんだ。

6 歴史的かなづかいの直し方②

「う」が出てきたら、「音で」「ローマ字に直して」考えろ！

「**au・iu・eu**」 → 「**ou・yuu・you**」に直す！
　アウ　イウ　エウ の音　　オウ　　ュウ　　　ョウ の音

ということは……。Lは「はう→ h**au**」だから、「h**ou**」に直す。答えは「その**ほう**がいい」。
　Mは「しう→ s**iu**」だから「s**yuu**」に直す。「うつく**しゅう**」。
　Nは「れう→ r**eu**」だから「r**you**」に直す。「**りょう**り」。

チャレンジ！実戦問題 52 かなづかいの直し方④　　（➡答えは別冊 P.12）

問題　次の言葉を現代かなづかいに直し、すべてひらがなで書きなさい。
① まうでて　　② からうじて　　③ やうやう　　④ いみじう
⑤ かうぶり　　⑥ すくなう　　⑦ さうざうし　　⑧ せうと
⑨ てうど　　⑩ ふうりう

　これで、かなづかいのルールはすべて終了！　最後に、かなづかいのヒッカケ問題を、2タイプに分けて攻略していきたい。

◇「ふ」が出てきたら、要注意！

　では、まず例題を解いてもらう。今までのルールどおりにやればいい。

（例題）「現代かなづかい」に直しなさい。
O　てふてふ　　P　きふす　　Q　たゆたふ　　R　こふ

これ、全部「はひふへほ」のパターンだ。「はひふへほ→わいうえお」にすればいいから……。O「てふてふ→て**う**て**う**」、P「きふす→き**う**す」、Q「たゆた**ふ**→たゆた**う**」、R「こ**ふ**→こ**う**」だな！

「て・うて・う」「き・うす」「たゆた・う」「こ・う」……。
ねぇ、シュンくん。答えの中に全部**「う」が出てくる**よね。「う」があるときは……音を考えて直すパターンじゃなかった？

　おっ、ワカナさんが気づいたようだね。古文の中に**「ふ」が出てきた**ときは「う」に直す。これはパターン①「文字を見て直す」タイプの考え方。ただ、その場合「う」が出てくるわけだから、パターン②「音」を考えて直す処理を次に行う必要も出てくる。つまり「2ステップ方式」で答えを出す必要があるんだ。

Oは、「てふてふ」をまず「て<u>う</u>て<u>う</u>」に直す。すると「teuteu」＝「エウ」の音が出てくるから、「tyoutyou」に直さなくてはならない。答えは「ちょうちょう」だ。
Pも、「きふ」をまず「き<u>う</u>」に直す。すると「kiu」＝「イウ」の音が出てくるから、「kyuu」に直さなくてはならない。答えは「きゅうす」。急須か！

Qは「たふ」をまず「たう」に直す。すると「tau」＝「アウ」の音が出てくるから、「tou」に直す。答えは「たゆとう」です！　Rはまず「こふ」を「こう」に直す。すると「kou」＝「オウ」の音が出てくるから……？　あれ？　「ou」の音？

直すのはあくまで「au・iu・eu」のときだけだから、Rについては「こう」にするだけでOK。それ以上ムリに直してはいけない。

7　歴史的かなづかいの直し方③

<u>「ふ」が出てきたら、2ステップ方式で考える</u>！

① 「ふ」を「う」に直す！

② 「**au・iu・eu**」が出てきたら「**ou・yuu・you**」に直す！

◇**かなづかいを直してはいけないとき**

（例題）次の傍線部の「現代かなづかい」は何か。
S　あなた**を**　　T　**む**らかみ　　U　**は**な**ぢ**　　V　**ふ**じさん

 簡単だな。
S「あなたお」、T「ん̇らかみ」、U「わ̇な̇じ」、V「う̇じさん」。

 確かにルールではそうなるけど……
どう考えてもおかしい……。
これ、全部直してはいけない気がします。

 何かがおかしい…

　ワカナさんの言うとおり、これは全部「かなづかいを直してはいけない」パターン。S～Vはすべて「現代語」と全く同じ表記をしているよね。今回勉強した「かなづかいの直し方」は、あくまで「古語を現代語に直す」ためのもの。だから、**最初から現代語と同じものを強引に直してはいけない**。

8　歴史的かなづかいの直し方④

今でも使う言葉・今でも使う言い方は、直さない！

　これで「かなづかい」の勉強はすべて終了。これまでの総まとめ問題を解いて、いよいよ「古文の訳し方」へ進んでいこう。

・・

チャレンジ！実戦問題 53 かなづかい総合問題　　　（➡答えは別冊P.12）

問題　次の言葉を現代かなづかいに直し、すべてひらがなで書きなさい。

① けふ　　　　　② いふやうなる　　　③ あふぎ

④ しふねし　　　⑤ をがみたふとぶ　　⑥ りふしやくじ

⑦ なでふ　　　　⑧ かむなづき　　　　⑨ へうはく

・・

1
章

「文字を見て直す」と
「音で考える」
パターンがあるんだね

古文攻略！ 9つのレッスン

最初に話をしたように、古文には2つの側面がある。

1つ目は**「現代と変わらない、同じ日本語」**という面。

 だから、「わからない言葉」を見て悩むよりも、**「今でも使う言葉」**を探しながら、**「だいたいの意味」**を理解すればいいんですよね。

そのとおりだ。ただ、もう1つの面として**「現代と全く異なる、昔の言葉」という側面**も、当然存在する。

このコーナーでは古文の「現代語と異なる点」について必要十分な知識をつけてもらう。「知識をつけてもらう」というと、難しそうに思うかもしれないけれど、怖がる必要はない。

みんなはまだ中学生だから、大学受験で問われるような難しい知識を覚える必要はない。必要なのは細かいルールや規則ではなく、**「入試の古文を読み間違えないためのコツ」**だけなんだ。ルールを詰め込んで暗記するというよりも、**「古文をうまく訳すためのコツを身につける」**意識で勉強をしてほしい。

そしてそのコツを、9つのレッスンに分けて1つずつ伝授していく。

古文と現代語は
どのように
異なっているかな？

「古文をうまく訳す」ための9つのレッスン！

		訳のイメージ	英語で言うと？
①	打ち消し（否定）	「＿＿ない」	not
②	係り結び	「＿＿！／＿＿？」	〜！／〜？
③	疑問・反語	「＿＿だろうか？」	〜？
④	過去・完了	「＿＿した」	〜 ed
⑤	未来・推量	「＿＿しよう／だろう」	will・think・want to
⑥	断定	「＿＿だ／である」	be 動詞
⑦	指示語	「それ」「これ」	this・that・it
⑧	接続語	「だが」「だから」「なら」	but・because・if
⑨	敬語	「お＿＿になる（する）」	―

1つ1つのレッスンに入る前に、全体のイメージをつかんでおこう。

　①「**打ち消し（否定）**」は、「**〜しない／〜ではない**」という意味。英語で言えば「not」。長文を読んでいるときに「否定（〜しない）」と「肯定（〜する）」を間違えて解釈したら、話を全く反対に捉えてしまうことになるよね。万が一、入試本番でそんなミスを犯してしまったら、最悪の場合0点になってもおかしくない。

　②「**係り結び**」というのは、学校の授業で聞いたことがあるかな？　変な名前でとっつきにくい印象を受けると思うけど……きちんと説明を受ければすぐ理解できる。全く心配無用。

　次は③。①が「**否定文**」なら、③は「**疑問文**」だ。英語でも、否定文を習ったら、必ず次に疑問文を習うよね。「疑問文」は会話の中でよく登場するし、会話の内容を理解することは読解のうえでとても重要なことだ。

　④⑤は、まとめて言えば「時間」に関する表現と言える。「過去の話」なのか、「今の話」なのか、「未来の話」なのか区別ができなかったら、話の理解がめちゃくちゃになってしまう。

　⑥は、英語でいう「be 動詞」。中1の最初に習う超基本的な動詞だよね。現代語で言えば、「〜だ／〜である」の意味だ。

　⑦⑧は、「指示語・接続語」と言われる表現。「指示語」は現代語で言う「これ・それ・あれ」、英語で言う「it・this・that」などのこと。「接続語」は「しかし− but」「だから− so・because」「〜ならば− if」などのことだ。

　⑨は「敬語」。これは第1部でたっぷり勉強したよね（→ P.224）。**古文は、現代文に比べて敬語の使用量が多い**。敬語の知識がないと、人間関係がグチャグチャになったり、何が言いたい文章なのかさっぱりわからなくなる危険性もある。

　①〜⑨を見てみると、どれも基本的な表現ばかりですね。たしかに①〜⑨がわからないと、メチャクチャな訳をしてしまいそう。

　でしょ。さっきも言ったけど、**細かいルールの丸暗記なんて、中学生には必要ない**。こういう「間違えると話がメチャクチャになりそうな、基本的な表現」にポイントを絞ることが大切。

　逆に言えば、**①〜⑨の知識をちゃんと身につければ、古文がうまく訳せるようになる**ということですよね！

これは、どれも、基本的なポイントなんですね！

1
章

◇ **Lesson ①　打ち消し（否定）の表現**

　では、「打ち消し」つまり「否定」の表現から勉強しよう。古文の「否定表現」を一覧にしたので、まず目を通してみて。

★Point★
2　**「打ち消し（否定）」→「〜ない」と訳す表現**

① ず　　② ざら・ざり・ざる・ざれ　　③ じ

④ まじ　⑤ で　⑥ なし

※①〜⑤は必ず活用する言葉の直後にくる。（④だけ直前がuの音。あとは未然形。）
　⑥は形容詞。現代でいう「ない」のこと。

　では、①から1つずつ見ていこう。

　①「〜ず」は、今でも比較的なじみがある言い方だよね。

　　「やら**ず**／書か**ず**／飛ば**ず**」とか。少し古風だけど、今でも普通に使いますよね。「やら**ない**／書か**ない**／飛ば**ない**」と訳せばOK。

　そうだね。パターン①は現代語の感覚で自然に訳せる人も多いと思う。そして②は、①の「ず」が変化した形なんだ。

書か**ざら**む／書か**ざり**けり／書か**ざる**時／書か**ざれ**ども

　このような形で使う。**全部「ざ」がつく形**になっていることに注目。これらも全部**「書く」ではなく、「書かない」と訳す**必要があるわけだ。

　③「じ」と④「まじ」は、どちらも**「〜ないだろう」**という推測の意味や、**「〜ないつもりだ」**という意志の意味などを含む表現。

> 書か**じ**／書く**まじき**本／書く**まじけれ**ば

　このような形で使い、「書かないだろう／書かないつもり」のように訳す。「まじ」は、今でも「中学生にある**まじき**服装」のように使われるよね。

　ちなみに「まじ」は「まじく、まじき、まじけれ……」のように形が変わることがある。ただ、全部「まじ」がつくから、間違えることはないはずだ。

　⑤「で」は「接続助詞」の仲間（→ P.173）。「接続助詞」なので、後ろに「、」をつけて、次の文につなげる形で使う。

> 何も書か**で、**遊びけり。

　訳し方は①～④と同じく「否定」なので、「～しないで」と訳せばOK。「何も書か**ないで**、遊んでいた」という意味になるね。

　①～⑤は、全部「書く＝動詞」の後ろについているよな。
　必ず動詞の後につく表現なのかな？

動詞だけではなく、形容詞など、活用する言葉の後ろにつくんだ。
例　**形容詞　「早し」→「早から**ず」
　　　形容動詞「静かなり」→「静かならざれども」

　じゃあ、最後に⑥。**形容詞の「なし」**。現代語の「ない」と同じ言葉だ。ただ、これも「ず」「まじ」と同じく形が変わることがあって……。

> **なき**人／**なから**ず／**なかり**けり／**なかる**べし／**なけれ**ども／**なかれ**

1
章

このような形で登場することもあるから、目を通して慣れておこう。

　さて、これで「ない」で訳す表現はすべてOK！　（本当は、あと1つ重要なものが残っているんだけど……。→P.291）

（例題）次の文を、口語訳しなさい。

A　日いまだ暮れず。

B　（馬に）乗らざりけり

C　今は見るまじ。

D　月ばかりおもしろきものはあらじ。

E　鬼あるところとも知らで、……

F　琴弾く所もなかりけり。

Aは「暮れ**ず**」が否定表現です。「日はまだ暮れ**ない**」と訳す。

Bは「乗ら**ざり**けり」が否定表現。「馬に乗ら**ない**」という意味。

Cは「見る**まじ**」が否定表現。「見**ないだろう**」か「見**ないようにしよう**」と訳す。別にどっちでもいいような気がするけど……。

Dは「あら**じ**」の「じ」もCと同じ訳し方をすればよかった。「月ぐらい、おもしろいものは**ないだろう**」と訳せばいい。

Eは「知ら**で**」の「で」が否定表現。「鬼がいるところだとも知ら**ずに**……」と訳せばいい。

Fは「**なかり**けり」が否定表現。「琴を弾くところもない」だな。

けっこう簡単に、否定表現を訳せるようになった！

　そうだね。Ｃはこの文だけだとどっちで訳しても問題ないよね。本当は「見ないようにしよう」の訳が正しいんだけど、それは文章の流れの中で判断することだから、今回は気にしなくて OK。

　Ｄ「おもしろき」は本当は「趣深い」と訳すほうがいい（→ P.330）。

　Ｂ「乗らざりけり」とＦ「なかりけり」は「乗らなかった」「なかった」と過去形で訳すのが正しい（→ P.297）。余裕があれば覚えておこう。

　最後にややハイレベルな知識を紹介。**「否定文」のとき、よく一緒に使われる表現がある**んだ。

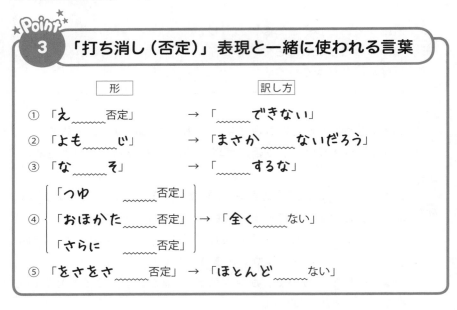

Point 3　「打ち消し（否定）」表現と一緒に使われる言葉

	形		訳し方
①	「え　　　　否定」	→	「　　　　できない」
②	「よも　　　　じ」	→	「まさか　　　　ないだろう」
③	「な　　　　そ」	→	「　　　　するな」
④	「つゆ　　　　否定」 「おほかた　　　　否定」 「さらに　　　　否定」	→	「全く　　　　ない」
⑤	「をさをさ　　　　否定」	→	「ほとんど　　　　ない」

　①～③は、公立高校入試でも結構見かけるから、受験校にかかわらず全員覚えておいてほしい。④・⑤は、難関私立校志望の受験生は覚えること。

（例題）次の文を、傍線部に注意して口語訳しなさい。

Ｇ　**え**入ら**ず**。　　　　Ｈ　**よも**あら**じ**。　　　　Ｉ　**な**思ひ**そ**。

Ｊ　**つゆ**知ら**ず**。　　　Ｋ　**おほかた**回ら**ざり**けり。

Ｌ　**さらに**許さ**ず**。　　Ｍ　**をさをさ**劣る**まじ**。

正解	G 入ることが**できない**。	H **まさか**、ない**だろう**。
	I 思っては**いけない**。	J **全く**知ら**ない**。
	K **全く**回ら**なかっ**た。	L **全く**(決して)許さ**ない**。
	M **ほとんど**劣ら**ないだろう**。	

1章

◇ Lesson ② 係り結びの法則

「係り結び」って、名前は聞いたことがあるんですけど、いまいち何のことかよくわからないんですよね……。

では、まず **「係り結び」が何者なのか**説明してしまおう。「係り結び」を理解するためには、最初に**5つの言葉**を暗記してもらう必要がある。

Point 4 「係り結び」とは？①

文中に「**ぞ・なむ・や・か・こそ**」が出てきたとき発生！

「ぞ・なむ・や・か・こそ」は「係り結び」！ この5つは何回も唱えて、覚えてしまおう。で、文の中に「ぞ・なむ・や・か・こそ」が出てくると、何が起こるのかというと……。

Point 5 「係り結び」とは？②

文中に「**ぞ・なむ・や・か・こそ**」のどれかが出てくると……？
★文末の形が変わる！ ★文の意味が変わる！

「文末の形」と「意味」が両方変化してしまう。これが「係り結びの法則」だ。まず、「文末の形が変わる」とはどういうことか、説明しよう。

ふとん　買ひけり。　　　（ふとんを買った。）

この文に「ぞ・なむ・や・か・こそ」を入れると、次のように形が変化するんだ。

ふとん　　　　　買ひけり。
　↓　　　　　　　　↓
ふとん**ぞ**　　　買ひ**ける**。
ふとん**なむ**　　買ひ**ける**。
ふとん**や**　　　買ひ**ける**。
ふとん**か**　　　買ひ**ける**。
⋯⋯⋯⋯⋯⋯⋯⋯⋯⋯⋯⋯⋯⋯⋯
ふとん**こそ**　　買ひ**けれ**。

「ぞ・なむ・や・か」が入っている文は、もともと**「けり」**だった**形が全部「ける」に変わっています。**
「こそ」のときだけ、**「けり」**が**「けれ」**になっている。

そのとおりだ。本来、文末に来る形は「終止形」だったよね（→ P.144）。文末に来ているのに「終止形」ではない別の形に変化してしまう。これが「係り結び」のはたらきなんだ。**「ぞ・なむ・や・か」**が登場すると、**文末の形は必ず「連体形」に変化する。**「連体形」というのは「後ろに名詞が来るときの形」だったよね。

1章

「けり」→「けるゥ」だから、連体形は「ůの音」になるのかな？

「連体形」はほとんど「uの音」で終わるけど、中には例外もある。

「をかし→をかしき」	「落つ→落つる」
「やりたし→やりたき」	「死ぬ→死ぬる」
「あるべし→あるべき」	「ほめらる→ほめらるる」
のように「し」で終わる言葉は「き」に変化することが多いし、	のように、「る」を付け足す形になる場合も多いね。

　ただし！　具体的な形を覚えなくてはいけないのは大学入試のレベル。中学生のうちは、細かい形を覚える必要はないから安心してよい。**「ぞ・なむ・や・か」が文中に出てきたときは、文末が「連体形」！**　このことだけしっかり覚えておこう。

6 「係り結び」の法則①

★文中に **「ぞ・なむ・や・か」** が出てくると
→文末が **「連体形」** に変わる！

では次。「こそ」が出てきたときは、どんな形に変化しているかな？

「こそ」のときは、「けり→けれ」だから、
「ėの音」に変化したということですか？

係り結び「ぞ・なむ・や・か」が登場すると、
文末は連体形ですね!!

　そうだね。「こそ」が文中に出てきたときは、文末が「eの音」に変化することが多い。このときの形を**「已然形（いぜんけい）」**という。

　「已然形」というのは聞いたことがないと思うけど、P.144で勉強した「仮定形」の古文バージョン。つまり、「ど・ども」が後ろにつくときの形だ。「已然形」の形にもいろいろあって……。

「をかし→をかしけれ」

「やりたし→やりたけれ」

「あるべし→あるべけれ」

のように、「し」で終わる言葉は「けれ」に変化することが多いし、

「落つ→落つれ」

「死ぬ→死ぬれ」

「褒めらる→褒めらるれ」

のように、「れ」を付け足す形になることも多い。

　「ぞ・なむ・や・か」のときと同様、細かい形を覚える必要性はない。**「こそ」が文中に出てきたときは、文末が「已然形」になる。**このことだけ、しっかり覚えておこう。

7　「係り結び」の法則②

★文の中に**「こそ」**が出てくると→文末が**「已然形」**に変わる！

　「形」が変化するのはわかりましたけど……いったい何のために、こんな面倒なことをするんだろう？　何か意味があるんですか？

　「係り結び」は形を変化させるだけでなく、文の「意味」も変化させてしまう。だから「係り結び」を見落としてしまうと、文をうまく訳すこともできなくなってしまう。係り結びの「訳し方」をまず一覧表にしておこう。

1章

★Point★ 8 「係り結び」の訳し方

ぞ	なむ	や	か	→文末は 連体形
こそ		—		→文末は 已然形
強意 の意味！ 訳さなくて OK！		疑問 ・ 反語 の意味！ 「〜だろうか」と訳す！		

　まず「**ぞ・なむ・こそ**」の３つは、どれも「**強意**」という意味を持つ。つまり、前の言葉を強調するだけのはたらきだから、基本的に**現代語に訳す必要はない**。極端なことを言えば、**無視してしまえばいい**。

> ふとん**ぞ**買ひ**ける**。／ふとん**なむ**買ひ**ける**。／ふとん**こそ**買ひ**けれ**。

　これらは、全部「**ふとんを買った**」と訳せば、それで**十分**だということ。では、次。「**や・か**」があるときは「**疑問文**」になる。だから……。

> ふとん**や**買ひ**ける**。／ふとん**か**買ひ**ける**。

　これらは、両方「ふとんを買った**のだろうか？**」という意味になる。

 「疑問」の隣に「反語」って書いてあるけど……**「反語」って何？**

　いいところに気がついたね。「反語」というのは、「**疑問文に見せかけて、言いたいことをハッキリ言う文**」のこと。たとえば……。

> 「おまえアホじゃないの？」

という文。見た目は疑問文の形をしているよね。
でも……**これ、本当に相手に質問している文なんだろうか。**

　「お前はアホだ！」とハッキリ言っているのと同じですよね。

　そのとおり。こういう表現を「反語」と呼ぶんだ。古文でも「や・か」
があるとき、ただの「疑問」ではなく「反語」で訳す場合もある。

> ふとん**や**買ひける。／ふとん**か**買ひける。

　これらの文を、さっきは「疑問」で訳したよね。
　今度は「反語」で訳してみよう。

「ふとんを買ったのだろうか？　**いや、買ったはずがない**」。

　そのとおり。反語の場合は**「〜だろうか。いや〜ではない」**と訳すのが
基本だ。反語と疑問の訳し分けは、文章のストーリーに合うほうを選べば
それで OK。

- -

チャレンジ！実戦問題 54「係り結び」の法則　　　（➡答えは別冊 P.12）

問1　係り結びが用いられている表現を1つ選びなさい。
　　ア　吉野の花見にと思ひたつ　　イ　二十年ばかりにもなりぬるを
　　ウ　いで立つになむありける　　エ　久しかるべき旅にもあらねば

問2 空欄に当てはまる言葉として最も適当なものを選びなさい。

① 陸奥の方へ修行のついでに詠みたりとぞ披露し▢。

　　ア　たし　　イ　ける　　ウ　たれ　　エ　けめ

② 集めたらんやうに▢見ゆれ。

　　ア　か　　イ　ぞ　　ウ　なむ　　エ　や　　オ　こそ

問3 空欄に、「けり」を適切な活用形に直して入れなさい。

月雪花の時と奏したりけるこそ、いみじうめでさせたまひ▢。

◇ **Lesson ③　疑問の表現**

中学生が覚えるべき「疑問」の表現をまとめると、以下のとおり。

★Point★
9　「疑問」の表現

① 係り結び「**や／か**」　② 文末の「**や／か**」　③ **疑問詞**

　あっ、そうか。さっき勉強した「係り結び」がそのまま「疑問」を表す表現になるわけだ。

　そのとおり。係り結び「や／か」はもう勉強済みだから、それで①はOK。ただし、②のパターンが要注意。**「や／か」は、実は文末に登場する場合もある**。①も②も意味は同じで、「疑問」（〜だろうか）あるいは「反語」（〜だろうか、いや〜ではない）で訳せばOKだ。

文末の「や」「か」は詠嘆（〜だなあ）で訳す場合もあるから注意！

（例題）次の文を、傍線部に注意して口語訳しなさい。

N　何人（＝誰）の住む**に**か。

O　（悲しみが）少しうちまぎるることも**や**。

P　月は隈無き（＝満月）をのみ見るもの**か**は。

「や」と「か」が文末に来ていますね。だから、**「疑問」**か**「反語」**で訳せば OK。

　Nは「誰が住むの<u>だろうか</u>」。反語で訳すなら、「誰が住むのだろうか。いや、誰も住むはずが<u>ない</u>」になります。

　Oは、「悲しみが、少しはまぎれることもある<u>だろうか</u>」だな。反語で訳すなら、「<u>いや</u>、まぎれない<u>だろう</u>」と付け足せばいい。

　Pは「月は、満月だけを見るもの<u>だろうか</u>」。反語で訳すなら、「<u>いや</u>、満月だけでは<u>ない</u>」を付け足す。「満月だけじゃなく、三日月なども美しい」と言いたい文なんだな。

　訳し方は係り結びのときと全く同じだよね。「疑問」なのか「反語」なのかは、話の流れを考えて訳し分ければいい。ただ、1つハイレベルな知識を教えておこう。Pの文のように、**「やは」「かは」**という形で登場するときは、実は疑問よりも**反語で訳す場合が多い**んだ。絶対ではないけれど、「やは」「かは」の形を見つけたら，まず反語で訳すようにするとよい。

★Point★
10　**「やは」「かは」の形**

反語で訳すことが多い！

では最後。古文における**「疑問詞」**を整理しておこう。

 疑問詞というと……
英語でいう「What（何）／ Why（なぜ）／ How（どう）／ Where（どこ）／ When（いつ）／ Which（どっち）」のような言葉。

そうだね。「や／か」だけを覚えていても、「疑問詞」を知らないとうまく訳せない疑問文は多い。次の4パターンを覚えてしまおう。

★Point★ 11　古文の「疑問詞」

① 「いか〜」　　→「どう（How）」「なぜ（Why）」(※)
② 「いづ〜」　　→「どこ（Where）」「どの（Which）」
③ 「た」「たれ」→「誰（Who）」
④ 「など」　　　→「なぜ（Why）」

（※）「どうにかして」「何とかして」と訳す場合もある。

　①は、この中でも登場頻度 No. 1 だろう。「いかにして／いかに／いかにも／いかで」のように、いろんな形に姿を変えて古文の中に登場してくる。「いか」がついた疑問詞を見たら、まず**「How ＝どう」**で訳してみよう。それでうまくいかなければ**「Why ＝なぜ」**で訳す。

　②は「いづこ／いづれ／いづち／いづく」のような形で登場する。「いづ」がついている疑問詞を見たら、**「Where ＝どこ」**で訳すか、**「Which ＝どれ／どの／どっち」**で訳せば OK。

　③は英語でいう**「Who ＝誰」**。「た／たれ」とひらがなで書かれることが多く、非常に見落としやすいので要注意。

　④「など」は**「Why ＝なぜ」**で訳す。「などか／などや」のように、係り結びの「や／か」が後ろにつくことが多いね。

（例題）次の文を、傍線部に注意して口語訳しなさい。
Q　その人の詠みたる歌は**いかに**。
R　君の仰せごと^{（※１）}をば、**いかが**はそむくべき^{（※２）}。
S　**いづく**より来つる猫ぞ。　　T　**いづれ**の船に乗るべきぞや。
U　**た**そ、この門たたくは。　　V　**など**や苦しき目をみるらむ。
　（※１）仰せごと＝命令　　（※２）べき＝ことができる

　Q「いかに」は、まず**「どう」**で訳してみる。「その人の詠んだ歌は**どうだろうか？**」と訳せば OK。
　R「いかが」は「どう」で訳すと変だから……。「なぜ」で訳してみる。「君の命令に、**なぜ**背けるか？」と訳せば自然。

　いいね。Rについて２点補足。まず「君」は、古文では「君主／主人」の意味で使われることが多い。それと今回は「疑問」ではなく「反語」で訳したほうがよいだろう。「なぜ君主に背けるか？　いや、背けるはずがない！」という意味だ。「疑問詞」の文も、係り結び同様「反語」になることがある。

　じゃあ、S。**「いづく」は、まず「どこ」で訳してみる**。「どこから来た猫だ」と訳せば OK。
　Tも「**どこ**の船に乗るべきだろうか？」と訳してもいいけど……「**どの**船に乗るべきだろうか？」のほうが自然な訳かな。
　Uは**「た＝誰」**だから、「**誰だ**、この門をたたくのは？」と訳す。
　Vは**「など＝なぜ」**だから、「**なぜ**苦しい目をみるのか？」と訳す。

　OK！　シュンくんも、うまく訳すことができているよ。
　ここまで覚えれば、もう疑問文は問題なく処理できるはずだ！

1
章

◇ **Lesson ④　過去・完了の表現**

「否定文・疑問文」の次は「過去形・完了形」の勉強だ。

「過去」と「完了」の違いは、中学レベルでは気にしなくていい。

どちらも**「〜た」と訳す**のが基本。

★Point★
12　「過去・完了」の表現→「〜た」と訳す！

① **けり**　② **き・し・しか**　③ **つ**　④ **たり**

⑤ **eの音＋ら・り・る・れ**　　⑥ **てけり・にけり・たりけり**

※すべて活用する語の直後にくる。（⑤以外は連用形の直後。）

※④⑤は「存続＝〜ている／てある」と訳すことが多い。

「過去・完了」も「否定」と同様「活用する言葉」の下につく。

例　**「書きけり」（動詞）「早かりき」（形容詞）「静かなりし人」（形容動詞）**

では①から順番に見ていこう。①「けり」は、古文の中で大量に出てく

る超基本表現で、**「過去＝〜した」と訳す**(※)。

（※）和歌や会話に出てくる「けり」は、「詠嘆＝〜だなぁ」と訳すべき場合が多い。

ただし、「けり」の形だけでなく、

書き**けり**。／書き**ける**時／書き**けれ**ども

このように、「ける／けれ」という形で登場することも多い。

②「き・し・しか」の形も、①と同じく「過去＝〜した」と訳せばいい。

次のような形で登場する。

走り**き**。／走り**し**事／走り**しか**ども

全部「〜した」と訳せばいいなら……「走り**き**。＝走っ**た**。」「走り**し**事＝走っ**た**こと」「走り**しか**ども＝走っ**た**けれども」という意味になる。

　そのとおり。じゃあ次は③。「つ」は「完了」と呼ばれるもので、過去と同様「〜した」と訳せばいい。「完了」というのは「終わった」という意味だよね？　だから、「〜し終わる」とか「〜してしまう」と訳すとうまくいくことも多い。実際の文の中では…。

本、読み**つ**。／本、読み**つる**男／本、読み**つれ**ど、

　このように、**「つる・つれ」**の形で使われることも多いよ。

　どれも、「本を**読んだ**」「本を**読み終わった**」「本を**読んでしまった**」と訳せばいいんだな。なるほど。

　では次。④「たり」も③同様「完了＝〜した／〜してしまう」で訳す。
　ただし、もう1つ。「〜している」と訳すべき場合も多いから、この訳し方もぜひ覚えておこう。実際の文中では、下のように「たら・たる・たれ」の形に変化することも多いよ。

壁に絵を描き**たら**ば／壁に描かれ**たる**絵／壁に絵を描き**たれ**ども

　1つ目と3つ目は「壁に絵を描い**た**」と訳して、2つ目は「壁に描かれ**ている**絵」と訳すのが自然です。

　そのとおり。「た／ている」の訳し分けは、ストーリーの流れに合うほうを選べばそれでOK。そして⑤は、④と全く同じ意味の表現。

1
章

> 絵描**け り**。／道知**れ らば**／川で泳**げ る**人／友に会**へ れ**ども
> 　　　e　　　　　　e　　　　　　　　e　　　　　　　　　　　e

このように、必ず**「e の音」の後ろに「ら／り／る／れ」**がくっつく形で登場する。

 ④と同じ訳し方をするなら……
「絵を描い<u>た</u>／描い<u>ている</u>」
「道を知っ<u>た</u>／知っ<u>ている</u>」
「川で泳い<u>だ</u>／泳い<u>でいる</u>」
「友に会っ<u>た</u>／会っ<u>ている</u>」
と訳せば OK。

そのとおり。どちらの訳がいいかは、話の流れを見て判断しよう。

では次でラスト！　⑥「てけり・にけり・たりけり」は、「完了」と「過去」を合体させた言い方だ。訳し方はこれまで同様「〜た／〜しまった／〜ていた」のうち、話の流れに合うものを選べばいい。実際の文の中では、

> ・大人になり**にけり**。／大人になり**にける**時／大人になり**にけれ**ども、
> ・遠くを見**てけり**。／遠くを見**てける**時／遠くを見**てけれ**ども、
> ・鳥飛び**たりけり**。／鳥飛び**たりける**時／鳥飛び**たりけれ**ども、

のような形で出てくる。

> 過去・完了は、
> 話の流れに合わせて
> 訳を選べばいいんだ‼

上の段は「大人に**なった／なってしまった**」という意味。

真ん中の段は「遠くを**見た／見てしまった**」と訳す。

下の段は「鳥が**飛んだ／飛んでいた／飛んでしまった**」と訳せばいい。

OK、それでいい。これで、「過去・完了」の表現は大丈夫！　本物の古文を使って、いくつか練習しよう。

（例題）次の文を、傍線部に注意して口語訳しなさい。

a　昔、男あり**けり**。

b　京より（四国に）下り**し**時に、みな人子どもなかり**き**。

c　難波^{なには}より、昨日なむ都にまうで来**つる**。

d　信願^{しんがん}、馬より落ちて死に**にけり**。

e　まさしく見**たり**と言ふ人もなく、そらごと^{（※）}と言ふ人なし。

f　うつくしきもの。瓜^{うり}にかき**たる**児^{ちご}の顔。

g　その辺りに、照り輝く木ども立て**り**。

h　飼ひ**ける**犬の、暗^{くらし}けれど主を知りて、飛びつき**たりける**とぞ。

（※）そらごと……うそ。

---

aは「**けり＝過去**」だから、「昔、男が**いた**」です。

bも「**し**」と「**き**」が「**過去**」なので、「京都から四国に**下った**時に、皆子どもが**いなかった**」と訳せばいいと思います。

cは「**つる＝完了**」ですね。「難波」は、今でいう「大阪」のこと。「なむ」は強意の係り結びなので、訳さなくてOK！（→ P.291）だから「難波から、昨日都に**来た**」と訳します。「まうで」がよくわかんないけど……。まぁいいか。

dは、「**〜にけり**」の形だから、「**〜してしまった**」と訳せばいい。「信願」は人の名前ですよね。「信願は、馬から落ちて**死んでしまった**」と訳します。

OK！　すばらしいね。cの「まうで」は「参上する」という意味だ。余裕があれば覚えておこう。

eの**「たり」**は、**「〜した」**か**「〜ている」**どちらかで訳す。今回は「〜した」と訳すほうがいい。「ほんとうに**見た**と言う人もいないし、うそだと言う人もいない」。

fは同じ「たり」だけど、今回は「〜ている」と訳したほうがよさそう。「美しいものは、瓜に**描いている**子どもの顔だ」。

gは「立て**リ**」だから、**「eの音＋り」**の形になっている。**「立った」**か**「立っている」**か、どちらかで訳せばいい。「その辺りに、光り輝く木々が**立っている**」。

h「飼ひ**ける**」は「ける」が入っているから過去で訳す。**「〜たりける」**は**「〜した・していた・してしまった」**と訳す。「飼って**いた**犬が、暗いけれど主人がわかって、飛びついて**きた**」。

もう二人とも大丈夫だね。fの「うつくしき」は「美しい」ではなく「かわいらしい」と訳すとさらにいいね（→ P.330）。それと「瓜に描い<u>ている</u>」は「描い<u>てある</u>」と訳すほうがより自然。

これで「過去・完了」の表現もパーフェクト！　……と言いたいところだけど、**実はあと1つ、絶対に覚えてほしい超重要表現がある**んだ。

◇「ぬ」と「ね」は要注意！

その超重要表現とは、「ぬ」と「ね」の2つ。特に「ぬ」がよく出る。なぜ重要かというと、**訳し方が2通りある**からなんだ。

しかも！　①で勉強した「打ち消し＝ない」で訳す場合と、④で勉強した「完了＝した」で訳す場合の2通り。

「にけり」は、「完了」と「過去」が合体した形だったはず！

えっ！？　「〜ない」と「〜した」って、意味が正反対ですよ！
もし間違えたら、ストーリーがめちゃくちゃ。

　そうなんだ。だから、ここで「ぬ／ね」を間違えずに訳せるよう、見分
け方をしっかり覚えていきたい。まず「ぬ」からスタート。

（例題）次の文を、傍線部に注意して口語訳しなさい。

i　席を立た**ぬ**男あり。　　　　　j　年老い**ぬ**人あり。

k　年老い**ぬ**。　　　　　　　　l　年老い**ぬ**と言ひけり。

m　年ぞ老い**ぬ**。　　　　　　　n　年老い**ぬ**る人あり。

o　年老い**ぬ**れども、死なず。

　まず第一のルール。**a の音＋ぬ**の形になっていれば、すべて**「打ち消し
＝ない」**で訳す。

13　「ぬ」の区別①

「aの音＋ぬ」の形は、打ち消し（〜ない）で訳す！

 iは「立た**ァ**ぬ」だから、「aの音」ですよね。じゃあ「席を**立た
ない**男」と訳せばいいんですね。

　そのとおり。でもj以降を見ればわかるように、**「aの音」以外が「ぬ」
の前につく場合も多い。**この場合は「打ち消し（〜ない）」で訳す場合も
あれば、「完了（〜した）」で訳す場合もあって、直前の音だけでは判断が
できない。そこで、次のルール！

1
章

14 「ぬ」の区別②

「ぬ」の後ろが「名詞」→打ち消し（〜ない）で訳す！

「ぬ」の後ろが「。／と」→完了（〜した）で訳す！

j 「年老い**ぬ** 人 あり」は後ろに 名詞 が来てるから……

「年**老いない** 人 がいる」と訳せばいい！

k 「年老い**ぬ** 。 」は「ぬ」が 。 の前にあるから、「〜した」と訳せばいい。答えは「年**老いた**」。

l 「年老い**ぬ** と 〜」も、 と の直前に「ぬ」が来ているから「年**老いた**と言った」と訳せば OK。

そのとおり。「名詞」の前に来る形を「連体形」と呼んだよね。

また「。／と」の前に来る形は「終止形」だった（→ P.144）。

つまり**打ち消しの「ぬ」は「連体形」、完了の「ぬ」は「終止形」**と覚えても OK。

では、次はヒッカケのパターン。mはどうなるかな？

mは「ぬ」が**「。」の前にあるから、終止形。ということは、「〜した」と訳す**のでは？

ふつうはそう思うよね。でも……。

mの「ぬ」は、本当に「終止形」なのだろうか？

あっ、「係り結び」か！　係り結びの**「ぞ・なむ・や・か」**があるときは、**文の最後が「連体形」になる**（→ P.289）。mは係り結びの「ぞ」があるから、今回の「ぬ」は「終止形」ではなく**「連体形」**だ。

「連体形」の「ぬ」は、完了ではなく打ち消し（〜ない）で訳す！
mは「年**老いない**」と訳すのが正しい。

★Point★
15 **「ぬ」の区別③**

係り結びに注意！「**ぞ・なむ・や・か 〜 ぬ**」の形
→**打ち消し（〜ない）で訳す！**

　nとoは形を丸暗記してしまおう。**「ぬる／ぬれ」の形**のときは、すべて**「完了＝した」**で訳す。nは「年老い<u>た</u>人がいる」、oは「年老い<u>た</u>けれども、死なない」と訳す。

★Point★
16 **「ぬ」の区別④**

「**ぬる／ぬれ**」の形→**完了＝したで訳す！**

　これで「ぬ」はOK！　同じように「ね」の見分け方もやってしまおう。

- -

（例題）次の文を、傍線部に注意して口語訳しなさい。

p　呼ば**ね**ども、来にけり。　　　q　家建て**ね**ば、住む所なし。
r　家建て**ね**ども、住む所あり。　s　家こそ、建て**ね**。
t　家建て**ね**。

- -

　pは「ぬ」と全く同じ方法で解ける。

「aの音」が前に来ているから、打ち消し。
「呼ば**ない**のに、来た」と訳す。

　そのとおり。qとrは、まず3つの形を暗記しよう。**「～ねど／ねども／ねば」の形は、すべて「打ち消し＝～ない」で訳す**。ちなみに、打ち消しで訳すときの「ね」は、すべて**「已然形」**と呼ばれる形だ（→ P.290）。

 ということは、q「家建て**ねば**」とr「家建て**ねども**」は、どっちも「家を建て**ない**」と訳すんですね。

　qとrだけじゃない。sも同じく打ち消しで訳すよ。なぜかわかる？

 sは、係り結びの「こそ」があるよな！　**「こそ」があると、文末が「已然形」になる**。「已然形」の「ね」は「～ない」と訳すから、sも「家を建て**ない**」と訳せばOK。

 tは「。」の前に「ね」があるし、係り結びもない。
これは「完了＝～した」で訳すパターンですね。

　そのとおり。そして「完了＝した」で訳すときの「ね」は、**必ず「命令文」**になる。だから、tは「家を**建ててしまえ**」と訳すのが正しい。

★**Point**
17　「ね」の区別

★ ［ 「**a の音**」の後ろ
　　 「**ねど／ねども／ねば**」　→打ち消し（～ない）で訳す！
　　 「**こそ～ね**」 ］

★ 「**。／と**」の前　　　　　　→完了（～してしまえ＝命令文）で訳す！

（例題）次の文を、傍線部に注意して口語訳しなさい。

u　我を思ふ人を思は**ぬ**報いに**や**わが思ふ人の我を思は**ぬ**
v　手にうち入れて、家へ持ちて来**ぬ**。
w　京には見え**ぬ**鳥なれば、みな人見知らず。
x　<u>秋来ぬと</u>目にはさやかに^{（※1）}　見え**ね**ども風の音にぞおどろか
　れ^{（※2）}**ぬる**
y　<u>とく</u>^{（※3）}　立ち**ね**。

（※1）　はっきり　　（※2）　気づく
（※3）　はやく

まずは u から。「思は**ぬ**」は、「ȧの音＋ぬ」だから、「思わ**ない**」
と訳す。「報いに**や**」は、「や」がついているから「疑問」で訳す。
〝私のことを思う人を思わ**ない**報い**だろうか**。私が思う人は、私の
ことを思わ**ない**〟……片思いの歌ですね、これ。
　v　「来**ぬ**」は「ぬ」が**「。」の前**にあるから、**「来た」**と訳す。
〝手の中に入れて、家に持って**来た**〟。
　w　「見え**ぬ**」は、後ろに「鳥」という**名詞**が来ているので、「見え
ない」と訳す。〝京では見られ**ない**鳥なので、人は皆知らない〟。

次は x だな。「秋来ぬと」の「ぬ」は**「と」の直前**にあるから「〜
した」と訳す。「見え**ね**」は**「ねども」の形**だから「〜**ない**」と訳す。
最後「おどろか**れぬる**」は**「ぬる」の形**だから、「〜**した**」と訳せ
ばいい。〝秋が**来た**と目にははっきり**見えない**けれど、風の音で**気
づいた**〟という意味だ。
　最後は y。この「立ち**ね**」は**文末にある**し、係り結び「こそ」も入っ
ていない。だから、「早く**立ってしまえ**」と命令で訳す。

OK。
パーフェクト！

◇ **Lesson ⑤　未来の表現**

　Lesson ④ が「過去形」なら、次は「未来形」。英語で言う「will ／ be going to」の表現を、古文ではどのように言うのかを理解していこう。

 つまり、「〜だろう／〜しよう」のように訳す表現ですね。

18　「未来」の表現

① **む**　② **むず**　③ **べし**　④ **らむ**

⑤ **けむ**　⑥ **ばや・たし・まほし**

※すべて<u>活用する語</u>の直後にくる。

　①「む」と②「むず」は、現代人の感覚で訳すと非常に間違えやすい危険な表現。試しに、次の文を現代語のフィーリングで訳してみてほしい。

（例題）次の文を、傍線部に注意して口語訳しなさい。
① 　人には知らせ**む**。　　② 　人には知らせ**むず**。

 「む」は歴史的かなづかいで「ん」に直す（→ P.273）。「人には知らせ**ん**」だから、①「人には知らせ**ない**」という意味じゃないかな。②「人には知らせ**ん**ず」も、「**ず**」がついているから「人には知らせ**ない**」という意味だと思う。

　ね、そう思うでしょ。**それが大間違い**なんだ。現代人の感覚だと、「む・むず」はどうしても「〜ない」と訳してしまいたくなる。だけど、**「む・むず」を打ち消しの意味で訳すことは100％ありえない！**　「む・むず」は英語の「will」と同じように肯定文で訳さなくてはならないんだ。

「will」と同じということは、どちらも「人に**知らせよう**」とか、「人に**知らせるだろう**」という意味になるんですね。

> ## ★Point★ 19　「む」「むず」の訳し方
>
> 「打ち消し＝ない」で訳してはいけない！
> →「〜しよう／〜だろう」＝英語の「will」と同じように訳す。

　「ない」と「しよう／だろう」は意味が180度違うから、試験で間違えてしまうと致命的なダメージになる。しっかり覚えておくこと。
　あと、**「む」は「め」の形に変わる**ことがある。
　「むず」も「むずる／むずれ」の形に変わることがある。

```
人に知らせむ。／人にこそ知らせめ。
人にぞ知らせむずる。／人にこそ知らせむずれ。
```

　次は③「べし」。「べし」も「む」と同じく**「〜しよう／〜だろう」**という意味になる。あと、現代語と同じく**「〜べきだ」**と訳したほうが自然な場合も多い。実際の文の中では……。

```
動くべからず／動くべき事／動くべかりけり／動くべけれど
```

　このような形で登場する。「べからず」という形は今でも使うことがあるね。たとえば「ここに入るべからず」だと、どんな意味になるかな？

「入ってはいけない」、「入ることはできない」という意味ですね。

そうだね。古文でも現代語と同じように**「～しろ／するな」**や、**「～できる／できない」と訳す**場合もある。ただし、中学レベルで細かい訳し分け方を覚える必要はない。

④と⑤は、①で勉強した「む」の親戚だと思えばいい。①「む」が「未来」のことを推測する言い方なのに対して、④**「らむ」**は**「現在」**のことを推測する。だから、**「今頃～しているだろう」**という意味になる。
⑤**「けむ」**は**「過去」**のことを推測する。だから、**「当時は～していただろう」**という意味になるね。実際の文の中では……。

家に帰る**らむ**／家に帰り**けむ**／家にこそ帰り**けめ**

このような形で登場する。「家に帰る**らむ**」は「**今頃**家に帰る**だろう**」、「家に帰り**けむ**」は「家に帰っ**たのだろう**」という訳になるね。「らむ・けむ」はそれぞれ「らめ・けめ」と形が変わることもある。
ただし！ 1つだけ補足。**「今頃～だろう」と訳すときの「らむ」は、必ず直前が「uの音」になる**ことを覚えておくと、さらに正確な訳ができる。なぜそんなことを言うかというと……。

家に帰**る**○**らむ**／家に帰**れ**○**らむ**

この2つの文で意味が違ってくるからなんだ。

「家に帰る**ゥらむ**」は「**uの音＋らむ**」で、「家に帰れ**ェらむ**」は、「**eの音＋らむ**」ですね。「家に帰る**ゥらむ**」は、「**今頃**家に帰る**だろう**」と訳す。……「家に帰れ**ェらむ**」はどう訳すんだろう？

「eの音」＋「ら」……。

「eの音」の後に「ら・り・る・れ」が出てきたら、**「〜した／している」**と訳すって習った記憶が（→ P.297）。

　シュンくん、大正解。「家に帰**れェらむ**」は「家に帰っただろう」とか「家に帰っているだろう」と訳すのが正しい。

20　「らむ」の訳し分け

直前が「uの音」→「今頃〜しているだろう」

　　　　「eの音」→「〜しているだろう／〜しただろう」

　では、最後⑥。「ばや／たし／まほし」は、英語でいう「want ＝〜したい／してほしい／ほしい」の意味を持つ表現。

聞か**ばや**／聞き**たし**／聞か**まほし**

全部**「聞きたい／聞いてほしい」**と訳せば OK。

（例題）次の文を、傍線部に注意して口語訳しなさい。

ア　何事にかあら**む**。

イ　いかがせ**むずる**ぞと、常に御談合（相談）ありけり。

ウ　この人々の深き心ざしは、この海の深さにも劣らざる**べし**。

エ　ほととぎすの声たづねに行か**ばや**。

オ　京や住み憂かり**けむ**、東の方に行きて、住む所求む。

アは「か」があるから疑問文ですね。**「む」**があるので、**「〜しよう／だろう」**と訳します。答えは「何事である**だろう**か？」。

イも**「むずる」**があるので、**「〜しよう／だろう」**と訳します。**「打ち消し」で訳さないように注意！**　答えは「どのように**しよう**かと、いつも相談していた」です。「ありけり」は過去で訳す。
ウ**「べし」**は、**「〜しよう／だろう／べき」**と訳します。「この人々の深い心は、この海の深さにも劣らない**だろう**」と訳すのが自然。「ざる」があるので「〜ない」と訳すのを忘れずに！

エは**「ばや」**があるから**「〜したい」**と訳す。「ほととぎすの声を訪ねに**行きたい**」と訳せばいい。
オは**「けむ」**があるから**「〜したのだろう」**と訳す。「や」があるから疑問文だな。「京都は住むのが憂鬱**だったのだろう**か？　東の方に行って住む所を探す」という意味。

OK、全く問題ない。補足しておくと、エの「たづね」は「訪問する」という意味もあるけど、「探し求める」と訳したほうが今回は自然だろう。オの「憂（う）し」は「憂鬱」でもいいけど、「つらい」と訳すことが多い（→ P.328）。ひらがなで「うし」と出てくることも多いよ。

◇ **Lesson ⑥　断定の表現**
「断定」とは、簡単に言えば**「〜だ／〜である」**という意味。
英語でいう**「be 動詞」**のようなものだ。

Point 21　「断定」の表現→「〜だ／である」と訳す!!

① **なり／たり**　→「〜である」と訳す！（断定）(※)

② **〜かな。**　　→「〜だなぁ」と訳す！（詠嘆）

③ **〜かし。**　　→「〜だよ・だね」と訳す！（念押し）

（※）　①「なり」は「〜ようだ」と推定の訳し方をすべき場合もある。

まず①から。実際の文の中では……。

二十歳**なれ**ども／二十歳**なれ**ば／二十歳**なら**ず

このように「なら・なる・なれ」の形に変化することもある。それぞれ「二十歳<u>である</u>けれど／二十歳<u>である</u>ので／二十歳<u>では</u>ない」と訳す。

②「かな」と、③「かし」は……。

うれしきもの**かな**。／悲しきことぞ**かし**。

このように使われる。形が変化することはない。

「うれしいもの**だなぁ**」「悲しいこと**だよ**」と訳せばいい。

そうだね。「〜かな」は「〜だなぁ」と気持ちをこめる言い方で訳して、「〜かし」は「〜だよ・だね」と念を押す言い方で訳すのが正しい。ただ、高校受験レベルでそこまで細かいことは問われないから、今はまとめて「〜だ／である」と訳してしまってかまわない。

（例題）次の文を、傍線部に注意して口語訳しなさい。

カ　己が身はこの国の人にもあらず。月の都の人**なり**。

キ　限りなく遠くも来にける**かな**。

ク　身を助けむとすれば、恥をも顧みず、たからをも捨てて逃れ去る**ぞかし**。

カは**「なり」**を**「である」**と訳せばいいから……

「私の身はこの国の人ではない。月の都の人**である**」と訳します。

キは**「かな」**があるから、**「だなぁ」**と訳す。「来にける」は「〜してしまった」と訳す（→ P.297）。「限りなく遠くに来てしまったものだなぁ」という意味。

クは**「かし」**があるから、**「〜だね」**と訳す。「助けむ」は「助けよう」と訳す（→ P.307）。「顧みず」は打ち消しで訳す。だから「身を助けようとすれば、恥も顧みないで、宝も捨てて逃げ去るの**だよね**」という意味。

◇ Lesson ⑦　指示語

さて、次は「指示語」の表現。

「指示語」がどんな言葉か、イメージはわくかな？

「それ／この／あんな」……。「こそあど言葉」などと言いますね。前にある言葉を指し示すはたらきを持つ言葉（→ P.569）。

　そうだね。その「指示語」を、古文ではどのように表すか覚えてもらいたい。長文の中によく登場するし、意外と見つけにくいから、知っておくと便利だ。

Point
22　指示語

① 「か」がつく言葉→「これ（あれ）」と訳してみる！（this ／ that）

② 「さ」「しか」がつく言葉→「それ」と訳してみる！（it）

　この2パターンを覚えておこう。具体的には……。

かかる →「**この**ような」	**さらば** →「**それ**ならば」
かやうに→「**この**ように」	**されば** →「**そう**だから」
かく →「**この**ように」	**さて** →「**そこ**で」
かかれど→「**こう**だけれど」	**さながら** →「**その**まま」
かかれば→「**こう**なので」	**さりながら**→「**そう**ではあるが」
かくて →「**こう**して」	**さは** →「**それ**は」
かほどに→「**これ**ほどに」	**さる** →「**その**ような」
かばかり→「**これ**ほど」	**されども** →「**そう**ではあるが」
かくしも→「**こんな**にも」	**さては** →「**それ**にしては」
かの →「**あの**」	**しか** →「**その**ように」
かなた →「**あちら**」	**しからず** →「**そう**ではない」

 確かに**全部「か」「さ」「しか」がついた形**になっていますね。

　これらを全部暗記しようと思うと大変だけど、「**か＝この／あの**」「**さ／しか＝それ／その**」と訳す公式を理解していれば、その場で応用させて訳が作れるはずだ。

（例題）次の文を、傍線部に注意して口語訳しなさい。
ケ　**かかる**うちに、なほ[※] 悲しきにたへずして　　　　　※なほ…やはり
コ　**さは**、このたびは帰りて、後に迎へに来む。
サ　**かくて**明けゆく空の気色、昨日に変はりたりとは見えねど

 ケ「**かかる**」は「**こうし**ている」。「**たへず**」は打ち消し。「**こうしているうちに、やはり悲しみに耐えられず**に」と訳します。
　コ「**さは**」は「**それでは**」。「**来む**」は否定で訳さないよう注意（→ P.307）。「**それでは、今回は帰って、後で迎えに来よう**」という意味ですね。

1
章

 サ **「かくて」** は **「こうして」** と訳せばいい。「変はりたり」は「た／ている」で訳す（→ P.298）。「見えねど」は「ねど」の形だから、「ないけれど」で訳す（→ P.305）。**「こうして**明けてゆく空の気配は、昨日と変わっ**た**とは見え**ないけれど**」だな。

◇ **Lesson ⑧　接続語**

 「指示語」の次は「接続語」。
「接続語」というと、「しかし」とか「だから」みたいなアレ？

　そうだね。「接続語」は、**ストーリーのつながりを教えてくれる言葉**。「しかし」があれば、その後ろには「前と反対の話」が来なければいけないし、「だから」があれば、前が「理由」で後ろが「結果」になる。**長文の内容を把握するのに非常に便利な言葉**なので、古文の世界の「接続語」をぜひ理解してほしい（現代文の「接続語」は P.89）。

23	**接続語**

① 「〜ど・ども・ながら／もの〜」→「だが」
② 「〜とも」　　　　　　　　→「としても」
③ 「〜ば」　　　　　　　　　→「〜ので／もし〜」

　では、①から。①は「逆接」と呼ばれ、「しかし／だが／けれども」のように訳すパターン。実際の文の中では、次のような形で登場する。

- -
物思へ**ど**／物思へ**ども**／物思ふ**もの**の／物思ひ**ながら**
- -

 全部「物を思う**けれど**」と訳せばいいんですね。

そうだね。「ながら」は現代語と同様「〜しながら」と訳す場合も多い。では次は②。これは形と訳を1つ覚えれば終了。

遅く**とも**、八時に起きる ／ 雨降る**とも**、海に行く

左は「遅く**ても**、八時に起きる」、右は「雨が降った**としても**、海に行く」という意味だよね。「とも」は「ても／としても」と訳す。

さて、最大のポイントが③だ。

 ③「ば」には、2つの意味があるんですね。

そのとおり。まず**「〜ば」には、「もし〜」と「〜ので」の2パターンの訳がある**ことを覚えてしまおう。

 なるほど。でも……2つ訳があるなら、**見分け方**が必要なのでは？

完璧に見分けようと思うと高校レベルの知識が必要なので、中学生のうちは「訳してうまくいくほうで訳す」のが基本方針になる。

ただ、それだとさすがにアバウトすぎるので、簡単なコツを教えよう。

★Point★
24 「ば」の区別

「**もし〜なら**」or「**〜ので**」(※) のどちらかで訳す！

→ ① 「**a の音**＋ば」→「**もし〜なら**」で訳す！

　　例外「**〜しかば**」

② 「**e の音**＋ば」→**訳して判断**する。

(※) 「〜ので」と訳さず「〜すると」と訳すべき場合もある。

次の例文の、左側と右側を比べてみてほしい。

雨降**ら**ば→「もし雨が降るなら」 雨降**れ**ば→「雨が降るので」
本書**か**ば→「もし本を書くなら」 本書**け**ば→「本を書くので」
人死**な**ば→「もし人が死ぬなら」 人死**ぬれ**ば→「人が死ぬので」
男なら**ば**→「もし男であるなら」 男な**れ**ば→「男なので」
家建て**な**ば→「もし家を建てたなら」 家建てぬ**れ**ば→「家を建てたので」
　　　　　　　　　　　　　　　　　家建て**しか**ば→「家を建てたので」

　左側　を見ると全部 **「aの音＋ば」の形**になっているよね。このときは、99％ **「もし〜」** と訳せば OK。

99％？　じゃあ、残りの１％は？

　いちばん右下 の **「〜しかば」** も、「aの音＋ば」の形になっているよね。でも、**「〜しかば」だけは「もし〜」ではなく「〜したので」と訳す。** 余裕があれば覚えておくといい。

「aの音＋ば」は「もし〜」と訳すなら……
「eの音＋ば」は、全部「〜ので」と訳せばいいのかな？

　残念ながら違う。**「eの音＋ば」は、「〜ので」と訳すこともあれば「もし〜」と訳すこともある。**

「〜ば」は、「もし〜」または「〜ので」と訳すのね

植ゑば→「もし植えるならば」　　：　植うれば→「植えるので」
おはせば→「もしいらっしゃるならば」　：　おはすれば→「いらっしゃるので」
仰せられば→「もしおっしゃるならば」　：　仰せらるれば→「おっしゃるので」

　上の表の左側を見ればわかるように、「eの音＋ば」でも、「もし〜」と訳すべき場合は結構多い。これを正確に見分けるのは中学レベルの知識では難しい。今は**「訳してみて、うまくいくほうで訳す」**というやり方でいい。

　ただ、1つポイント。右側を見てほしいんだけど、「うれば」「おはすれば」「仰せらるれば」と、全部「uの音＋れば」の形になっているよね。この「uれば」の形が出てきたら、ほぼすべて「〜ので」と訳す！　覚えておくとちょっと便利。

（例題）次の文を、傍線部に注意して口語訳しなさい。
シ　文を書きてやれ**ども**、返りごともせず。
ス　春まで命あら**ば**、必ず来む。
セ　日悪しけれ**ば**、船出さず。
ソ　用ありて行きたり**とも**、その事果てな**ば**、とく帰るべし。

シは**「〜ども」**があるので、**逆接**で訳します。「ず」は打ち消し。「手紙を書いてやる**けれども**、返事もしない」という意味。
ス「あら**ば**」は**「a＋ば」**だから、**「もし〜」**で訳す。「む」は「〜しよう」と訳す。「**もし**春まで命がある**なら**、必ず来よう」。

セは**「e＋ば」**だから、まず**「〜ので」**で訳してみようか。「日が悪かった**ので**、船を出さない」でピッタリ。（「けれ」は過去。「ず」は打ち消し。）船を出さないということは、「日」は「天気」という意味なのかな。

ソは**「とも」**があるから、**「〜だとしても」**と訳す。「〜な**ば**」は**「a ＋ば**」なので**「もし〜」**と訳せばいい。「べし」は「べき」で訳す。「用があって行っ**たとしても**、その用事が終わった**なら**、早く帰るべきだ」。

　すばらしい、とてもいい訳だ。ただし、1つだけ補足。シ「書きて**やる**」は「書いて<u>送る</u>」と訳したほうがいい。古文の「やる」には「送る」という意味があるんだ。

◇ Lesson ⑨　敬語

　敬語については、すでに第1部で勉強した（→ P.224）。現代文でも古文でも、敬語の考え方は基本的に同じなので、忘れてしまった人は**もう一度 P.224 に戻って、「尊敬／謙譲／丁寧」の違いを確認してほしい**。では、「古文」における敬語表現を1つずつ勉強しよう。

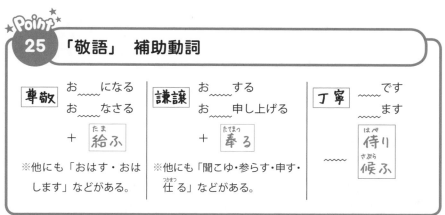

　現代文では「お＿＿＿になる」の形にすれば尊敬語を作れたね。同様に古文では「＿＿＿給ふ」の形にすることで尊敬語を作れる。

> 敬語のポイントは、
> 主語が誰か見極めること

書きたまふ／泳ぎ<u>給ふ</u>／見<u>たまはず</u>／植ゑ<u>給へども</u>

 動作の後ろに**「給ふ（たまふ）」**がくっついているから、これは**全部「尊敬語」で訳す**ということだな。

 「尊敬語」ということは、「書く・泳ぐ・見る・植える」の**主語が偉い人**だということがわかるよね。「<u>お書きになる</u>／泳ぎ<u>なさる</u>／<u>ご覧にならない</u>／<u>お植えになる</u>けれど」のように訳す。

　そのとおりだね。古文の中で、誰の話をしているのかわからなくなったとき、動作の後ろに「給ふ」がついていれば、それは皇族、貴族、主人など、身分の高い人の動作だとわかる。
　次は謙譲語。現代文では「お＿＿＿する」の形にすれば謙譲語を作ることができた。古文では「＿＿＿奉る」の形にすることで謙譲語を作れる。

読み<u>たてまつる</u>／伝へ<u>奉る</u>／呼び<u>たてまつり</u>けり

　このような形で登場する。これらは全部「謙譲語」になるということだ。

 「謙譲語」ということは、誰かが、**偉い人に対して行った動作**ということですよね。訳は「<u>お読み申し上げる</u>／<u>お伝えする</u>／<u>お呼び申し上げ</u>た」。

　そうだね。たとえば、「作者が、帝に対して手紙を読んだ」「召使いが、主人に対して伝えた」「少将が、大将を呼んだ」のような場合に謙譲語が使われる。
　では最後、丁寧語。現代文では「です／ます」の形にすれば丁寧語を作れた。古文では「＿＿＿侍り／候ふ」の形にすることで丁寧語を作れる。

> 立ちはべる／寝侍らず／取りさぶらふ／死に候へり

 丁寧語ということは、**「です」「ます」**と訳すだけでいい。「立ちま**す／寝ませ**ん／取り**ます／死にました**」。

それで OK。「です／ます」をつけるだけだから楽だよね。

これで「補助動詞」のパターンは終了。ただ、敬語には、動詞そのものを**「敬語動詞」**に変えてしまうパターンもあったよね（→ P.239、244）。

 現代語でも、「言う」を「おっしゃる」にしたり、「食べる」を「召し上がる」にしました。

そうだね。同じように古文の世界でも覚えなくてはならない「敬語動詞」が存在する。一覧表にまとめて、その後で１つずつ確認しよう。

意味	尊敬語	謙譲語	丁寧語
①あげる	給ふ（たま）	奉る（たてまつ）	
②もらう		賜る（たまは）・承る（うけたまは）	
③行く・来る	おはす	参る（まゐ）	
④帰る		まかる	
⑤いる・ある	おはす	侍り（はべ）・候ふ（さぶら）	侍り（はべ）・候ふ（さぶら）
⑥言う	仰す（おほ）・のたまふ	申す・聞こゆ	
⑦聞く	聞こす	承る（うけたまは）	
⑧見る	ご覧ず		
⑨呼ぶ	召す		
⑩思う	思す（おぼ）		
⑪寝る	大殿籠る（おほとのごも）		

　①は英語で言う「give」。「偉い人が、下の者に何かをあげる＝**給ふ**」だね。だから「**お与えになる**」と訳す。逆に、「下の者が、偉い人に何かをあげる＝**奉る**」。「**さし上げる**」と訳せばいい。これらは両方「補助動詞」としても使う言葉だけど、単体で「敬語動詞（本動詞）」になることもあるんだ。「書き給ふ」のように前に動詞がつけば補助動詞。「宝物を給ふ」のように、前に動詞が来ないときは「本動詞」だ。

　殿様、家来に菓子を給ふ　（お与えになる）
　　　　　　　　　　　尊敬

　家来、殿様に菓子を奉る　（差し上げる）
　　　　　　　　　　　謙譲

---

　②は反対に「もらう」とき。「下の者が、偉い人から何かをもらう＝**賜る・承る**」だ。「**いただく**」と訳せばいい。

　家来、殿様より菓子を賜る／承る　（いただく）
　　　　　　　　　　　　　　謙譲

---

　③「行く・来る」は、「偉い人がどこかへ行く＝**おはす**」だ。だから、「**いらっしゃる**」と訳す。逆に、「下の者が、偉い人のところに行く＝**参る**」。「**参上する／うかがう**」と訳せばいい。

　④「**まかる**」は、「下の者が、偉い人のところから去る・帰る」ときに使う。「**退出する／おいとまする**」と訳せばいい。

　古文の「敬語動詞」
　を覚えよう！

1
章

> 殿様、江戸におはす （いらっしゃる）
> 尊敬
>
> 家来、殿様の家に参る （参上する／うかがう）
> 謙譲
>
> 家来、殿様の家からまかる （退出する／おいとまする）
> 謙譲

⑤「いる・ある」は、「偉い人が、そこにいる＝**おはす**」。訳は、③と同様に**「いらっしゃる」**と訳せばいい。**「侍り・候ふ」**には２パターンあって、**「います・あります」**と訳す場合（丁寧語）と、「下の者が、偉い人のそばで**お仕えする**」（謙譲語）と訳す場合がある。

> 殿様、自分の部屋におはす （いらっしゃる）
> 尊敬
>
> 家来、自分の部屋に侍り／候ふ （います）
> 丁寧
>
> 家来、殿様の近くで侍り／候ふ （お仕えする）
> 謙譲

⑥「言う」は、「偉い人が、何かを言う＝**仰す・のたまふ**」。だから、**「おっしゃる」**と訳せばOK。逆に、「下の者が、偉い人に何かを言う＝**申す・聞こゆ**」だ。**「申し上げる」**と訳せばいい。

> 殿様、家来に冗談を仰す／のたまふ （おっしゃる）
> 尊敬
>
> 家来、殿様に冗談を申す／聞こゆ （申し上げる）
> 謙譲

　ただし、「聞こゆ」は要注意！　**「聞」という字が入っているのに、意味は「言う」になる**から、非常に間違えやすい。さらに面倒なことに「聞こゆ」は「申し上げる」という意味だけでなく、普通に**「聞こえる」と訳す場合もある**。非常にまぎらわしい動詞なので、**「聞こゆ＝申し上げる or 聞こえる」**という2つの訳をしっかり覚えておきたい。

例	笛の音聞こゆ	→	笛の音が聞こえる。
	帝_{みかど}に、お返事聞こゆ	→	帝にお返事を申し上げる。

　⑦「聞く」は、「偉い人が、何かを聞く＝**聞こす**」。だから、**「お聞きになる」**と訳す。⑥「聞こゆ」とゴチャゴチャにならないように注意。逆に「下の者が、偉い人の話を聞く＝**承_{うけたまは}る**」。**「お聞きする」**と訳す。

> 殿様、家来の話を聞こす　（お聞きになる）
> 　　　　　　　　尊敬
>
> 家来、殿様の話を承る　（お聞きする）
> 　　　　　　　　謙譲

　⑧「見る」は、「偉い人が、何かを見る＝**ご覧ず**」。**「ご覧になる」**と訳す。これはほぼ現代語どおりだから難しくないだろう。
　⑨「呼ぶ」は、「偉い人が、誰かを呼ぶ＝**召す**」。**「お呼びになる」**と訳す。あと、「食事する・服を着る」の尊敬語も「召す」を使うことがある。今でも「召し上がる・お召しになる」って言うよね。
　⑩「思う」は、「偉い人が、何かを思う＝**思_{おぼ}す**」。**「お思いになる」**と訳す。
　⑪「寝る」は、「偉い人が寝る＝**大殿籠_{おほとのごも}る**」。**「お休みになる」**と訳す。

「聞こゆ」には、
2つの訳があるから
要注意！

1章

殿様、絵を<u>ご覧ず</u>　（ご覧になる）
　　　　　尊敬

殿様、家来を<u>召す</u>　（お呼びになる）
　　　　　尊敬

殿様、悲しく<u>思す</u>（おぼす）　（お思いになる）
　　　　　尊敬

殿様、酒を飲みて<u>大殿籠る</u>（おほとのごもる）　（お休みになる）
　　　　　　　　　尊敬

（例題）次の文を、傍線部に注意して口語訳しなさい。

タ　人目も今はつつみ**給は**ず泣き**給ふ**。

チ　見捨て**たてまつる**、悲しくて、人知れずうち泣かれぬ。

ツ　その人、ほどなく<u>失せ</u>（＝死ぬ）にけりと聞き**はべり**し。

テ　「住吉（すみよし）の神の導き**たまふ**ままに、はや船出してこの浦を去りね。」
　とのたまはす。

ト　御琴の音をだに（＝でさえ）**うけたまはら**で久しうなり**はべり**
　にけり。

ナ　いかなる所にこの木は**さぶらひ**けむ。

 タ「つつみ**給はず**」「泣き**給ふ**」は両方「動詞＋**給ふ**」の形だから、**「尊敬の補助動詞」**。話の流れ的に「つつみ」は「つつみ隠す」という意味かな。「人目にも今は隠しなさらずに**泣きなさる**」。

チ「見捨て**たてまつる**」は、**「謙譲の補助動詞」**。**「お見捨て申し上げる**ことが悲しくて、人知れず泣いてしまった」という意味。最後の「ぬ」は「。」の前にあるから「完了＝〜した」で訳すパターン（→ P.303）。

ツ「聞き**はべり**」は**「丁寧の補助動詞」**。だから**「〜です・ます」**をつけるだけでOK。「にけり」と「し」は「〜した」と訳す（→ P.297）

から、「その人は、まもなく亡くなったと**聞きました**」。

　テ「導き**たまふ**」は**「尊敬の補助動詞」**。**「のたまはす」**は尊敬動詞で**「おっしゃる」**。「去りね」の「ね」は「。」の前にあるから「〜してしまえ！」という命令の意味（→ P.305）。「住吉の神様が**お導きになる**とおりに、早く船を出してこの浦から**去ってしまえ**、と**おっしゃる**」。

ト**「うけたまはる」**は謙譲動詞で**「お聞きする」**。「で」がついているから、「お聞きしないで」と打ち消しで訳す（→ P.283）。「なり**はべり」**は**「丁寧の補助動詞」**。「にけり」がついているから、「なってしまい**ました**」と訳せばいい。「琴の音さえ**お聞きしない**まま、久しぶりになってしまい**ました**」。

ナ**「さぶらふ」**は**丁寧語**。「**あります**」「**います**」と訳せば OK。「いかなる」は「どのような」と訳す（→ P.295）。「けむ」は「〜たのだろう」と訳す（→ P.309）。「どんな場所に、この木は**あったのでしょうか**」。

　二人とも、とてもいい訳だ。相当実力がついてきたね。

　これで9つのレッスンすべてが終了。最後にオマケとして「よく出る古文単語」を 100 個ピックアップして一覧表にしてみた。一気に 100 覚えるのは無理なので、計画を立てて、「1 日 5 個ずつ」とかでもいいから覚えられるようにしてほしい。

これで、
古文の基本表現が
身についたね‼

★よく出る古文単語 100 ！（50音順）

	古語	意味	補足
1	あからさまなり 形動	一時的に・急に	現代語とは大きく異なる
2	あく（飽く）動	満足する・嫌になる	プラスの意味もある
3	あさまし 形	驚きあきれる	マイナスの意味が基本
4	あだなり 形動	はかない・不誠実だ	漢字で書くと「徒なり」
5	あたらし 形	惜しい	「新しい」と訳す場合もある
6	あながちなり 形動	強引に・無理やり	漢字で書くと「強ち」＝「強引」
7	あはれ 名	しみじみとした趣	「寂しさ」「情け」の意味もある
8	あふ 動	会う・合う・結婚する	「結婚」の意味もある
9	あまた 副	たくさん・非常に	漢字で書くと「数多」
10	あやし 形	不思議だ・変だ	「身分が低い」と訳す場合も
11	ありがたし 形	めずらしい	「Thank you」で訳す例は少ない
12	ありく 動	出歩く・動き回る	「動き回る」イメージ
13	いたく 副	とても・はなはだしく	「痛い」の意味ではない
14	いたづらなり 形動	むなしい・無駄だ	漢字で書くと「徒ら」＝「徒労」
15	いと 副	とても	英語でいう「very」
16	いとど 副	ますます・一層	「いと」との違いに注意
17	いとほし 形	かわいそう	「かわいい」と訳す場合も
18	いとま 名	休み・暇・別れ	現代語と近い使い方
19	いぬ（往ぬ）動	行ってしまう・去る	「死ぬ」という意味も
20	いふかひなし 形	言ってもしかたがない	「どうしようもない」気持ち
21	いみじ 形	はなはだしい・ひどい	いい意味も悪い意味もある
22	いらふ 動	答える・返事する	「いらへ＝返事」と訳す
23	うし 形	嫌だ・つらい	漢字で書くと「憂し」
24	うしろめたし 形	気がかり・心配だ	今後を心配する気持ちを表す
25	うす（失す）動	消える・死ぬ	「死ぬ」の意味に要注意
26	うたてし 形	嫌だ・つらい・気の毒	不快感・不安感を表す

名→名詞　動→動詞　形→形容詞　形動→形容動詞　副→副詞　接尾→接尾語

毎日少しずつ覚えよう！

知らない単語があったら、このページで確かめて！

1
章

例文	訳
あからさまにまかでたるほど	**一時的に**（実家に）退出したときに
いかで芋粥に**あかむ**	どうにかして芋粥に**満足し**たい
あさましきそらごとにてありければ	**あきれた**うそであったので
命をば**あだなる**ものと聞きしかど	命は**はかない**ものと聞いたけれど
ただ人にはいと**あたらし**けれど	臣下にするにはとても**惜しい人**だが
父大臣の**あながちに**し侍りしこと	父の大臣が**強引に**致しましたこと
ものの**あはれ**は秋こそまされ	**しみじみとした趣**は秋が優れている
つひに本意のごとく**あひ**にけり	ついに念願どおりに**結婚し**た
女御・更衣**あまた**候ひける	女御や更衣が**たくさん**仕えていた
あやしとおぼしけるに	**不思議だ**とお思いになっていたところ
ありがたきもの	**めったにない**もの
人しげく**ありき**ければ	人が大勢**歩き回っ**ていたので
かぐや姫いと**いたく**泣き給ふ	かぐや姫は**はなはだしく**泣きなさる
上人の感涙**いたづらに**なりにけり	上人の感動の涙は**無意味に**なった
かきつばた**いと**おもしろく咲きたり	かきつばたが**大変**きれいに咲いていた
散ればこそ**いとど**桜はめでたけれ	散るからこそ桜は**一層**すばらしい
あまりに**いとほしく**て	あまりにも**かわいそうで**
いとまさらに許させ給はず	少しも**休み**をお許しにならない
うぐいすぞ鳴きて**いぬ**なる	うぐいすが鳴いて**去る**ようだ
使ひのなければ、**いふかひなくて**	使いの者がおらず、**しかたなくて**
風の音も**いみじう**心細し	風の音も**ひどく**心細い
いま一声呼ばれて**いらへむ**	もう一度呼ばれてから**返事をし**よう
うき世の中をいかでわたらむ	**つらい**世の中をどう渡っていこうか
いと**うしろめたう**思ひ聞こえ給ひて	とても**心配に**お思い申し上げて
ほどなく**うせ**にけりと聞きはべりし	間もなく**死んだ**と聞きました
花も散りたる後は**うたて**ぞ見ゆる	桜が散った後は、**嫌な感じ**に見える

	古語	意味	補足
27	うつくし 形	かわいい・いとしい	小さいものをかわいがる心
28	うつつ 名	現実・正気	漢字は「現」、対義語は「夢」
29	おこす 動	起こす・送ってよこす	「よこす」の意味が多い
30	おこたる 動	病気が治る・怠ける	「病気が治る」意味が多い
31	おどろく 動	気づく・驚く・覚める	「ハッとする」イメージ
32	おぼつかなし 形	気がかり・不明確だ	はっきりしない状態への不安
33	おぼゆ 動	感じる・思い出す	「似る」と訳す場合もある
34	おもしろし 形	趣深い・楽しい	「珍しい」と訳す場合も
35	おろかなり 形動	いい加減だ・劣った	「言ふも」～＝「言い尽くせない」
36	かしこし 形	おそれ多い・優れた	「賢い」は「さかし」と言う
37	かたじけなし 形	おそれ多い・ありがたい	現代語と近い意味
38	かたち 名	顔立ち・形	顔の美醜を表すことが多い
39	かたはら 名	そば・周り	漢字で書くと「傍ら」「側」
40	かたへ 名	片方・一部・そば	漢字で書くと「片方」
41	ぐす（具す）動	連れる	物や人を「お供にする」意味
42	くちをし 形	残念・がっかり	漢字で書くと「口惜し」
43	けしき 名	様子	目で見える人や自然の様子
44	げに 副	本当に	漢字で書くと「実に」
45	こころう（心得）動	理解する・引き受ける	現代語と近い意味
46	こころもとなし 形	気がかり・待ち遠しい	「じれったい」気持ちを表す
47	～ごと 接尾	毎回・それぞれ	英語の「every」のイメージ
48	ことに 副	特に	漢字で書くと「殊に」
49	ことわり（理）名	道理・理屈・当然	「断り」の意味ではない
50	～ごろ 名	数～・長～	「年ごろ＝長年」の意味
51	さうざうし 形	物足りない・心寂しい	「騒々しい」とは訳さない
52	さらなり 形動	言うまでもない	「いふもさらなり」の形が多い
53	したたむ 動	準備する・処理する	「手紙を書く」という意味も
54	しるし 名	効き目・前ぶれ・証拠	お祈りなどの「効果」の意味
55	～すがら 接尾	～の間・途中	「夜もすがら」＝「一晩中」の意味

1
章

例文	訳
いと**うつくしう**てゐたり	とても**可愛らしい**様子で座っていた
夢か**うつつ**か	夢なのか、**現実**なのか
人の国より**おこせ**たる文	地方の国から**送ってよこし**た手紙
おこたりたる由、消息聞く	**病気が治った**ことを、手紙で聞く
門たたくに**おどろか**れて	門をたたく音で**目を覚まし**て
藤の**おぼつかなき**さま	藤の花の**ぼんやりとした**様子
都恋しう**おぼゆれ**	都が恋しく**感じられる**
月のいといみじう**おもしろき**に	月がとても**趣深い**ときに
帝の御使ひをいかでか**おろかに**せむ	帝の使者をなぜ**いい加減に**扱うのか
みかどの御位は、いとも**かしこし**	天皇の位は、とても**おそれ多い**
かたじけなき御心ばへ	**おそれ多い**お心づかい（愛情）
かたちも限りなくよく	**顔立ち**もこの上なく美しく
かたはらにうち臥したり	（猫は、私の）**そば**で寝てしまった
かたへは、なくなりにけり	**一部分**はなくなってしまった
小さき君たちをひき**具して**	お子様たちを引き**連れて**
いと**くちをし**と思へり	とても**残念だ**と思っている
切に物思へる**けしき**なり	切実に何かを考えている**様子**である
げにただ人にはあらざりけり	**本当に**普通の人間ではなかった
世には**こころえ**ぬことの多きなり	世の中には**理解**できないことが多い
心も得ず、**こころもとなく**思ふ	理解できず、**じれったい**と思う
年**ごと**に初瀬にまうでけるが	**毎年**、初瀬にお参りしていたが
その院の桜**ことに**おもしろし	その屋敷の桜が**特に**美しい
妬しと思ひたるも**ことわり**なり	妬ましく思うのも**当然の道理**である
日ごろ降りつる雪	**何日も**降っていた雪
さうざうしとや思しめしけむ	**物足りない**と思いなさったのか
夏は夜、月の頃は**さらなり**	夏は夜。月夜は**言うまでもなくよい**
したたむべきことどものいと多かるを	**準備する**ことがとても多いのに
ひねもすに祈る**しるし**ありて	一日中祈る**ご利益**があって
道**すがら**の田をさへ刈りもて行く	道の**途中**の田んぼまで刈って行く

	古語	意味	補足
56	すさまじ 形	興ざめ・殺風景だ	「すさまじい」とは訳さない
57	せうそこ（消息）名	手紙・訪問	「行方・安否」と訳さない
58	せうと 名	兄弟	漢字で書くと「兄人」
59	せめて 副	無理に・切実に	「せめて」と訳す例は少ない
60	そらごと 名	うそ	「ひがごと」は「間違い」の意味
61	たのむ 動	頼りに（あてに）する	「頼りにさせる」と訳す例も
62	たまのを（玉の緒）名	命・短い時間・ひも	「はかないもの」の意味
63	たより 名	頼れるもの・機会	「ついで」と訳す場合もある
64	つきづきし 形	ふさわしい・ぴったり	漢字で書くと「付き付きし」
65	つれづれなり 形動	退屈・さびしい	漢字で書くと「徒然なり」
66	ときめく 動	栄える・寵愛を受ける	「タイミングよく栄える」意味
67	とく 副	早く・早くも	漢字で書くと「疾く」
68	とみなり 形動	突然・急に	「富」ではないので注意
69	なかなか 副	かえって・中途半端に	「とても」の意味ではない
70	ながむ 動	物思いにふける・眺める	「物思い」の意味がよく出る
71	なほざり 名	いい加減・おろそか	漢字で書くと「等閑」
72	なむぢ（汝）名	おまえ・あなた	身分が上の人には言わない
73	にはかなり 形動	突然・急に	「にわか雨」の語源
74	にほふ 動	美しく映える・香る	「視覚的」美の意味が多い
75	ねんず（念ず）動	我慢する	「祈る」と訳す場合もある
76	ののしる 動	騒ぐ・評判になる	「罵声」という意味ではない
77	はかる 動	計画する・悪だくみ	「はかりごと＝計画・謀略」
78	はらから 名	兄弟姉妹	同じ「腹」から生まれた人
79	ふみ（文）名	手紙	「漢詩」「書物」という意味も
80	ほど（程）名	時・様子・広さ	時間・空間の様子を表す言葉
81	まどふ 動	悩む・迷う	漢字で書くと「惑ふ」
82	みゆ（見ゆ）動	見える・結婚する	「結婚」の用法がある
83	めづ 動	愛する・ほめる	漢字で書くと「愛づ」
84	めでたし 形	すばらしい	「おめでたい」と訳す場合も

例文	訳
すさまじき物にして見る人もなき月	**殺風景で**見る人もいない月
消息などもせで久しくはべりし	**手紙**も書かず、久しくなりました
女の**せうと**、にはかに迎へに来たり	その女の**兄弟**が、急に迎えに来た
いと**せめて**恋しきときは	とても**切実に**恋しいときは
とにもかくにも**そらごと**多き世なり	とにかく**うそ**の多い世の中である
たのむべき奴もなし	**頼りに**できる召使いもいない
玉の緒よ絶えなば絶えね	（私の）**命**よ、絶えるなら絶えてしまえ
都へ**たより**求めて文やる	都へ**頼れる者**を探して手紙を送る
弓弦いと**つきづきしく**うち鳴らして	弓弦を大変**場にふさわしく**鳴らして
つれづれなるままに、日暮らし硯に向かひて	**退屈**にまかせ、一日中硯に向かって
世の中に**ときめき**給ふ雲客	世の中で**お栄え**になる貴族
船**とく**漕げ	船を**早く**漕げ
とみのこととて御文あり	**急用**だといって、お手紙がある
なかなか返事をして、門立てられ	**中途半端**に返事をして、門を閉め
夏の日ぐらし**ながむ**れば	夏、一日中**物思いに沈んでいる**と
始めの矢に**なほざり**の心あり	最初の矢に**おろそかにする**心がある
なむぢが持ちて侍るかぐや姫奉れ	**お前**が持つかぐや姫を献上しろ
にはかに肌寒き夕暮れ	**急に**肌寒くなった夕暮れ
かたちもさかりに**にほひて**	容貌も、今が盛りと**美しく輝いて**
苦しきを、**念じ**登るに	苦しいのを**我慢して**登ると
子たかりて**ののしる**	子供が群がって**騒いでいる**
よき人にあはせむと思ひ**はかれ**ど	良い人と結婚させようと**計画する**が
はらからなる人は言ひ腹立てど	**兄弟**の人は腹立たしく言うけれど
文に思ひける事どもの限り、多う書きて	**手紙**に思いのすべてをたくさん書いて
日暮るる**ほど**、例の集まりぬ	日が暮れる**ころ**、いつも通り集まった
道知れる人もなく**まどひ**行きけり	道を知る人もなく**迷い**ながら行った
都の内とも**見え**ぬ所のさまなり	都の中には**見え**ないような様子だ
虫**めづる**姫君	虫を**愛する**姫君
色濃く咲きたる、**めでたし**	色濃く咲いているものは**すばらしい**

	古語	意味	補足
85	やうやう 副	だんだん	読み方は「ようよう」
86	やがて 副	すぐに・そのまま	「間もなく」の意味が基本
87	やむごとなし 形	高貴だ・特別だ	「大切な」と訳す場合も
88	やをら 副	そっと・ゆっくり	静かな動作を示す
89	ゆかし 形	心ひかれる	「見たい・聞きたい・知りたい」
90	ゆゆし 形	不吉だ・おそれ多い	「すばらしい」と訳す場合も
91	ゆゑ（故）名	理由	「家柄」「由来」と訳す場合も
92	よし（由）名	こと・旨	「風情」「由来」と訳す場合も
93	よろづ 名	たくさん・すべて	漢字で書くと「万」
94	らうたし 形	かわいい・いとしい	弱い者をいたわる心を表す
95	れい（例）名	いつも・通常	「いつもどおり」の意味
96	わざと 副	わざわざ・特別に	「故意に」の意味ではない
97	わびし 形	つらい・がっかり	「わぶ＝悩む・困る」
98	をかし 形	趣深い・すばらしい	「おもしろい」と訳す場合も
99	をこなり 形動	愚かだ・ばかげた	「怒っている」のではない
100	をり（折）名	時・頃・季節	「折ふし＝その時々」

例文	訳
やうやう白くなりゆく山際_{やまぎは}	**だんだんと**白くなっていく山際の空
名を聞くより**やがて**	名前を聞くと**すぐに**（顔を思い出す）
やむごとなくおはします殿	**高貴な身分**でいらっしゃる殿
やをら引き上げて入る	**そっと**引き上げて入る
何やら**ゆかし**すみれ草	何となく**心ひかれる**すみれ草
ゆゆしき身に侍れば_{はべ}	（娘に先立たれた）**不吉な**身ですので
深き**ゆゑ**あらん	深い**理由**があるのだろう
燃やすべき**よし**仰せ給ふ_{おほ たま}	燃やせという**旨**をおっしゃる
よろづのことに使ひけり	**いろいろ**なことに使った
（児の）_{ちご}かいつきて寝たる、いと**らうたし**	（子が）抱きついて寝たのが大変**かわいい**
例の車にておはしたり	**いつもの**車でいらっしゃった
わざとならぬ匂ひ_{にほ}	**わざわざ**炊いたと思えない匂い
暑くさへなりて、真に**わびしくて**	暑くまでなって、とても**つらくて**
笛をいと**をかしく**吹き澄まして	笛をとても**すばらしく**吹き鳴らして
後ろ手も、**をこなる**べし	後ろ姿も、**愚か**（な様子）**だ**
これが花の咲かむ**をり**は来むよ	この花が咲く**季節**には来るよ

例文を一緒に見ると
わかりやすいし
記憶に残るね

1-4 古文読解のコツ

　ここからは、古文の「長文」を自力で読むためのポイントを身につけていく。これまで勉強した文法・単語を使って読めばいいんだけど、その他にもいくつかの「古文読解のコツ」がある。入試問題に挑戦してもらう前に、そのコツを覚えてもらうと、さらに古文が読みやすくなること間違いなし！

---

① 「の」と「が」の交換　　② 「が・を・名詞」を補う

③ カギカッコのつけ方　　④ 「物語」を読むポイント

⑤ 主語の省略を補う

◇① 「の」と「が」の交換

　古文の中で**「の」が出てきたら「が」に置き換えられる**場合がある。逆に**「が」が出てきたら「の」に置き換えられる**場合もある。たとえば……。

（例題）次の文を、傍線部に注意して口語訳しなさい。

A　ある人**の**詠める歌　　　　B　筒**の**中光りたり

C　梅**が**枝に来ゐるうぐひす　D　雀の子を犬君※**が**逃がしつる

※犬君…幼い少女の名前。

　Aは「ある人**が**詠んだ歌」という意味ですよね。「の」を「が」に変えて訳す。でも……Bは「筒**の**中が光っている」ですね。これは「の」のまま変えずに訳します。

　Cは「梅**の**枝に来ているうぐいす」という意味だな。「が」を「の」に変えて訳す。でも……Dは、「雀の子を犬君**が**逃がしてしまった」という意味だから、「が」のまま変えずに訳せばいい。

　そのとおり。結局、「が」と「の」は**そのまま訳す場合もある**し、「が」と「の」を**入れ替えて訳す場合もある**ので、両方試してみて、うまくいくほうで訳せば OK だ。

◇②「が・を・名詞」を補う

　そもそも日本語というのは「**言わなくてもわかるものは省略したがる**」言語だとよく言われる。次の３つの文を見てほしい。それぞれ、何かが「省略」された文になっていることがわかると思う。

> E　私、ちょっと外を見てきます。　　F　焼きそばパン買ってこい。
> G　その傘は私のですけど。

　Eは「私**が**、ちょっと外を見てきます」という意味。主語を表す**助詞の「が」**を補うと、より意味がはっきりします。
　Fは「焼きそばパン**を**買ってこい」という意味。目的・対象を表す**助詞の「を」**が省略されている。

　Gは「その傘は私の**もの**（私の**傘**）ですけど」という意味だな。「もの（傘）」、つまり**「名詞」が省略されている**。

　そのとおり。このように、日本語では「が・を・名詞」の３つが特によく省略される。古文でも同様に「が・を・名詞（もの・人・こと・時・ところ etc.）」を補って訳すと、うまくいく場合が多いんだ。たとえば……。

> （例題）次の文を口語訳しなさい。
> H　小野半之助、酒井忠勝の亭に入来して、「勢田の橋殊のほか朽ち
> 　　損じ候ふ、相伺ひ掛け直したし」と申されければ
> I　男も女も、若く清げなるが、いと黒き衣を着たるこそあはれなれ。

Hに「が・を・名詞」を補って訳すと、こんな感じですね。

〝小野半之助**が**、酒井忠勝の家に入って、「勢田の橋**が**ことのほか朽ちて損傷しているの**を**、伺って掛け直したい」と申したので〟。

確かに「が」や「を」を補ってあげると訳しやすいですね。

Iは〝男も女も、若くて清らかな**人**が、とても黒い服を着ている**こと**が趣深い〟。これは、「人・こと」のように名詞を補ってあげるとうまく訳せる。

◇③カギカッコのつけ方

　現代に生きるわれわれは、文章を書くときにいろいろな「カッコ」を使うよね。（　）「　」［　］＜　＞｛ ｝『　』【　】など、多種多様な「カッコ」がある。なかでも**文章を読むうえで特に重要なのは、やはり「カギカッコ」だ**。「カギカッコ」は、人の会話や心の中の思いを表すものだから、ストーリーの流れ、あるいは人物の気持ちを読み取るために非常に役に立つ。

　ただ……カギカッコは比較的最近作られた記号なので、古文の世界には本来存在しなかった。入試の古文では、出題者がカギカッコを補足してくれることもあれば、逆に**「カギカッコがどこにつくか答えなさい」という問題も出る**。ここでは「カギカッコ」を自分で古文の中につける方法を勉強したい。

Point 1 「カギカッコ」のつけ方

① **「と」の直前**でカギカッコを閉じる！

　→「　」と ┈ 言ふ・のたまふ・て　申す・思ふ etc. ┈ の形。

② **「、」の直後**からカギカッコが始まることが多い！

「カギカッコの位置」を問われた場合は、**まず「カギカッコの終わり」から先に探す**といい。**「と」の直前を探す**だけだから、簡単だよね。

　その後で「カギカッコの始まり」を探していく。「カギカッコの始まり」は基本的に**「、」の直後**からと覚えておこう。たまに「。」の後からスタートする場合などもあるけどね。では、いくつか練習してみよう。

（例題）次の文には、「　」がつく箇所がある。適切な箇所に「　」
　　　　を入れなさい。（J・Kは1か所、Lは2か所）
J　太郎おほきに驚き、こはいかなることぞと言ひて
K　水戸中納言光圀殿、狩りに出でたまひしに、あやしの（粗末な
　　身なりの）男、年老いたる女を負ひて、道の辺りに休みゐたるを、
　　いかなる者ぞと問はせたまひければ
L　忠勝君（が半之助に）宣ふは、（損傷した橋を）掛け直さずして
　　は往来危ふからんやと御たづねありければ、いや危ふき程のこと
　　は候はず。数年のつくろひ（修繕）どもに朽ち損じ、あまり見苦
　　しく、この度はとかく掛け直して然るべしと申しければ

　Jは…「と」が2か所出てくる。「〜こはいかなることぞと言ひて」どっちでカギカッコを閉じればいいんだろう？

　「と」が複数出てくるときは、「と」の後ろの語をチェックしよう。カギカッコは**「セリフ・思い」**を表すものだよね。だとすると、「と」の後ろに**「言ふ・思ふ」を意味する動詞**が来るはずだ。

　だとすると「こはいかなることぞ」にカギカッコをつければいい！「と」の後ろに「言ふ」が来てるから。

　そのとおり。「と」の後ろには「のたまふ／申す／思す」のような敬語動詞（→ P.321）が来ることもあるし、「〜とて（＝といって）」の形で登場する場合もある。

Kは〝「～いかなる者ぞ」と〟でカギカッコを閉じる。

でも……カギカッコの始まりはどこなんだ？ 「、」の直後と言われても、「、」が多すぎてどの「、」からスタートするのかわからない。

そうなんだよね。カギカッコの終わりはわかっても、始まりはストーリーを理解しないとわからない場合が多いんだ。こういうときはしかたないから内容を訳していくしかない。

「と」の後ろには「問ふ」という動詞が来ていますね。ということは、このセリフは「質問文」のはず。「質問文」の始まりがわかれば答えを出せる。

〝水戸中納言光圀殿が狩りに出たときに、粗末な身なりの男が、年老いた女を背負って、道の辺で休んでいたのを、**「どのような者だろうか？」**とご質問されたので〟

質問になっているのは「いかなる者ぞ」のところですね！

そのとおり。このように、形やパターンにあてはめるだけでなく、きちんとストーリーを理解してからカギカッコの位置を決めることが重要。

Lは２か所カギカッコがつくんだな。

最初のカギカッコは「掛け直さずしては往来危ふからんや」のところだな。「、」で始まり「と」で終わるのはココしかない。

〝忠勝君が半之助におっしゃることには、「損傷した橋を掛け直さないと通行するのが危ないのでは」とご質問があったので〟

内容的にも、シュンくんの言う場所でピッタリ。**忠勝君が半之助に質問したセリフ**なんですね。

そのとおり。では、ここで１つヒント。忠勝君が「質問」をしたということは、質問された半之助は次に何をする必要があるだろう？

「質問」されたら、ふつう「答え」を言う必要がある。

そうか！　質問の次には、「答え」のセリフが来るのが当然。

ということは〝「いや危ふき程の〜掛け直して然るべし」と申しければ〟のように、カギカッコでくくる必要があるんだ。

〝「いや危ないほどのことはないですが、数年の修繕とともに朽ちて損傷しているので、あまりに見苦しく、今回はとにかく掛け直すべきでしょう」と申し上げたので〟

うん、訳しても自然でイイ感じ。

　そのとおり。「質問」の後に「答え」のセリフが来るパターンはよく出るから、覚えておいてほしい。

◇④「物語」を読むポイント

　高校入試に出題される古文は、その多くが「物語」、つまり現代でいう「小説」に近いタイプの文章なんだ。「物語」をうまく読むためのコツをここで簡単に紹介しておこう。

Point 2　物語を読む6つのポイント

① **主語**＝「誰が」　　② **人物像**＝「どんな人物・性格か」

③ **相手**＝「誰に対して」　　④ **行動**＝「何をしたか」

⑤ **心情**＝「どう思ったか」　　⑥ **理由**＝「なぜか」

　以上の6点を探しながら読んでいく！

「物語」のストーリーを理解するためのポイントは、この6点。

「誰が・どんな人物で・誰に・何をしたか・どう思ったか・それはなぜか」

を見つけるつもりで読んでいくこと。一度練習してみよう。

（例題）次の物語のストーリーを簡単に説明せよ。（M〜Qは一続き
　　　　の物語である。）

M　片桐石州君は、茶の湯の式（作法）に名高く、つひに一流（流派）
　　の祖とならせられ、茶器よろづの鑑定違ふことなしとなり。

N　（片桐石州君が）江戸へ下りたまひし時、旅館にて尿器を見たま
　　ふに、よし（いわれ）有るものなりしかば、主人に命じて、あら
　　ひきよめさせて見たまふに、甚だ古く、よろしき唐物（中国の物）
　　なりければ、金数片にかへて、買ひ取らんと言はしめたまふ（おっ
　　しゃる）。

O　主驚き、さやうのものとは、昔よりさらに（全く）知らず、か
　　かる不浄のものとなしおき候ふ。くるしからずば、さし上げ申す
　　べし。価下され候ふ事は、辞し奉るよし申せしかど、

P　金あまたたまはり、その器を召され、即命じて、みぢんに打ち
　　砕かしめたまふ。

Q　候（片桐石州君）笑ひて、「この壺、甚だ古くして、よき唐物な
　　れば、目のききたる者見つけなば、やがて買ひ取り、水屋鉢（茶道
　　の道具）か、または、相応のものに（として）売りわたすべし。か
　　かる不浄のものとは知らずして、高価に求むる者有るべし。甚だ
　　けがらはしき事なれば、かくせしなり」とのたまへり。

　まず、Mを例にしてやり方を説明をしよう。この文の「主語」は最初に
書いてあるから簡単だよね。「片桐石州君」だ。だから、片桐石州君が「**ど
んな人物か・誰に何をしたのか・どう思ったか・それはなぜか**」を探しな
がら読んでいけばいい。

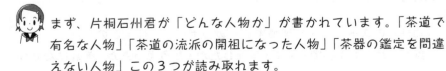

　　まず、片桐石州君が「どんな人物か」が書かれています。「茶道で
　　有名な人物」「茶道の流派の開祖になった人物」「茶器の鑑定を間違
　　えない人物」この3つが読み取れます。

　そうだね。こんな調子で、それぞれの文から「主語・人物像・相手・行動・心情・理由」を読み取っていけばいい。

　Nは片桐石州君の「行動」が書かれている。「江戸へ下った」「尿器を見た」「宿の主人に、尿器を洗わせた」「尿器を買い取ろうと言った」の4つが読み取れる。

　そのとおりだね。ただ、Nの文には片桐石州君の「行動」だけでなく、その「理由」も書かれていることに気づいてほしい。「理由」を表す表現は、すでにいくつか勉強しているけど、覚えているかな？

　「ば」がつくときは、「〜なので」と訳すことが多い。「よし有るものなり しかば 」は「しかば」の形なので（→ P.316）、間違いなく「理由」を表す言い方。「いわれがある品物だった ので 」と訳せばOK。

　「eの音＋ ば 」の形も「理由」を表す場合が多い（→ P.316）。「甚だ古く、よろしき唐物なりけ れば 」は「とても古くて良い中国の品物だった ので 」と訳せばいい。宿の主人は尿器だと思って使っていたけど、片桐石州君がすばらしい値打ちのある品物だと見抜いたという話。だから洗わせて、買い取ろうとしたんだ。

　「理由」が読み取れると、一気にストーリーのポイントが理解できるでしょ。「行動や心情」を読み取ったら一緒に「理由」が書かれていないかどうかチェックする習慣をつけよう。
　「ば」のほかにも**「故・ゆゑ」という単語**（→ P.334）や、**「いかに・など」という疑問詞も「理由」を表す可能性が高い**表現だ。

　Oの文は「主」が主語。宿の主人が「どんな人物か・誰に何をしたか・どう思ったか・それはなぜか」を探していけばいい。すると……「（尿器に値打ちがあるとは）全く知らなかったので驚いた」「だから、不浄のものとしてしまった」「（尿器を石州君に）さし上げる

と言った」「お金をもらうのは辞退すると言った」この4つが読み取れる。

「高いものだと知らずに、尿器として使って不潔にしてしまった。お金をもらうのは悪いので、タダであげます」というストーリー。

ではPへ進みます。「タダであげる」と主人に言われた石州君の行動・心情 etc. を考えていけばいい。「（主人に）お金をたくさんあげた」「（主人から）器を召し上げた」「命令した」「粉々に打ち砕いた」の4つが読み取れます。

えっ、壊しちゃったの!?　もったいない……。なんで……？

ね、「理由」が気になるでしょ。普通の人は、高価な物をわざと叩き壊したりは絶対にしないよね。**「普通では」「常識的には」ありえない内容が書かれた場合、その後に理由の説明が来る**のが基本パターンだ。これは古文だけでなく、説明文や小説にも通用する大切な考え方。

3 「普通は／常識的には」ありえない行動

その後ろに理由が書かれるのが基本！

つまり、Qの文全体が、「石州君が高価な尿器をわざと壊した理由」になっている可能性が高いということ。

〝石州君は笑って、「この壺はとても古くて良い中国産なので、見る目のある者が見つけたならば、すぐに買い取って、茶道の道具、またはそれ相応のものとして売り渡すだろう。こんな不潔なものとは知らずに、高価な値段で買い求める者もいるだろう。とても汚らしいことなので、このように壊した」とおっしゃった〟

なるほど！　一回尿器にしてしまったのだから、それを茶道の道具として使ったりしたら汚いですよね……。納得のいく理由です！

　M〜Qの文には、これまで習った知識もたくさん出てきているので、一覧にして整理しておくよ。

　忘れている知識があったら、そのつど「9つのレッスン」に戻って確認しておこう。

M　・「よろづ」⇒「たくさん」

N　・「下りたまひし」⇒「たまひ」は尊敬語、「し」は過去。「下りなさった」。

　　・「なりしかば」⇒「なり」は断定「〜である」。「しかば」は「〜たので」。

　　・「見たまふ」⇒「たまふ」は尊敬語。「ご覧になる」。

　　・「唐」⇒ 中国を表す。「遣唐使」をイメージすればよい。

　　・「なりければ」⇒「なり」は断定。「けれ」は過去。「eの音＋ば」なので、まず「〜ので」で訳してみる。「〜であったので」で意味が通る。

　　・「買ひ取ら<u>ん</u>」⇒「ん」は「will ＝〜しよう」。

　　・「言は<u>しめたまふ</u>」⇒「たまふ」は尊敬語。「しめ」には「〜させる」の意味がある。

O　・「さやう」⇒「そのような」。「さ」は "it" で訳す。

　　・「<u>さらに</u>知らず」⇒「<u>全く</u>知らない」と訳す。

　　・「かかる」⇒「このような」。「か」は "this" で訳す。

　　・「なしおき候ふ」⇒「なす」は「する」。「候ふ」は丁寧語「です／ます」。「しておきます（ました）」と訳す。

　　・「くるしからずば」⇒「ず」は打ち消し。「苦しくなければ」＝「かまわなければ」の意味。

　　・「さし上げ申すべし」⇒「べし」は「しよう／だろう／べき」で訳す。今回は「〜しよう」。

・「奉るよし申せしかど」⇒「奉る」＝謙譲動詞「さし上げる」。「しか」
　は過去、「ど」は"but"。

P　・「あまた」⇒「たくさん」。

・「たまはり」⇒謙譲動詞「いただく」。

・「召され」⇒尊敬動詞「お取り寄せになる」。

・「砕かしめたまふ」⇒「しめ」は「〜させる」、「たまふ」は尊敬語。

Q　・「見つけなば」⇒「aの音＋ば」なので「もし〜」と訳す。

・「よき唐物なれば」「けがらはしき事なれば」⇒「e＋ば」なので、
　まず「ので」と訳してみる。今回は「ので」で意味が通る。

・「やがて」⇒「すぐに・そのまま」と訳す。

・「知らずして」⇒「ず」がついているので「否定」で訳す。

・「売りわたすべし」「求むる者有るべし」⇒「べし」は「〜しよう・
　だろう」。今回は「だろう」が自然。

・「かかる」「かく」⇒「このような」「このように」と訳す。

・「かくせし」⇒「し」は過去。「このようにした」と訳す。

・「のたまへり」は「e＋り」なので、「〜している・した」と訳す。
　今回は「した」のほうが自然。

・「のたまふ」⇒尊敬動詞「おっしゃる」。

◇⑤主語の省略

　英語は最初に「主語」を書いて、次に「動詞」を書くのが基本ルールだ
よね。だから、英語で主語が省略された文は少ない。だけど日本語の文は、
主語をハッキリ書くほうがむしろ少ないぐらいなんだ。たとえば……。

　昨日家を出たら、友達と会ってさ。そしたら遊びに行こうと誘っ
てきたから断ったんだけど、すごくしつこくて困ったよ。

1章

　この文には主語が1つも書かれていないけど、とても自然な日本語だ。無理矢理主語を補ってみると……

> 　**（私は）** 昨日家を出たら、**（私は）** 友達と会ってさ。そしたら **（友達が）** 遊びに行こうと誘ってきたから **（私は）** 断ったんだけど、**（友達が）** すごくしつこくて **（私は）** 困ったよ。

　いちいち主語をつけて書いたら、うっとうしくてむしろ不自然だよね。日本語というのは、現代文／古文を問わず **「言わなくてもわかる主語は、極力省略する」** 言葉なんだ。逆に言えば、われわれが日本語を読むときには **「主語を頭の中で補いながら読む」** 必要がある。現代文なら自然と主語を補いながら読めるけれど、古文は昔の言葉で書かれているぶん、誰が主語なのかわかりにくいケースが多い。どうやって主語を補えばいいのか、ここでその方法を覚えよう。

　まず、大原則。主語が「省略される」のは、当時の人々にとって **「いちいち言わなくてもわかる」「誰が見ても明らかな」** ものだからだ。ということは……。

Point 4　主語省略の原則①

省略される主語＝「それまでの話」から推測できる人物
　→主語がわからなくなったら、**一度前の話に戻ってみる。**

　「主語がわからなくなる」のは **「それまでの話の重要ポイントを誤解している or 見逃している」サイン** なんだ。もし古文を読んでいて主語がわからなくなったら、一度立ち止まって前の話に戻ってみよう。そして、読み逃しや誤読がないかどうかチェックしてほしい。

（例題）次の傍線部の主語は誰か。選択肢の中から選びなさい。

R　ある所の草庵に貧僧あり。非時（食事）に行かんと思ふ折ふし、雨ふりければ、しばらく晴れ間を①**待ちける**所へ、近付（親しい知人）一人来りて、「からかさ一本お貸し」と②**いへば**、かさは一本、我が身も非時に行けば③**貸す**事はならず。

　　ア　貧僧　　イ　近付

S　（殿のもとへ嫁入りする姫に、乳母^{（※）}は「殿の前ではあまりおしゃべりをせず、おしとやかにすべきだ」と忠告をした。）

　殿のもとへ④**おはして**後、二三日はつやつや（全く）物も⑤**のたまはず**。これも余りなり（あんまりだ）と⑥**思ひける**ほどに

　　ア　姫　　イ　乳母　　ウ　殿

（※）高貴な母親の代わりに育児をする女性のこと。

Rをやってみます。最初は**「貧僧」しか物語に登場しない**から、①の主語は**「貧僧」**ですよね。〝貧僧が食事に行こうと思うとき、雨が降ったので、しばらく晴れるのを待っていたところに〟

　そのとおり。①の後から「近付」という人物が登場するけれど、①の時点ではまだ登場していないよね。物語に**まだ登場していない人物が、いきなり省略されるとは考えにくい**。「リード文（本文がはじまる前の説明書き）」の中で説明されていれば話は別だけど。

5　主語省略の原則②

省略される主語＝**すでに話に登場している**人物

主語を補いながら
読む必要があるね！

1
章

では続きを。②まで訳すと……

〝貧僧が晴れるのを待っていたところに、近付が一人やって来て、「傘を一本貸して」と言った〟。

だったら、②「傘を貸して」と言った主語は「近付」と考えるのが自然だと思う。

　そのとおり。外から訪ねてきた近付が、貧僧に貸す傘を持っているはずがない。雨に降られて困った近付が、傘を借りに貧僧の家に来たわけだ。このように、**「前の話から自然と予測できる人物」が主語**になる。

※②の直前「近付一人来りて」の「て」に注目する考え方もある。「て」の直後では主語が変わらないケースが多いので、②の主語も同じ「近付」であると判断できる。ただし、例外もあるのであくまでストーリーの流れを捉えて判断すること。

では、最後まで訳してみます。

〝傘は一本しかないし、私も食事へ行くので貸すことはできない〟

「貸してくれ」と言われたのが貧僧なんだから、当然③「傘を貸せない」と言った主語は「貧僧」ですよね。

　そのとおり。それに「我が身も非時に行けば」という部分からも判断できる。1行目で「非時に行く」と言ってたのが「貧僧」なんだから、この文の主語も「貧僧」でないと変だ。

　では、次はS。R同様、ストーリーの流れでも主語を判断できるけれど、それに加えて「敬語」を利用した主語の見分け方を理解してほしい。

6　主語省略の原則③

「**尊敬語**」に注目する→「尊敬語」の主語は、偉い人！！

「尊敬語」については、現代文では P.234、古文でも P.319 で勉強したから、もう大丈夫だよね。

「主語が目上の人」のときに、動詞を尊敬語にする。古文の場合は「〜給ふ」の形や、「のたまふ・聞こす・召す・ご覧ず・おはす」のような動詞が「尊敬語」になるんだった。

もし物語の中に**尊敬語が出てきたら、その主語は「偉い人」で決定！**逆に言えば、尊敬語がない場合はあまり身分が高くない人が主語になる。だったら、主語がハッキリ書かれていなくても、答えがわかるはず。

そういうことだね。「身分の高い人」が一人しか登場しないタイプの物語なら、尊敬語が出てきた時点で主語がわかってしまう。

では、この考え方を用いてSの文章を考えてみよう。

Sの文は、人物が3人登場しますね。「殿」「姫」「乳母」の3人。**「偉い」のは「殿」と「姫」。「あまり偉くない」のは「乳母」。**

じゃあ「尊敬語」が使われていたら、「殿」か「姫」どちらかが主語になるということ。④「おはす」、⑤「のたまふ」は両方とも「尊敬語」なので、答えは「殿」か「姫」どちらかだ。

最初の文を訳してみると……
"殿のもとへ<u>いらっしゃった</u>後、2〜3日何も<u>おっしゃらない</u>"
説明書きに「姫が殿のもとへ嫁入り」「乳母におしゃべりするなとアドバイスされた」と書いてあるから、④も⑤も主語は「姫」ですね。

後半を訳してみると……
"（何もしゃべらないのは）あんまりだと**思っていた**ときに"

……これって、誰が「あんまりだと思った」んだろう？

姫と一緒にいる殿が「一言も話さないなんてひどい！」と思ったのかもしれないし、アドバイスした乳母が「一言もしゃべらないのはやり過ぎだ」と思ったのかもしれない。ストーリーの流れだけだと、どちらとも解釈できる気がするなぁ。

⑥のように、ストーリーの流れだけでは主語が決められない場合もあるんだ。ここで、さっき教えたことを思い出してもらおう。**「尊敬語」なら「主語＝偉い」**／**「尊敬語」でなければ「主語＝偉くない」**だったよね……？

そうか！　今回は、動詞の形が「思ひける」だから、これは**尊敬語ではない普通の動詞**だ。ということは、**「殿」が主語とは考えにくい。答えは「乳母」**なんだ。

そのとおりだね。このように、敬語をチェックすることで一発で主語がわかる場合もある。ただし、偉い人が文章中に何人も登場するような物語だと、敬語だけで主語を判断するのはほぼ不可能。あくまでストーリーの流れから主語を明らかにするのを大原則として、補助的に敬語の知識を用いるのがいい。

これで「古文読解のテクニック」は全部伝えた。あとは演習あるのみ！

敬語表現を見れば、
主語が誰なのか見極める
ヒントになるね

1-5 古文読解演習

（➡答えは別冊 P.12）

チャレンジ！実戦問題 55 古文読解演習

　次の文章を読んで、問いに答えなさい。

1 木下何某の、近臣をうち連れて桜に登り眺望ありしに、はるか向ふに松ありて、梢に鶴の巣を_ァなして、雄雌餌を運び養育せる有り様、遠眼鏡にて望みしに、

2 松の根より、よほど太き黒きもの段々木へ登る様、うはばみの類なるべし。

3 やがて巣に登りて①雛をとり喰ふならん。あれを制せよと、人々申し騒げども、せむ方なし。

4 しかるに、二羽の鶴のうち、一羽蛇を見付けし体にてありしが、虚空に_ィ飛び去りぬ。「哀れいかが、雛はとられなん」と手に汗して望み眺めしに、

5 もはや、かの蛇も梢近く至り「②あわや」と思ふ頃、一羽の鷲はるかに飛び来たり、蛇の首をくはへ、帯を下げしごとく空中を_ゥたち帰りしに、

6 親鶴もほどなくたち帰り雌雄巣へ戻り、雛を養ひしとなり。「鳥類ながら、その身の手に及ばざるを_ェさとりて、同類の鷲を雇ひ来たりし事、鳥類心ありける事」と語りぬ。

（根岸鎮衛『耳袋』）

（注）うはばみ…大蛇のこと　　しかるに…ところが

問1　本文の中に、もう一箇所「　」をつけるべき箇所がある。それを見つけ、最初と最後の3字を書き抜きなさい。（句読点は字数に含まない）

問2　────線ア〜エのうち「鶴」の動作でないものを一つ選びなさい。

問3　傍線部①「雛をとり喰ふならん」の意味として最も適当なものを一つ選びなさい。
　　ア　雛をとって食べてはいけない　　イ　雛をとって食べることはないだろう

ウ　雛をとって食べるだろう　　　　エ　雛をとって食べてしまった

問4　傍線部②「あわや」の後に省略されている言葉を、空欄に合うように現代語で15字以内で書きなさい。

あわや（　　　　　　　　　　　　　）ところ

問5　この文章の内容として最も適当なものを、ア〜エから一つ選びなさい。

ア　人々は必死に大蛇から雛を助けようとして、木下何某に手助けを願い出た。

イ　親鶴は自分の力の程度を理解し、強い仲間に頼ったことで災難から逃れた。

ウ　どんなに強い相手でも、子を思う心の強さがあれば勝つことができる。

エ　木下何某が親鶴の心を理解し、助けを出してくれたことを人々は感謝した。

では、順番に意味をとりながら読み進めていこう。

「ただ問題が解ければいい」というスタンスではなく、古文は必ず「あらすじ」を理解するつもりで練習することが大切だ。

　じゃあ、１段落はわたしがやります。

"①**木下ナントカさんが、近臣を連れて桜に登って景色を眺めていたとき、はるか向こうに松があって、松の梢に鳥が巣を作って、雄も雌もえさを運んで（雛を）育てている様子を、遠眼鏡で見ていた。**"

こんな感じでどうでしょう？

線部アの主語は「鶴」だから、問２の答えはアではないですね。

OK、１段落のポイントをちゃんと理解できているね。読者のみんなも、次のポイントが読み取れたかどうかチェックしてみて。

「木下何某の」「鶴の巣をなして」→「の」は「が」と訳す（→ P.336）。
「眺望ありし」「望みし」→漢字から「風景を眺める」意味だとわかる。
「眺望ありし」「望みし」→「し」は「過去」で訳す（→ P.297）。
「養育せる」→「eの音＋る」なので「〜している・した」と訳す
（→ P.299）。今回は「〜している」のほうが自然だろう。

 じゃあ、2〜3段落をやってみよう。
**"2松の根元から、とても太くて黒いものがだんだんと木へ登って
くる様子は、大蛇の一種だろう。"**
**"3「すぐに巣に登って雛を取って食べてしまうだろう。あの蛇を
制止しなさい」と人々は申し上げて騒ぐけれど、どうしようもない。**

 ということは、**問1の答えは「やがて〜制せよ」**ですね。
カギカッコの終わりは「と」で終わる（→ P.338）。

 問3の答えはウだ。「雛をとり喰ふなら<u>ん</u>」の「ん」は、「〜ない」
と訳してはいけない。「〜だろう」と訳すんだった（→ P.307）。

そのとおりだね。その他、2〜3段落のポイントを整理しておこう。

「うはばみの類なるべし」→「〜なる＝〜である」と訳す（→ P.311）、
「べし＝〜だろう・しよう」と訳す（→ P.307）のがポイント。「べし」
は、今回は「だろう」のほうが自然。
「やがて」→「すぐに・そのまま」と訳す単語（→ P.334）。
「申し騒げども」→「〜ども＝〜だけれど」と逆接で訳す（→ P.315）。
「せむ方なし」→「どうしようもない」と訳す。よく出る言い方なの
で覚えておきたい。

じゃあ、次4段落行きます。

"④ところが、2羽の鶴のうち、1羽が蛇を見つけた様子だったが、空へ飛び去ってしまった。「かわいそうに、雛は取って食われてしまうだろう」と手に汗を握って眺めていた。"

　　　　線部イの主語も「鶴」だから、問2の答えはイでもないですね。

そうだね、パーフェクトだ。4段落のポイントは、以下のとおり。

「見付けし」「ありし」「望み眺めし」→「〜し」は「過去」。
「飛び去りぬ」→「〜ぬ」は「〜した（完了）」と「〜ない（否定）」の2通りの訳し方がある。今回は「飛び去った」と完了で訳すことが重要で、「飛び去らない」のように否定で訳してはダメ。ここを間違えた人は、必ず302ページに戻って「ぬ」の見分け方を確認しよう。（もし否定で訳すなら、「ぬ」の前は必ず未然形になるので「飛び去らぬ」の形になる）
「とられなん」→「〜ん」の訳し方は問3と同じ。「〜だろう」と訳す。

次は5段落。

"⑤もはや、あの蛇も松の梢の近くに来て、あわやという時、一羽の鷲が遠くから飛んできて、蛇の首をくわえて、帯を下げたように空中に飛んで帰った"

という意味だな。　　　　線部ウの主語は「鷲」だから、**問2の答えはウで決定！**

「あわや」は「もう少しで危なく」という意味ですよね。
ということは**問4は「あわや（雛が蛇に食べられてしまう）ところ」が答え**ですね。
危ないところを、鷲が助けに来てくれたんですね。ラッキー！

　そのとおりだね。「蛇」は「うわばみ」「大蛇」などの言い方にしてもＯＫ。ただ、これが本当に「ラッキー」なのかどうかは、この続きを読むと……

　5段落のポイントは以下のとおり。

> 「かの」→「あの・その」と訳す「指示語」の表現（→ P.313）。
> 「帯を下げし」「たち帰りし」→「し」は過去。
> 「帯を下げしごとく」→「ごとく」は「〜のよう」と訳して、直喩を表すことができる。

　じゃあ、最後の6段落にいきましょう。
　"⑥「親の鶴も、間もなく帰ってきて、雄も雌も巣に戻って、雛を養ったのである。鳥類ではあるが、自分の手には及ばないことを理解して、同じ鳥類の鷲を雇ってきたということは、鳥類にも心があることだ、と語った。"

　なるほど！　鷲が雛を助けに来たのはラッキーじゃなくて、親の鶴が鷲を雇って連れてきたということなのか。だったら、**問5の答えはイ**だ。

　そうだね。人々は「騒いだ」だけで木下何某に助けを求めたりしてないから、アは違う。
　直接鶴が鷲を倒したわけじゃないから、ウも違う。
　雛を助けたのは鷲であって、木下何某じゃないからエも違う。

　そのとおりだ。きちんとやり方を身につけると、入試レベルの古文でも十分に読めるようになることがわかってもらえたと思う。
　最後に、6段落のポイントを確認しよう。

1
章

「ほどなく」→「ほど」は「時」を表すことが多い（→ P.332）。「ほどなく」＝「時間がなく」＝「間もなく」という意味になる。

「養ひし」「雇ひ来たりし」→「し」は「過去」。

「鳥類ながら」→「ながら」は「〜だが」と逆接で訳す場合がある。現代でも「子どもながらに世界王者になった」のような言い方があるよね。

「手に及ばざる」→動詞「及ぶ」に「ざ」が付いているので、「否定」で訳す。

「語りぬ」→今回の「ぬ」は「〜した」と完了で訳すパターン。もし否定で訳すなら、「ぬ」の前は必ず未然形が来るから「語らぬ」の形でないとおかしい。

では、次は古文最後の仕上げ。

古文に関するさまざまな「知識」を一緒に確認していくよ。

1-6 文学史・古文知識

　では古文編の最後に、古文に関するさまざまな「知識」を勉強する。次の５つのテーマについて、１つずつポイントを説明していくよ。

---

① 文学史　② 掛詞(かけことば)　③ 枕詞(まくらことば)　④ 月の異名(いみょう)　⑤ 時刻

◇①文学史
　文学史でよく試験に問われるのは、以下の５ポイント。

★Point★ 1 「文学史」で覚えるべきポイント

① 作品名　② 作者　③ ジャンル　④ 時代　⑤ 特徴
→これら①〜⑤の中から、必要なものを覚えていく！

　①「作品名」と②「作者」を覚えるのは当然重要だけど、それだけだと単なる丸暗記になって、すぐ忘れてしまう。③「ジャンル」、④「時代」、⑤「特徴」を使って整理しながら、ストーリーと流れで覚えるようにしたい。この参考書ではまず「時代」で大きく分類してから、必要な内容を付け足す形で文学史を整理していくよ。まずは最も古い奈良時代から。

★Point★ 2 奈良時代の作品

和歌→『万葉集(まんようしゅう)』
[日本最古の歌集]
（歌人）山上憶良(やまのうえのおくら)・大伴家持(おおとものやかもち)など
（歌風）素朴・実直（ますらをぶり）

奈良時代で覚えなければならないのは、中学レベルでは『万葉集』だけ。
（歴史のテストで出るので、『古事記・日本書紀・風土記』も覚えておく
とさらによい。）

　作品名だけでなく、有名な歌人と、歌の特徴も覚えておこう。ちなみに
「ますらを」というのは漢字で書くと「益荒男」。力強い男っぽい歌！　と
いうイメージを持っておくといいね。

　では、次は平安時代。ただし、平安時代は長いので「平安初期／中期／
後期」に分けて覚えるようにしたい。

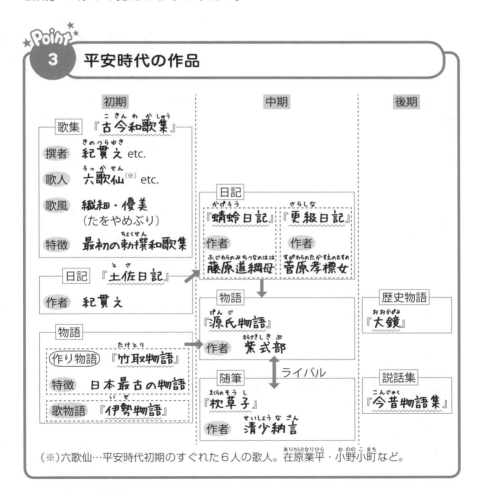

Point 3　平安時代の作品

	初期	中期	後期
歌集	『古今和歌集』		
撰者	紀貫え etc.		
歌人	六歌仙(※) etc.		
歌風	繊細・優美（たをやめぶり）		
特徴	最初の勅撰和歌集		

日記　『蜻蛉日記』　作者　藤原道綱母
日記　『更級日記』　作者　菅原孝標女

日記　『土佐日記』　作者　紀貫え

物語　『源氏物語』　作者　紫式部

物語
（作り物語）『竹取物語』
特徴　日本最古の物語
歌物語　『伊勢物語』

随筆　『枕草子』　作者　清少納言

←ライバル→

歴史物語　『大鏡』

説話集　『今昔物語集』

（※）六歌仙…平安時代初期のすぐれた６人の歌人。在原業平・小野小町など。

　まずは和歌。「**奈良時代＝万葉集**」とつなげて、「**平安初期＝古今和歌集**」と覚える。ちなみに、後で出てくるけど「**鎌倉初期＝新古今和歌集**」だ。

　『古今和歌集』はその特徴も『万葉集』と比較したほうが覚えやすい。まず、「**万葉集＝最古の和歌集**」だよね。それに対して「**古今和歌集＝最古の勅撰和歌集**」だ。代表的な人物として「紀貫之（きのつらゆき）」を覚えておこう。

　「勅撰和歌集」は、**天皇が命令して作った和歌集**のことですよね。

　そうだね。天皇だけじゃなくて、上皇の場合もあるけどね。『古今和歌集』が「最古の勅撰和歌集」ということは、逆に言えば『万葉集』は勅撰和歌集ではないということだ。

　それに、歌の内容も『万葉集』とは対象的だ。『**万葉集**』は「**男っぽく、素朴で、実直**」と覚えたよね。反対に『**古今和歌集**』は「**女っぽく、優美で、繊細**」と覚えておこう。ちなみに「たをやめ」を漢字で書くと「手弱女」。

　次は日記。「平安時代の日記」と言えば、**まずは初期の『土佐日記』を覚える**こと。ちなみに、作者のところを見ると、何か気づくことはない？

　あれっ、「**紀貫之**」。これ、さっきの『古今和歌集』の撰者だ。貫之は和歌だけじゃなくて日記まで書いたのか。

　そうだね。「平安初期」の代表人物と言える。『古今和歌集』を編集した後、土佐（今の高知県）の長官になって、土佐から京都へ帰るときに書いた日記が『土佐日記』だ。

4　平安時代初期の代表人物「紀貫之」

「紀貫之（きのつらゆき）」　→　古今（こきん）和歌集・土佐（とさ）日記

覚え方　昨日　コインを　　ドサッと持ってきた。

この『土佐日記』の後に続く平安中期の日記が『蜻蛉（かげろう）日記』と『更級（さらしな）日記』。難関私立受験生はできれば覚えておきたい。この２つは作品名も作者名も似ているので、**「蜻蛉」と「更級」をゴチャゴチャにしてしまわないように注意しよう。** ちなみに「蜻蛉」のほうが「更級」よりも古いよ。

Point 5　平安中期の日記→『土佐日記』の次は？

『蜻蛉（かげろう）日記』が「藤原（ふじわらの）道綱母（みちつなのはは）」、『更級（さらしな）日記』が「菅原（すがわらの）孝標女（たかすえのむすめ）」。

覚え方　加　　　藤、　　　　さ　　　　すが！

「加藤！さすが！」

次は物語。まず平安初期は、「作り物語」と「歌物語」という２つのジャンルに分類される。作り物語の代表が教科書でもおなじみ**『竹取物語』**。歌物語の代表が**『伊勢物語』**だ。「竹取」が「日本最古の物語」と言われているのも有名。

「作り物語」はフィクション性が強い物語で、「歌物語」はノンフィクション性が強くて、和歌が中心になっている物語。

その２ジャンルが合体して、平安中期に超大作**『源氏物語』**が登場する。作者は**紫式部**。中学生レベルでは、この３作品を覚えておけばいいだろう。ただし！　紫式部には有名な「ライバル」が存在する。

清少納言だ。随筆**『枕草子』**の作者。

そうだね。平安中期といえば、とにかくこの二人。これも、紫式部と清少納言をゴチャゴチャにしなくて済むよう、覚え方を１つ伝授しておく。

★Point★
6 平安中期の「ライバル」同士

| 物語 | 『源氏物語』（**4字**）→ 紫式部（**3字**） |

| 随筆 | 『枕草子』（**3字**）→ 清少納言（**4字**） |

⇒どちらも作品名＋作者名の文字数が**7字**！！

　では、最後に平安後期。平安後期は、中学レベルでは２つだけ覚えればいい。１つは「歴史物語」の代表作品『**大鏡**』。もう１つは「説話」の代表作品『**今昔物語集**』だ。
　では、次は鎌倉時代。

★Point★
7 鎌倉時代の作品

　まずは和歌。「奈良＝万葉」「平安＝古今」とくれば、当然「**鎌倉＝新古今**」だよね。代表的な人物は「**藤原定家**」を覚えておこう。
（ふじわらのさだいえ）
（ていか）

　次は物語。物語といっても「**軍記物語**」まで覚えないとダメだ。軍記物語といえば『**平家物語**』だね。

　えっ、でも「平家」だったら「平安時代」なんじゃないの？鎌倉時代って「源氏」の時代だよな。「源氏」なのに「平家」？

『平家物語』と『源氏物語』の時代は紛らわしいんだよね。
「平安時代＝平家の時代」に『**源氏物語**』が作られて、**「鎌倉時代＝源氏の時代」**に『**平家物語**』が作られたわけだ。
　学校の授業で勉強すると思うけど、『平家物語』がどんなストーリーか知っているかな？　それがわかれば、なぜ「源氏の時代」に『平家物語』が作られたかわかると思う。

栄えていた「平家」が、没落して滅亡する話ですよね。
「諸行無常＝すべてのものは留まることなく、いつかなくなってしまう」という仏教思想が込められた作品でした。
　あっ、そうか。平家が滅亡する話を平安時代に書いたら、平家に見つかって処刑されてしまうよね。ということは、平家が滅亡した後の鎌倉時代じゃないと書けないんだ。

　そういうことだね。今ワカナさんが言った「**無常観（諸行無常）**」という考え方も問われる場合があるから覚えておこう。

Point 8　『源氏』と『平家』の時代に注意！

『源氏物語』→「源氏」なのに、「平家の時代＝**平安時代**」

『平家物語』→「平家」なのに、「源氏の時代＝**鎌倉時代**」

　次は随筆。鎌倉時代の随筆は初期が「**方丈記＝鴨長明**」、後期は「**徒然草＝兼好法師**」。随筆は、平安時代の「枕草子＝清少納言」とあわせて3つを整理すればOK！

　最後は説話。説話は「平安＝今昔物語」を覚えたよね。鎌倉時代は4つの作品を覚えよう。少し数が多いので、ゴロ合わせを作ってみました。

Point 9　鎌倉時代の「説話」

平安		鎌倉			
『今昔物語集』	／	『発心集』	『宇治拾遺物語』	『十訓抄』	『古今著聞集』
覚え方		ほ	うじに	10分	ちょっとだけ

法事に10分　ちょっとだけ

　『発心集』の作者が、随筆『方丈記』と同じ「鴨長明」であることも覚えておきたい。平安時代の「紀貫之」のように、ジャンルを超えて活躍した人なんだね。

　次は室町時代。**室町は、通常の高校受験レベルで覚えるべき作品は1つもない**。ただ、難関私立対策として1つだけ覚えておこう。

1章

★Point★ 10　室町時代の作品

| 能楽書 | 『風姿花伝（ふうしかでん）』 | 筆者 | 世阿弥（ぜあみ） |

内容としては「能楽」についての評論で、現代文の「説明文」でもたまにテーマとして取り上げられることがある。

では、最後は江戸時代だ。

★Point★ 11　江戸時代の代表人物

俳句	松尾芭蕉（まつおばしょう）	紀行文	『おくのほそ道』
	小林一茶（こばやしいっさ）		『おらが春』
国学	本居宣長（もとおりのりなが）		『古事記伝（こじきでん）』『玉勝間（たまかつま）』
浮世草子（うきよぞうし）	井原西鶴（いはらさいかく）		『世間胸算用（せけんむねさんよう）』『好色一代男（こうしょくいちだいおとこ）』
浄瑠璃（じょうるり）	近松門左衛門（ちかまつもんざえもん）		『曾根崎心中（そねざきしんじゅう）』『国性爺合戦（こくせんやかっせん）』

実際は、**「江戸時代＝松尾芭蕉＝おくのほそ道」**だけ覚えておけばほとんどの問題は解ける。ただ、難関校では他の4人が問われることもたまにあるので、余裕のある人は全部覚えておくようにしよう。

> 文学史は、
> ジャンル・時代・特徴
> も覚えよう！

・・

チャレンジ！実戦問題 56 文学史　　　　　　　　　（➡答えは別冊 P.13）

問1　A『万葉集』、B『古今和歌集』の説明として適当なものを次の中からそ
れぞれ選びなさい。

　ア　六歌仙・撰者らの和歌およそ 1500 首を所収。繊細・優美な歌風で、最
　　初の勅撰和歌集。

　イ　長歌・短歌・旋頭歌などを合わせて約 4500 首を所収。素朴・雄健な歌
　　風の現存する最古の歌集。

　ウ　後鳥羽院の院宣で撰進され、和歌およそ 1900 首を所収。幽玄・妖艶な
　　歌風で、八番目の勅撰和歌集。

　エ　撰者は未詳であるが、和歌およそ 1500 首を所収。平明な歌風で、自然
　　詠に秀歌が多い私歌集（個人の和歌集）。

問2　藤原定家が撰者となって編んだ歌集を 1 つ選びなさい。

　ア　万葉集　　イ　古今和歌集　　ウ　千載和歌集

　エ　山家集　　オ　新古今和歌集

問3　琵琶法師によって語られた文学作品の名前を答えなさい。

問4　「栄枯盛衰」が作品の基調となっている作品を 1 つ選びなさい。

　ア　源氏物語　　　　イ　枕草子　　ウ　竹取物語

　エ　おくのほそ道　　オ　平家物語

問5　以下の古典作品の作者名を漢字で答えなさい。

　①　徒然草　　②　枕草子　　③　源氏物語

問6　『徒然草』と同じ文学的区分の作品を 1 つ選びなさい。

　ア　おくのほそ道　　イ　今昔物語集　　ウ　土佐日記

　エ　平家物語　　　　オ　方丈記

問7　『徒然草』が成立した時代を漢字で書きなさい。

問8 『徒然草』より後の時代に成立したものを1つ選びなさい。
　　ア　竹取物語　　　　　イ　平家物語　　　　　ウ　枕草子
　　エ　おくのほそ道　　　オ　新古今和歌集

問9 紫式部の代表的物語と、作られた時代をそれぞれ漢字で答えなさい。

問10 次の選択肢の中から説話文学を1つ選びなさい。
　　ア　枕草子　　　　イ　古今著聞集　　　ウ　風土記（ふどき）
　　エ　平家物語　　　オ　御伽草子（おとぎ）

問11 『古今著聞集』と同じジャンルの作品を1つ選びなさい。
　　ア　源氏物語　　　イ　枕草子　　　ウ　徒然草　　　エ　宇治拾遺物語

難 問12 『十訓抄』（じっきんしょう）は、鎌倉時代に書かれた説話集です。次の中から同じ時代に
　　書かれた説話集を1つ選びなさい。
　　ア　方丈記　　　　　イ　徒然草　　　ウ　今昔物語集
　　エ　宇治拾遺物語　　オ　平家物語

問13 「今は昔」で書き出される千話以上の説話を集めた、我が国最大の説話
　　集の作品名を漢字で書きなさい。

問14 鎌倉時代に鴨長明（かものちょうめい）によって書かれた作品を選びなさい。
　　ア　宇治拾遺物語　　　イ　方丈記　　　ウ　源氏物語　　　エ　枕草子

問15 『土佐日記』の作者として最も適当なものを次から選びなさい。
　　ア　紀友則（きのとものり）　イ　紀貫之（きのつらゆき）　ウ　在原業平（ありわらのなりひら）　エ　藤原定家（ふじわらのさだいえ）（ていか）

問16 紀貫之と関係の深い作品を次より二つ選びなさい。
　　ア　古今和歌集　　　イ　万葉集　　　ウ　新古今和歌集　　　エ　徒然草
　　オ　方丈記　　　　　カ　枕草子　　　キ　蜻蛉日記（かげろう）　　　ク　土佐日記

問17 『蜻蛉日記』（かげろう）の作者を選びなさい。
　　ア　紀貫之　　　イ　紫式部　　　ウ　藤原道綱母（ふじわらみちつなのはは）
　　エ　西行　　　　オ　菅原孝標女（すがわらたかすえのむすめ）

問 18　松尾芭蕉の作品を選びなさい。
　　ア　枕草子　　　　　　イ　方丈記　　　　　　ウ　徒然草
　　エ　おくのほそ道　　　オ　源氏物語

問 19　『おくのほそ道』は作者が弟子との旅を記した作品であるが、このジャンルとして適当なものを選びなさい。
　　ア　日記文　　　イ　物語文　　　ウ　紀行文　　　エ　随筆文

問 20　本居宣長は、江戸時代に活躍した学者で『古事記伝』を著した人物であるが、その学問は何と呼ばれているか。次から選びなさい。
　　ア　漢学　　　イ　儒学　　　ウ　蘭学　　　エ　国学

問 21　『大和物語』は平安時代の歌物語である。①それと異なる時代のものを１つ選びなさい。②同じ歌物語に分類される作品を１つ選びなさい。
　　①　ア　方丈記　　　イ　竹取物語　　　ウ　源氏物語
　　　　エ　枕草子　　　オ　伊勢物語
　　②　カ　徒然草　　　　キ　竹取物語　　　ク　枕草子
　　　　ケ　平家物語　　　コ　伊勢物語

問 22　『十訓抄』は鎌倉時代に成立した説話集であるが、『十訓抄』を含む各作品の成立順の正しいものを次の中から記号で答えなさい。
　　ア　万葉集→源氏物語→古今和歌集→十訓抄→おくのほそ道
　　イ　万葉集→古今和歌集→源氏物語→十訓抄→おくのほそ道
　　ウ　古今和歌集→万葉集→源氏物語→おくのほそ道→十訓抄
　　エ　源氏物語→万葉集→古今和歌集→おくのほそ道→十訓抄
　　オ　古今和歌集→おくのほそ道→万葉集→十訓抄→源氏物語

難　問 23　次にあげる作品を時代の古い順に並べ、記号で答えなさい。
　　ア　大鏡　　　　　イ　源氏物語　　　ウ　新古今和歌集
　　エ　竹取物語　　　オ　徒然草

◇② 「掛詞（懸詞）」

　②と③は「和歌」独特の表現テクニック。「掛詞」というのは、簡単に言えば「**ダジャレ**」のような表現だと思えばいい。現代で言えば……。

（受験前日に）母「今日の晩御飯はトン**カツ**だよ。」
　　　　先生「おまえらに**キットカット**を配るぞー。」

「トン**カツ**＝（受験に）**勝つ**」「**キットカット**＝**きっと勝つと**」という意味ですよね。**1つの言葉に、2つの意味**が込められている。

　そうだね。このように「**1つの語に、2つの意味を同時に込める**」のが「**掛詞**」だ。古文で言えば、こんな感じ。

秋の野に　人**まつ**虫の　声すなり
我かと行きて　いざとぶらはむ（訪れよう）

〝秋の野に、人を**待つ**虫の　声がするようだ　私ですか？　と行って　さぁ訪ねてみよう〟。
　虫の声が、誰かを待っているように聞こえるので、作者が「自分のことを待っているのかな？」と思ったということ。

「人を**待つ**虫」……。もしかして、これって「**松虫**」なんじゃないかな!?　「**待つ虫**」と「**松虫**」でダジャレになっている。

　そのとおり！　このように、「**まつ**」という1つの語に「**待つ・松**」という2つの意味が込められている。これが「掛詞」だ。
　「掛詞」を古文の中から発見するコツは2つある。
　1つ目は「**ひらがな**」に注目すること。さっきの「まつ虫」も、2つの

意味があることを読者に気づかせるために、わざと「まつ虫」とひらがな
で表記しているんだ。これを「松虫」「待つ虫」と漢字で書いてしまうと、
読者が２つの意味に気づきにくくなってしまう。だから**「漢字で書けるの
に、わざとひらがなで書いてある場所」**に注目すると、掛詞を発見しやす
くなる（漢字で書いてあるパターンもあるので、絶対ではない）。

Point 12　掛詞とは？

★同じ音の**１つの語**に、**２つの意味**を同時に含める表現。

★「漢字で書けるのに、あえて**ひらがな**で書く」場合が多い。

もう１つのコツは、「よく出る定番の掛詞」を覚えておくこと。現代で
も「フトンがふっとんだ」のように、定番化したダジャレってあるよね。
掛詞も古くからよく使われて定番化したものがあるんだ。

Point 13　掛詞の定番パターン

音	意味①	意味②	例
あき	秋	飽き	<u>あき</u>が来た（<u>秋</u>が来た＝<u>飽き</u>が来た）
かれ	枯れ	離れ	<u>かれ</u>てしまった（木が<u>枯れ</u>た＝心が<u>離れ</u>た）
まつ	松	待つ	<u>まつ</u>が一本（<u>松</u>が一本＝一人で<u>待つ</u>）
かひ	貝	甲斐	<u>かひ</u>がない（<u>貝</u>が見つからない＝<u>甲斐</u>がない）
ながめ	長雨	眺め※	<u>ながめ</u>の間（<u>長雨</u>が降る間＝<u>物思い</u>※に沈む間）

掛詞は、**１つが「自然」、もう１つが「人の心」**を表すことが多い。「秋・
枯れ・松・貝・長雨」はどれも自然にかかわるものだよね。そして「飽き・
離れ・待つ・甲斐・眺め」はすべて人の心に関係する。こうやって人の心
を自然に投影して表現するのが掛詞の大切なはたらきなんだ。

◇③「枕詞」

「掛詞」と名前が似ていて間違えやすいのが③「枕詞」だ。「掛詞」は１つの語に２つの意味を与えて表現するものだったよね。

「枕詞」は「**決まった単語を後ろに要求する**５音の言葉^(※)」のこと。有名なものをいくつか覚えておこう。

（※）５音でないものもあるが、受験レベルでは出てこないので覚える必要はない。

14 枕詞

★５音の言葉で、**後ろに決まった単語を要求**する。

★枕詞じたいに**特に意味はない。**→訳さなくて**OK**

枕詞		後ろの語の例	枕詞		後ろの語の例
①たらちねの	→	母・親	⑤あをによし	→	奈良
②あしひきの	→	山	⑥くさまくら	→	旅
③あかねさす	→	日・紫・君	⑦しろたへの	→	衣
④ちはやぶる	→	神	⑧いはばしる	→	垂水・近江

※ 漢字で書くと……①垂乳根の ②足引きの ③茜さす ④千早振る

⑤青丹よし ⑥草枕 ⑦白妙の ⑧石走る

・・

チャレンジ！実戦問題 57 掛詞・枕詞 （➡答えは別冊 P.13）

問１ 「増水と云ふ事を知らせ給ふ」の「増水」は、「増水」と「雑炊」の２つの意を表しています。このような表現技法を何といいますか。

ア 枕詞　　イ 対句　　ウ 掛詞　　エ 反復

問２ 次の和歌では、言葉に二通りの意味を持たせる技巧が二か所に用いられている。これをふまえて、和歌を現代語訳し手紙の形式で表した文章中の ┃ A ┃、┃ B ┃ に当てはまる最も適当な言葉を、┃ A ┃ は漢字１字、┃ B ┃ は１語の動詞で漢字を用いて書きなさい。

> 年を経て浪立ちよらぬ住の江のまつかひなしと聞くはまことか

現代語訳 （かぐや姫が、石上中納言からの求婚を拒むために「燕の子安貝（燕が産み落とす貝）」を探すという無理難題を課した。石上中納言からの連絡がないので、かぐや姫が安否を尋ねるために送った歌である。）

さて、長い間、あなたからのご連絡がございません。まるで松で有名な住の江の浜辺に波が打ち寄せることがないかのようです。お探しの　A　がなかったので、私の方もあなたからの連絡を　B　甲斐がないといううわさですが、本当でしょうか。

問3　次の傍線部には、「掛詞」と呼ばれる、同音で別の意味を表す2つの言葉の組み合わせが含まれている。その組み合わせとして最も適切なものを、次のうちから選びなさい。

須磨には、いとど心づくしの秋風に、海は少し遠けれど、行平の中納言の「関吹き越ゆる」と言ひけん**浦波、夜々は**げにいと近く聞こえて、またなくあはれなるものは、かかる所の秋なりけり。

現代語訳 須磨では、ひとしおものを思わせる秋風が吹いて、海は少し遠いけれど、かの行平の中納言が「関吹き越ゆる」と詠んだという浦風に荒れる波が、夜ごとにいかにもすぐ近く聞こえてきて、またとなく心にしみるものは、こういうところの秋なのであった。

（島内景二『文豪の古典力』）

ア　「浦」と「（家の）裏」　　　イ　「浦波」と「（人の）恨み」

ウ　「波」と「並み（の景色)」　　エ　「夜」と「（波が）寄る」

問4　傍線は、ある特定の言葉を導く和歌の修辞の1つです。

「<u>ちはやぶる</u>　神代もきかず　龍田川　からくれなゐに　水くくるとは」

①　このような修辞法を何というか。答えなさい。

②　また、この歌ではどの言葉を導いているか。答えなさい。

1
章

◇④「月の異名（いみょう）」

　現代人が「1月、2月、3月…」と呼ぶ「月」。続いては、これを古文の世界で何と呼ぶか覚えてもらう。

　12月が「師走（しわす）」だというのは覚えてるんですけど…。
　あとは何がなんだかさっぱり。

　そうだよね。そんなワカナさんでも一発で覚えられるようにゴロ合わせを開発した！　まず、ここに1頭のライオンがいるのを思い浮かべてほしい。

①ライオンがゆで卵を作っている。ゆで方が上手で、殻がとても「**むきやすい卵さ**」。

②でも、ゆで卵をたくさん食べると喉が渇くよね。「**水分**」を取らないとダメだ。

③でも、水を飲み過ぎて咳（せき）込んでしまった。鼻水が出たので「**鼻をかんだ**」みたいだね。「**獅子（しし）**」が。

　あっ、まえまえから変な人だと思っていたけど……とうとう頭が本格的におかしく……。

　実は、これでゴロが完成したんだ。今の話をつなげてみると……。

★Point★ 15　月の異名

む	き	やすい卯	さ。	水	分	とっては	な		かんだ	獅	子
春			夏			秋			冬		
1月	2月	3月	4月	5月	6月	7月	8月	9月	10月	11月	12月
睦月 むつき	如月 きさらぎ	弥生 やよい	卯月 うづき	皐月 さつき	水無月 みなづき	文月 ふみづき（ふづき）	葉月 はづき	長月 ながつき	神無月 かんなづき（かみなづき）	霜月 しもつき	師走 しわす

　４月の「卯」は字が似てるだけで、本当は「卯（う）」なんだけどね……。
11月と12月はどっちも「し」になってしまうけれど、「12月＝師走」は
常識として知ってるでしょ。だから、11月が「霜月」というのは消去法
で導けるはず。

　ちなみに、古文（旧暦・陰暦）の世界では

「１～３月＝春」「４～６月＝夏」「７～９月＝秋」「10～12月＝冬」

と季節が区切られる。これも出題される場合があるから、一緒に覚えてお
こう。

- -
※ただし古文の暦と今の暦には約１か月のズレがある。古文で言う１月は、だいたい今で
　言う２月。
- -

月の異名と一緒に、
古文の世界での季節も
覚えておこう!!

チャレンジ！実戦問題 **58** 月の異名（いみょう）　　　　　（➡答えは別冊 P.14）

問1　「みなづき」を漢字で書きなさい。また、旧暦で何月のことか。

問2　「二月」の異名の読み方を選びなさい。
　ア　しわす　　　　イ　やよい　　ウ　きさらぎ
　エ　かんなづき　　オ　さつき

問3　「五月」の陰暦での異名をひらがなで答えなさい。

問4　「師走」は（A）陰暦の何月であるか。また、（B）その読み方として適切なものはどれか。それぞれ記号で答えなさい。
　（A）　ア　2月　　　　イ　9月　　　　ウ　11月　　　エ　12月
　（B）　ア　しわす　　イ　みなづき　　ウ　きさらぎ　　エ　やよい

問5　「八月」の異名を、次のア～エから1つ選び、記号で答えなさい。
　ア　神無月　　イ　水無月　　ウ　葉月　　エ　師走

問6　「七月」は、昔の暦では春夏秋冬のどれに当たるか答えなさい。

問7　「秋」に該当するのは、旧暦ではどの月か。答としてふさわしいものを、次の選択肢の中から3つ選び、記号で答えなさい。
　ア　弥生　　イ　長月　　　ウ　霜月　　エ　如月
　オ　卯月　　カ　水無月　　キ　皐月　　ク　神無月
　ケ　葉月　　コ　睦月　　　サ　師走　　シ　文月

◇⑤「時刻」

　最後は、古文の世界での「時刻」の表し方。

　ちなみに……わたしは戌年生まれなんだけど、二人は何年かな？

 わたしは申年ですね。

 オレは早生まれだから、酉年。

　古文の「時刻」をマスターするには、この「十二支」をまず覚えること。十二支を正しく順番に言えないと話にならないので、必ず覚えてから次へ進むように。

★Point★
16 **古文の「時刻」（1）**

まずは「十二支」を覚える！
→子・丑・寅・卯・辰・巳・午・未・申・酉・戌・亥

　ちなみに「子→ネズミ」「卯→ウサギ」「辰→竜」「巳→ヘビ」「亥→イノシシ」のことね。そして十二支を頑張って覚えたら、次に**時計回りに並べていく**！

★Point★
17 **古文の「時刻」（2）**

「十二支」を「子」から

　順番に時計回りに並べる。

　そうしたら、最後に「**子の刻＝23時スタート**」と覚えてしまおう。あとは、それに**2時間ずつプラス**していけば終了。つまり、「**丑の刻＝1時～3時**」「**寅の刻＝3時～5時**」「**卯の刻＝5時～7時**」……ということ。

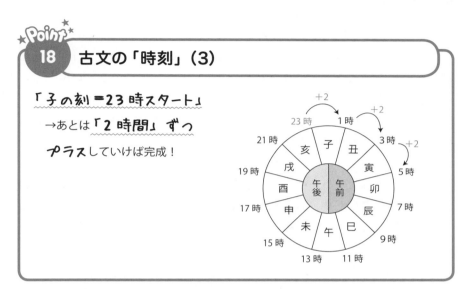

★Point★ 18　古文の「時刻」（3）

「子の刻＝23時スタート」
→あとは「2時間」ずつ
プラスしていけば完成！

※十二支は時間だけでなく「方角」も表すことができる。「子＝北／卯＝東／午＝南／酉＝西」。ちなみに「北東＝丑＋寅＝艮」「南東＝辰＋巳＝巽」「南西＝未＋申＝坤」「北西＝戌＋亥＝乾」。

チャレンジ！実戦問題 59 時刻　　　　　　　　　（➡答えは別冊 P.14）

問1　「子の刻」は何時から何時までの時間を表していますか。

問2　a「巳の刻」、b「午の刻」、c「辰の刻」は今の何時ごろにあたるか。それぞれ後のア～ケから選び、記号で答えなさい。

ア　午前4時ごろ　　　　イ　午前6時ごろ　　　ウ　午前8時ごろ

エ　午前10時ごろ　　　オ　正午ごろ　　　　　カ　午後2時ごろ

キ　午後4時ごろ　　　　ク　午後6時ごろ　　　ケ　午後8時ごろ

2-1 漢文のしくみと知識

では、ここからは「漢文」の勉強に入ろう。

「漢文」とは、簡単に言えば「古代中国語」の文章のことだ。「なんで国語の時間に中国語？」と思うかもしれないけれど、漢字の伝来以降、古代中国語は日本語に大きな影響を与えてきた。日本語の発達と古代中国語＝漢文は切っても切り離せない仲と言えるんだ。だから、今も漢文が「国語」のカリキュラムの１つになっているというわけ。

ただ安心してほしい。古代中国語を「古代中国語のまま」読むことは中学生には求められない。中学生が求められるのは古代中国語を**「日本語の古文」に書き直した文（＝書き下し文）**を読むこと。そして、古代中国語を**「書き下し文」に直すためのルール**を知ることだ。

一言に「漢文」と言っても、みんなが国語の勉強で見る「漢文」には３つのタイプがある。まず、その３タイプの名前と違いを理解するところからスタートしよう。

まず①「白文」。完全に「古代中国語」そのままの文のこと。さっきも言ったとおり、この「白文」をそのまま読めという問題はまず中学レベルでは出題されない。

②「訓読文」。「白文」の**左下に「レ・二・一」という文字がある**のに注目してほしい。この、左下につけられた記号のことを「**返り点**」と呼ぶ。漢文と日本語は言葉の順番が大きく異なる場合が多

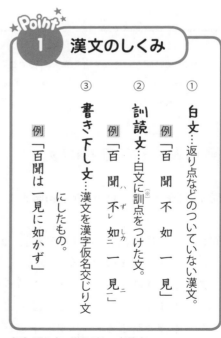

★Point★
1 **漢文のしくみ**

① 白文…返り点などのついていない漢文。

例「百聞不如一見」

② 訓読文…白文に訓点をつけた文。

例「百聞不レ如二一見一」（※）ハ ズ シカ

③ 書き下し文…漢文を漢字仮名交じり文にしたもの。

例「百聞は一見に如かず」

（※）返り点・送りがな・句読点

い。漢文を日本語に直すとき**「どの順番で書き直せばいいか」**を教えてくれるマークが**「返り点」**なんだ。

　それに、白文の**右側に「ひらがな」と「カタカナ」がくっついている**よね。この**「ひらがな」は「振りがな」**で、その漢字の読み方を表す。そして**「カタカナ」のほうが「送りがな」**だ。

　つまり漢文を書き下し文に直すときは、**左下の「返り点」で漢字の順番を並べかえて右下の「送りがな」を付け足せば完成！**ということ。

　そして、最終的に日本語に書き直されたものを③**「書き下し文」**と呼ぶ。

◇返り点のルール

　では、ここからは「返り点」のルールを学んで、②訓読文を③書き下し文に直す方法を身につけていく。まず、大原則を頭に入れてしまおう！

2　「返り点」の大原則

① **「レ」**がついた字は、いったん飛ばして読む！

② **「二」以上の数字**がついた字は、いったん飛ばして読む！

　この2つの大原則をもとに、例題を使ってルールをマスターしていこう。

> 漢文では、
> 書き下し文のルールと
> その読み方を理解しよう！

まずは例題A。「レ」がついた文字は一度読まずに飛ばすのがルールだ。

「恨」に「レ」がついているので、読まずにいったん飛ばす。 最初に読むのは「別」です。

そうだね。**「レ」の直後の字を先に読んでから、その次に「レ」がついた字に戻って読む**のがルール！　つまり「別」を読んで、その次に「恨」を読むのが正しい。送り仮名をつけると、「別れを恨んでは」となる。

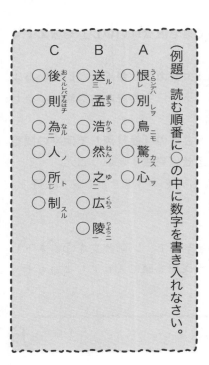

（例題）読む順番に○の中に数字を書き入れなさい。

A
○恨レ（うらンデハ）
○別ヲ
○鳥ニモ
○驚レ（カス）
○心ヲ

B
○送ルル（三）
○孟（まう）
○浩（かう）
○然（ねん）
○之ゅ（ノ）
○広（くち）
○陵（りょう二）

C
○後（おくルルバなほ）
○則（なはチ）
○為（なル二）
○人（ノ）
○所（ト　レ）
○制（スル）

ということは、**「驚」にも「レ」がついているから、これも一度飛ばす。**「レ」の直後の「心」を読んで、その後に「驚」を読むのが正しい。「別れを恨んでは、鳥にも心を驚かす」が正解。順番で言えば、「2→1→3→5→4」だな。

［訳：（家族との）別れを恨み悲しんで、（心を癒やしてくれるはずの）鳥にも胸を突かれる思いがする。］

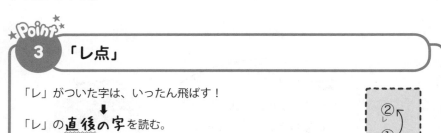

★Point★ 3　「レ点」

「レ」がついた字は、いったん飛ばす！
↓
「レ」の**直後の字**を読む。
↓
その**次に「レ」がついた字**を読む。

②
①

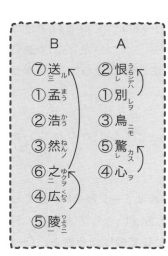

じゃあ、次はＢ。**「二」以上の数字がついた漢字も、いったん読まずに飛ばす**んだよね。ということは、**「送」に「三」がついているし、「之」に「二」がついている**から、どちらもいったん飛ばして読む。

　そうだね。そして、「一」がついた字が出てきたら、**まず「一」がついた字を読む。そして、その次に「二」が付いた字を読む**のがルール！　「二」がついた字を読んだら、その次に「三」を読む。

　Ｂの正解は「7→1→2→3→6→4→5」になるね。書き下し文にすると、「孟浩然の広陵に之くを送る」だ。

[訳：孟浩然（人名）が広陵へ行くのを見送る。]

Point 4　「一・二点」

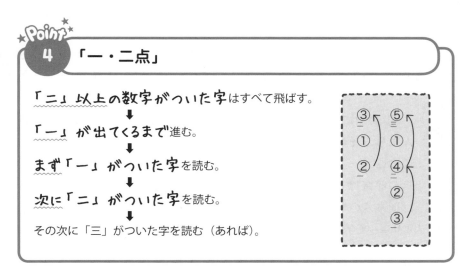

「二」以上の数字がついた字はすべて飛ばす。
↓
「一」が出てくるまで進む。
↓
まず**「一」がついた字**を読む。
↓
次に**「二」がついた字**を読む。
↓
その次に「三」がついた字を読む（あれば）。

　では最後はＣ。これは「レ点」と「一二点」の応用編だ。
できるかな？

C
① 後 おくルルレバずなはチ
② 則
⑥ 為 なルニ
③ 人 ノ
⑤ 所 レト
④ 制 スル

まず「為」に「二」がついているので飛ばします。そして「一」がついた字まで進むと……**「所」の字に、何か変なマークがついてますよ?**

何だコレ……「一」と「レ」がくっついたようなマークだな。

そのとおり!　まさにそれは**「一」と「レ」がくっついただけのマーク**。名前も「いちれてん」と、何のひねりもないネーミングだ。だから、**返り点としてのはたらきも、「一」と「レ」が合わさったもの**だと思えばいい。「レ」のはたらきがあるということは、まずはどうすればいいのかな?

「レ」があるときは、いったん飛ばす。ということは、まず**「所」は飛ばして、先に「制」を読む**。**その次に「所」へ戻って読む**。

そのとおりだ。そして、「所」へ戻ってくると、**そこには「一」点が待っている**わけだ。「一」がついた字が出てきたら、どうするのかな?

「一」の次には「二」がついた字を読む。ということは、**「所」を読んだら、その次に「為」を読めばいいんだ!**
確かに「一」と「レ」が合わさったはたらきをしている。
Cの答えは「1→2→6→3→5→4」。書き下し文だと「後るれば則ち人の制する所と為る」。

[訳:人より遅れて行動すれば、人に支配される結果となる。]

これで、返り点のルールはわかったね!

5 「レ」＝「一」と「レ」が合わさったもの！

「レ」がついた字はいったん飛ばす！
↓
「レ」の**直後の字**を読む。
↓
次に「レ」がついた字を読む。
↓
その次に「二」がついた字を読む！

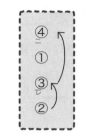

これで、返り点のルールはOK！ ただし、気をつけるべき注意事項が2つある。

◇書き下し文の注意点①　「ひらがなに直す漢字」

（例題）書き下し文に直しなさい。

D 家書　抵ル二万金一

E 一寸光陰不レ可カラ二軽ンズ

まずDを解いてみてほしい。「抵」の読み方がわからないと思うけど……書き下し文は、単に「漢字の下に送りがなをつける」だけで作ることができる。だから読み方がわからなくても、そのまま「家書万金に抵る」と書けばOK（「あたる」と読む）。

……その理論で言えば、Eの文はどうなるかな？

漢字は単に漢字のまま書いて、その下に送りがなを付け足すだけでいいんだよな。じゃあ「一寸の光陰軽んず**可から不**」になるはず。うーん、**「可から不」**のところに違和感が……。

「漢字は漢字のまま書けばいい」なら、今シュンくんが答えたとおりになる。でもシュンくんが違和感を覚えたように、明らかに日本語として不自然だよね。実は**「漢字を漢字のまま書かずに、ひらがなに直さないとダ**

メな場合」があるんだ。

★Point★
6　**「書き下し文」の注意点①**

「**助詞・助動詞**」は漢字で書いてあっても「**ひらがな**」に直す！
　→特に「不」に注意！「**不**」と書かずに「**ず**」「**ざ**」に直す。

　「可」という字には助動詞の「べし」、「不」という字には助動詞の「ず」
の働きがある。だからEは「一寸の光陰軽んず**べからず**」と書かなければ
ならない。このように、「助詞・助動詞」にあたる語は、たとえ漢字で書
いてあってもひらがなに直して書くのがルール。
　ただ、**実際試験で狙われるのは、ほぼ「不」の字だけ。「不」が出てき
たら、「ず」に直して書く**ルールは最低限覚えておこう。また、「不」に送
りがな「ラ・リ・ル・レ」がついたときは、「**ざら・ざり・ざる・ざれ**」
と書く。

◇**書き下し文の注意点②　「読まない漢字」**
　注意点の②。漢文の中には「置き字」といって、**「書き下しのときに読
んではいけない文字」**というのがあるんだ。高校入試レベルでは、「而・於」
の2つを覚えてほしい。

★Point★
7　**「書き下し文」の注意点②**

「置き字」＝「書いてあっても、**読まずに無視する**文字」のこと！
　→「**而・於**」は、**書き下し文には入れない！**
※ただし「而・於」に<u>送りがながついているとき</u>は無視せずに読む。

Fは、**「而」**があるから、**書き下しのときには無視して書けばいい**んですよね。だから「学びて時に之を習ふ」です。

Gは、**「於」**があるから、これも**書き下しのときには無視**。だから「良薬は口に苦し」だな。

（例題）書き下し文に直しなさい。

F　学_{ビテ}而時_ニ習_{フレ}之_{これヲ}

G　良薬_ハ苦_シ於_ニ口_ニ

そうだね。このように、「而・於」があるときは、その文字は無視して書き下し文に直せばいい。

ただ、1つハイレベルな話をしておくと、**「而・於」に送りがながついているとき**は、無視せずに書き下し文に直す。「而」の下に「モ」がついていれば「而も」と書き下すし、「於」の下に「イテ」がついていれば「於いて」と書き下す。余裕があれば覚えておこう。

訓読文を書き下すときは、
「助詞・助動詞」と
「置き字」に注意！

チャレンジ！実戦問題**60** 訓読　　　　　　　　（➡答えは別冊P.14）

問1　次の文（傍線がある場合は傍線部）を書き下し文に直しなさい。

① 受┐施　慎┐ンデ　勿┐レ　忘┐ルルコト
（慎んで忘るること勿かれ）

② 問┤ニ君子┤ヲ

③ 荘さう子し、見┤テ畜類ノ所レ行ク┐ヲ走リ逃ゲタルことヲ語る
（荘子、「走り逃げたる」語）

④ 不レ可ベカラル┐レ忘ず

⑤ 欲ス┐レ作ラント┤ニ家┤ヲ書┤ヲ

⑥ 勇者ハ 不┤ニ必ズシモ ラ 有レ 仁

問2　書き下し文の読み方になるように、返り点をつけなさい。送りがなはつけなくてよい。

① 後┐ニ黒┤ヲ則チ可ナリ
（黒を後にすれば則ち可なり）

② 不ず 必ズシモ 尋ね
（必ずしも尋ねず）

③ 在リ 不レ得ざるニ 一 ヲいっ
（一を得ざるに在り）

④ 不レ覚エ 到ル君 家
（覚えず 君が家に到いたる）

⑤ 挈ひっさげ妻子 而 去リ之 走ぐ
（妻子を挈へて之を去りて走ぐ）

⑥ 荆王 聞キ 之、謂ひ左 右 曰はく、
（荆けい王わうこれを聞きて、左さい右いうに謂ひて曰はく、）

⑦ 林 間 煖あた酒 焼た紅 葉
（林間に酒を煖めて紅葉を焼く）

⑧ 無 物 不レ 有
（物として有らざる無し）

◇漢詩の知識

　次は「漢詩」。つまり「漢文の詩」に関する知識を学ぶ。入試での出題頻度は低いけれど、学校の定期テストにはよく出題される。

　具体的に、覚えなくてはいけない知識は以下の３つ。

① 漢詩の「形式」　② 押韻（おういん）　③ 詩人・時代・作品名

2章

（例題）　H・Iの漢詩について、それぞれ次の問いに答えなさい。
問１　詩の形式を、それぞれ漢字４字で答えなさい。
問２　押韻された文字をすべて抜き出せ。

I
唯（ただ）見（みる）長江（ちゃうかう）天際（てんに）流（るるを）
孤（こ）帆（はん）遠影（かたの）碧（へき）空（くうに）尽（きキニ）
煙花（えんくわ）三月（げつ）下（くだる）揚（やう）州（しうニ）
故人（こじん）西（にしのかた）辞（しシ）黄（くわう）鶴（かく）楼（ろうヲ）

H
感（じテハ）時（ときニ）花（に）濺（そそぎ）涙（なみだヲ）
城（しろ）春（にして）草（くさ）木（ニ）深（しフカ）
国（くに）破（れて）山（さん）河（か）在（リ）
恨（うらンデハ）別（わかレヲ）鳥（に）驚（おどろカス）心（しんヲ）
烽（ほう）火（くわ）連（つらナリ）三（さん）月（に）
家（か）書（しょ）抵（あたル）万（ばん）金（きんニ）
白（しら）頭（がしら）掻（かケバ）更（さらニ）短（みじかク）
渾（すべテ）欲（ほっス）不（レ）勝（たヘ）簪（しんニ）

　まずは①漢詩の「**形式**」。これは非常に簡単で、単に「**タテの文字数**」「**ヨコの行数**」**を数えるだけ**でいい。

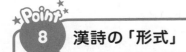

漢詩の「形式」

タテが
5字＝五言（ごごん）
7字＝七言（しちごん）

ヨコが
4行＝絶句（ぜっく）
8行＝律詩（りっし）

⇨ 「五言絶句」「五言律詩」「七言絶句」「七言律詩」の4パターン！

※　絶句の場合、「起承転結」の構成をとる。

　ということは、**H**は**タテが5字**だから「五言」で、**ヨコが8行**だから「律詩」。答えは「五言律詩」。
　Iは**タテが7字**だから「七言」で、**ヨコが4行**だから「絶句」ですね。答えは「七言絶句」。

　そのとおり。あと、たまに問われる知識として、「**絶句＝4行の詩**」は、その4行が「**起承転結**」の構成になることを覚えておきたい。
　では、次は②「**押韻**（おういん）」について。現代でも「韻を踏む」表現は歌詞などでよく見られるけれど、どういうものか知っているかな？　たとえば、次の詩を「音読」してもらえればわかると思う。

. . . .

きっと **all-right**	アタマ**爽快**	君と**往来**	春が**到来**
見ろよ **show-time**	俺が**招待**	相思**相愛**	君は**どうだい**？
チャンス**もう無い**	プラン**崩壊**	俺の**脳内**	急に**後悔**

. . . .

　「オーライ、ソーカイ、オーライ、トーライ、ショータイ」……。
これ全部「**同じ音**」がくり返されています。全部「o-・ai」の音。

そうだね。このように**「同じ音」をそろえる表現**を、漢詩の世界では**「押韻」**と呼ぶ。そして、**「行の最後の文字」**で**「押韻」**するのが漢詩のルール。

まず、Ｈの「各行最後の文字」を読んで、その「音」を考えてもらいたい。当然だけど**「訓読み」で読んだらダメだよ。「音読み」で読んでね。**

 各行最後の文字だから、「在・深・涙・心・月・金・短・簪」を読めばいいんだな。音読みで読むと「ザイ・シン・ルイ・シン・ゲツ・キン・タン・シン」か……。これ、**2・4・6・8行目が全部「in」の音になってる！**

そのとおり。問2のＨは「深・心・金・簪」の4文字が正解。漢詩では**「偶数行の最後の文字で押韻する」**という基本ルールがあるんだ。

押韻とは

最後の漢字を、同じ音でそろえること。

①　偶数（2・4・6・8）行の最後の文字は、押韻する

②　「七言」の場合は、1行目も押韻する

このルールに従うと、Ｉの漢詩はどうなるかな？

 偶数行の最後だから、2行目と4行目の最後ですよね。
「州」と「流」だから、どっちも「yuu」の音になっています。

そうだね。ちゃんと「偶数行の最後で押韻」というルールどおりになっているでしょ。ただ、最後にもう1つだけ。Ｉの漢詩は「タテが7文字ある漢詩」だから「七言」だ。**「七言」の詩の場合は、偶数行だけでなく「1行目の最後」も押韻する**のが基本ルール。

「1行目の最後」ということは……**「楼」**ですね。
答えは「楼・州・流」の3つ。
でも「楼」は音読みで読むと「ロウ＝<u>ou</u>の音」ですよね。
……さっきの「州／流＝<u>yuu</u>」とは音が違いませんか？

　「押韻」は本来「当時の中国語の発音」で考える必要があるんだけど、いま日本で使われている漢字の読み方と、当時の中国語の発音にはかなりズレがあるんだ。今回の例でいえば「楼・州・流」は本来「ラウ・シャウ・リャウ」のように発音されていたらしい。よって、「楼・州・流」の3つを正解にして全く問題ない。
　このように、日本の読み方ではうまくいかないケースもあるから、★Point★⑨の基本ルールを覚える必要が出てくるんだ。

◇**詩人・時代・作品名**
　では最後に、有名な詩人の「名前／時代／作品名」を覚えよう。
　超有名人を二人だけ覚えてほしい。

★Point★
10　**有名な漢詩の詩人**

★杜甫（とほ）　代表作「春望」　★李白（りはく）
→どちらも唐（とう）の時代！

※杜甫は別名「詩聖」、李白は別名「詩仙」と呼ばれることもある。
※「春望」と似た名前で「春暁（しゅんぎょう）」という作品があるが、これは孟浩然（もうこうねん）の作品。

　ちなみに、さっきの例題Hの作者が杜甫。Iの作者が李白。どちらも時代は唐。
　では、ここまでの知識をもとに、実際の入試問題を解いてみようか。

チャレンジ！実戦問題 61 漢詩の知識

（➡答えは別冊 P.15）

問1　①右の漢詩の空欄には押韻する字が入る。適切なものを1つ選びなさい。

ア　青　　イ　無
ウ　深　　エ　移

国破レテ山河在リ
城春ニシテ草木深シ
感時花濺グ涙
恨別鳥驚カス心
烽火連三月
家書抵万金
白頭掻ケバ更ニ短ク
渾スベテ欲ほっス不レ勝へ簪ニ

②この漢詩の形式を漢字4字で書きなさい。

問2　次の文章は、五言絶句「春暁」について書かれたものの一部です。 □□□□ にあてはまる四字熟語を書きなさい。

春眠不ず覚エ暁ヲ
処処聞ク啼鳥ヲ
夜来風雨ノ声
花落ツルコト知ル多少ゾ

　前半二句は、朝の風景です。絶句には「□□□□」という句作りの法則があり、第三句は場面を転じて、昨夜のことをうたいます。

（一海知義『漢詩の世界Ⅰ』より）

問3　次の文は中国文学に影響を受けた芭蕉（ばしょう）について述べたものの一部です。傍線部「中国の別の詩人」とありますが、その人物を選びなさい。

> 芭蕉は「春望」だけでなく、**中国の別の詩人**の詩も愛読し、それらを巧みに用いたと聞いたことがあります。

ア　西行法師　　イ　孔子（こうし）　　ウ　魯迅（ろじん）　　エ　李白

◇よく出る故事成語25

　最後に、「故事成語」について勉強しよう。「故事成語」とは、「漢文から生まれたことわざ」。「故事」は「昔のできごと」、「成語」は「慣用句・イディオム」という意味。代表的な故事成語を25個ピックアップした。

◆よく出る故事成語25◆

①**蛇足**→よけいな付け足し。

▶蛇の絵を早く描く競争をしていて、せっかく一番最初に描き上げたのに、調子に乗って蛇の絵に足を付け足したせいで失格になってしまった。

②**矛盾**→話のつじつまが合わないこと。

▶商人が「どんな盾も貫く最強の矛（武器）」と「どんな矛も防げる最強の盾」を同時に販売していた。

③**五十歩百歩**→違うように見えても、実質ほとんど同じであること。

▶戦争で、敵から50歩逃げた兵士が、100歩逃げた兵士のことを「臆病者」と言ってバカにした。

④**推敲**→文章を何度も練り直すこと。

▶詩を作るときに「（門を）推す」と書くべきか、「敲く」と書くべきかでずっと悩み続けた。

⑤**呉越同舟**→仲の悪いものどうしが一緒にいること・協力しあうこと。

▶呉と越は長年戦争をした国の名前。

⑥**蛍雪の功**→苦労して学問に励み、よい結果が出ること。

▶ランプをともす油が買えないほど貧乏なので、蛍や雪の光で勉強した。

⑦**四面楚歌**→まわりがすべて敵だらけであること。

▶楚と漢が戦争をしていて、楚が漢の軍隊に四面をすべて包囲されてしまった。夜、漢軍が「楚国の歌」を歌うのを聞いた楚王は「楚軍から多くの降伏者が出た」と思い、絶望する。

⑧**杜撰**→いい加減であること。

▶「杜黙」（ともく）という詩人が詩を作る（撰）と、ルールを無視したような詩ばかりができたことから。

⑨**杞憂**→不必要な心配をすること。

▶「杞」の国の人が、空や大地が崩れ落ちることを心配して夜も眠れなくなった、というエピソードから。

矛盾

どんな矛も防げるぞ

どんな盾も貫くぞ

ムジュンしてるわね

⑩**画竜点睛**→最後の大切な仕上げ。

▶画家が竜の絵を描いて、最後にその瞳を描き加えたところ、竜が天へと飛んでいった、というエピソードから。逆に、肝心な仕上げが抜けていることを「画竜点睛を欠く」という。

⑪**酒池肉林**→ぜいたくざんまい。

▶暴君が開いた、大量の酒で池を作り、大量の肉を林のようにつるした、ぜいたくきわまりない宴会のこと。

⑫**五里霧中**→方向や判断を見失うこと。

▶道教の修行者が、五里（約20km）の霧を発生させる術を使い、姿をくらましたというエピソードから。

⑬**塞翁が馬**→人の運命は予測がつかないこと。

▶塞翁という老人の馬が逃げてしまったが、逃げた馬がもっと良い馬を連れて帰ってきた。しかし塞翁の息子がその馬に乗って落馬し足の骨を折ってしまった。しかし足の骨を折ったことで兵役をまぬかれ、戦争に行かずにすんだ。

⑭**隔靴掻痒**→思うようにいかず、もどかしいこと。

▶靴の上から足のかゆい部分をかいても、かゆい場所に手は届かない。

⑮**臥薪嘗胆**→将来の成功や復讐のためにあえて辛い思いをすること。

▶敗れた敵に復讐を誓い、屈辱を忘れないために薪を敷いて寝たり、苦い胆を嘗めたりして、わざと自分で自分を苦しめることをした。

⑯**玉石混交**→良いものと劣ったものが混ざっていること。

▶「玉」は宝石、「石」はただの石ころ。「玉石混淆」と書くこともある。

⑰**漁夫の利**→二者が争っている間に第三者が利益を横取りすること。

▶海辺で鳥とハマグリがけんかをしているところに、漁師がやってきて鳥とハマグリを両方とも捕まえてしまった。

⑱**大器晩成**→偉大な人物は、大成するのに時間がかかること。

▶大きな器であればあるほど、完成まで長い時間がかかるという比喩。

⑲**虎穴に入らずんば虎児を得ず**→危

険を避けていては、大きな成功は得られない。

▶虎が住んでいる群れに入らなければ、貴重な虎の子を手に入れることはできないという比喩。

⑳背水の陣→後には引けない状況で、必死でやること。

▶戦争のとき、将軍がわざと後ろに川がある場所に陣地を作らせ、退却不可能な状況に兵士を追い込むことで死にもの狂いで戦わせた。

㉑覆水盆に返らず→一度失敗すると、もう取り返しがつかないこと。

▶働かない夫に妻は愛想を尽かして離婚した。その後男が出世すると、別れた妻が再婚を申し出た。男は盆の水をわざと土の上にこぼして「この水を元に戻せたら再婚しよう」と言った。

㉒温故知新→昔のことを学ぶことによって、新しい知見を得ること。

▶書き下し文にすると「故きを温ねて（温めて）新しきを知る」

㉓李下に冠を正さず→誤解を招く行動をしてはいけない。

▶スモモ（李）の木の下で、冠をかぶり直そうとして手を上げると、泥棒と勘違いされてしまう。

㉔人口に膾炙する→世間に広く知れ渡り、もてはやされること。

▶膾と炙は、当時の中国で大人気の料理。これらの料理を誰もが皆喜んで食べたことから。

㉕鶏口と為るも牛後と為るなかれ→大きな組織の下っ端でいるよりも、小さな組織の長になったほうがいい。

▶鶏は「小さな生き物」、牛は「大きな生き物」。口は「組織のトップ」、後（尻）は「組織の下っ端」をそれぞれたとえている。

故事成語には、必ず、その由来となる物語があるよ！

チャレンジ！実戦問題 62 故事成語

（➡答えは別冊 P.15）

問1　_____線の故事成語の使い方が適切なものをすべて選びなさい。

ア　僕と弟は**呉越同舟**のとても仲の良い兄弟だ。

イ　納得がゆくまで**推敲**を重ねた作文を提出する。

ウ　彼の発言と行動には以前から**矛盾**が多い。

エ　現代の科学技術は**五十歩百歩**で進んでいる。

オ　せっかく書いた文章だが、最後の一文は**蛇足**だ。

問2　次の[　　]にあてはまる言葉をそれぞれ選びなさい。

① 　A先生のわかりやすい説明の後なのですが、私が[　　　]ながら最
　　後に一言付け加えます。

② 　私の立てた[　　　]な計画のために、みんなが迷惑を被った。

③ 　けんかばかりしているB君とCさんが同じ班なんて、まさに[　　　]だ。

④ 　よく[　　　]と言うように、悪いことばかりが続くものではない。

⑤ 　D君は一晩中[　　　]を重ねてやっと作文を書き上げた。

⑥ 　彼のやることは[　　　]を欠くことが多い。

ア　蛍雪の功　　　イ　画竜点睛（がりょうてんせい）　　ウ　呉越同舟　　エ　塞翁が馬（さいおう）

オ　四面楚歌（しめんそか）　　カ　推敲　　キ　助長　　ク　杜撰（ずさん）

ケ　杞憂（きゆう）　　コ　蛇足

2
章

2-₂　漢文読解演習

では最後に、漢文の読解問題をやってみよう。

高校入試レベルの漢文で求められるのは以下の2つ。

---

① 書き下された漢文を読むこと。

② 書き下し文に直すこと（→ P.378）。

つまり、中学レベルでは「漢文を漢文のまま」読むことは基本的に要求されない。だから、すでに勉強した「古文の読み方」がわかっていれば、漢文も問題なく読み取れるはずだ。

ただし「日本の古文」と「中国の漢文」では、もともとの文化が違うから**「古文ではあまり使われないが、漢文にはよく出る」**単語や表現が存在する。読解演習に入る前に「漢文でよく出る単語・表現20」に目を通してもらいたい。

◆漢文でよく出る単語・表現20◆

①**子・君子**＝先生・立派な人物・あなた。→「子供」と訳してはいけない。
例「君子は豹変し、小人は面を革む。」…立派な人物は、自分の誤りに気づけば根本から自分を改めるが、つまらない人物は表面だけを変えて、中身は全く変えることができない。

②**故人**＝古い友達・旧友。→「死んだ人」ではない。
例「故人西のかた黄鶴楼を辞し」…古い友人が西の黄鶴楼に別れを告げ

③**亦た～ずや**＝なんと～なことではないか。→感動を込めた言い方。

例「亦た楽しからずや。」…なんと楽しいことではないか。

④**未だ～ず**＝まだ～ない。
例「未だ学を好む者を聞かざるなり。」…学問を好む者をまだ聞かない。

⑤**将に～んとす**＝今にも～ようとする。→⑥との違いに注意。
例「将に雨降らんとす。」…今にも雨が降ろうとしている。

⑥**当に～べし**＝当然～べきだ。きっと～だろう。
例「当に寸陰を惜しむべし」…当然わずかな時間も惜しむべきだ。

2章

⑦……**をして～しむ**＝……に～させる。→「しむ」は漢字で書くと「使」。

例「四面の騎<u>を</u>して、馳せ下ら<u>しむ</u>。」…四方の騎兵に、駆け下り<u>させた</u>。

⑧**能く**＝～できる。

例「吾<u>能く</u>之が足を為る。」…私はこれ（蛇）の足を描く<u>ことができる</u>。

⑨**～能はず／得ず**＝～できない。

例「その人応ふること<u>能</u>はざるなり。」＝その人は答える<u>ことができなかった</u>。

⑩**～べからず**＝～できない／してはいけない。

例「匹夫も志を奪う<u>べからざるなり</u>。」…つまらない人間でも、堅い意志があれば、それを奪う<u>ことはできない</u>。

⑪**～勿かれ**＝～してはいけない。

例「己の欲せざる所、人に施すこと<u>勿かれ</u>。」…自分のしてほしくないことは、人に<u>してはいけない</u>。

⑫**なんぞ／なんすれぞ／いづくんぞ**＝どうして～だろうか。→反語（どうして～だろうか、いや～ではない）で訳す場合も多い。

例「子<u>いづくんぞ</u>能く之が足を為らん。」…あなたが<u>どうして</u>これ（蛇）の足を描ける<u>だろうか</u>。（もともと蛇に足は存在しないから）<u>いや、できるはずがない</u>。

⑬**いかん**＝どうする・どうだ。

例「子の矛を以て、子の盾を通さば<u>如何</u>。」…あなたの矛（武器）で、あなたの盾を突き通したら<u>どうなる</u>。

⑭**いやしくも～**＝仮にも～なら→「卑しい」と訳してはいけない。

例「<u>苟しくも</u>過ちあらば人必ずこれを知る。」…<u>仮に</u>間違いが<u>あれば</u>、人が必ず気づいてくれる。

⑮**～に如かず**＝～には及ばない

例「百聞は一見に<u>如かず</u>。」…百回人から話を聞くことは、一回自分の目で見ることには<u>及ばない</u>。

⑯**～と欲す**＝～したい／しようとしている。

例「渾て簪に勝へざらん<u>と欲す</u>」…（髪が薄くなり）全く簪を支えきれない状態に<u>なろうとしている</u>。

⑰**請ふ～**＝～てもらいたい／しようではないか。

例「<u>請ふ</u>、地に画きて蛇を為り、先づ成る者酒を飲まん」…地面に蛇の絵を描き、最初に完成させた者が酒を飲めるということに<u>させてもらいたい</u>（<u>しようではないか</u>）。

⑱**すなはち**＝すぐに／そのまま

例「樊噲<u>即ち</u>剣を帯び、盾を擁して軍門に入る。」…樊噲は<u>すぐに</u>剣を腰につけて、盾を持って門に入った。

⑲**況んや～をや**＝ましてや～ならなおさらだ。

例「禽獣すら恩を知る。而るを<u>況んや</u>人に於いて<u>をや</u>。」…鳥獣ですら恩を知っている。であれば、<u>ましてや</u>人間なら<u>なおさらだ</u>。」

⑳**謂ふ／曰はく**＝言う。

例「子、子貢に<u>謂ひて曰く</u>、『女と回といづれかまされる』と。」…先生が子貢に<u>言った</u>。「お前と顔回（人名）と、どちらが優れているか」と。

◇入試問題漢文演習

チャレンジ！実戦問題❻❸ 漢文読解演習　　　　　（➡答えは別冊 P.15）

問題　次の書き下し文と漢文とを読んで、あとの問いに答えなさい。

① 斉の※景公、※子貢に謂ひて曰はく、「子は誰をか師とする。」と。曰はく、「　　　　　　　　　　　　」と。

② 公曰はく、「※仲尼は賢なるか。」と。対へて曰はく、「賢なり。」と。公曰はく、「其の賢なること何若。」と。対へて曰はく、「知らざるなり。」と。

③ 公曰はく、「子其の賢なるを知り、而も其の奚若なるを知らず、可なるか。」と。

④ 対へて曰はく、「今天を高しと謂はば、少長愚智と無く皆高きを知る。高さ幾何かは、皆曰はく、『知らざるなり。』と。是を以て仲尼の賢なるを知りて、而も其の奚若なるを知らず。」と。

斉ノ景公謂ニ子貢ニ曰、「子誰ヲカ師ナルト。」曰、「※臣師トス仲尼ヲ。」公曰、「仲尼賢ナリト乎。」対ヘテ曰、「賢ナリト。」公曰、「其賢也何若。」③対ヘテ曰、「不レ知也。」公曰、「子知ルニ其賢ナルヲ、而不レ知ニ其奚若ナルヲ、④可ナルカ乎。」対ヘテ曰、「今謂ニ天高一、無ニ少長愚智一、皆知ルニ高キヲ。高幾何、皆曰、『不レ知也。』是以テ知ニ仲尼之賢一、而不レ知ニ其奚若一。」

（『説苑』より）

（※注）斉…春秋時代の国の１つ　　景公…斉の君主　　子貢…人名　　仲尼…孔子　　臣…私

問1　傍線①②の現代語訳として適当なものを１つずつ選びなさい。

①　ア　誰が子どもの先生になるのですか。

　　イ　子どもの先生には誰がいいですか。

　　ウ　あなたは誰を先生としていますか。

　　エ　誰もあなたを先生だと思いません。

②　ア　それがよいではないか。　　イ　そんなことでできるか。

　　ウ　それはどれほどなのか。　　エ　そんなことでよいのか。

問2　漢文を参考にして、空欄 ◻◻◻◻◻ に入る書き下し文を書きなさい。

問3　傍線③「対ヘテ曰ハク」の主語を1つ選びなさい。
　ア　景公　　イ　子貢　　ウ　仲尼　　エ　皆

問4　傍線④を書き下し文を参考にして返り点をつけな
　さい。（送り仮名は不要）

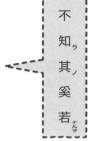

問5　本文の内容説明として最も適当なものを1つ選び
　なさい。
　ア　子貢は景公の問いに対して、誰も天の高さを言うことはできないが、
　　何でも知っている孔子ならば言うことができると反論した。
　イ　子貢は景公の問いに対して、天の高さなど全く比べものにならない
　　くらいに、孔子は誰よりも優れていて偉大であると反論した。
　ウ　子貢は景公の問いに対して、孔子はどれほど優れているか言えない
　　ことと、天の高さを知らないことは同じことだと反論した。
　エ　子貢は景公の問いに対して、孔子の賢明さと天の高さとは人間のこ
　　とと自然のことであるので、比較は不可能であると反論した。

では、古文のときと同様に、まずは二人に訳してもらって、その後で重
要ポイントを整理していこう。

　では、１。問2は先に解けますね。漢文と ◻◻◻◻◻
　を対応させると……「臣師仲尼」の部分を書き下
　しに直せばOK。右の図のとおり**「臣は仲尼を師
　とす」**が答え。全体の訳は……

　〝斉の景公が、子貢に言った。「あなたは誰を師匠
　とするか？」と。（子貢は）言った、「わたしは孔
　子を師匠とします」と〟
　空欄のセリフは誰が主語か書いていないけど、**景公→子貢への質問
　の直後にあるので、子貢が答えたセリフと考える**のが自然。

　そのとおりだね。古文と同様、漢文でも主語が省略されることはあるから、同じように **「前のストーリー」から主語を判断**すれば OK だ。その他、読解のポイントはコチラ。

・**「謂ひて」「曰はく」**→どちらも **「言う」** の意味。
・**「子」** → **「あなた・先生」** の意味。「子ども」ではない。
・**「誰をか」** →係り結び「か」があるので**疑問文**。

　このポイントをふまえると、**問1ー①の答えはウ**になるよね。

 じゃあ②をやってみよう。
　〝景公は言った、「孔子は賢いか？」と。（子貢が）答えて言った、「賢いです」と。景公は言った、「その賢いことはどれぐらいか？」と。（子貢が）答えて言った、「知りません」と。〟
　これも景公が質問して、子貢が答えているから、**問3の答えはイ**。
　子貢は「私の先生は賢い！」と言ったくせに、その直後に「どのぐらい賢いか？　知るか！」って答えたんだな……。
　景公はビックリするはず。

・**「賢なる か」「賢なり」** → 「なる／なり」は **「〜である」** と訳す。「か」がついているので**疑問文**。
・**「何若」** → **「いかん」は「どう（how）／なぜ（why）」と訳す。**今回は注がついているが、注がなくても理解できるように。
・**「知らざるなり」** → 「ざる」がついているので**否定文**。

漢文でも、
主語が省略されることが
あるんだね

次は③。問4は「返り点」の問題なので、先に解けます。書き下し文が「其の奚若なるを知らず」だから……答えは右のとおり。③全体の訳は…

〝景公が言った、「あなたは、その賢いことを知っていて、それなのにどれぐらい賢いかを知らないという。それは<u>可であるのか？</u>」と〟

「<u>可であるのか？</u>」の意味を答えるのが、問1－②ですね。

（右の図）
不⑤
知④
其①
奚②
若③

2章

そうだね。古文／漢文の「現代語訳」問題では、まず**「傍線と選択肢の対応」**をチェックすることが重要。

問1－②の選択肢を見ると、「可」という漢字の意味は、ア「よい」、イ「できる」、エ「よい」の部分に対応している。**ウの選択肢に「可」を表す意味の言葉は入っていない**から、この時点でウは不正解だと判断できるんだ。ウの「どれほど」という意味の言葉は、本文中で言えば「奚若」だけど、「奚若」は傍線中には含まれていない。このように、傍線の中の言葉と、選択肢の中の言葉がちゃんと対応しているかどうかをチェックして、正解の候補を絞っていくんだ。

さらに、アの選択肢には「よいでは**ない**か」と、「否定」を表す言葉が含まれている。でも傍線中に「不」のような「否定」を表す漢字は入っていない。

ということは、アも正解になれない。答えはイかエどちらかだ。

★Point★
2 **傍線部の口語訳**

① **傍線の言葉と、選択肢の言葉の対応をチェック**する。

→傍線の言葉が選択肢に含まれていなければ、不正解。

② ①だけで答えが出ないときは**ストーリーの流れで判断！**

イとエのどちらが正解かは、傍線だけでは判断できない。
あとは**ストーリーの流れの中で、どちらがいいか判断するしかない。**

 問1－②の正解はエだと思う。 イ「そんなことででできるか」だと、
何ができるのかわからないし、意味不明。

そうだね。もしイが「そんなこと**が**できるか」なら、イでもOKだろう。
でも今回は「そんなこと**で**できるか」だから、これだと「何ができるのか」
わからない、意味の通らない文になってしまう。
　このように「現代語訳」の問題は、「①傍線と選択肢の対応チェック→
②ストーリーの流れチェック」という**2段階攻撃**で攻略することが大事。
傍線だけで答えを出すのもマズいし、逆にストーリーの流れだけで答えを
決めるのも危険。……その他、③の読解ポイントは以下のとおり。

・「而も」→「それなのに」のように逆接で訳す。「そのうえ／それでいて」
　のように「付け足し」を表す場合もある。
・「知らず」→**「ず」**がついているので否定文。

 じゃあ、最後の④。景公に「そんなことでよいのか？」と聞かれた
直後だから、これは子貢のセリフだな。
　〝（子貢が）答えて言った、「今天を高いと言ったら、だれだって皆
高いのを知っています。高さがどれくらいかは、皆『知らない』と
言います。こういうわけで、（私は）孔子が賢いことは知っていま
すが、それがどれくらいかは知らないのです」と。〟
「孔子の賢さ」を「天の高さ」にたとえて説明したということ。「天」
が高いのは見ればわかるが、どのくらい高いかはわからない。孔子
が賢いのも話せばわかるが、どのくらい賢いかはわからない。だっ
たら……**問5の答えはウ**だ。

そのとおり。子貢は「天の高さ」をたとえに出すことで、「孔子の賢さは、天の高さと同様、凡人には計り知れないレベルにある」ことを表現したわけだ。

これで、みごと全問正解を出すことができた。

4の読解ポイントを整理して、古文・漢文については終了！

・「謂はば」→「aの音＋ば」なので「もし〜なら」と訳す。

・「少長愚智と無く」→今回は注がついているが、注がなかったとしても漢字から十分類推可能。「**漢字をヒントに文の意味を理解する**」という基本をもう一度思い出そう。

・「是を以て」→「以て」は「〜によって／〜で」と訳す。

ストーリーの流れをつかむことが大切だね

現代文の読解問題

◇「入試国語」の勉強とは？

　ここからは、いよいよ入試の中で最も配点が高い「現代文の読解問題」について、その攻略法をマスターしていく。

うーん……。**現代文の読み取りって、何を勉強していいかよくわからなくて困ります。**文法や古文は、覚えることがはっきりしているけど、文章の読み取りって、どうやればできるようになるんですかね……？

　確かに読解問題は「勉強のしかたがわからない」「勉強してもムダ」というイメージがすごく強いよね。

　なぜそういうマイナスイメージが生まれるかというと、みんなが普段受けている**「学校の定期テスト」と「入試」の内容が、あまりにも違う**からだと思うんだ。学校の定期テストは基本的に「授業ですでに勉強した文章」がそのままテストに出題されるよね。だから極端な話、授業をちゃんと聞いて、ノートの内容を覚えて、ワークの問題を解けるようにしていけば、誰でも点数が取れるはずだ。

　でも**入試では「全く見たこともない文章」をいきなり読まされて、その場で答えを出さないといけない。**いくら過去問を解いて練習してもその問題は二度と出題されないから、「勉強してもムダ」というイメージが生まれてしまう。

そうなんですよ！　「この本から試験を出します」って予告してくれればいいのに、何の予告もなしに知らない文章を読まされるわけですよ。そんなの対策の立てようがないです。

　気持ちはわかるよ。でも、現実にそういう「知らない文章をいきなり読む」入試を受けなければいけないわけだから、どうにか対策を立てる必要がある。

　そして、その対策を可能にするすばらしい参考書が、この『やさしい中学国語』なんだ。よかったね、この本と出会えて。本当におめでとう。

 疑いの目……。

　まぁ、まだ信じられないのも無理はない。では、ここからが本題。

　「知らない文章をいきなり読む」入試に対して、どんな対策が可能なのか。答えは**「どんな文章・どんな問題にも応用がきく正しい読み方・解き方・考え方を身につける」**ことだ。

　同じ文章／同じ問題が二度と出題されない以上、ただ答えを暗記するだけの勉強には全く意味がない。

1 「読解問題」の勉強とは？

どんな文章／どんな問題にも通用する、
正しい読み方／解き方／考え方を身につけること！

 「どんな文章にも通用する方法」……。そんなのあるのか！

　出題される文章は確かに毎回毎回変わる。でも、文章には「ジャンル」というものがあるよね。たとえば「説明文」や「小説」のように。

　実際の入試問題をたくさん分析すれば明らかなんだけど、入試問題というのは**各ジャンルごとに「中心となる内容」「問題で問われる内容」がほぼ決まっている**。言い換えれば、出題される文章そのものが違っても、文章中から発見しなければならない重要ポイントは変わらないんだ。

　数学は「公式」を理解すれば代入する数字が変わっても正解を出せる。

英語も「文法」を理解すれば使う単語が変わっても正しい文を書ける。国語も「正しい読み方／解き方／考え方」を理解すれば、たとえ文章の内容が変わっても自分の力で読み解くことができるんだ。

　では、現代文の「正しい読み方／解き方／考え方」とは何か？　その方法は文章の「ジャンル」によって決まる、と言ったけれど、具体的には大きく2タイプに分かれる。

> **★Point★**
> **2**　　現代文の2大ジャンル
>
> ①　人物の「心情」が中心となる文章。→韻文&小説
> ②　筆者の「主張」が中心となる文章。→説明文（評論）

　タイプ①は**「人の気持ち」**が内容の中心になる文章。当然、入試でも「気持ち」を答えさせる問題が中心に出る。多くの試験では「小説」が出題されるけど、たまに「韻文」が出るケースもある。**「韻文」**というのは「詩・短歌・俳句」をまとめて呼ぶ名前のことだ。いずれにせよ「本文から気持ちを読み取る方法」を、この参考書で身につければ大丈夫。

　タイプ②は**「筆者の主張」**が内容の中心になる文章。具体的には「説明文（評論）」と呼ばれ、入試では最も配点が高いことが多い。

　この先、1章と2章でタイプ①の攻略法をマスターして、3章でタイプ②の攻略法をマスターする。
　そのつもりで、この先を読み進めていってほしい。

現代文の正しい
読み方／解き方／考え方を
身につけましょ!!

表現技法・詩の形式

◇「表現技法」を覚えよう

　では、ここから「気持ち」の読み取り方を1つずつ覚えていきたい。

　本格的な読解法を勉強する前に、まずは基礎知識。**「気持ち」を表現したり、強調したりするために使う「表現技法」**を理解してもらう。

　この「表現技法」は読み取りのテクニックとしても便利だし、「表現技法の名前を答えさせる」問題として入試や定期試験でもよく問われる。

「表現技法」とは?

「気持ち」を表現したり、強調するためのテクニック!

★「たとえる」タイプの表現技法

　① 直喩（明喩）　② 隠喩（暗喩）　③ 擬人法

★「強調する」タイプの表現技法

　④ 反復法　⑤ 対句法　⑥ 体言止め　⑦ 倒置法

※ほかに「省略」などの技法もある。

 表現技法は全部で7つあるんですね。

　「たとえる」タイプと「強調する」タイプに分かれる。

　「たとえる」のも「強調する」のも、作者が「気持ち」を伝えるために使うテクニック。まず「たとえる」タイプから1つずつ説明していこう!

1章

◇「たとえる」タイプの表現技法

　まずは①**「直喩」**から。これは、簡単に見抜く方法があるんだよね。知ってる人も多いんじゃないかな？

 「ような／みたいな」がついているのが「直喩」と習ったな。

　そのとおり。まずは**「ような／みたいな」がついた表現＝直喩**と覚えよう。古い言葉だと**「ごとく」**という言い方もある。でもね……。

 でも？

　実は、**「ような／みたいな」がついていても、100％直喩だとは言い切れない**んだ。すでにP.190で勉強しているけど、もう一度復習しよう。

（例題）次の中から「直喩」が含まれたものを2つ選びなさい。
A　このふとんは、もう使えない**ようだ**。
B　このふとんは、マシュマロの**ようだ**。
C　このふとんの**ように**、寝心地のよいものがほしい。
D　このふとんは、雪の**ようだ**。

 全部「ようだ／ように」がついているけど……この中で直喩は2つしかない。どう区別すればいいんだろう？

　ここで、P.190をもう一度読み直そう。「比喩」とは**「本物ではないもの」を使った表現**のこと。たとえば「ゴリラのような男」は「本物のゴリラ」ではないから「比喩」と言える。でも「ゴリラのような力強い動物」だと「本物のゴリラ」の話だから「比喩」とは言えないんだ。

 となると、**A**は「本当にふとんが使えない」から、直喩ではない。**B**はふとんが「本物のマシュマロ」のはずがないから、直喩。

Cは「本当に寝心地がよい」から、直喩ではない。

Dは、ふとんは「本物の雪」じゃないから直喩！！

そのとおり。ちなみにAは「推定」、Cは「例示」の意味を持つ（→ P.190）。

表現技法①

直喩 →「～よう／みたい／ごとく」を使ってたとえる！

② 「隠喩」も同じ「比喩」の仲間だけど、①「直喩」と何が違うか知ってるかな？

「隠喩」は**「～よう／みたい／ごとく」等を使わずに**たとえる表現。だとすると「ような」をチェックしても意味ないですよね。

そのとおり。「隠喩」を見抜くには、さっき勉強したように「本物ではないもの」を使った表現かどうかを確かめるしかない。実際にやってみよう。

（例題）次の中から「隠喩」が適切に使われた文を2つ選べ。
E　このふとんは値段が高い。　　　F　このふとんはセンベイだ。
G　このふとんは宝石だ。　　　H　このふとんはキングコングだ。

Eは、隠喩ではない。だって**「本当にふとんの値段が高い」**から。「本当のこと」をそのまま書いた文は「隠喩」とは言えない。

Fは、隠喩。ふとんが**「本物のセンベイ」のわけがない**から。

Gは隠喩。ふとんは**「本物の宝石」**じゃないから。

Hは、意味がわからないけど……。でも、ふとんは本物の「キングコング」ではないから、これも隠喩なのかな?

Hも「本物のキングコング」ではないから、今までの理屈で言うと隠喩になるはず。でも、シュンくんが感じたように、明らかにHは意味不明だよね。答えを2つ選ぶなら、やはりFとGを正解にすべきだ。

では、なぜFとGは「隠喩」として適切なのに、Hだけ意味不明になってしまうのか。この例を通じて、「比喩」の本質を理解してほしいんだ。

★Point★ 3 表現技法②

隠喩 →「～よう／みたい／ごとく」を使わずにたとえる!

「比喩」とは何か?

★「本物ではないもの」を使った表現。

★ただし、何らかの「共通点」がなくてはいけない!

「共通点」がなければ「比喩」になれない……。

となると、Fは**「ふとん」と「センベイ」の間に共通点がある**ということ。そうか、「薄さ」だ。薄くて寝心地の悪い布団のことを「センベイぶとん」って言うし。

Gは**「ふとん」と「宝石」の間の共通点**。「値段の高さ」とか「貴重さ」かな? もしかすると、ふとんのデザインがキレイなのかも。それなら「美しさ」が共通点になるよな。

そのとおりだ。もちろん隠喩だけではなく直喩でも同じことが言えるよ。**P.411のBは「ふとん」と「マシュマロ」の間に共通点がある**ということ。

すると「ふわふわであること」や「やわらかさ」が思い浮かぶはずだ。**D は「ふとん」と「雪」の共通点。**「白さ」あるいは「冷たさ」が共通点と言えるだろう。このように共通点を見つけたときに、読者はその比喩の意味を理解することができるんだ。

　さて、なぜHが比喩として変なのか、もうわかったよね。

 「ふとん」と「キングコング」の間に、何の共通性も感じられないからだ。

　そのとおり。まぁ、「ふとんの色や柄がキングコングっぽい」などの可能性もゼロではないけど……。何の説明もなしに言われても理解できないよね。

　このように**「似て非なるもの」**を使って表現すること。これこそが「比喩」の本質と言える。

　表現技法は「気持ち」を読者に伝えるためにあると最初に説明したよね。Bの「ふわふわ／やわらか」、Dの「白さ」、Gの「美しさ」はどれも作者の感動を表すものと言えるし、Fの「薄さ」もマイナスの感情が伝わる表現になっている。「共通性」を読み取ることは、すなわち気持ちを読み取ることに直結する。

　では、「たとえる」シリーズの最後。③**「擬人法」**へ進もう。

 「擬人法」は、「人間以外のものを、人間にたとえる」表現。

　その説明も間違いとまでは言わないけど……誤解して覚えている人が多いから、1つ例題を使って「擬人法」を正しく理解しよう。

（例題）次のうち「擬人法」が含まれたものを1つ選びなさい。
　Ｉ　人間のような顔をした犬。　　Ｊ　犬が猫に話しかけている。

ＩもＪも「犬を、人間にたとえた表現」だよね。
ということは、両方「擬人法」では？

 でもＩは、「ような」があるし、犬と人間の「顔つき」が共通点になっているから、「直喩」とも言える気がする。

　シュンくんが正解。Ｉは「直喩」、Ｊが「擬人法」。「擬人法」は、人間以外のものが**「人間らしい／人間にしかできない」**動作などをする表現を指す。Ｉでは、犬が「人間らしい動き」をしてはいないよね。だから擬人法とは言えないんだ。「人以外を人にたとえる」という覚え方だと、ＩとＪの区別がつかなくなってしまう。

 Ｊの**「話しかけている」**は確かに**「人間らしい／人間にしかできない動作」**と言えるよな。本当は**「犬がほえている」**だけなのを、人間が話しかけているように見立てて表現したわけだ。

4　表現技法③

| 擬人法 | →人間以外のものを、人間に見立てた表現！ |

↓

＝人間以外のものが、**人間らしい／人間にしかできない**
　動作 etc. をする！

　そのとおりだね。これで「たとえる」表現は終了！　次は「表現技法」もう１つのタイプ、「強調する」表現について勉強していこう。

次は、「強調」！

◇「**強調する**」**タイプの表現技法**

　まずは、いちばん簡単なものから覚えよう。④「**反復法**」は、「**同じ言葉をくり返す**」だけだから、誰でも簡単に発見できるはずだ。

5　表現技法④

|反復法|→「**同じ言葉**」をくり返す表現！

（例題）　「反復法」によって強調されている部分を抜き出しなさい。
　　　　　また、そこに込められた作者の気持ちを考えてみよう。
K　会いたくて　会いたくて　あなたに　会いたくて。
L　とても仲良しだったあの子が死んだ。死んでしまった。※

Kは、「会いたくて」の部分が反復されています。
ということは**「会いたい」気持ちが強調**されている。

Lは、「死んだ」の部分が反復されている。
ということは、**「悲しい」気持ちが強調**されているはず。

　そうだね。「反復法」のような「強調」タイプの表現技法を使うと、作者の気持ちがより強く読者に伝わることがわかるよね。

※ただし、L「死んだ」は、気持ちそのものを表す表現ではない。たとえば、作者が「あの子」のことを嫌っていた場合、「悲しみ」ではなく「ザマアミロ」という気持ちの表現である可能性も否定できない。今回は「とても仲良しだった」という情報や「死ん<u>でしまった</u>」という表現によって「悲しみ」と判断できるのである。

　次は、⑤**「対句法」**。「反復法」と似たところがあるので、しっかり区別して覚えよう。

★Point★
6　表現技法⑤

対句法 →「同じ形」をくり返す表現！

「反復法」は、全く同じ言葉をくり返す表現だったよね。

> 反復法　**さくら　さくら**　花ざかり

　それに対して「対句法」は、**使う言葉は異なる**けれど、**「形」が同じ**ものをくり返す表現のことを言うんだ。たとえば……。

> 対句法　**うさぎ　追いし　かの山**
> 　　　　**小鮒 追いし　かの川**
> 　　　　（こぶな）

確かに、使われている言葉は「うさぎ→小鮒」「追いし→釣りし」「山→川」のように変化しているけれど……
両方とも「動物＋動作し　かの場所」という形の文になってる。

「うさぎ　追いし」の「し」は、古文で勉強した「過去」の形（→ P.297）。
「かの」は指示語「あの」。
だから「うさぎを追いかけた、あの山、小鮒を釣った、あの川。」と訳せる。この歌、「うさぎ美味しい」って意味じゃなかったんだな……。

それ、シュンくんと同じ誤解してる人いっぱいいるよね……。

　次は⑥**「体言止め」**。これは、「体言止め」という名前から、どんな表現技法か予想できるはず。「体言」って、何のことだっけ？（→ P.131）

「体言＝名詞」のことですよね。「体言止め」ということは、「**文の終わりを名詞で止める**」表現だと思います。

7　表現技法⑥

　体言止め →文の終わりを「**名詞**」で止める！

（例題）「体言止め」が使われているものを選べ。
　M　ぼくは、少女に手を振った。　　N　ぼくが手を振った、あの少女。

Mは最後が「振った＝動詞（助動詞）」で終わっているから、体言止めではない。
Nは最後が「少女＝名詞」で終わっているから、体言止め。答えはNです。

　そのとおり。「体言止め」を使うことで、最後の「名詞」が強調される。Mに比べてNのほうが「少女」の印象が強められている感じがするでしょ？となると、「少女」に何らかの大切な意味が込められていたり、「少女」に関する「ぼく」の重要な気持ちが近くに書かれる可能性も高いはずだ。

体言止めは、
最後の名詞の
強調！

　では、最後に⑦ **「倒置法」**。これは、**「普通と違う順番で言葉を並べる表現」** のことだ。通常の場合、日本語の文は……

> 彼は、100万円のふとんを買った。

　このように「主語〜動詞。」の順番で書くけれど、次のO〜Qのように、通常ありえない位置に言葉を持ってくるのが倒置法だ。

> O　彼は、ふとんを買った、**100万円の。**
> P　100万円のふとんを買った、**彼が。**
> Q　**買った。** 彼は100万円のふとんを。

★Point★
8　表現技法⑦

|倒置法|→ **普通と違う順番** で言葉を並べた文！

　当然「普通と違う場所」の言葉に読者は注目するから、結果的に強調されて伝わることになる。Oなら「100万円」という値段が強調されるし、Pであれば「ほかの誰でもない、彼」であることが強調される。Qであれば「買った」ことを作者が強調していると言えるだろう。
　これで7つの表現技法はすべて終了。「表現技法」に関する入試問題にいくつか挑戦してみよう。

チャレンジ！実戦問題 64 表現技法

（➡答えは別冊P.16）

問1　各文に用いられている表現技法として適当なものを選びなさい。

① その空の色を映す彼女の瞳。

② 時にはその内実をふりかえってみる必要がある。1つの言葉をめぐる異質の思考を、むしろまともにわが国の文化に織りこむために。

③ 水を打ったように静まり返った。

④ 人生という盃（さかずき）から、ほんの上澄（うわず）みを飲んだだけで、つまらなくあの世へ行ってしまった。

　　ア　倒置法　　イ　背理法（はいり）　　ウ　直喩（ちょくゆ）　　エ　隠喩（いんゆ）　　オ　対句法

　　カ　体言止め　　キ　擬人法　　ク　反復法

問2　各文と同じ表現技法が用いられた選択肢をそれぞれ選びなさい。

① 木々がしっかりとしたシルエットで息をひそめて立っていた。

　　ア　沈黙（ちんもく）は金、雄弁は銀。　　　　イ　動かざること山のごとし。

　　ウ　彼は我がチームの大黒柱だ。　　エ　鳥は歌い、花は笑う。

② 人の口は、一切善悪の出で入りする門戸なり。

　　ア　今は昔、竹取の翁（おきな）といふものありけり。

　　イ　雁（かり）などのつらねたるが、いと小さく見ゆるは、いとをかし

　　ウ　沖には平家、舟をいちめんに並べて見物す

　　エ　月日は百代（はくたい）の過客（かかく）にして、行きかふ年もまた旅人なり。

全部で7つの
表現技法を学んだね！
再確認しておこう！

◇詩の形式

　漢詩では「五言絶句／七言律詩」のような「詩の形式」が問われることがあった（→ P.387）。日本語の詩でも同様に「詩の形式」が問われることがあるんだ。

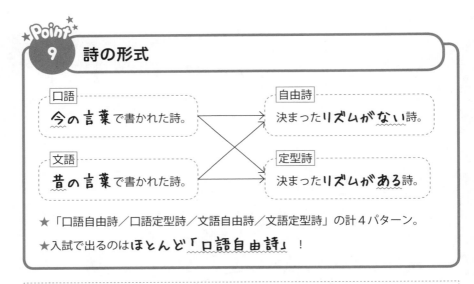

※自由詩・定型詩だけでなく「散文詩」というものもある。一文を短く区切ったりすぐに改行したりせず、「普通の文章」のような形で書かれた詩。

　口語と文語については、**「現代の言葉＝口語」** ／ **「昔の言葉＝文語」** と覚えておこう。「昔の言葉」というのは、古文と同じように「歴史的かなづかい」が使われていたり、「係り結び」が使われていたり、現代では使わないような単語や文法が使われているもの。ただし**実際の入試では、ほとんど「現代の言葉＝口語」の詩しか出題されない**けどね。

　自由詩と定型詩については、**「全体にリズムあり＝定型詩」** ／ **「リズムなし＝自由詩」** と覚えておく。たとえば、「俳句や短歌」も「５７５（７７）」のリズムで統一されているから「定型詩」の一種と言える。１つ、有名な「定型詩」の例をあげてみよう。これを「音読」してみればリズムがわかるはずだ。

> 朝焼小焼だ
> 大漁だ
> 大羽鰮の
> 大漁だ。
>
> 浜は祭りの
> ようだけど
> 海のなかでは
> 何万の
> 鰮のとむらい
> するだろう。
>
> （金子みすゞ　「大漁」）

「あさやけこやけだ　たいりょうだ（8・5）」
「おおばいわしの　たいりょうだ（7・5）」
「はまはまつりの　ようだけど（7・5）」
「うみのなかでは　なんまんの（7・5）」
「いわしのとむらい　するだろう（8・5）」
これ、全部「7・5」か「8・5」のリズムになっています！

そうだね。このように決まった「リズム」を持つ詩を「定型詩」という。
逆に言えば、「リズム」が決まっていない詩が「自由詩」。
　ちなみに、**実際に入試に出る詩は、ほとんど「自由詩」**だよ。

ということは、入試で「詩の形式」が問われたら「口語自由詩」と
答えておけば正解になるということか？

まぁ、実際ほとんどそうなんだけど……。「文語詩」「定型詩」が絶対に
出ないとは限らないから、ちゃんと違いは理解しておこう。

詩には、
4パターンの形式が
あるんだね！

詩の読解演習

　では、演習問題を読解しながら、より具体的な「気持ち」の読み取り方をマスターしていく。まずは今の実力がどれだけ実戦で通用するか試してみよう。

チャレンジ！実戦問題 65 詩の読解演習　　　　　（➡答えは別冊 P.16）

問題　次の詩を読んで、後の問いに答えなさい。

道　　　水田　佳

落ち葉を踏んで行く
若葉の頃の雨の雫
青葉の頃の日差しの強さ
紅葉の頃の空の高さ
葉の生きた証の　遠い記憶を踏んでいる

繰り返す無限の「時」であろう
落ち葉の形をした「時」だろうか
降り積もっているのは
足に応えるやわらかさ

①もの言わぬ裸木の上に空が明るい
高い枝から枝へエナガの番が渡り
静かさをさらに深くする今
私もまた

人の形をした「時」の一点であろう
悠久の流れにつながりここに在る
降り積もった命を足の裏に感じながら
その確かなやさしさを②踏みしめながら

（『春ばかり』より）

（注）エナガ … 尾の長い小鳥

問1　この詩の形式を漢字5字で答えなさい。

問2　傍線部①での「私」の心情として最も適当なものを選びなさい。

　ア　時間というものが何であるかわかった晴れやかな気持ち。

　イ　人生の展望が開け希望でいっぱいになった明るい気持ち。

　ウ　限られた人生を静かに送りたいという落ち着いた気持ち。

エ　自然の摂理の中に命があることを感じた穏やかな気持ち。

問3　傍線部②「踏みしめながら」の後に補うとしたら、どのような言葉がよいでしょう。詩の中から5字以内で抜き出しなさい。

問4　この詩の表現上の特色の説明として最も適当なものを選びなさい。
　　ア　色彩豊かなことばを効果的に用いて、自然を写実的に描いている。
　　イ　平易なことばを使い擬人法やくり返しの表現を効果的に用いている。
　　ウ　漢語を多用することで、独特のリズムを生み出す効果をあげている。
　　エ　体言止めや連用中止法を使うことで余情をかもし出している。

問5　この詩の説明として最も適当なものを選びなさい。
　　ア　「私」の視線は絶えず一定で遠くを見つめる形をとっているが、実は今という瞬間の大切さを強調している。
　　イ　最初は落ち葉を、その後は「私」という存在を見つめ、ともに大きな流れにつながっていることを強調している。
　　ウ　「やわらかさ」「やさしさ」という語に表れているように、「私」は生命の尊さと環境の大切さを強調している。
　　エ　生の力強さとともに、死のはかなさを身にしみて感じている「私」は、無限の生への願望を強調している。

　問1の答えは「口語自由詩」。 現代語だし、特に決まったリズムもない（→ P.421）。
　さて、読んでみた感想はどうかな？　こうして解いてみると、「詩」は他のジャンルに比べて文章がかなり短いよね。

オレ、長い文章を読むと頭が痛くなってくるんだけど、このぐらいの長さならなんとか読めそう。

うん、文章が短いのはいいよね。でも、その割に私は詩が苦手で……。あまりいい点数取れたことがないんです。

そう言えばオレも……。確かに短くて簡単な気はするけど、実際のテストだと点数が良くない気がする。……なんでだろう？

　文章は短くて読みやすいのに、点数が取れない。これは二人だけの悩みではなくて、詩を苦手にしている受験生は結構多いんだ。ちなみに、ワカナさんは詩のどこがイヤなのかな？

作者が何を言いたいのかハッキリしていないと思うんです。説明文だと筆者の言いたいことがハッキリ書いてあるけど、詩は読んでも何が重要なのかサッパリ……。

　そうなんだよね。詩は**文章の内容が感覚的で、つかみどころがない**。だから、試験で「正解はア」と言われても、なぜアが正解でイ・ウ・エが不正解なのか納得ができない。その気持ちはよくわかるよ。
　だけど、P.408で勉強したことをもう一度思い出してほしい。各ジャンルごとに「中心内容」が決まっていると言ったよね。詩の場合は、何が「中心内容」になるんだっけ？

「気持ち」です。詩や小説は**「気持ち」が内容の中心になる**、と勉強しました。

　そのとおり。小説は基本フィクションだから「登場人物の気持ち」が内容の中心になるし、詩は作者が自分の気持ちを込めて書くから**「作者自身の気持ち」が中心になる**。それを踏まえて、今解いた問題の問２を見てほしい。

「私」の心情……「晴れやかな気持ち、明るい気持ち、落ち着いた気持ち、穏やかな気持ち」……。確かに**全部「作者の気持ち」**だ！

問５も同じ。「今という瞬間の大切さ、大きな流れとのつながりを感じる、生命の尊さ、環境の大切さ、生の力強さ、死のはかなさ、無限の生への願望」……これらも**全部「作者の気持ち」を表す内容。**ということは、**詩の本文中から作者の気持ちを読み取れば正解が出せる**はず。

そうだね。今回たまたま「作者の気持ち」が問われたわけではなく、入試に**詩が出題された場合、まず間違いなく「作者の気持ち」が問われる。**だから、詩を読むときは常に「作者の気持ち」を本文から**探して**読むこと。これは**詩だけじゃなく、短歌や俳句にも通用する最重要ポイント**だ。

詩・短歌・俳句（韻文）の読解

「作者の気持ち」を本文中から発見していく！

ただし「気持ち」と同時に、もう１つ**読み取るべきポイントがある。**

詩や小説では「気持ち」が中心になる！

　たとえば、二人は宿泊研修や修学旅行で短歌を書かされたことはないかな？　そのときは、きっと何らかの「気持ち」を込めて書いたはずだ。

　わたしは、宿泊研修で滝を見たときの気持ちを短歌にしました。

> 見上げれば　星降る滝の　水しぶき　友もおどろき　我もおどろき

　滝の風景がほんとにすごくて！　一緒に見に行った友達も目を丸くして見てたので、その友達の様子と滝の様子を一緒に描こうと思って書いたんです。

　オレは、夜に友達と枕投げしたときの短歌を作った。

> 枕投げ　滑って転んだ　タカヒロの　いとおもしろき　お尻なりけり

　タカシがタカヒロの足を引っ掛けて、タカヒロのズボンが脱げたんだ！　あれは本当におもしろかった！

　それ、よく先生に怒られなかったね……。

　なるほど、ワカナさんにとっては心外かもしれないけど、一応どちらの短歌にも、韻文に必要な2つのポイントは入っているんだ。

　それは激しく心外ですね。お尻の短歌と一緒にされるなんて……。
あ、でも**ポイントの1つは「作者の気持ち」**でしたよね。
そう考えると……。

そう、ワカナさんの短歌には「感動や驚き」という気持ちがあるし、シュンくんのも「おもしろい」という気持ちがあるよね。その意味に限って言えば、二人とも立派な韻文を書いたと言える。

じゃあ、2つのポイントのうち、残り1つは何か？

「気持ち」というのは、何か「原因」がないと起こらない。何も理由がないのに突然喜んだり怒り出したりすることはない。何かうれしいことがあったから喜ぶし、何か嫌なことがあったから怒るんだ。つまり、韻文に書かれる「作者の気持ち」にも、**必ず何らかの「原因」がある**ということ。これが読み取るべき2つ目のポイントなんだ。

たとえば、シュンくんの作品の場合だと、「おもしろさ＝気持ち」の原因は「タカヒロが尻を出している様子」だよね。これが読者に伝わらなければ、何がおもしろいのか全くわからない。

 そう言われて見ると、わたしも「滝」や「友達」の姿をちゃんと書かなきゃ！　と思っていました。

シュンくんにとって「お尻」が気持ちの原因であるならば、ワカナさんにとっては「滝と友達の様子」が気持ちの原因だと言える。

韻文の場合、**「風景」が気持ちの原因になる**場合が圧倒的に多い。風景といっても「目で見たもの」だけではなく、耳で聞く、匂いを嗅ぐ、味わう、肌で感じる、つまり**「五感」で捉えたもの**をもとに、作者の気持ちを述べるんだ。これを**「情景」**と呼ぶ。

 「気持ち」だけじゃなく、どんな「情景・風景」を作者が捉えたかが大切なんですね。

「気持ち」だけでなく、「原因」も読み取ろう！

★Point★ 2　「情景」と「心情」

★作者が「五感」で捉えた「情景」が気持ちの原因！

（＝見たもの・聞いたこと・肌に触れたもの・味わったもの・嗅いだ匂い）

★連ごとに「作者が捉えた情景」と「そのときの心情」を発見する！

※「連」とは詩全体をいくつかに分けたまとまりのことで、「第1連、第2連、第3連……」のように使う。普通の文章でいう「段落」のようなものだが、段落は「改行」することで分けられるのに対し、連は1行分のスペースを入れることで分けられる。

では、実際にさっきの詩を、「情景」と「心情」をピックアップしながら読み進めていこう。まずは第1連から。

「情景」は、作者が見た風景をチェック。
作者が見ているものは「落ち葉」ですよね。

そのとおり。**作者が「見たもの」を本文中から発見する**だけだから、「情景」を見つけるのは難しくないだろう。

えっ、でも1連には「若葉・青葉・紅葉」も出てくるけど……。
これは「情景」にならないのか？

今、作者は「落ち葉を踏んでいる」わけでしょ。
「落ち葉」を踏みながら、同時に「若葉・青葉・紅葉」を見るのは不可能じゃないかな。季節が全然違うから。

ワカナさんの言うとおり。目の前の「落ち葉」を見た作者が、その落ち葉が「若葉・青葉・紅葉」だった頃のことを想像した、と読み取るほうが

落ち葉を踏んで行く
若葉の頃の雨の雫
青葉の頃の日差しの強さ
紅葉の空の高さ
葉の生きた証の　遠い記憶を踏んでいる

自然だよね。ということは、この「若葉・青葉・紅葉」は、情景ではなく**「作者が考えたこと＝気持ち」**というべきだ。詩の中で、作者が**「思った・考えた」**ことは、すべて**「気持ち」**と捉える。

Point 3 「作者の気持ち」の捉え方①

作者が「思った・考えた」こと　を本文から探す。

そして、**「表現技法」に注目する**ことも大切。「表現技法」が使われたとき、そこには「作者の気持ち」が込められていることが多い。

Point 4 「作者の気持ち」の捉え方②

「表現技法」があれば気持ちが書かれている可能性大！

 1連では対句法が使われています（→ P.417）。
「若葉の頃の雨の雫」→「青葉の頃の日差しの強さ」
→「紅葉の空の高さ」
全部「●葉の（頃の）▲の■」の形になっているので。

 「雫・強さ・高さ」は全部名詞だから、「体言止め」とも言える（→ P.418）。「若葉・青葉・紅葉」は、やっぱり作者にとって強調したい重要な言葉なんだ。

 あと「生きた証」「遠い記憶」は、葉っぱを人間のように表現しているので「擬人法」とも言えるんじゃないかな。
「落ち葉」を見た作者が「葉っぱの人生の証のようだ」「葉っぱの過去の記憶がつまっているようだ」と考えた。

```
┌─────────────────────────────────────────────────────┐
│  ┌──────┐┌──────┐      ┌──────┐                      │
│  │第１連││情景 │      │気持ち│                      │
│  └──────┘└──────┘      └──────┘                      │
│                                                       │
│    落ち葉　→　若葉だった頃のこと　┐                 │
│              青葉だった頃のこと　├─　を想像した。   │
│              紅葉だった頃のこと　┘                 │
│                                                       │
│   ┌──────────────────────────┐                       │
│   │葉っぱの一生・過去を想像した│                     │
│   └──────────────────────────┘                       │
└─────────────────────────────────────────────────────┘
```

　これで第１連はОＫ！　このように、詩は「情景／心情／表現技法」の３点に着目して読み進めていくことが重要。第２連も、同じようにこの３点を探していこう。

「情景」は１連と同じく「落ち葉」だよな。

　そうだね。「足に応える」というのは「五感」を使って感じたことだから、これも情景の１つと言える。

「気持ち」は「やわらかさ」です。作者が「思った」ことだし、それに「体言止め」が使われている。

それはそうなんだけど……
でも、「やわらかい」という気持ちをわざわざ書くことに、何か意味があるのかね？　落ち葉がたくさん落ちていれば、「やわらかい」のは当たり前だろ？

　「気持ち」を本文から見つけるだけなら、それほど難しい作業ではない。問題は、本文から発見した気持ちに**どんな意味があるかを理解すること**だ。

　ただ……特に詩の場合、本文で意味をハッキリと説明せず、読者の想像に任せるケースが多い。だから人それぞれ詩の解釈が変わってしまい、正解を１つに決めることが難しいんだ。

足に応えるやわらかさ
降り積もっているのは
落ち葉の形をした「時」だろうか
繰り返す無限の「時」であろう

それ！　だから詩の問題って難しいんですよ……。

そこで、「気持ち」の読解に役立つ超重要テクニックを伝授しよう。

5 「作者の気持ち」の捉え方③

気持ちは「**プラス／マイナス**」に分けて整理！

プラスイメージの言葉

→ 暖かい・柔らかい・晴れやか・力強い・軽やか・爽やか・自由・きれいなど。

マイナスイメージの言葉

→ 冷たい・悲しみ・哀れみ・卑屈・濁った・恐れ・不安・退屈・後ろめたさなど。

　発見した気持ちが「どんな気持ちか」を言葉で説明することはできなくても、「プラス／マイナス」を判定するだけなら簡単にできるよね。

「やわらかい」は明らかに「プラスイメージ」の言葉ですよね。
つまり、作者は「落ち葉」のことをよく思っている！

　そのとおり。「落ち葉」に対する気持ちを具体的には説明できなくても、少なくとも「プラス」の気持ちであることだけは誰にでも判断がつく。「プラス／マイナス」の判断がつけば、**選択問題を解く根拠になる**（＝落ち葉を悪く言う選択肢は×）し、**先を読み進めるときのヒントにもなる**（＝落ち葉に対するプラスの気持ちが再登場する可能性が高い）。

　そうやって先を読み進めていくうちに、より具体的な気持ちが本文から読み取れたりする。

2連の最後にも、作者が「感じたこと」が書いてある。

〝繰り返す無限の「時」であろう〟

「若葉→青葉→紅葉」と変化する落ち葉の姿を想像した作者は、そこから**「無限の時の流れ」**を感じ取った。

そして、その「無限の時」が表れた「落ち葉」を、**作者は「プラス」に感じている**んだ。

第2連	情景	気持ち	
	落ち葉　→	やわらかさ	→ プラスイメージ
		無限の時の流れを感じる	

では、最後の第3連。

まず、「情景」は「裸木」。

さっきの「落ち葉」がついていた木のことですよね。葉っぱが全部落ちて裸になってしまった。

あと、「エナガ」という鳥と「枝」も出てきます。

> ①もの言わぬ裸木の上に空が明るい
> 高い枝から枝へエナガの番が渡り
> 静かさをさらに深くする今
> 私もまた
> 人の形をした「時」の一点であろう
> 悠久の流れにつながりここに在る
> 降り積もった命を足の裏に感じながら
> その確かなやさしさを②踏みしめながら

そうだね。「裸木」は、全く新しい「情景」ではなく、「落ち葉」の話の続きと考えるべきだ。これで情景はOK。

じゃあ、「心情」はどうかな?

まず、「明るい」「静かさ」「確かなやさしさ」という**プラスイメージの言葉**が出てきます。落ち葉がついていた「裸木」に対するプラスの心情だから、**第2連とほぼ同じ内容**。

1
章

あと、「降り積もった命」を感じているのも作者の心情。1連でも「葉の生きた証」を感じていたから、それと似た心情と言える。

それに「悠久の流れ」は「時の流れ」を意味するから、2連の心情と同じ内容。3連は、単に1〜2連のくり返しなのかな？

「落ち葉／裸木」へのプラスイメージ、「時の流れ」と「命」。確かにどれも1〜2連に書いてあった内容だ。

でも、もう一度第3連をよく読んでほしい。もう1つ、作者が「考えたこと」が書かれているはずだ。

〝私もまた　人の形をした「時」の一点であろう〟

…ここは、「落ち葉／裸木」ではなく「自分自身」に対する気持ちです！　自分自身も「落ち葉／裸木」と同じく、時の流れの中で生きている命だと作者は考えた。

詩は「何が言いたいかわからない」と思っていたけど……こうして見ると、ちゃんとストーリーがあるように見える。

そうだね。詩はパッと見ただけでは要点がわかりにくいけど、**「情景」と「気持ち」を本文から見つけ出して整理すれば**、ちゃんとストーリーを持った作品であることがわかってくる。

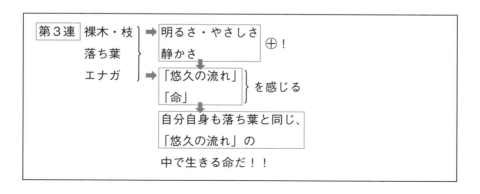

これで詩全体の内容はＯＫ。最後に、第３連の表現技法も確認しよう。

「もの言わぬ裸木」は、木を人間のように見立てているから「擬人法」。
それに、最後の２行「降り積もった命～踏みしめながら」の部分には「対句」「倒置」が使われている。

同じ「●●を▲▲しながら」の形が並んでいるから「対句」。
ラスト２行と、「悠久の流れにつながりここに在る」の順番が入れ替わっているから「倒置」。

ＯＫ！　では、これまで読み取ったポイントをもとに、問題を解いていこう。

６　詩の問題解法

情景／心情／表現技法 と 選択肢 を対応させて解く！

選択肢は「なんとなく」フィーリングで選ぶものではない。本文で読み取った情報がちゃんと選択肢に書かれているかどうか。本文に書いていない余計なことが書かれていないか。本文と矛盾した内容がないかどうか。これらを慎重にチェックして答えを決めていかねばならない。

まずは問２。これは「心情」が問われた問題だから、特に本文中の「心情」に注目して選択肢を分析しよう。

傍線①は３連にあるから、３連の気持ちが特に重要。
「明るさ／やさしさ」「悠久の時の流れ」「命」が３連のポイント。
「私も落ち葉も、時の流れの中で生きる命なんだ！」と気づいたプラスの気持ちが３連で表現されていました。

アは「時間」とは書いてあるけど、時間の「流れ」について全然説明できていない。それに「命」について何も書かれていない。そもそも「時間が何かわかった」という気持ちは本文に全く書いていない。

イは「人生の展望」のことなんて全く書いてない。

ウだと、作者がもうすぐ死んでしまいそうな……。「静かに人生を送りたい」という気持ちも、本文に書いていない。

ということは、**答えはエ**かな。

「自然の摂理」は、**「時の流れ」のこと**だと言えるよね。時間が流れていくのは絶対に逆らえない自然のルールだし。

それに、**「命があることを感じた」**というのもＯＫ。「時の流れ」と「命」を両方ちゃんと説明しているし、「穏やか」というプラスイメージの言葉もあるから、やっぱり**答えはエ**しかないよね。

　そのとおりだね。このように、本文から「情景」と「心情」を読み取り、選択肢と対応させれば、ちゃんと正しい答えが出るようになっているんだ。

　次は問３。これは「表現技法」さえ理解できていれば簡単。傍線②のところに使われていた表現技法は何だったっけ？

「倒置法」。「降り積もった〜」の部分が、その前の行「悠久の流れ〜ここに在る」と逆の順番になっている。

じゃあ「悠久の流れ〜ここに在る」を、傍線②の後ろに持ってくればＯＫ！　「５字以内」で、傍線②の後ろに入れられるのは「ここに在る」しかない。**問３の答えは「ここに在る」**。

OK！

　続いて問4。問題文に「表現上の特色」と書いてあるから、問3と同じく「表現」に注目すればいい。まず選択肢に出てくる「表現の特徴」が、本当に詩の中に登場しているかどうかを確かめよう。

ア「色彩豊かな」は、「青葉／紅葉」があるからOK。「写実的」は「見たものを、ありのまま描く」という意味ですよね。**擬人法を使って落ち葉を人間のように描いていた**から、これは×だと思います。**イ「くり返し＝反復法」は本文になかったから×**。「対句法」はあったけど、それは「くり返し」と言わないですよね。

ウは「漢語を多用」って書いてある。**「漢語＝音読みで読む熟語」**だから（→ P.43）、本文中に出てくる漢語は「記憶・無限・一点・悠久」……これ、「多用」と言っていいのか？　微妙……。

　「多用」と言えるかどうかは微妙だけど、少なくとも複数の漢語が使われている以上、×にするのは危険。これは、一応OKにしておくべきだ。**微妙な選択肢は、あわてて○×を判断すると間違ってしまう危険性が高い。いったん保留しておくこと。**
　ということは、ウは後半の「独特のリズムを生み出す」で○×の判断をしなければならない。この詩の中で、**音読したときに「リズム」が出る場所**はどこだろう？

第1連「若葉の頃の雨の雫　青葉の頃の日差しの強さ」（対句法）は、音読するとリズムを感じます。他にも「対句法」を使っているところにはリズムを感じます。

　そうだよね。逆に言えば「漢語」が使われているかどうかと「リズム」には何の関係もないということ。つまり、**ウも×**。

1
章

 ということは、答えはエしかなさそう。「体言止め」は「雫・強さ・高さ・やわらかさ・今」の部分に使われているからOK。

ん……？　「連用中止法」って、何だ……？　文法のところで「連用形」を勉強したけど（→ P.146）、何か関係あるのかな？

「連用中止法」はちょっとハイレベルな知識だね。
「連用形」が、直後に「ます」がつく形なのは覚えてる？

走り ます　　書き ます　　食べ ます　　□ ＝連用形

これら 連用形 を「、」の直前に使う表現を「連用中止法」という。詩には「、」がないから、自分で補って考えてみよう。

公園を 走り 、小説を 書き 、ご飯を食べる。　　□ ＝連用中止法

 3連「高い枝から枝へエナガの番が 渡り 」の部分は「連用中止法」と言えるな。やっぱり、**問4の答えはエ**だ。

 そうだね。「余情をかもし出す」は「読んだ後にも心に残るしみじみとした気持ち」という意味だから、全く問題ないよね。

微妙な選択肢は、いったん保留してもいい！

　では、最後に問5だ。問5も問2と同様、選択肢の中に「作者の気持ち」
が書かれているよね。

ア「今という瞬間の大切さ」、イ「大きな流れにつながっている」、
ウ「生命の尊さ／環境の大切さ」、エ「生の力強さ／死のはかなさ／
無限の生への願望」、これらが「作者の気持ち」と言える部分ですね。

ということは、**答えはイ**。本文に出てきた心情は「時の流れ＆そ
の中の命」だから、イの「大きな流れ」しか正解になりそうなもの
はない。

私もそう思います。アは時間の「流れ」に触れずに「今」のことだ
けを書いているから×。
ウ「環境の大切さ」は本文と何の関係もない。
エ「死のはかなさ」のようなマイナスの気持ちは本文には一切書い
てないし、「無限の生への願望」だと「永遠の命を手に入れたい」
という意味になってしまう。これも本文と全然関係ない。

　そのとおり！　選択肢中の「気持ち」を正しく分析すれば簡単に答えが
出せるよね。ただし、アの選択肢は、今説明した「気持ち」以外にも、も
う1つ間違ったポイントがあるんだけど……わかるかな？

「視線は絶えず一定で遠くを見つめる形をとっている」
作者は1連では「足元の落ち葉」を見ていた。「遠く」を見ている
のは3連だけだから、「視線は一定」ではなく途中で変化してる。

　そのとおり。アは「気持ち」以前に、作者が目で見ている**「情景」がす
でに間違っている**んだ。このように、「情景」の部分に間違いが隠されて
いる場合もあるから要注意。
　これで、詩の読解演習が終了。

問題を解く前に、
必ず問題文の内容や
注意点を確認しよう！

短歌と俳句

　では、韻文編の最後に「短歌＆俳句」の勉強をしよう。短歌も俳句も、詩と同じ「韻文」の仲間だから、**「情景／心情／表現技法」の3ポイント**を読み取っていくことが重要（→ P.408）。

　ただし、詩では問われない「短歌・俳句特有の知識」が存在する。読解演習に入る前に、まず「短歌・俳句特有の知識」すなわち**「句切れ」**と**「季語」**についてまとめて覚えてしまおう！

◇**句切れ**

　まずは短歌・俳句の「形式」を確認する。

短歌・俳句の「形式」

| 短歌 | 五七五七七の定型詩（31音） |

死に近き	母に添寝の	しんしんと	遠田のかはづ	天に聞ゆる
初句⑤	二句⑦	三句⑤	四句⑦	結句⑦
上の句			下の句	

| 俳句 | 五七五の定型詩（17音） |

いくたびも	雪の深さを	尋ねけり
初句⑤	二句⑦	結句⑤

★31／17音より多い場合を字余り、少ない場合を字足らずという。

★五・七・五を無視した俳句を自由律俳句という。

1章

　ここまでは問題ないかな？　この短歌・俳句の中で**「意味やリズムの切れ目」**になる場所のことを**「句切れ」**と呼ぶ。

　「句切れ」を探すには、２つのコツがあって……。

★Point★ 2 　「句切れ」の見つけ方

① **「切れ字」**を探す→**「や・かな・けり」**の直後で句切れ発生！

② 　「切れ字」がないとき→**「。」**がつく部分／**「倒置法」**を探す。

「句切れ」の名前

短歌	⑤ ↑ ⑦ ↑ ⑤ ↑ ⑦ ↑ ⑦ ↑
	初句切れ　　二句切れ　　三句切れ　　四句切れ　　句切れなし

俳句	⑤ ↑ ⑦ ↑ ⑤ ↑
	初句切れ　　　二句切れ　　句切れなし

※五七五（七七）の境目ではない中途半端な場所で句切れるものを「中間切れ」という。

　「切れ字」……。お尻が痛くなりそうな名前ですね……。

　「切れ字」があるってことは、もしかして「いぼ字」とかも……。

　「切れ字」とは、その名のとおり短歌や俳句を途中で「区切る」はたらきを持つ文字のことで、**「や・かな・けり」**の３つを覚える必要がある。「や・かな・けり」が途中で出てきたら、**その直後**に「句切れ」が発生するんだ。

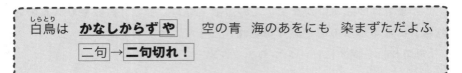

　この短歌の場合、「二句目の終わり」に切れ字が来てるよね。こういう場合を「二句切れ」と呼ぶ。「初句」の終わりに切れ字があれば「初句切れ」。

　でも、「句切れ」があるときって、必ず「や・かな・けり」が書いてあるのかな？　「句切れ」って「意味の切れ目」のことですよね。別に、「や・かな・けり」がなくても、意味の切れ目は作れると思うんだけど……。

　そのとおりだね。「切れ字」がなくても「句切れ」が発生することはあって、1つは**「。」がつく場所**が句の中にあるとき。「。」をつけて意味が通る場所があれば、そこが「句切れ」だと考える。

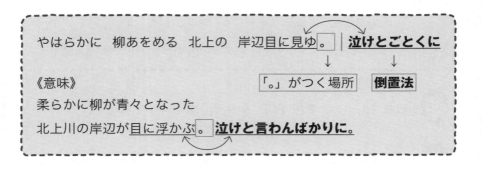

　この短歌は、四句目「目に見ゆ」の後ろに「。」をつけられる。このように「。」がつく場所の後ろで句切れが発生することを覚えておこう。
　もう1つ、**「倒置法」**によって句切れがわかるケースもある。今回の短歌では、四句目「目に見ゆ」と、結句「泣けとごとくに」の**順番が入れ替わっている**。倒置法が使われた場合は、順序がひっくり返る部分に「。」をつけられるから、そこに「句切れ」が発生する。

1章

チャレンジ！実戦問題⑥⑥ 句切れ

（➡答えは別冊 P.16）

問1　空欄に入る言葉として適切なものを選びなさい。

かがまりて見つつかなしもしみじみと水湧き居れば砂動くかな　斎藤茂吉

※かがまりて…かがんで　　　※かなしも…胸に迫ることだよ

この歌は、「かがまりて見つつかなしも」と　［　　　　　］で切っています。

ア　初句　　イ　二句　　ウ　三句　　エ　四句

問2　次の俳句に、言葉のつながりや意味のまとまりから切れ目をつける
としたら、どこになりますか。最も適切なところを1つ選びなさい。

家々や ｜ 菜の花いろの ｜ 燈を ｜ ともし　　木下夕爾
　　　　ア　　　　　　　　　　イ　　　ウ

問3　次の和歌の意味上の切れ目は何句目の後か。漢数字で答えなさい。

わたの原八十島かけて漕ぎいでぬと人には告げよ海人の釣り舟　小野 篁

※わたの原＝大海原

◇**季語**

　「句切れ」は短歌・俳句に共通した知識だったけど、今度の「季語」は
俳句でのみ問われる知識だ。

「俳句」には、必ず「季語」が必要って習いました。「季語」のない
五七五は、「俳句」じゃなくて**「川柳」**です。「カワヤナギ」じゃな
くて「センリュウ」。

　そうだね。「川柳」という名前を答えさせる問題もたまに出るから、こ
こで覚えておこう。で、季語を覚えるコツを4つに分けて話していく。

　1つめは「すべてを暗記しようと思わないこと」。季語は膨大な数があっ
て、これを受験のために全部覚えるなんて不可能だ。だから**入試に出やす
いもの、教科書に登場する基本的なもの**に絞って覚えること。

　2つめは、「覚えなくていいものと、覚えないとダメなものを区別すること」。たとえば「桜」／「夏の山」／「紅葉」／「風雪」はいつの季語？

「桜＝春」「夏の山＝夏」「紅葉＝秋」「風雪＝冬」だよな。

でしょ？　こんなのは、別にいちいち暗記しなくてもいいよね。でも、「蛙」／「泉」／「月」／「咳」と書いてあったらどうかな？

「蛙」／「泉」／「月」／「咳」って、別に季節関係ないような気が……。どれも、一年中ありますよね。

　そう思うよね。でも、俳句の世界では「蛙＝春」「泉＝夏」「月＝秋」「咳＝冬」というように、**伝統ルールとして季節が定められている**んだ。こういうタイプの季語は覚えていないと解けないよね。
　ただし、**完全に丸暗記するしかないかと言うと、そうでもない**。たとえば「山清水」／「噴水」／「扇子」／「ラムネ」の季節が何になるかは、予想がつくのでは？

さっき「泉＝夏」と勉強しましたよね。だったら「山清水／噴水」も「夏」になるんじゃないかな？　両方**「水」関係**だから。

「扇子」や「ラムネ」はやっぱり**暑いとき**に使ったり飲んだりしたいよな！　これも「夏」じゃないかな。

　そのとおり。これらは全部「夏」の季語。要するに**「水関係のもの／さっぱりしたものは、だいたい夏」**ということが言えるんだ。このように実際の季節感をイメージすることで効率よく季語を見分けることができる。

　3つめは、「季節の変わり目に注意すること」。たとえば「雪解け」という季語は、どの季節を表すと思う？

そりゃ「雪」なんだから、「冬」に決まってるだろ。

　と思うでしょ？　でも、これは**「雪」ではなくて「雪解け」であること**に気がつかないとだめ。

　「雪解け」ということは、「雪が解けてしまった」とか「雪が解けている途中」という意味ですよね。
　　だったら、もう「春」になっているはず。

　そのとおりだね。「雪解け」は「冬の寒さ」を表現したいのではなく「春の訪れ」を表現するときに使う。だから「春」を表す季語として考えるんだ。このように、**「季節の変化」を表す言葉**は間違えやすいので、注意して覚えておくように。もし知らない言葉が出てきたら、どちらの季節を作者が表現しようとしているかを考えて判断すること。

　じゃあ最後4つめ。「古文の季節」に注意すること。P.374で勉強したように、**古文の世界では「1～3月＝春」「4～6月＝夏」「7～9月＝秋」「10～12月＝冬」**と考える。ということは「五月雨（さみだれ）」の季節はいつかな？

　「5月＝古文の世界では夏」ですよね。
　　ということは「五月雨」は「夏」の季語。

　そのとおり。これを知らずに「五月雨」を「春」と答える人が多い。

季節の変化を表す
季語には、
要注意だ!!

Point 3　季語

① **俳句** で用いられる。一般的に季語がない五七五は **川柳**

②よく出る **伝統的パターン** を覚えておく

春	夏	秋	冬
桜、桃の花、かえる、種まき、うぐいす、かすみ、つばめ、ひばり、東風、つくし、ふきのとう、菜の花	泉、田植え、夕立、梅雨、虹、雷、夕焼け、蛍、せみ、かたつむり、ひまわり、金魚	月、すすき、渡り鳥、紅葉、きつつき、菊、柿、かぼちゃ、くり、稲刈り、こおろぎ、きりぎりす、とんぼ、鈴虫、松虫、十五夜	せき、小春日和※、枯れ葉、時雨、北風、木枯らし、鶴、白鳥、うさぎ、かも、みかん、焼き芋

③ **実際の季節感** をイメージする

例　水関係→ 夏 、寒さ関係→ 冬 、入学・卒業→ 春

④季節の **変化** に注意する

例　雪解け＝ 春 、残暑＝ 秋

⑤伝統行事 etc. → **古文の季節** で判断する

1〜3月＝春　4〜6月＝夏　7〜9月＝秋　10〜12月＝冬

例　五月雨＝ 夏 　七夕（7月）／盆（8月）＝ 秋

※小春日和＝冬のはじめの頃の、のどかで暖かい天気（→ P.60）。

季節を
イメージしながら
覚えよう！

チャレンジ！実戦問題 67 季語

(➡答えは別冊 P.16)

問題　次の(1)〜(3)の俳句と同じ季節を詠んだ俳句を1つ選びなさい。

(1)

| 睡りたる子に止めて置く扇風機 | 稲畑汀子 |

　ア　離れて遠き吾子の形に毛糸編む　　　　石田波郷
　イ　愁いつつ　岡にのぼれば　花いばら　　与謝蕪村
　ウ　菫ほどな　小さき人に　生まれたし　　夏目漱石
　エ　銀杏が落ちたる後の風の音　　　　　　中村汀女

(2)

| A　菜の花や　月は東に　日は西に | 与謝蕪村 |
| B　雪とけて　村いっぱいの　子どもかな | 小林一茶 |

　　（A・Bに共通する季節）

　ア　ピストルがプールの硬き面にひびき　　山口誓子
　イ　咳の子のなぞなぞあそびきりもなや　　中村汀女
　ウ　ものの種にぎればいのちひしめける　　日野草城
　エ　をりとりてはらりとおもきすすきかな　飯田蛇笏

(3)

| 五月雨の空吹き落とせ大井川 | 松尾芭蕉 |

　ア　涼風の　曲がりくねって　来たりけり　小林一茶
　イ　いろいろの灯ともす舟の月見かな　　　正岡子規
　ウ　鶯の声遠き日も暮れにけり　　　　　　与謝蕪村
　エ　ほっかりと梢の日あり霜の朝　　　　　高浜虚子

◇短歌・俳句読解演習

　これで「句切れ」と「季語」の勉強も終わり、いよいよ読解演習に入る。最初に言ったとおり、短歌も俳句も「詩と同じ韻文の仲間」なので、やるべきことも特に詩と変わらない。

★Point★

4　「短歌・俳句」の読解法

基本的に「詩」と同じ読み方をする！

① 作者が見た「情景」　　　②「心情」がわかる表現

③「表現技法」　　　　　　　の3点に注目して読み取る！

チャレンジ！実戦問題 68 短歌読解演習　　　　（➡答えは別冊 P.16）

次の短歌を読んで、後の問いに答えなさい。

A　朝あけて船より鳴れる太笛のこだまはながし竝みよろふ山　斎藤茂吉

B　立山が後立山に影うつす夕日のときの大きしづかさ　　　　川田順

C　ゆゆしくも見ゆる霧かも倒に相馬が嶽ゆ揺りおろし来ぬ　　長塚節

D　槍ヶ嶽のいただきに来て見放くるは陸測二十万図九枚の山山

中西悟堂

E　山脈は丘に低まる北の果て雪解の土の黒くうるおう　　　窪田章一郎

F　ふるさとの尾鈴の山のかなしさよ秋もかすみのたなびきて居り

若山牧水

※竝みよろふ…連なる。　　立山・後立山・槍ヶ嶽…いずれも中部地方の山の名前。
　ゆゆしくも…おそろしくも。　　相馬が嶽…群馬県にある山の名前。
　陸測二十万図…二十万分の一の地図。　　尾鈴の山…宮崎県にある山の名前。

問1　山頂に立ち、四方に広がる壮大な風景を、大胆な表現と体言止めを使って印象深く表現している短歌をA～Fの中から1つ選びなさい。

問2　遠く広がる荒涼とした風景と、かすかに春の訪れをうかがわせている近景をうたった短歌をA〜Fの中から1つ選びなさい。

問3　次の文章は、A〜F中の2つの短歌の鑑賞文である。鑑賞文中の空欄にあてはまる最も適当な言葉を短歌の中からそれぞれ書き抜きなさい。ただし、空欄Ⅰは7字、Ⅱは11字とする。

　　霧の風景を詠んでいても、作者の心情の違いによって、全く異なった表現が生まれる。たとえば、山から吹きおろす霧に自然の驚異的な力を感じとっている短歌では、その霧の様子を「　Ⅰ　」という表現で表している。一方、故郷の風景をいとおしむ気持ちをうたっている短歌では、霧の様子を「　Ⅱ　」という静かなやわらかい様子で表している。

・・

　では、まず問1から。問1の問題文を読むと、やっぱり**「情景／表現技法／気持ち」について問われている**ことがわかるよね。

「情景」は「山頂／四方に広がる風景」。「表現技法」は「体言止め」。「心情」は「壮大さ」。3要素が全部問題文に入っています。

「体言止め」が使われているのは、「A→山」「B→しづかさ」「D→山山」の3つしかない。答えはA・B・Dのどれか。

Aの情景は「船・太笛の音・連なる山」だから、むしろ海のほうから山を見上げている状況。
Bの情景も「夕日・山の影」なので、これも「山頂からの風景」ではないよね。

Dは「槍ヶ嶽の頂上」にいることが読み取れるし、「（地図）九枚の山山」と書いてあるから、山の頂上から他のたくさんの山を見わたしていることがわかる。**問1の答えはD**。

　そのとおりだね。詩の読み取りと、何もやることが変わらないでしょ。同じように、問2以降もやってみよう。

　問2の問題文を見ると**「遠い情景」と「近い情景」の2つ**が必要だとわかる。「表現技法」は、特に何も書いていない。

　「心情」は「遠い風景」のほうが「荒涼さ・広さ」で、「近い風景」のほうが「春の訪れ」。だとすると……**問2の答えはE**。
　だって「黒い土」は足元の風景だから「近い風景」だし、「山脈」は「遠い風景」と言える。

　それに「近い風景」のほうに「雪解け」の情景が出てくるから、まさに「春の訪れ」だ。

　OK、すばらしい。では、そのまま問3。

　問3の鑑賞文を読むと、　Ⅰ　も　Ⅱ　も「情景」は「霧」だとわかる。「霧」が出てくる短歌が**2つあるんですね**。1つはC。もう1つは……あれ？　「霧」が出てくるのは、Cしかないけど。

　F「かすみ」も、霧と似たようなものだろ。だからCかFが答え。あとはCとFを、空欄　Ⅰ　と　Ⅱ　どっちに入れるか。

　鑑賞文を読むと、　Ⅰ　の短歌は「自然の驚異的な力」が「作者の心情」だとわかる。だとすると、Cだよね。
　Cの短歌には「ゆゆし＝おそろしい」（→P.334）という心情があるから、まさに「自然の驚異」にピッタリ。
　Fの短歌は「かなしさ」が心情だから「自然の驚異」にはあてはまらない。Fの中に「ふるさと」が出てくるから、　Ⅱ　の直前「故郷の風景をいとおしむ気持ち」にピッタリ！

I 　には、Cの短歌の中から「霧の様子」を7字で入れればいい。ということは I の答えは**「揺りおろし来ぬ」**。霧が山から吹きおろしてくる様子を表現している。

　そうだね。「揺りおろし来ぬ」の「ぬ」が「〜た」と訳す「完了」の表現であることも思い出しておこう（→ P.303）。

　　 II 　には、Fの短歌の中から「霧の様子」を「やわらかい感じ」で書いた表現を、11字で抜き出せばいい。ということは、 II の答えは**「かすみのたなびきて居り」**。霧のことを、「かすみがただよっている」と表現している。

　そのとおりだ。二人とも十分力がついてきているようだ。
　では、このまま俳句の問題にもトライしてみよう。
　俳句は詩や短歌に比べて「季語・季節」が重要になる場合が多い。情景・心情を捉えるときに、特に「季節」に注目することを心がけよう。

短歌の読み方は、
詩と同じ
なんですね

チャレンジ！実戦問題⑥⑨ 俳句読解演習

（➡答えは別冊 P.16）

問題　次の俳句の説明として最も適するものを1つ選びなさい。

> 渡り鳥みるみるわれの小さくなり　　　上田五千石

ア　擬人法の使用により、地上に小さく映った人間とその周囲の風景
　　を渡り鳥の視点から捉えて秋の情景が描かれるとともに、地上に一
　　人たたずむ作者の様子が立体的に表現されている。

イ　命がけの旅に出る過酷さと、それに負けないように力強くはばた
　　く渡り鳥の生命力への感動を通じて、自分を小さく感じていた作者
　　が励まされ、自分を見つめ直す姿が捉えられている。

ウ　遠ざかっていく渡り鳥と小さくなっていく作者との距離の広がり
　　が、故郷に帰る渡り鳥と故郷に帰れない作者との心の隔たりを暗示
　　し、故郷を失った作者の姿が間接的に写し出されている。

エ　地上から渡り鳥を見上げていた作者が、一瞬の後には渡り鳥と一
　　体化して渡り鳥の視点から、遠ざかる地上を眺めるという構図に
　　よって、自分自身を見つめている作者が描かれている。

「情景」は**「渡り鳥」**だよね。作者が「渡り鳥」を見ている俳句。そして「渡り鳥」は**「秋」の季語**。

ん……？　でも、この俳句の後半を見てみろよ。「われ」って「私」のことだろ。ということは、この俳句の後半は**みるみる私が小さくなる」という意味**だ。だったら、これも「情景」になるんじゃないのか？

確かに。でも、「私がみるみる小さくなる」ということは、**「作者が、自分自身を見ている情景」**ということ？
自分で自分を見るなんて、なんか変な感じ。

これは最初に出てきた「渡り鳥」が、作者のことを見つめていると考えればいいんじゃないかな。作者は「渡り鳥」を見て、その**渡り鳥に自分を重ね合わせて**いる。

そうだね。「渡り鳥」は間違いなく作者自身が見ている「情景」だけど、後半の「みるみるわれの小さくなり」は、本当に自分で自分を見ているわけではない。シュンくんの言うとおり「渡り鳥になって、自分を空からながめている」ような気持ちになったということ。

ということは、**答えはエ**だね。「渡り鳥を見上げていた」情景と、「渡り鳥の視点から、自分自身を見つめている」心情を、両方とも捉えている選択肢はエしかない。

アは「擬人法」がどこにもない。これは、作者が「渡り鳥」になっているわけだから、むしろ「擬鳥法」。それに「周囲の風景」も書かれていない。「渡り鳥」と「われ」しか登場してないし。
イは「命がけの旅」「過酷さ」「生命力」「励まされる」なんて、どこにも書かれていない。

イの選択肢なんて、もっともらしい言葉を並べてはいるけど、本文に根拠がないものだらけ。俳句もあくまで「本文の読み取り」が問われているわけだから、**本文に根拠がないものを勝手に正解にしてはいけない**。

ウも「故郷を失った作者」なんてどこにも書いてないですよね。本当はそうなのかもしれないけど、本文から一切読み取れないことは正解にはできません。

そのとおり。以上、これで「韻文」の読み方・考え方は十分に理解してもらえたと思う。次は、同じく「気持ち」を扱うジャンルとして「小説」の読み方・考え方を身につけていこう。

2-1 小説攻略！4つのレッスン

◇なぜ、小説で点数が取れないのか？

「小説」は、公立・私立を問わず**入試問題の中でも特に配点が高いジャンル**。確実に高得点を取れるように徹底訓練していかなければダメだ。……ちなみに、小説って好き？

まぁ、普通かなぁ。嫌いではない、ってぐらい。
国語の教科書の中でどれか読めと言われたら小説を読むかな。

私は好きです！　お父さんの本棚からよく盗み読みをしてて……好きな作家は筒井康隆、好きな作品は「俗物図鑑」です。

　　……ワカナさんのお父さんとは、友達になれる気がするよ。
　3章で勉強する「説明文」は小難しく理屈っぽい文章が多いから、それに比べれば小説は中学生にとっても読みやすい文章と言えるだろう。
　それに、さっき勉強した「韻文」は、何が言いたいのかつかみどころのない文章が多かったけれど、小説の場合は「わかりやすいストーリー」があるものがほとんどだから、漫画を読むのと同じ感覚ですいすい読んでいける人も多いはずだ。
　でも……**「小説が苦手」という受験生って、かなり多い**んだよね。

テストになると点数が取れないんだよな……。なぜか……。
オレなんて、だいたい説明文のほうが点数いいんだよ。

　そうなんだよね。高校入試だけではなく、大学入試の世界でも同じ。「小説より説明文のほうが解きやすい」と言う受験生はとても多い。
　不思議な話だと思わない？　文章が難しくて読みにくいはずの説明文よりも、読みやすくて面白い小説のほうを嫌う受験生が多いなんて。

　まずは「**なぜ読みやすいはずの小説が、試験になると急に解きにくいものになってしまうのか**」を一緒に考えてみたいんだ。そうすることで、入試小説をどう攻略すればいいか、その方向性が見えてくるはずだ。

 小説って、**「気持ち」が問われる**ことが多いですよね。「主人公の気持ち」を答えなさいと言われても、そんなの主人公に聞けよ！　と思ってしまいます。

 オレはいつも「主人公になりきって」気持ちを想像するんだけど……。

　当たるときは当たるけど、外れたときは点数がボロボロ。

　多くの中学生も、シュンくんのように「自由に想像力を働かせて」小説の問題を解いているはずだ。

　でも……「想像力」って、人によってそれぞれ違うよね。同じ小説を読んでも、読む人によって感じ方は全然違う。

 本当にそう！　だから、小説の試験って解きにくいと思うんです。

　人によって感性は違うんだから、正解を1つに決められるはずがない。

　なのに、答えを1つだけ選べと言われているから、どうしていいかわからなくなる。

小説の攻略方法が
わかれば、
高得点が取れるはず！

　気持ちはよくわかるよ。小説の試験で×をつけられると、自分の感性を否定されたみたいで悲しくなってしまう人も多いだろう。

　でも、ここで発想を切り替えてほしい。そもそも**国語の試験というのは、想像力を試す試験じゃない**んだ。国語の読解問題というのは、どんなジャンルであろうと**「本文から何が読み取れるか」**、それだけが問われる。

　先生が君らの答えに×をつけるのは、君らの感性を否定しているわけではない。「本文に書いていないことを答えちゃダメだよ」と言っているだけなんだ。

え！　じゃあ小説の問題も、**答えは全部「本文」に書いてある**ということか。

　そのとおり。「気持ち」の問題を解くときは「なんとなく感じたことを答える」のではダメ。あくまで**本文の中から「気持ちの根拠」を発見する**こと。「25行目に○○○と書いてあるから、答えはウしかあり得ない！」こうやって問題を解いていくのが、正しい入試の小説の攻略方法だ。

　では、どうすれば「気持ちの根拠」を本文から読み取れるようになるのか。その具体的な方法を、今から4つのレッスンに分けて伝授していこう。

1　小説攻略！　4つのレッスン

「本文に根拠がある」気持ちを読み取るだけ！

　→主人公になりきったつもりで、根拠なく想像するのが間違いのもと。

Lesson1　「リード文」を読む

Lesson2　「はっきり書かれた気持ち」を読む

Lesson3　「はっきり書かれない気持ち」を読む

Lesson4　「複雑な気持ち」を理解する

◇ Lesson1　「リード文」を読む

「リード文」とは「本文」の前に書かれた「説明書き」のこと。

小説は長いストーリーの一部を切り取って出題されるケースが多いので、ストーリーの前提を読者に知らせるためにリード文が書かれる場合が多い。たとえば、こんな感じ。

> 次の文章は、波多野敏春『銀色の道』の一節である。中学生の「知野英了」は昔から機械や科学に興味があり、夏休みにラジオを自分で作る計画を立てていた。この小説を読んで、後の問いに答えなさい。

なるほど。で、その「リード文」って読まないとダメなの？

もちろん、読まないとダメに決まってる！

だって、わざわざ問題作成者が「この情報は受験生に伝えないとダメだ」と判断したからこそリード文が書かれるわけだからね。リード文を読まないと本文の内容が十分に理解できなくなるし、最悪の場合**リード文を見落としたせいで問題を間違えてしまう**ことも十分にありうる。

それは恐ろしい。リード文は、本文と同じぐらい重要なものとして、しっかり読まないとダメだということですね。ちなみに、**リード文にはどういう情報が書かれるんですか？**

リード文に書かれる情報として、特に重要なものが3つある。

小説攻略のための
第一歩は、
リード文を読むこと！

Point 2 「リード文」を読む

「リード文」＝本文の前に書いてある説明書き
① **登場人物・人間関係**　② **気持ち・性格**
③ **事件・状況**　の3点が書いてあれば必ずチェック！

①　登場人物・人間関係

　どんな人物が登場しているか、それぞれの人物の**「人間関係」**を読み取ることが重要。「人間関係」は「先生と生徒／祖父と孫」のような**「客観的なつながり」**について書かれることもあれば、「太郎は以前から花子が<u>好きだった</u>」、「<u>疎遠だった父</u>と今でも<u>打ち解けられずにいる</u>」のように、**「他の登場人物に対する<u>気持ち</u>」**が書かれることも多い。

②　気持ち・性格

　小説は「気持ち」中心の文章。当然リード文で「気持ち」が説明されていたら、最重要ポイントとしてチェックすること。
　あと、「智子は<u>引っ込み思案</u>な性格で、新しい環境にうまくなじめずにいた」「サトシは<u>思ったことをすぐ口に出してしまい</u>、よく友達とトラブルを起こしていた」のように、**人物の「性格」**が説明される場合もある。

③　事件・状況

　「誤って車に追突してしまった」、「シェフが突然料理を外に投げ捨ててしまった」のように、起こった事件、そのときの状況が説明された場合、必ずチェックすること。
　リード文に書かれた「事件・状況」は人物の気持ちを引き起こす「原因」になる可能性が高い。

　以上3点を踏まえてさっきのリード文をもう一度見てみよう。

登場人物 は、中学生の「知野英了」。他に人物は出ていない。
「機械や科学が好き」は、英了の 気持ちや性格 に関する情報。
「これからラジオを作る」は、**英了の気持ちと関係しそうな 事件・状況 と言える。**

そのとおりだね。もう少し練習してみよう。

（例題）次のような「リード文」があった場合、どの情報に注目して
　　　　読んだらいいか。大事だと思う箇所に線を引きなさい。

① 芝木好子『雪舞い』
　　舞踊家である水野有紀は、日本画家の香屋と出会い、お互いに
好意を抱く。以下の文章は、ある日有紀が弟である譲が描いた絵
を香屋に見せる場面である。
② さだまさし『精霊流し』
　　雅彦の家は集中豪雨による被害などが原因で、以前ほど商売が
順調ではなくなってきている。
③ 氷室冴子『いもうと物語』
　　小学生のチヅルは、姉の歌子が同級生たちのために用意してい
たセンベイを勝手に食べて姉に叱られ、以前こっそり菓子を食べ
て母の清子に厳しく叱られた夜に姉がなぐさめてくれたことを思
い出している。

①からは、まず 人間関係 と 心情 が読み取れます。「有紀」と「香屋」
が、お互い好意を抱いている。そして有紀と「譲」が姉弟。香屋は
プロの画家で、譲も絵を描くけどプロではなさそう。
そして「譲が香屋に絵を見せる」のが、話のポイントになりそう
な 事件・状況 。

2の 人間関係 ははっきり書いてないけど、「雅彦の家」とある以上「雅彦」と「雅彦の家族」が出てくることは確実。

　あと「集中豪雨」「商売が順調ではない」というのは重大な 事件・状況 だな。家が貧乏になったことが、雅彦や家族の気持ちに影響を与えてくるんじゃないかな。

　「集中豪雨」は大きな災害だし、そのせいで商売がダメになるのは家族にとって大事件。このように **「日常ありえないような異常事態」「生活や人生にかかわる重大事件」** が出てきたら必ず注目すること。

　3では、 人間関係 も 心情 もかなり具体的に説明されていますね。「チヅル＝妹」、「歌子＝姉」、「清子＝母」この3人の人間関係が中心になりそう。「歌子の同級生」も出てくるかも。

　そして「チヅルが歌子の同級生用のお菓子を食べてしまって、歌子に叱られた」のは 事件 と言えますね。

　あと、チヅルの 心情 も書かれている。昔「母に怒られたこと」と「姉がなぐさめてくれたこと」を思い出している。

　いいね。このように「リード文」の情報を見逃さずに整理してから本文を読む。これを小説読解最初の基本として理解しておこう。

◇ Lesson2 「はっきり書かれた気持ち」を読む

　では、いよいよ小説最大のポイント「気持ち」の読み取りに入っていこう。ただ……こんな話を聞いたことはないかな？

　「小説では、はっきりとわかる形で人物の気持ちは説明されない」

　あります！　風景描写などのテクニックを使って、言葉で説明しなくても気持ちが伝わるように書くのがプロの小説家だって。

　確かに気持ちをストレートに書かず、読者に想像させるタイプの小説も
ある。しかし実際には**「はっきりと気持ちを文中で説明する」タイプの小
説も多い**んだ。入試に出る小説に限って言えば、むしろ気持ちをはっきり
とした形で示すケースのほうが多い。

なんだ。だったら、**本文から「気持ち」が書かれた部分をただ探す
だけでいい**ということか。

　基本はそうなんだけど……そうは言っても、コツを知らない人がいきな
り本文から気持ちを探し出すのは難しい。今から**2つのパターンに分け
て**、本文から気持ちを正確に読み取る方法をマスターしていこう。

3　「はっきり書かれた気持ち」を読み取るには？

① 「感情」を表す言葉に注目する。
② 「考え」を語っている部分に注目する。

◇ Lesson2-① 　「感情」を発見する

　「気持ち」を読み取るためには、当然「感情」を表す言葉を文中から発
見することが必要だ。「そんなの、簡単にわかるよ！」と思う人もいるだ
ろうけど……。ちょっと試してみよう。
　次のリストの中で、意味や使い方がわかる言葉はどれくらいあるかな？
知らない言葉があったら、辞書を引いて意味を確かめてみよう。

感情を表す言葉を
見つければ、
気持ちが読み取れる！

★気持ちを表す「感情語」の例

●主にプラスの意味を持つ感情語

「うれしい・満足」系	幸福・爽快・愉悦・痛快・充実・晴れやか・すがすがしい・満更でもない・胸が躍る・悦に入る
「好き・親しみ」系	好き・愛・恋・親密・気が合う・憧れ・尊敬・共鳴・気が置けない・魅かれる
「興奮・期待」系	興奮・高ぶる・待ちきれない・期待・興味・好奇心・溌剌（はつらつ）・気がはやる・心浮き立つ
「安心」系	安心・落ち着く・和む・冷静・リラックス・安堵（あんど）・胸をなでおろす・ほっとする・懐かしさ
「自信・堂々」系	堂々・自信・自負・自尊心・プライド・胸を張る・誇り・矜持（きょうじ）・沽券（こけん）
「純粋・素直」系	屈託（くったく）ない・あっけらかん・純粋・他意なく・いじらしい・けなげ
「気合・がんばる」系	責任感・気合・意欲・意気込み・勇気・気概・本気・負けられない・躍起になる

●主にマイナスの意味を持つ感情語

「怒り・憎しみ」系	疎（うと）ましい・苦々しい・癪（しゃく）にさわる・気にさわる・むくれる・癇癪（かんしゃく）・気色（けしき）ばむ・激高
「見下し・傲慢」系	見くびる・嘲笑（ちょうしょう）・失笑・苦笑・愛想をつかす・尊大・不遜（ふそん）・驕（おご）り・うぬぼれ・慢心
「冷淡」系	冷たい・冷酷・酷薄（こくはく）・薄情・すげなく・つれない・そっけなく・冷ややか・邪険・つっけんどん
「嫉妬・自虐」系	嫉妬・ねたみ・不満・劣等感・コンプレックス・卑屈・自虐・自嘲（じちょう）・屈折・ひねくれた
「恥」系	恥ずかしい・照れくさい・情けない・赤面・みじめ・屈辱
「悲しみ・同情」系	悲しい・嘆き・辛い・傷つく・切ない・哀れ・かわいそう・同情・心が痛む・気の毒
「後悔」系	悔やむ・悔しい・後悔・惜しい・残念・口惜しい・悔恨（かいこん）
「後ろめたい」系	負い目・罪悪感・後ろめたい・後ろ暗い・申し訳ない・やましい・はばかる・縮こまる・自責

「空しい・どうでもいい」系	空虚・無気力・萎える・あきらめ・無関心・どうでもいい・興味がない・退屈・あきれる・自暴自棄
「寂しい」系	寂しい・わびしい・心細い・寂寥・孤独・哀愁・ぽつん
「うんざり・落ち込む」系	憂鬱・失望・落胆・意気消沈・めげる・くじける・肩を落とす・絶望・飽き飽き・閉口
「困る・悩む」系	困惑・困窮・板挟み・戸惑う・呵責・頭を抱える・参った・弱った・〜あぐねる・おろおろ・気まずい
「不安・恐怖」系	恐怖・不安・心配・震える・憂い・鳥肌が立つ・恐ろしい・不気味・戦慄・愕然・青ざめる
「焦り・慌て」系	焦り・慌てる・焦燥・動転・動揺・狼狽・うろたえる・苛立ち・もどかしい・歯がゆい・取り乱す
「疑い」系	疑う・いぶかしむ・信用できない・不審・勘ぐる・怪訝・猜疑心・怪しむ
「不満」系	物足りない・満ち足りない・満たされない・不満・不満足・屈託した・飽き足りない・窮屈・鬱屈

●プラス・マイナス両方にかかわる感情語

「驚き」系	意外・驚愕・思いもよらず・はっとする・面食らう・不意・仰天・言葉を失う・目を疑う
「思う・考える」系	考える・思う・思慮・頭に浮かぶ・心に浮かぶ・推し量る・決め込む・予想・予感
「緊張・落ち着かない」系	息を呑む・気が気でない・そわそわ・やきもき・張りつめた・じれったい・浮き足立つ

 こうして見ると、初めて見る言葉も結構ありますね。

　このリストにあるような言葉を見つけたら**「これは気持ちを表す言葉だ！」と気づく必要がある**し、それぞれの意味を理解しておく必要もある。この他にも本や教科書などで知らない「感情語」が出てきたら、そのつど辞書を引いて覚えていくようにしよう。

　ただ、注意してほしいことが3つある。

4　「感情」を探すときの注意点

① 気持ちは **１つだけとは限らない！**→気持ちを**連続させて**捉える！

② **プラス／マイナス**で気持ちを分類する。

③ **表現技法**に注意する。

　まず１つ目。人の気持ちというのは複雑なものだから、「感情語」１つだけでは正確に表せない場合も多い。

「恥をかかされ、情けなさや怒りとともに劣等感をかきたてられた。」
「憎悪と愛情が入り乱れながら、徐々に空虚さへ変化していった。」

　このように、複数の感情が同時に重なり合って気持ちが描かれることも多い。だから**「感情語」を１つ見つけたからといって、安心してはいけない**。複数の「感情語」を同時に拾い上げながら読む必要がある。

　それに、同じ「感情語」でも文脈によって全然違う意味で使われるケースもある。たとえば次の例を見ると、同じ「意地」という言葉が、全く違う意味で使われているのがわかるはずだ。

Ａくん「これは負けられない、男の**意地**をかけた戦いなんだ。」
Ｂさん「こんなつまらないことで**意地**になっちゃって。馬鹿みたい。」

Ａくんの場合は**「負けられない」という気持ちが前にある**から戦いに対する「意気込みや気合」を感じる。つまり「意地」という語をプラスの意味で捉えている。

逆にBさんの場合は**「つまらない・馬鹿みたい」という気持ちが前後にある**し、「意地」をマイナスの意味で捉えているとわかる。

　そうだね。やはり**1つの「感情語」だけで気持ちを決めつけず**、前後の気持ちと**連続させて**読み取らないと、正確な読み方はできないんだ。

　そして2つ目。今の例文でやったように、その気持ちが**「プラス」なのか「マイナス」なのか**を判断することが重要だ。これは、韻文のときにすでに教えた方法だよね（→ P.433）。
　今の例文で言えば、Aくんは「戦い」に対して**プラス・前向き・ポジティブな気持ち**でいるのに対し、Bさんは**マイナス・後ろ向き・ネガティブな気持ち**を持っている。プラス・マイナスの判断ができれば、選択問題を解くときの根拠になるし、後で説明する「気持ちの変化」を把握するときの大きなヒントにもなる。
　たとえば、今のAくんとBさんの会話に、選択肢をつけて入試問題っぽく仕立ててみようか。

（例題）このときの二人の気持ちとして、不適切なものを選びなさい。
Aくん「これは負けられない、男の**意地**をかけた戦いなんだ。」
Bさん「こんなつまらないことで**意地**になっちゃって。馬鹿みたい。」

　ア　Aくんは戦いに向けて自分を奮いたたせようとしているが、Bさんはそれを冷やかな目で見ている。
　イ　Aくんは戦いに行くことに誇りを感じているが、Bさんは現実的な視点でそれを批判的に受け止めている。
　ウ　Aくんは戦いに行くことに強いこだわりがあるが、Bさんは戦いよりも大切なことがあると考えている。
　エ　Aくんは戦いにおじけづく自分の心をごまかしているが、BさんはそんなAくんを応援し、勇気づけようとしている。

2章

「戦い」をAくんがマイナスに捉えていたり、Bさんがプラスに捉えていたら、その時点で×ということ。

答えはエですね。Aくんが「おじけづく」＝マイナス、Bさんが「応援・勇気づける」＝プラスになっているから。

そのとおりだね。このように本文から「感情語」を探して、プラス・マイナスを判断すれば、問題もうまく解けることが多い。

ただ、感情の中にははっきりとプラス・マイナスを判断できない場合も多い。たとえば……。

> Cくん「何とも言えない、言葉にできない。こんな気持ちは初めてだ」

このような場合は、**プラス・マイナスの判断がつかない**よね。

当のCくん本人が「何とも言えない」と言ってるんだから、読者にわかるわけないわな……。

こういうとき、読者が勝手な思い込みで無理やりプラス・マイナスに分けてしまうと、全体のストーリーを大きく読み間違えてしまう危険性が大きい。**プラス・マイナスがわからないときは無理に判断しないで保留しておく**こと。このような場合の対処法は Lesson3 で教えるから、今はまだ気にしなくて OK。

じゃあ、最後3つ目。「韻文」のところですでに勉強したけれど、小説でも「表現技法」を使って心情を表すケースがある。

★Point★
5 表現技法

「気持ち」を表現したり、強調するためのテクニック！

★ 「たとえる」タイプの表現技法

① **直喩** （明喩） ② **隠喩** （暗喩） ③ **擬人法**

★ 「強調する」タイプの表現技法

④ **反復法** ⑤ **対句法** ⑥ **体言止め** ⑦ **倒置法**

⇒ 「たとえる」表現は**共通点**を考えれば、表したい内容や気持ちがわかる！

これらはすべて P.410 で勉強済みなので、怪しい人は一度ここで復習をしておこう。これら「表現技法」が使われている部分があれば、そこに筆者が何らかの気持ちを込めている可能性が高い。

中でも、特に小説でよく出るのが「比喩」。「比喩」に傍線が引かれて、そこの「気持ち」を答えさせる問題は非常に多い。

 比喩を理解するには**共通点**に注目（→ P.413）するんですよね。

「彼女の心は、純白の雪みたいだ」……**美しさ・純粋さ**を表す。

「あの先生は、鬼だ」……**怖さ**を表す。

共通点を見つければ、作者が込めた気持ちも読み取れる。

では、今勉強した3ポイントを使って、実際に小説を読んでみよう。

気持ちを表現するために
表現技法を使うのは、
韻文と同じだよ

（例題）次の文章は、P.461のリード文の続きである。
P.461のリード文をもう一度読んでから、次の問題に答えよ。

問1　各文章中の人物の心情が書かれた部分にラインを引きなさい。

問2　問1で発見した心情を「プラス／マイナス／どちらとも言えない」に分類せよ。

① 芝木好子『雪舞い』より
　鞄の中から有紀は大切な絵を取り出すと、画家の前に置いた。絵は巻いたまま、水彩やグワッシュやデッサンは重ねてあった。香屋は一枚ずつ丁寧に手にとって見ていった。朱で塗った下町の一軒家、傾斜した塔、女像のような仏像、小魚の行列、赤い壁のらくがきの子供の顔。絵の対象はさまざまであった。縁側の藤椅子にかけた譲は、香屋の反応をおそれて顔を庭へ向けている。

　有紀は画家とともに絵を見ていた。一人の人間が歳月に刻んだ分身、彼の一番純粋に映し出す憧憬のかたちを、若い絵の中に確かめながら、**「かわいそうな**絵」と思った。

　日の目も見ず、人にも愛されず、評価も受けずに、眠りについて消えてゆく絵を見ていた。弟が病いをぬって、心の弦の鳴るまま、ある時は狂気のようにぶつかっていったのを知っている。

問3　傍線部「かわいそうな」に込められた有紀の気持ちとして最も適当なものを選びなさい。
　　ア　作者である譲が心を込めず、投げやりに描いた絵だから。
　　イ　作者である譲にさえ、低い評価をされている絵だから。
　　ウ　香屋に厳しい目で評価を下されようとしている絵だから。
　　エ　譲が心を込めて描いたのに、誰にも認められない絵だから。

② 波多野敏春『銀色の道』より
　夏休みが来た。（中略）

英了は夜も午前中も五球スーパーラジオの制作に没頭した。（中略）

　英了の母・レイは、英了の熱中しすぎる姿に心配したが、止めることはしなかった。一応、理科の自由研究の宿題をしているのだ、と言われると反論できなかった。それをいいことに英了は他の宿題をほとんど放ったらかしてラジオだけに熱中していた。（中略）

　土曜の夜から始めたラジオ作りが日曜一日ではとても終わらず、月曜・火曜と理科部も陸上部も休んだ。回路配線図を見ながら半田付けをしている時が、英了にはなにもかも忘れてしまう至福の時であった。

　半田を付ける箇所にペーストを塗って半田ごての先に鉛とすずの合金を溶かし、ペーストの付いた部分に溶けた鉛を付けると、ジュー、と音を立てて鉛が接合部分を固める。その時ペーストと鉛とすずの合金が焼ける匂いがぷーんと漂う。良い匂いであった。英了はこの匂いを「電気の匂い」と呼んでいた。（中略）電気の匂いを嗅ぐと、英了は電気以外の全てを忘れてしまうのだった。（中略）

　英了が半田ごての煙にまみれ、電気の匂いにまみれて、五球スーパー受信機を完成させたのは火曜日の夕方だった。配線図をもう一回見比べてみた。間違いなかった。英了は差し込みプラグの電源を入れて、ラジオのボリュームを捻ってスイッチを入れた。胸がどきどきする緊張の一瞬である。

　真空管に小さなオレンジ色の火が灯った。英了は息を詰め、**全身を耳にして**スピーカーから響いて来る音を待っている。

問4　傍線部「全身を耳にして」には英了のどのような気持ちが表れているか。最も適当なものを1つ選びなさい。

　　ア　ラジオ制作が順調に終わり、後は音を楽しんで聞くだけだという誇りに満ちた気持ち。

　　イ　ラジオの制作が失敗に終わったことを予感し、不安と恐れにおののいている気持ち。

　　ウ　自作のラジオから音が鳴るかどうかわからず、期待と不安が入り混じった緊張の気持ち。

　　エ　自作のラジオからただよう電気の匂いに我を忘れ、うっとりと匂いに没頭する気持ち。

じゃあ、①『雪舞い』をやってみます。弟の譲が、画家の香屋に自分が描いた絵を見せる場面ですね。

まず、姉・有紀の「**大切な絵**」という気持ちがありますね。明らかに、弟の絵に対する**プラスの気持ち**。

香屋も「**丁寧に**」絵を扱っているから、有紀と同じく**プラスの気持ち**だとわかる。

その後で、譲の「香屋の反応を**おそれる**」という気持ちが書かれる。不安・心配という、**マイナスの気持ち**。プロの画家に絵を見られるのは、ふつう怖いですよね。

2段落の最後で、有紀が譲の絵を「**純粋**」だと**プラス**評価している。でもその後で「**かわいそうな絵**」と**マイナスの気持ち**を言っている。……何が「かわいそう」なんだろう？

3段落には「比喩」がたくさん出てくるな。**「眠りについて消えてゆく絵」**は、本当に絵が「眠る」わけがないから比喩（擬人法）。「日の目も見ず、人にも愛されず、評価も受け」ない譲の絵を「眠り」にたとえているんだ。当然、**マイナスの気持ち**。

「心の**弦の鳴るまま**」は隠喩。本当に心に弦はないから。それと「狂気のように」は直喩。譲が絵を「**自由に、熱中して**」描いたことを表現する、**プラスの内容**。

ということは……傍線部「**かわいそうな**」は、「**譲が一生懸命描いた絵なのに、誰も評価してくれないことが、かわいそう**」という意味！　問3の**答えはエ**です。

ア「譲が心を込めない・投げやり」は「自由に、熱中して絵を描いた」と矛盾する。

イ「譲が絵を低く評価」とは本文に書いてない。「香屋の反応をお

それて」とは書いてあるけど、それと「低評価」は全然意味が違う。ウだと「香屋が譲の絵を低く評価している」ことになってしまうけど、そんなことはどこにも書いていない。

　そのとおり。このように「感情語」「プラス・マイナス」「比喩表現」を中心に分析することで、正確に気持ちを読み取れるようになる。
　では、続けて②もやってみよう。

 英了がひたすら「ラジオ作りに**集中・没頭**する」様子が描かれている。「没頭／熱中／なにもかも忘れてしまう至福の時／良い匂い」どれも**ラジオ作りが楽しい！**　という**プラスの気持ち**。…お母さんは「心配」しているけど。

 傍線部「全身を耳にして」は比喩。本当に全身が耳になったら気持ち悪い……。
英了は今プラスの気持ちだから、答えはア？

 ちょ、待てよ。傍線の前に「**胸がどきどき／緊張／息を詰め**」という気持ちも書いてあるぞ。アのように「音を楽しんで聞くだけ」なら、緊張する必要はない。

 そうか！「音を聞くのが楽しみ」というプラスの気持ちと、「音が出なかったらどうしよう……」というマイナスの気持ちが、両方英了の心に存在しているんだ。ということは、**問４の答えはウ**！

　アはプラスの気持ちしか説明していないし、逆にイはマイナスの気持ちしか書かれていない。エは「今ラジオをつけようとしている場面」なんだから、そもそも状況に合っていないよね。プラス・マイナス両方の気持ちを正しく説明している選択肢はウしかない。１つの傍線部に２つ以上の気持ちが同居しているケースは多い。１つの気持ちを見つけただけで安心せず、その場面全体の気持ちをくまなく発見するよう心がけよう。

◇ Lesson2- ②　「考え」を語っている部分を発見する

　単に「うれしい・悲しい」のような「感情」を表すだけでなく、もっと複雑な「考え」が文中で説明されるケースも多い。

　「登場人物（or 作者）が、自分の考えをはっきり説明している部分」 は絶対に見逃せない最重要ポイントとして、必ずチェックしよう。

　まず1つ例題。次の中から、登場人物が「考えたこと」が書かれている場所を抜き出してみよう。

（例題）次の文章の中から、人物が考えた内容が示されている部分に
　　　　線を引きなさい。

　購入したふとんが家に届けられ、ガムテープをほどき、床に広げてみたとき、彼はいよいよ自分が騙（だま）されていたことを確信した。

　100万円の高級羽毛ぶとん。それなのに、どこからどう見てもスーパーで売っている安売りのふとんと何も変わらない。顔がみるみる青ざめてゆく。彼は父にすべてを打ち明け、何度も謝った。父は、

　「しかたない。今回だけだぞ。あきれて物も言えないが、息子を見捨てるわけにはいかないからな。」

と言って100万円の請求書を引ったくると、悠然（ゆうぜん）と歩き出して外へ出ていった。

★Point★
6　人物の「考え」を捉える

「〜と思った／考えた」の形で表せる部分を本文中から探す！

　→セリフの中に書かれる場合も多い。

「彼」の考えを本文から抜き出すと……、

「自分が騙されていた」（と思った）

「100万円～スーパーで売っている安売りのふとんと何も変わらない」（と思った）の部分だな。

そのとおりだね。あとは**「セリフ」に注意すること**も大切。

「父」の考え・思考はすべてセリフの中で語られているよね。

「しかたない」「今回だけ（は何とかしてやろう）」（と思った）

「あきれて物も言えない」（と思った）

「息子を見捨てるわけにはいかない」（と思った）

バカだなぁとあきれる気持ちと、許してあげる気持ちの2つに整理することができそうです。

　いいね。このように文中から人物の「考え」を抜き出して整理する。「考え」の説明は、問題を解くときの最大の根拠になるから、絶対見落とさないよう訓練しなくてはならない。

　では、実際の小説を使って練習してみよう。

（例題）次の文章を読み、後の問題に答えなさい。

①　（P.470②の続き）暫く待ったが反応がない。おかしい。トランスも徐々に温まって来ている。なのに無音である。ボリュームを最大に上げても、バリコンをどう動かしても何の音もしない。雑音である発振音すら聞こえて来ない。

　英了は焦った。

（全く音がしないラジオを、そのまま電源を入れた状態にしておいてもいいのだろうか？）と思う。どこかを間違えたとしたなら、電気を通すこと自体無理があるかも知れなかった。英了はスイッチを切ると、回路配線図を食い入るように見つめながら、もう一度最初から自分のやり終わった仕事の総点検を始めた。

　母に呼ばれ、夕食の席に着いても英了は食欲がなかった。頭の中にはラジオの配線図しかなかった。誰かに話し掛けられても、まともな返事はできなかった。　　　　　　　　　　　　（波多野敏春『銀色の道』より）

問題　傍線部「スイッチを切る」とあるが、なぜ英了はスイッチを切ったのか。最も適切なものを選びなさい。

　　ア　ラジオから全く音が出なかったことに落胆し、自分の才能のなさに気づくとともに、ラジオ制作に対して熱意を失ってしまったから。

　　イ　ラジオの回路に誤りがある可能性が高い以上、電源を入れたまま放置しておくことは無意味なだけでなく危険であると考えたから。

　　ウ　ラジオの回路に誤りがあることに気づき、今の自分の力ではすぐに解決できないことを理解し、気持ちを切り替えて食事をとろうと思ったから。

　　エ　ラジオから全く音が出なかったことで強い焦りを感じ、ラジオの音が出るまであきらめず、いつまでも挑戦し続ける気持ちに突き動かされたから。

2　（P.461 3のリード文の続き）その夜は、目がさえてぜんぜん寝つかれないでいると、隣の布団で寝ていた歌子が、ごそごそとチヅルの布団に入ってきて、

「お母さんはきっと、ムシのいどころが悪かったんだよ。あんなに怒るのは、ひどいよね。おねえちゃんは、チヅルの味方だからね」

　耳元に息を吹きかけるように小声でささやいて、そうっと手を握ってくれた。

　チヅルはおねえちゃんが前から好きだったけれど、そういうことがあって、ますます好きになっていて、それからは清子に叱られても、おねえちゃんが味方だと思うと、あんまり悲しくなくなり、泣かなくなっていたのだった。

（なのに、おセンベ食べたくらいで、おかあさんにいいつけるっていった）

　チヅルは見捨てられたような惨めな気持ちになり、息がとまりそうだった。おねえちゃんは中学生になってから、二階に部屋をもらって、ただでさえ、かまってくれなくなっていたのに、今はかまうどころか、チヅルが嫌いになったんだとしか思えなかった。

（いいんだ。チヅルだって、おねえちゃんなんかきらいだ！）

　チヅルは茶の間のソファにとびのって、ソファの背にしがみつくようにして、涙をこらえた。歌子の友だちがきたときも、チヅルはソファに寝そべったままでいて、背を向けていた。

（氷室冴子『いもうと物語』）

問題　傍線部「おねえちゃんなんかきらいだ！」と「チヅル」が思った理由として最も適当なものを選びなさい。

　　ア　味方だと言って自分をなぐさめてくれた姉が、その直後に突然態度を変えたので、姉の真意がわからなくなったから。

　　イ　母に加えて姉までが自分に冷たく接するようになり、家族から孤立するきっかけを作った姉が恨めしく感じられたから。

　　ウ　中学生になって以来、自分を遠ざけ母の味方ばかりするようになった姉に疎外されたように感じられたから。

　　エ　味方だと思っていた姉が、思いがけず自分を責めたことに驚くとともに、姉の愛情がなくなったと感じたから。

では、①から。がんばってラジオを作ったのに、音が出なかったんですね……。本文から「感情」「考え」を抜き出すと、こんな感じ。

〝おかしい（と思った）〟〝焦った〟

〝音がしないラジオを、そのまま電源を入れた状態にしておいてもいいのだろうか（と考えた）〟

〝（作り方を）間違えたとしたなら、電気を通すこと自体無理（と考えた）〟

〝頭の中にはラジオの配線図しかなかった〟

問題では「スイッチを切った理由」が問われている。となると

「このまま電源を入れっぱなしにしておくのはよくない」
「電気を通すこと自体無理（＝まず回路を直す必要がある）」
この2つがポイントになるはず。じゃあ、**答えはイ**だ！

アは「才能のなさ」という気持ちが本文にないし、「熱意を失う」
は「頭の中にはラジオの配線図しかなかった」と矛盾する。
ウも「気持ちを切り替えて」が「頭の中にはラジオの配線図しかな
かった」と矛盾する。全然切り替えられてない。
エは……。これって、✕なのかな？ 「焦り」も「いつまでも挑戦
し続ける」も本文と一致する気がするけど……。

なるほど、エで迷った人が多いかな？　ではヒントをあげよう。本文だ
けでなく、「傍線部」や「問題文」もよく読まないとダメだ。今の問題で**「何
が問われているか」**を考えてから、もう一度選択肢を見てみよう。

この問題は**スイッチを切った「理由」を答える**問題。
あっ、そうか。「焦り」「いつまでも挑戦」だと、スイッチを切る理
由にならないんだ！　「焦って」「いつまでも挑戦」するなら、むし
ろスイッチを入れっぱなしにする理由になりそう。

そのとおりだね。いくら本文の内容と一致していても、「傍線内容」や「質
問内容」に合わないものは不正解。小説に限らず、読解問題を解くときに
は常に注意しておこう。

本文だけでなく、
問題文や傍線部も
手がかりになるのね!!

7 問題を解くときは…

本文と一致していても×になる選択肢もある。

→「傍線部の意味」「質問内容」に合うものを選ぶ必要がある！

では、②へ。チヅルの「感情／考え」を探していくと……
まず「姉・歌子が、昔味方になってくれたこと」を思い出している。
これはリード文（→ P.461）の説明どおり。その後で……
「前からおねえちゃんが好きだった」「ますます好きになった」
「おねえちゃんが味方だと思うと、母に叱られてもあまり悲しくない」という、**姉に対するプラスの気持ち**が書かれる。
でも、今回味方だったはずの姉に叱られたことで……
「姉に見捨てられたような惨めな気持ちになった」
「姉に嫌われた（と考えた）」
という、**マイナスの気持ちになってしまった**。これらの気持ちを説明している選択肢を探すと……**答えはエ**だな。

アは「姉の真意がわからない」が×。「私を嫌いになったに違いない！」と言ってるから、姉の真意をわかったつもりになっているよね。
イは「家族から孤立」が×。悪いことをして叱られることを「孤立」とは言わないです。
ウは「姉が、母の味方ばかりする」が×。姉は友だちのセンベイを食べられたから怒っているのであって、別に母の味方をしたわけではない。

　そのとおりだね。このように、はっきりと文中で説明された「感情／考え」を丁寧に読んでいくことで、多くの小説問題は正解を出すことができ

る。「書かれていないものを勝手に想像する」のではなく、まず**「書かれ
ているものをしっかり読む」**ことを心がけよう。

◇ Lesson3 「はっきり書かれない気持ち」を読む

　Lesson2では「本文ではっきり説明された気持ち」の発見法を勉強した。
　ただ……小説にはストレートに気持ちを説明せず、読者に想像させるタ
イプのものも多い。

 確かに「うれしい／悲しい」って全部書いてしまうと、小学生の日
記みたいになるよな……。

　実際の試験では「本文で気持ちがはっきり説明されない場合」でも、人
物の気持ちを答えさせる問題は出る。では、**どうすれば「書いていない気
持ち」が読み取れるのか**。まず、次の例題を考えてみよう。

（例題）　「彼女」の気持ちとして最もふさわしいものを選びなさい。
　彼女は泣いている。
　ア　悲しい　　イ　うれしい　　ウ　感動　　エ　痛い　　オ　恐怖

 こんなの、アに決まってるだろ。泣いてるんだから。

 確かに。人が泣くのは、ふつう「悲しい」ときだよね。

　なるほど。泣いてるから「悲しい」と。だからアが正解だと。
　……本当にそれでいい？　絶対？　100％？　命賭ける？

 子どもかよ……。いや、**でも絶対かと言われると困る**な。

 そうだね。「うれし泣き」の可能性もあるし、「感動の涙」かもしれ

ない。「痛くて泣いている」のかもしれないし、「ウソ泣き」の可能性もある。つまり**「泣いている」だけでは、どんな気持ちか判断することはできない**んだ。

　そのとおり。つまり「泣いている」は「気持ちを直接説明する表現」ではなく、あくまで人物の**「表情・行動・反応」**を描いたものでしかない。もちろん「表情・行動・反応」も、気持ちを読み取るうえで大きなヒントになるけれど、それだけで**勝手に気持ちを決めつけてはいけない**。もっと確実な気持ちの「根拠」をつかんでから答えを出す必要がある。

8　「はっきり書かれない気持ち」を読み取る①

人物の「表情・行動・反応」を本文から読み取る！

→　ただし、それだけで気持ちを勝手に判断しない！

　では、「泣いている」彼女の気持ちを知るための「根拠」とは何か。Lesson2では、本文から「気持ちの説明」を探したけれど、今回は本文に「気持ちの説明」が書いてないケースだからね。

　たとえば……泣いている人が目の前にいるとして、「今どんな気持ちですか？」と相手に質問するのはヘンだよね。どういうふうに質問をすれば、自然な形で相手の気持ちを知ることができるのだろうか？

　「原因」をたずねればいいと思う。「どんな気持ちか」書いてなくても、「何があったか」がわかれば、気持ちを予想できます。

　なるほど。「どうしたの？」「何があったの？」と質問すればいいんだ！「飼い犬が死んだの」と言われたら「悲しい」とわかる。「試験に合格したの」と言われたら「うれしい」とわかる。「映画を見たの」と言われたら「感動」だとわかる。

「机に足をぶつけたの」と言われたら「痛い」とわかる。

「原因」がわかれば、確かに「気持ち」も予測できる。

そのとおり！　**「気持ちがわからないときは、原因を探す！」**

これが、書かれていない気持ちを把握するための基本姿勢だ。

★Point★ 9 「はっきり書かれない気持ち」を読み取る②

「原因となる事件・出来事」を探せば、気持ちもわかる！

「気持ち」ははっきり書かれなくても、「原因」は必ず本文やリード文で説明される。小説を読むときは常に「何があったのか、それによって**どんな気持ちになったのか**」に注意して読み進めていくことが大事だ。

今の話を、図を使って整理しておこう。

今回の例題では**「表情・行動・反応」**だけが問題文に書かれていた。けれど「表情・行動・反応」だけで気持ちを正確に読み取ることは不可能。そこで……。

このように、**「原因となる事件・出来事」**を発見する。すると……

　このように、最初はわからなかった「気持ち」の正体が明らかになる。「気持ち」の正体がはっきりしないときは、「原因」と「表情・行動・反応」を両方チェックして、**「はさみうち」**するように「気持ち」を判断していくんだ。

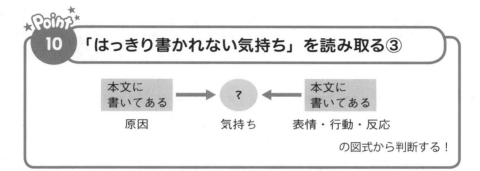

Point
10　「はっきり書かれない気持ち」を読み取る③

本文に書いてある　→　**？**　←　本文に書いてある
原因　　　　気持ち　　　表情・行動・反応
の図式から判断する！

　では、これまでのポイントを利用して、実際の小説問題を解いてみよう。**「原因」が何かを、特に意識**して文章を読むこと。

（例題）次の文章を読み、後の問いに答えなさい。

> 　雅彦（まさひこ）の家は集中豪雨による被害などが原因で、以前ほど商売が順調ではなくなってきている。

　雅彦にとって永遠に忘れられない事件が起こったのは、ちょうど七歳の誕生会の日のことである。
　テーブルの上には喜代子（きよこ）が腕によりをかけた料理が絢爛（けんらん）と並べられ、友達十人ほどがそれぞれお祝いのプレゼントを持ってきた。小学校1年生なので格別に高価なものなどはありはしないが、心のこもったものが並んでいる。実はこの日、初めての誕生会に有頂天（うちょうてん）の①雅彦が最も期待していたのは祖母のプレゼントだった。
　前日こっそり尋ねた。
　「おばあちゃまのお祝いは何かなあ」
　エンは初め、少し困った顔をしたが、優しく笑うと、
　「そうだねえ。お前の一番好きなものにしようかねえ」と言った。

　　僕の一番好きなものとは、いったいなんだろう、と雅彦は夜、眠れないほど考えたが想像もつかなかった。それで、仲間から、そして両親からのお祝いを貰（もら）ったあとでおそるおそる尋ねてみた。
「おばあちゃまのは？」
エンは少し恥ずかしそうに②テーブルをそっと指差した。
「お前の一番好きな、おにぎりをたくさん作ったよ」
　　テーブルの真ん中の大皿にはなるほど最初から握り飯がたくさん積んである。
　　　　　　　　　　　　　　　　　　　　　　（さだまさし『精霊流（しょうりょう）し』）

問１　傍線①「最も期待していた」理由を 25 字以内で書け。
問２　傍線②「テーブルをそっと指差した」理由として最も適当なものを次の中から選びなさい。
　　ア　雅彦のほしがっているものが分からなくて、何をプレゼントしたらよいか迷っていたから。
　　イ　雅彦のために心を込めて作ったプレゼントは、だれにも負けないという自信があったから。
　　ウ　雅彦が喜ぶプレゼントを準備できているかどうか、不安と期待が入りまじっていたから。
　　エ　雅彦にとって高価なプレゼントをあげることは、よいことではないと思っていたから。

まず問１から。傍線部に直接「雅彦」の気持ちが書いてあるよね。

「祖母のプレゼントに一番期待していた」んですね。「他の家族」でもなく「友達」でもなく「祖母」。ということは……。

「祖母が雅彦に期待を持たせることをした」
可能性が高いよね。当然、誕生会当日よりも
昔の出来事でないと原因にはならない。

11 「理由・原因」の見つけ方

① 傍線部よりも**昔の出来事**
② 傍線部の**気持ち・行動を引き起こす出来事**
を探す！

傍線直後に「誕生会前日」のエピソードが書かれている。その中で雅彦に期待させるような出来事を探すと……。
問１の答えは「祖母が雅彦の一番好きなものをくれると言ったから。」

原因　　　　　　　気持ち

そのとおりだね。このように「傍線より昔の出来事で」「気持ちを呼び起こすような出来事」を探せば「原因」が見つかる。ただ、今回は「前日」の出来事が「当日」より後ろに書かれているよね。このように時間の順番と本文に書かれる順番が逆転するケースもある。
　では、次は問２。今度は「雅彦」ではなく「祖母」に関する問題だね。傍線部から、どのような情報が読み取れるかな？

傍線部「そっと指差した」は、**祖母の「行動・反応」**だな。
「気持ち」は直接書いてないから、勝手に想像してはダメだ。

本文全体から祖母の「気持ち」を探すと……直前に**「恥ずかしそう」**って書いてある！　それと、6行前に**「困った顔」**とも書いてあります。
「恥ずかしい／困った」気持ちなら、イ「自信がある」エ「雅彦を

厳しく育てよう」は、全く合わないから×。

ア「迷い」、ウ「不安」は、どちらも「恥ずかしい／困った」気持ちと合うよね。

……アとウは、どっちを選べばいいのかな？

アとウの違いは……

アは「ほしがっているものが分からない」から困っている。

ウは「喜ぶかどうかが分からない」から困っている。

どちらが正しいか、本文から発見すればOK！

でも……そんなこと、本文に全く書いてないと思うけど。

本文に書いてない情報を読み取るときは……

「原因となる出来事」を読み取る！

祖母が「恥ずかしそうに指差した」先には「おにぎり」があるよな。なぜ祖母は「おにぎり」をプレゼントに選んだのか。その「原因」を読み取ればよさそう。

「おにぎり」を選んだ理由……そうか、「リード文」だ。「リード文」に「**商売が順調ではない**」って書いてあるよね。つまり「**お金がないから**」おにぎりしか作れなかったんだ。

ということは、**問2の答えはウ**だな。「ほしがっているものが分からなくて」おにぎりを作ったのではなく、「お金がなくて」おにぎりしか作れなかった。

雅彦はおにぎりが好きだから、**喜んでくれる可能性もある＝「期待」**。でも、**雅彦ががっかりする危険性も高い＝「不安」**。この状況にピッタリあてはまる。

「ウ」だ！

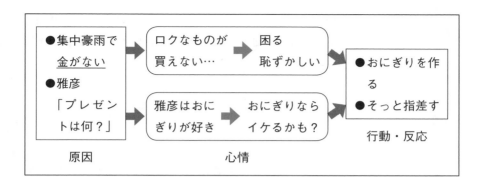

そのとおりだね。今回は「リード文」をチェックしていないと「祖母にお金がない」という重要な情報を見逃してしまう。本文だけでなく、リード文も忘れずにチェックすること。

これで「はっきり書かれた気持ち」「書かれない気持ち」両方の読み取り方を勉強した。最後に、これらの「気持ち」を・よ・り・深・く読み取るための、いくつかのコツを伝授したい。最後の Lesson4 へ進もう。

◇ **Lesson4　「複雑な気持ち」を理解する**

実際の小説、実際の試験では「うれしい／悲しい」のようなシンプルな心情だけでなく、もっと複雑な心情が描かれたり、出題されたりするケースが多い。このコーナーでは、そういう複雑で難易度の高い心情をうまく読み解くためのテクニックをマスターしていく。

Point 12　「複雑で難しい」心情を読み解くには？

①葛藤（かっとう）　②人物の対立　③気持ちの変化　に注目！！

まずは①。「葛藤」って言葉、聞いたことはあるかな？　日本人の苗字（みょうじ）みたいだよね。「武藤、内藤、後藤、葛藤」みたいな。

あはは、そんなわけないですよ。「葛藤」というのは**「心の中で、相反する気持ちがぶつかり合って、どうしていいかわからなくなる状態」**のことですよね。

そうそう、「相反する気持ちのぶつかり合い」ね。
（苗字じゃないのか……）。

　そのとおりだね。で、**人物の「葛藤」が本文に出てきたときは、ものすごく問題で問われやすいん**だよね。
　「葛藤」は、**心に複数の気持ちが混ざり合った状態**なので、そのぶん読み取りが難しくなる。読み取りが難しくなるということは、難易度の高い問題でよく出題されるということだ。たとえば……

彼女は……	心情① ➡	矛盾！	⬅ 心情②
●悩んでいた	甘いものを**食べたい**	でも	**太るのは嫌**だ…
●未練があった	彼が**好き**だった	でも	**恥ずかしくて告白できなかった**…
●迷っていた	東京で**仕事をしたい**	でも	**田舎で親の面倒を見ないと**…

「悩み／未練／迷い」…。どれも、スッキリしないモヤモヤした気持ちですね。

「食べたい／好き」のような**プラスの気持ち**と「嫌／恥ずかしい」のような**マイナスの気持ち**がぶつかり合って、**矛盾を起こしている。**

「東京で仕事をする」ことと「田舎で親の面倒を見る」ことも、両立不可能で矛盾した内容。「葛藤」とは、何らかの矛盾を心に抱えた状態のことを言うんですね。

　そのとおり。ちなみにLesson3までで勉強した小説にも、実は「葛藤」が描かれていたんだよ。

	人物	心情① ⟶ 矛盾！ ⟵ 心情②		
P.470 有紀	譲の絵がかわいそう	がんばって 自由に描いた ⊕	でも	誰にも 評価されない ⊖
P.471 英了	緊張	ラジオを聞く のが楽しみ！ ⊕	でも	鳴らなかったら どうしよう…… ⊖
P.474 父	あきれつつ100万円払う	バカ息子！ ⊖	でも	見捨てられない ⊕
P.477 チヅル	おねえちゃんキライ！	本当は好き ⊕	でも	叱られて 悲しい ⊖
P.483 祖母	困る	本当は良い物を プレゼントしたい ⊕	でも	お金がないので 無理 ⊖
P.484 祖母	恥ずかしそう	おにぎりでも 喜んでくれる？ ⊕	でも	さすがにガッカリ するだろう…… ⊖

2章

　このように、葛藤した気持ちを「プラス方向／前向きな気持ち」と「マイナス方向／後ろ向きな気持ち」に分解することで、ハッキリと意味が理解できるようになる。そして、これら2つの気持ちを両方正しく言い当てている選択肢を選べばいいんだ。

Point 13　人物の「葛藤」した気持ちをつかむ！

「2つ以上の矛盾した気持ち」が同時に出てくる！

★「迷い／未練／後悔」…スッキリしないモヤモヤした心情に注目！

★「2つ以上の気持ち」を、1つずつ分解して整理する。

　「プラス」と「マイナス」に分けて考える。

では、P.475「自作ラジオから音が出なかった」話の続きを読んでみよう。この問題から、英了の「葛藤」を読み取り、整理してほしい。

問題　傍線部における英了の心情として最も適当なものを選べ。
（P.461〜475をもう一度読むこと）

　夕食後、入念な点検をもう一度した。特に、スピーカー関係の所に間違いがあるのではないか、と英了は思い、念には念を入れて見直した。何度見直しても間違いを発見することはできなかった。半田付けが不安な所はもう一度やり直したが、シャーシーのスイッチをオンにしても、やっぱりラジオは何の音も出さなかった。

　英了は頭を抱え込んだ。自分の限界に行き当たったのだ。どうにもならなかった。分からなかった。彼は初心者向けのラジオを作らなかったことを後悔した。初心者向けなら、配線図も立体配線図があって、絵を見るような感覚で配線が読めた。英了は、それが子供っぽくて嫌だった。『電波科学』はもともと大人向けの雑誌である。そこから配線図を選んだのは、彼の誇りだった。自尊心だった。そして、正にそれが<u>裏目に出た</u>のだ。

（波多野敏春『銀色の道』より）

　ア　自分の能力の限界に行き当たり、必死で能力を向上させる努力をしてこなかったことを反省している。

　イ　自分のプライドに固執した結果、自らの能力を超えたラジオ作りに手を出したことを後悔しはじめている。

　ウ　ラジオの音が出ない原因を特定することができず、早々とスイッチを切ってしまったことを疑問に感じている。

　エ　自分の手に負えないラジオに手を出してしまったことを、自分の能力を向上させる好機だと考えている。

まず「スピーカー関係を間違えたのでは」という英了の考えが出てきます。だから何度も見直してやり直したけれど、全然音は出ない。

その結果「**自分の限界**」「**初心者用を作ればよかった**」「**後悔**」というマイナスの気持ちが出てくる。

 でも、後半に「**誇り／自尊心**」というプラスの気持ちも書かれる。「子供っぽい初心者向けラジオなんて嫌だ」「自分なら、大人向けラジオでも作れる!」というプライド。

自分の能力を信じる気持ちと、「やっぱり無理なのかも……」という自信喪失。この2つがぶつかり合ったために、英了は「頭を抱え込ん」でしまった。

ということは、この「葛藤（かっとう）」をちゃんと説明している**イが正解!**

 ア「努力をしてこなかった」とは本文に書いていない。
ウ「スイッチを切ったこと」を後悔してるわけではない。
エ「自分の能力を向上させよう」は、「自信喪失」と合わない。

そのとおりだね。このように、複雑で葛藤した気持ちが登場したときは、あわてずに1つ1つの気持ちを分解して整理することが大切だ。

では、「複雑な心情」パターン②へ進もう。

ケンカしたり、嫉妬（しっと）したり、本当は好きなんだけど素直になれなかったり……**二人の人物の気持ちが対立したり、複雑に絡み合う**ことは小説の中でもよくあるパターンだ。

たとえば……

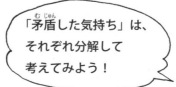

「矛盾（むじゅん）した気持ち」は、それぞれ分解して考えてみよう!

シュンくん	性格の (違い)	ワカナさん
飽きっぽい		根気がある
せっかち	性格の (共通点)	せっかち
ゴミをポイ捨てした人 ⬇ (見てみぬふり)	同じ出来事への (異なる)心情・反応	ゴミをポイ捨てした人 ⬇ (許せない！) (注意する)
明日テストがある ⬇ (現実逃避に)ゲーム	同じ出来事への (似た)心情・反応	明日テストがある ⬇ (現実逃避に)読書
ワカナさんが (好き)	お互いへの (心情)	シュンくんは (犬に似てると思う)

　このように二人の人物を対比させて「異なるポイント」「似たポイント」
を発見していけば、お互いの気持ちもスッキリと整理できる。

 犬に……似てるのかな……。

★Point★ 14　人物どうしの対立・対比をつかむ！

二人の人物の **相違点・異なるポイント**
　　　　　　　 共通点・似たポイント } に注目する。

お互いに対する心情　に注目する。

　では、実際の小説、P.470 の続きを使って練習しよう。
　プロの画家「香屋」が、画家の卵「譲」に対する気持ちを語っている。
今回は「香屋」と「譲」の気持ちや置かれた状況を比べながら読もう。

（例題）次の文章を読み、後の問いに答えなさい。

（P.461 のリード文1、P.470 1をもう一度読むこと）

　香屋は絵を見終（おわ）ったあとも、それらの上に目を遊ばせていた。それから、有紀に話しかけた。

「ぼくには①こんなに良い時間はなかった。譲君がうらやましい。ぼくは生活のためにカットや挿絵を描きはじめて、装幀（そうてい）もした。絵が好きなあまりこの道へ入って、院展に入選してから尾端先生のところへ絵をみてもらいにゆくようになった。技術の注意はうけたが、主題については自由だった。それで助かった。ぼくには主題があって、技術はあとからやってきたのだから。仕事が次々ときて、追いかけられるように仕事をしてきたのです。しかし、今思うのだが、絵は人に見せるものではない、自分のために描くものだ、ということです。②人に見られることがないから、この絵はよごれていない。ぼくには自分のための絵がどれだけあるか」

　香屋の言葉には衒（てら）いがなかった。自分の年齢や地位でものを言ってもいない。有紀は彼のまっとうさを清々（すがすが）しく感じた。譲の絵への何よりの好意に思えてうれしかった。

（芝木好子『雪舞い』）

問1　傍線部①とはどんな時間か。最も適当なものを選びなさい。

　　ア　人に見せるために絵を描く時間

　　イ　自分のために絵を描く時間

　　ウ　仕事が次々ときて、追いかけられる時間

　　エ　生活のためにカットや挿絵を描く時間

問2　傍線部②で伝えたい気持ちとして最も適当なものを選びなさい。

　　ア　他人に見られるために描いたのではないので、この絵は自分の純な思いだけでよごれていない

　　イ　他人に見られる機会がなくしまわれていたので、この絵は他人の批評を受けてよごれていない

ウ　他人の目にさらされていないので、この絵は厳しい批判や
　　中傷でよごされていない

エ　他人に見られないようにかくされていたので、この絵はご
　　みやほこりがついてよごされていない

まず「ぼくにはこんなに**良い時間はなかった**」「譲君が**うらやまし
い**」という香屋の気持ちが書かれている。

「ぼく（香屋）＝マイナス／譲＝プラス」という、対照的な気持ち
になっている。

香屋の気持ち

香屋	良い時間 ナシ…⊖	譲	良い時間 アリ…⊕

だったら、譲の「良い時間」と、香屋の「悪い時間」の違いを読み
取ればよさそう。本文から探すと……

「香屋＝**生活のために／仕事に追いかけられるように**絵を描いた」

「譲＝**自分のために**絵を描いた」

これが、二人の「時間の違い」ですね。ということは、**問1の答え
はイ**。譲が持っていて、香屋が持てなかった時間はイしかない。

香屋の気持ち

香屋	良い時間ナシ 仕事ばかりで自分のための絵 が描けなかった……⊖	譲	良い時間アリ 他人のためではなく 自分のための絵……⊕

傍線②の直前でも、香屋は「絵は人に見せるものではない、自分の
ために描くものだ」と、自分の考えをはっきり言っている。
　香屋は「仕事のため＝**お客に見せるために**」絵を描いた。
　でも譲は「自分のため＝**誰かに見せる絵ではなく、自分の描きたい
絵を描いた**」ということ。**問2の答えはアだ。**

　そのとおり。イ「他人の批評」、ウ「厳しい批判や中傷」、エ「ごみやほ
こり」の話は本文に書いていないよね。

　では、「複雑な心情」攻略法のラスト！　最後は**「気持ちの変化」**につ
いて勉強する。**「気持ち」は小説の中でどんどん変化していく**し、「気持ち
の変化」にかかわる部分はものすごく入試で問われやすい。
　「気持ちの変化」を読み取るために、3つのポイントを伝授しよう。

15 「気持ちの変化」を読み取る！

① 「場面の変化」をつかみながら読む！
　→「時／場所／登場人物」の変化に注目する。
② 「気持ちを変化させるような事件や出来事」を探す。
③ 「プラス⇄マイナス」の変化を読み取る！

　まずは1つ目。**「場面」に分けながら小説を読む**習慣をつけよう。
　場面の変化を捉えるには**「時／場所／登場人物」の3要素に注目する**こ
とが大事。マンガでもアニメでも小説でも、この3要素が大きく変わると、
だいたい何か事件が起こるよね。

小説の中で、
登場人物の「気持ち」は
変化するんだね

> 時の変化＝「あの戦いから、<u>10年もの月日</u>がたった…。」
> 場所の変化＝「ちょっと一緒に<u>公園</u>に行こう。話がある。」
> 新人物の登場＝「ふっふっふ。待っていたぞ。」「だ、<u>誰だ貴様</u>はッ！」
> 人物が消える＝「殺人犯と同じ部屋にいられるか！　<u>私だけでも帰ら
> せてもらう！</u>」

 確かに、何かが起こりそうなフラグが見え見え……。

　そういうこと。普通の文章は「段落」で区切りながら読んでいくよね。それと同じように、**小説では「場面」で話を区切りながらストーリーを整理する**とわかりやすい。

　では、2つ目のポイント。**場面が変化するときは、「気持ちの変化」が起こりやすい**。何の理由もなくいきなり気持ちが変化することはないから、「気持ちを変化させるような事件・出来事」を探して、そこにラインを引きながら読む習慣をつけよう。

　最後、3つ目のポイント。**「プラス／マイナス」に注目すること**は、気持ちの変化を読み取るうえでも重要。「プラスだった気持ちが、マイナスになった」「マイナスだった気持ちが、プラスになった」ときは、必ずチェックすること。

　では実際の小説、P.483の続きで試してみよう。**「場面」の変わり目、どんな「事件」が起こるか、「プラス／マイナス」の変化**。以上3点に注意しながら、問題を解いてみてほしい。

> 小説では、
> 「場面の変化」に
> 注目！

（例題）次の文章を読み、後の問いに答えなさい。

（P.483 ～ 484 をもう一度読むこと）

　よく見れば四角いの、丸いの、三角の、とさまざまに心が込められているが、冗談じゃない、と雅彦は悲しくなった。

　確かに雅彦はエンの作ってくれる握り飯が大好きで、毎日せがんでは握ってもらっている。だが、こんなものなら明日だって、あさってだって食べられるじゃないか、とがっかりした。あれほど自分をかわいがってくれる人のお祝いにしてはみすぼらしすぎるではないか、と涙が出そうだった。

　それで全く手をつけなかった。そればかりか、仲間を誘って□□□外へ遊びに出かけてしまったものだ。

　「がっかりした、がっかりした、がっかりした」と雅彦はいつまでも怒っていた。遊んでいても身が入らない。

　だが、いくらなんでもおかしいではないか、と思った。なぜだろうと。自分が何か祖母の気に入らないことでもしてしまったのか。けれどそれも思い当たらなかった。

　では、もしかしたら祖母はお金がなかったのではないか。

　「しまった」と心の中で叫んだ。

　そうに違いない。祖母は何かの理由で、お金がなかったのだ。

　それでお金がかからずに雅彦が喜ぶものを、と考えに考え抜いた苦肉の策だったのではないか。そう思ったとたんに血の気が引いた。

　自分が何をしてしまったのかがよく分かったのだ。

　あわてて友達に何やらいいかげんな言いわけをして飛んで帰った。

　家に戻っても玄関を開けて、家の中に入るのが怖かった。

　祖母は怒っているだろうか、がっかりしているだろうか、悲しんでいるだろうか。脚が震えるようだった。

　「ただいまー」思い切って大声で叫んでみた。

　「お帰りー」遠くで祖母の明るい声がした。

　怒っていない。①雅彦の胸にやっと空気が入ってきた。

　そっと入ってゆくと、エンは薄暗い台所のテーブルにいて、背中を向けて座っている。

　ふと見ると彼女の目の前には先ほどの握り飯の積まれた大皿が置いて

あり、エンはそれを1つずつ茶碗に取り、くずして茶漬けにして食べて
いたのだ。
　自分はなんというひどいことをしたのだろうと、雅彦の幼い胸に痛み
が走った。あわてて向かいの椅子に座ると、
「ああ、おなかがすいた。おにぎり、いただきまーす」
　大声で言って握り飯を手に取り、むしゃむしゃとかぶりついた。
　②「ああ、おいしいねえ」
　雅彦は言った。雅彦なりの精いっぱいの贖罪*だった。
「まあ坊」立ち上がりながら穏やかな声でエンが言った。
「無理せんでいい、無理せんでいい。こんなもの、みんなおばあちゃん
が食べるけん、お前はいいよ」
　そう言うと向こうから歩いてきて雅彦の隣に腰掛け、そっと頭を撫でた。
雅彦の目から大粒の涙がぽろぽろとこぼれた。
「おばあちゃま。ごめんなさい」
　そう言うのがやっとだった。　　　　　　　（さだまさし『精霊流し』）

＊贖罪……罪をつぐなうこと。

問1　　　　　に最もよくあてはまる言葉を選びなさい。
　　　ア　がっくりと　イ　さっさと　ウ　こっそりと　エ　せっせと

問2　傍線①は雅彦のどのような気持ちを表しているか。25字以内
　　　で書きなさい。

問3　傍線②を雅彦はどのように言ったと考えられるか。最も適当
　　　なものを選びなさい。
　　　ア　自分のとてもがっかりした気持ちが祖母に伝わらないよう
　　　　に、小さな声でこそこそと言った。
　　　イ　祖母に対する後ろめたい気持ちをそのまま伝えるために、
　　　　大きな声で呼びかけるように言った。
　　　ウ　以前のように仲良くしたいという気持ちを祖母に分かって
　　　　もらうために、つぶやくように言った。
　　　エ　祖母にたいへんすまないことをしたという気持ちを素直に
　　　　は伝えられずに、わざと明るく言った。

「誕生日プレゼントがおにぎりだった」ことで、雅彦の気持ちがプラスからマイナスに変化します。

〝冗談じゃない〟〝悲しくなった〟〝こんなものなら明日だって、あさってだって食べられる〟〝がっかりした〟〝みすぼらしすぎる〟

……全部、「がっかり」「怒り」の気持ちですよね。

その結果「おにぎりを食べずに外へ出てしまった」。これが雅彦の「行動・反応」。ということは、**問1の答えはイ**ですね。「がっかり」「怒り」を両方表せる言葉はイしかない。

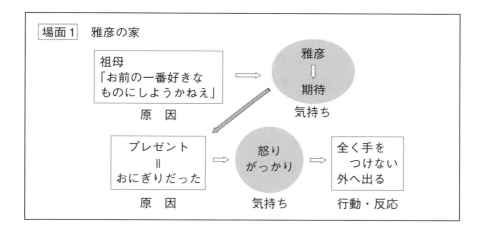

そうだね。「がっかりした」というセリフだけを見てアを選んだ人も多いだろう。でもアだと「怒り」の気持ちを表せないよね。

そして、ここで**「場面の変化」**が起こる。「雅彦の家」から**「家の外」**の場面へ。ここで、どのような「気持ちの変化」が書かれるだろうか。

雅彦の**「怒り」が急速に失われるポイント**が出てくるから、そこを見逃さずに読み取ろう。

〝だが、いくらなんでもおかしいではないか、と思った〟

〝自分が何か祖母の気に入らないことでもしてしまったのか〟

この2か所が、明らかに雅彦の気持ちの変化を表している。

祖母への「怒り」が、**「なぜだろう？」という疑問**や、**「自分が悪い**

のでは？」という**不安**に変わっている。祖母へのマイナスの気持ち
が消えかかっている。

そして、その次に雅彦は気づく。
〝祖母はお金がなかったのではないか〟〝そうに違いない〟〝お金が
かからずに雅彦が喜ぶものを、と考えに考え抜いた苦肉の策だった
のではないか〟

「怒り」が完全に消滅して、
〝血の気が引いた〟〝何をしてしまったのかがよく分かった〟
〝家の中に入るのが怖かった〟〝祖母は怒っているだろうか、がっか
りしているだろうか、悲しんでいるだろうか〟
「焦り／後悔／祖母と会うのが怖い」という気持ちに変化した。そ
の結果「あわてて家へ帰る」という行動をとった。

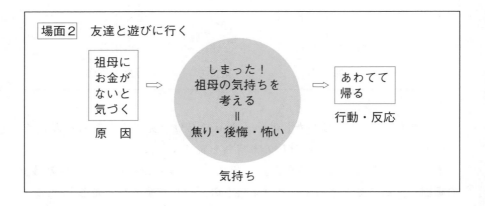

そのとおりだね。では、最後の場面。「家に帰るのが怖い」とはいっても、
帰らないわけにはいかないし、早く祖母の様子を確かめたい。だから、雅
彦は思い切って「ただいまー」と叫んだんだ。すると……？

まず〝祖母の明るい声がした〟と書いてある。「明るい」と書いてあるから、祖母の様子は「プラス」に見えるけど……
本当の気持ちは、どうなんだろう？

ただ、雅彦は「祖母が怒っていない」ことがわかって「**胸に空気が入ってくる**」気持ちになった。「本当にずっと息を止めてた」はずがないから、これは「**安心**」を表す比喩表現。問2は「**安心**」した気持ちを答えればいいね！

ん？　でも問2は「25字以内」だよな。「安心した気持ち。」だと8字だから、ちょっと短すぎる。

　記述問題は、**字数が許す限り「理由」を補って書く**といい。単に「説明せよ」という問題でも「理由」が解答のポイントに含まれる場合はとても多いんだ。

16　記述問題のコツ

字数が許す限り <u>「理由」</u> を答えに含めて書く。

ということは「**祖母が怒っていないことが分かり、安心した気持ち。（24字）**」と書けばいいんですね。

　そうだね。「安心した」を「ほっとした」などの書き方にしても問題ない。では、最後まで読み進めていこう。

傍線①の次に、祖母の行動とセリフが出てくる。
〝（大量のおにぎりを）くずして茶漬けにして食べていた〟
〝こんなもの、みんなおばあちゃんが食べるけん〟

その結果、雅彦の気持ちがまた変化する。

〝なんというひどいことをしたのだろう〞〝胸に痛みが走った〞〝おばあちゃま。ごめんなさい〞

という**「罪悪感」を示す**表現がたくさん出てくる。

その結果、雅彦は「いただきまーす」「おいしいねえ」とわざとらしく言って、おにぎりを食べるという行動に出た。

つまり、罪の意識を振り払おうとしている。これが傍線②だ。

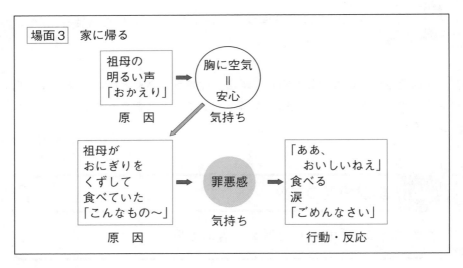

では問3をやってみよう。

ア「がっかりした」のは 場面1 の気持ち。今は 場面3 だから×。

ウ「仲良くしたい」だと祖母が怒っているみたいだから×。祖母は怒っていないんだから、そもそも仲が悪くなっていない。

それにア「こそこそと言う」、ウ「つぶやくように言う」もおかしい。明らかに大きな声で祖母にアピールしてるから。

イ「後ろめたい気持ち」、エ「すまないという気持ち」はどちらも「罪悪感」だから問題なし。

イ「大きな声」、エ「わざと明るく言った」も同じことだよな。

……イとエは、何が違うんだ？

違い……あっ、イは「気持ちを**そのまま**伝える」と書いてあるけど、エは「気持ちを**素直には伝えられず**」と書いてある。

だとすると、**答えはエ！**　イなら直接祖母に謝るはず。でも雅彦が祖母に直接謝るのは**傍線②よりも後**（「おばあちゃま。ごめんなさい」）だから、傍線②の時点では正解にできない。

　そのとおりだね。これで、小説の読み方・解き方はひととおり伝えた！次ページから、実戦問題を使って定着させていこう。

記述問題では、できる限り「理由」を含めて答えよう！

2-2 小説読解演習

（➡答えは別冊 P.17）

チャレンジ！実戦問題⑦ 小説読解演習①

問題　次の文章は、工業高校のコンピューター研究部（コン研）の女子部
員である心が、文化祭で、ものづくり研究部（もの研）が展示販売する
製品製作の手伝いを頼まれ、旋盤工（金属加工を行う機械を扱う職人）
の小松さんや、もの研部員の原口や吉田たちと作業に取り組む場面に続
くものである。これを読んで、後の1〜6の問いに答えなさい。

　ひと月ほどかかって、販売用の製品がすべてできあがった。文化祭を翌日に　1
控えた日、心が工場に行くと、定盤（金属加工に使う表面が平らな台）の上にペー
パーウェイト（紙押さえ）とステンレスソープ（消臭等を目的とした金属製の
石けん）がずらりと並べられていた。昨日遅くまで部員と助っ人総出で、やす
り仕上げを終えたのだ。　　　　　　　　　　　　　　　　　　　　　　　　　5
　あれ？
　照明をつけようとして、心は手を止めた。そのまま定盤に近寄ってみる。窓
から差す夕日が、並んだ製品をスポットライトのように照らし出していた。
　ちがう。
　心は眉をよせた。同じ製作図に基づいてつくられた製品のはずが、それぞれ　10
どこかがちがっていた。夕べ、薄暗い照明の下では気づかなかったが、こうし
て自然光にあててみると、ちがいがよくわかる。
　心は定盤に駆け寄った。目を凝らしてひとつひとつ確かめる。
　やっぱり。
　一見同じように見えても、じっくり見ると明らかなちがいがそこにあった。　15
すっと背中が冷たくなった。同じはずの製品の仕上がりがちがうなんて、精密
な工業製品の世界ではあってはならないはずだ。
　もしかして、だれかの測定がまちがっていたのだろうか。
　心は棚から測定器を取り出し、片っぱしからあてていった。製作図ではステ

20 ンレスソープの横幅は 75.00 ミリ。公差（許される誤差）の範囲は 100 分の 5
ミリ。つまり、測定範囲は 74.95 から 75.05 に収まっていなければならない。

　デジタル表示が次々と数値を示していく。

　74.98、75.00、74.95……。

　①<u>心は首をひねった。</u>

25 「どうしたんか」

　声がして顔を上げると、鋭い目があった。原口だ。

　「製品の見た目がちがうみたいな気がして、もう一度測定してみてたんです。
でもすべて公差の範囲でした。この測定器、くるってませんか」

　「はあ？」

30 　原口は首を大きくかしげた。

　「だって、見た目がこんなにちがうんですよ。なのに公差内なんて変です。た
とえばこれとこれ」

　心はふたつのステンレスソープを選び出して並べた。おおざっぱな表現をす
れば、ひとつは大きく見え、もうひとつは小さく見える。

35 「すごくちがいますよね」

　「そりゃ、つくった人間がちがうけん」

　「そんなのおかしいです。精密な工業製品にそんなことがあっていいんでしょ
うか」

　「実際にあるんやけん、しょうがないやろ」

40 　詰め寄る心の勢いをかわすような軽さで、原口は答えた。その雑な言い方が、
②<u>かちんと神経に引っかかった。</u>

　「じゃあきっと公差が大きすぎるんです。こんな範囲の広い公差なら意味ない。
同じ旋盤でもマシニングセンタでつくったらこんなことにはなりませんよ」

　心はそばにあった電話ボックスふたつ分ほどの大きさの機械を指差した。

45 　最初から疑問だったのだ。マシニングセンタは、コンピューター制御の切削
機械だ。コンピューターにデータを入力して作動させると、自動的に同じ形に
切削していく。今回つくったペーパーウェイトだって、もっと大量生産に適し
たデザインにして、マシニングセンタにかければ時間も労力も半分以下ですん
だだろう。どうしてそれをしないで、少人数でてんてこ舞いして助っ人まで頼

50 んだのか、心にはさっぱり理解ができない。

　③<u>「そんなことしたら、もの研の意味がないやろ」</u>

　あきれたような原口の声が言った。

「あのね。もの研は、コン研とちがってコンピューター任せの部活やない。人
の技術を追求するための部活なんっちゃ」

「コンピューター任せって……」 55

悪意の混じったような発言に、心はむっと顔を上げた。

「削り方、磨き方にだってそれぞれの個性が出るやろう」

「だからそれでは工業製品の意味がないです」

声を荒らげかけた時、気の抜けるような声がした。

「おー諸君、今日はもうよかったんやったかね」 60

小松さんだ。

「うん。あとは明日の準備だけやけん、おれらでやれるわ。小松さん、長いこ
とありがと。小松さんがおってくれたおかげでほんとたすかった」

原口は満面の笑みを小松さんに向けて言った。心に対するあてこすりみたい
な笑顔だ。 65

「いやいや、なんの」

原口に愛想よく言われて、小松さんは上機嫌で作品を手に取り始める。

「お、これは原口、それからこれはわしや。うーんいい仕事してますなあ。あ
と、こっちのまだまだは吉田」

自分の子を眺めるような目つきだ。 70

心はぴくりと眉を寄せた。

製作者がわかるのか。

確かに自分の目から見ても、ひとつひとつちがうのはわかったから、小松さ
んくらいの職人なら製作者もわかるものかもしれない。けれどこうも簡単に言
いあてられるものだろうか。 75

「そんなことわかるんですか」

「そりゃ、見りゃわかるわ」

不思議に思ってきくと、小松さんは④こともなげにそう言い、製作者の選別
を続けた。

「原口、原口、わし、わし、吉田……」 80

鼻歌でも歌うようにより分ける。

⑤半信半疑で顔をしかめていたが、やがて心は小松さんの手元に注視した。よ
く見ると、確かに製品にはそれぞれ特徴があるような気がしてくる。同じ製作図、
同じ材料、そして同じ機械を使ったはずの製品なのに。

よりわけていた小松さんの節くれだった手がふと止まった。 85

「あ、それからこれはあんたやね。なかなかいいね。はい、敢闘賞」

小松さんは、サイコロ型のペーパーウェイトをひとつ持ち上げると、心につき出した。思わず受け取る。

ずしんとくる。

90 確かに自分がつくったものだと心にもわかった。それも初めてつくったものだ。あの時の感覚がよみがえった。心細さや、製作中の胸の高鳴りや、できあがった時の充足感が。

「いいんですか」

つい、口が勝手に答えてしまって、心はうろたえた。けれどどうしてか、手

95 放したくはない。

「よかばい、わしが買うちゃる」

小松さんは胸をどんとたたいた。

⑥鏡のように輝く鉄の表面を、心はそっとなでてみた。

（まはら三桃『鉄のしぶきがはねる』より。一部省略等がある。）

問1 傍線部①「心は首をひねった」とあるが、心はどういうことに納得できずに、首をひねったのか。本文中の言葉を用いて「…ということ」に続くように40字以内で書きなさい。

問2 傍線部②「かちんと神経に引っかかった」とあるが、なぜ心は原口の言葉に対して、このように感じたのか。最も適当なものを選びなさい。

1 心の善意を原口が全く受け入れようとしないと感じたから。

2 心の思い上がりを原口が激しく非難していると感じたから。

3 心の指摘を原口が巧みにかわそうとしていると感じたから。

4 心の訴えを原口が真剣に受け止めてはいないと感じたから。

問3 傍線部③「『そんなことしたら、もの研の意味がないやろ』あきれたような原口の声が言った」とあるが、原口は、心の発言にみられるどのような考えにあきれ、もの研ではどうすることに意味があると考えているか。本文中の言葉を用いて「…と考えている」に続くように60字程度で書きなさい。

問4　傍線部④「こともなげに」の意味として最も適当なものを選びなさい。

　　1　平然として　　2　漠然として　　3　依然として　　4　漫然として

問5　傍線部⑤に「半信半疑で顔をしかめていたが～確かに製品にはそれぞれ特徴があるような気がしてくる」とあるが、このような気持ちに変わり始めた心の表情を表した、最初の一文はどれか。本文中から見つけて、初めの5字を抜き出して書きなさい。

問6　傍線部⑥に「鏡のように輝く鉄の表面を、心はそっとなでてみた」とあるが、このときの心の気持ちはどのようなものだと考えられるか。最も適当なものを選びなさい。

　　1　手渡された製品が旋盤工の小松さんに認められたことを知り、原口にも劣らない自分の旋盤技術の高さに大きな自信を抱き始めている。

　　2　手渡された製品が自分の理想とする鉄製品の精密さと美しさを備えており、この経験をコン研でも生かしていきたいと思い始めている。

　　3　手渡された製品から初めて自分がつくった物のかけがえのなさが伝わり、鉄の質感が持つ美しさとものづくりの魅力を感じ始めている。

　　4　手渡された製品からもの研で過ごした充実した日々が回想され、ものづくりに対し強く批判的であった自分の姿勢を後悔し始めている。

まずは、リード文の分析から。リード文の中から**「人間関係／気持ち／事件・状況」**を読み取っていこう。

　　次の文章は、工業高校のコンピューター研究部（コン研）の女子部員である心が、文化祭で、ものづくり研究部（もの研）が展示販売する製品製作の手伝いを頼まれ、旋盤工（金属加工を行う機械を扱う職人）の小松さんや、もの研部員の原口や吉田たちと作業に取り組む場面に続くものである。

主人公は「心」。心は**「コン研」部員**で、その他に**「もの研」部員**たちも登場します。「コン研部員の心」が手伝いとして、「もの研部員」と一緒に作業するという状況。

 あと、**「職人の小松さん」**もいるな。「職人」ということは、小松さんはプロ。アマチュアの心＆もの研部員を、プロの小松さんがサポートしてくれる。

そうだね。このぐらいの情報が読み取れていれば十分だろう。

では最初は「文化祭の前日、販売用の製品が全部できあがった」場面。最初は心しか登場しないので、心の気持ちを読み取っていけばOK。

 「気持ち」を表す部分を探していくと……。

6行目〝あれ？〟　9行目〝ちがう〟という**「違和感／疑問」**の気持ちが最初に出てくる。

そして、8行目に「直喩」の表現技法も出てくる。

〝並んだ製品を**スポットライトのように**照らし出していた〟

スポットライトは、観客の**注目を集める**ために浴びせる光。ということは、心は「並んだ製品」に**強く注目している**はずだ！

つまり**心は「並んだ製品」に対して、何か違和感や疑問を抱いている**のでは。

その「違和感／疑問」が、10行目以降次々と説明されます。

〝同じ製作図に基づいてつくられた製品のはずが、それぞれ**どこかがちがっていた。**〟（10〜11行目）

〝一見同じように見えても、じっくり見ると**明らかなちがいがそこにあった。**〟（15行目）

〝**背中が冷たくなった**〟（16行目）

〝同じはずの製品の仕上がりがちがうなんて、精密な工業製品の世界では**あってはならない**〟（16〜17行目）

〝だれかの測定が**まちがっていたのだろうか**〟（18行目）

つまり「同じはずの製品に違いを見つけたこと」が原因となって、「これはマズい！」「誰かのミスかも？」という危機感や疑いを持ったということ。

 だから心は「自分で測定する」という行動に出た。その結果……

〝測定範囲は **74.95から75.05** に収まっていなければならない。〟

〝デジタル表示が次々と数値を示していく。**74.98、75.00、74.95**……。〟（21〜23行目）

つまり、「全部、測定範囲内＝**測定ミスではなかった**」。

この結果を見て、心は「首をひねった」（24行目）。「首をひねる」は**「疑問」**を表す言い方。これが傍線①だな。

そのとおり。問1は「首をひねった」とき、心が「納得できなかったこと」を答える問題。

「納得できない」気持ちは、P.487で勉強した「葛藤」、つまり「矛盾を

心に抱えた状態」の一種だ。たとえば……「全然ご飯を食べてないのに、体重が５kg も増えた」とき、人は「納得がいかない」よね。それは、

現実① 「**ご飯を食べてない** （だから痩せているはず）」

現実② 「**実際は５kg も太っていた**」

これら２つの現実の矛盾によって生まれた気持ちと言える。今回の問１も同じ。これまでのストーリーの中から「矛盾し合う２つの現実」を整理すれば、心の「納得いかなさ」の説明になる。

 心は**「製品の見た目が全然違う」**という 現実① から、「基準値から外れているのでは？」という予想をした。

 でも**「全て基準値（＝公差）におさまっていた」**のが 現実② 。これら２つの現実が矛盾しているから、心は納得できず疑問に思った。

ということは、**問１は「製品の見た目が明らかに違うのに、測定結果は全て公差の範囲内に収まっていた」**が答え！（36 字）

パーフェクトだね。ただし記述問題なので、読者のみんなの答えがワカナさんと一字一句同じになることはあり得ない。だから、

Point1 「**製品の見た目が違うこと**」

Point2 「**実際は基準値（公差）に収まっていたこと**」

これら２つのポイントが両方わかるよう説明されていれば○、されていなければ×。片方だけ説明されている場合は△。

矛盾（む じゅん）する２つの現実が、納得できない気持ちの説明になっているね

　ふつう記述問題には**「中間点」**がある。だから「1つのことをダラダラ長く書く」「スペースを埋めるために適当に本文から抜き出す」やり方で答案を作ると、いくら内容が正しくても高い点にならない。**「中間点がもらえそうなポイント」**を予測して、そのポイントがすべて含まれるよう構成を考えて、下書きメモを作ってから答案を書こう。

1 「記述問題」の基本姿勢

「中間点」を集める意識で、**下書きメモを作ってから書く！**
- ×　同じことを2回書く　　×　短く書けるものを長く引き伸ばす
- ×　適当に傍線部の近くを抜き出す
- ×　構想を練らずにいきなり書き始める

　では、話を先に進めよう。このように疑問に思っている心のところに、「もの研部員の原口」が登場する。新しい人物が登場したので、場面が切り換わる。

　ここは、**「心」と「原口」の気持ちを比べながら読み取ること**が重要になる。

　心は、さっきの「疑問」を全部原口にぶつけています。
　"この測定器、くるってませんか"（28行目）
　"見た目がこんなにちがうんですよ。なのに公差内なんて変です。"（31行目）
　"精密な工業製品にそんなことがあっていいんでしょうか"（37〜38行目）
　原口は、心の疑問にどんな答えを返すんだろう？

　原口の気持ち／考えがわかる表現を探すと、
　"つくった人間がちがう"（36行目）"しょうがないやろ"（39行目）
　この2つが、心に対する原口の返事。

つまり心の疑問は、原口にとって**「当たり前のこと／どうでもいいこと」**でしかない。

その原口の言葉を聞いた心の気持ちは……
〝心の勢いをかわすような**軽さ**〟〝**雑**な言い方〟
〝かちんと神経に引っかかった〟 の 3 点。(40 〜 41 行目)
自分の疑問を「どうでもいいこと」扱いする原口に**腹が立った**。
ということは、**問 2 の答えは 4**。真剣に考えたことを「どうでもいいこと扱いされた」怒りを表しているのは 4 だけ。

選択肢 1 は「善意」がおかしい。「善意」だと「もの研のために」心がアドバイスしてあげたという意味になる。心が「もの研」のことを心配するような表現は本文にない。
2 は全然ダメ。「心の思い上がり」を表す表現は一切ない。
3 だと「不良品であることを原口が知っている」という意味になる。実際に基準値以内なんだから、そもそも不良品ではない。

そのとおりだね。では、続きへいこう。42 行目から、心と原口の**「考え方の対立」**がよりはっきりと書かれてくる。

傍線②の後で、また心が「疑問」を語っていますね。
でも……今回の「疑問」は、傍線①の疑問とは違う内容に見える。
〝マシニングセンタでつくったらこんなこと(＝見た目の違う製品)にはなりません〟(43 行目)
〝最初から疑問だった〟(45 行目)
〝マシニングセンタにかければ時間も労力も半分以下ですんだ〟
〝どうしてそれ(＝マシニングセンタでつくること)をしないで、少人数でてんてこ舞いして助っ人まで頼んだのか、心にはさっぱり理解ができない〟(48 〜 50 行目)
心は、コンピューターを使ってラクに正確な製品をつくればいいと考えている。逆に言えば、わざわざ人の手で見た目の違う失敗作を

　　　　つくっている「もの研」のやり方は間違っているという主張。

　そのとおり。その心の主張に対して、原口は「そんなことしたら（＝全部コンピューターでつくったら）、もの研の意味がない」と**はっきり否定している**わけだ。

　では、ここで問3。問3は質問文が複雑なので、注意して読み取る必要がある。すると「心のどのような考えにあきれたか」「原口は、どうすることに意味があると考えているか」という2つの質問が書かれていることがわかるよね。今ワカナさんがまとめた内容で、「原口が心にあきれたポイント」はもう書けるはずだ。

┌───┐
│ Point1　心の「製品づくりをマシニングセンタ（＝コンピューター）│
│ 　　　　に任せるべきだ」という考えにあきれた。│
└───┘

　あとは、「原口が正しいと思っている考え方」を説明すればいいよね。本文に戻って探してみよう。

　原口のセリフを見ていくと……53〜54行目に原口の考えが出てくる。
　〝もの研は〜人の技術を追求するための部活〟
　ここを答えに入れればいい！

┌───┐
│ Point2　「人間の技術を追求することに意味がある」という原口の│
│ 　　　　考え│
└───┘

　そのとおりだね。問3の模範解答例は
　「製品の仕上がりを均一にするためにマシニングセンタを使うべきだという心の考えにあきれ、もの研では人の技術を追求することに意味がある（と考えている）」。
　Point1、2両方説明できていれば○、どちらもなければ×、片方だけ説明されていれば△。

　P.501 で説明したように、字数に余裕があるときは「理由」を一緒に説明すると、よりよい答案になる。心が「マシニングセンタ」にこだわるのは「工業製品の仕上がりに違いがあってはいけない！」と思ったからだよね。それを含めて書くと、さらに Good。

　こうして、心と原口が険悪ムードになったところで、最後の登場人物**「プロの職人・小松さん」**が登場する！　登場人物が追加されたので、ここは大きな場面の転換。大きな場面の転換があるということは、人物の気持ちも大きく変化する可能性が高い。

　では、小松さんが登場した後、60 行目以降を読み進めていこう。

 まず新キャラ「小松さん」の様子・性格・気持ちが説明される。

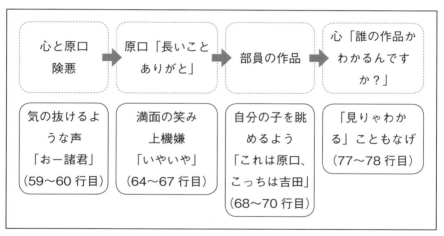

 なんか、肩に力が入ってない感じの人だな。いい人そう。

　今回の小松さんのように、人物の行動・様子がたくさん出てくるときは、その**共通点を考えてみる**といい。

　「気の抜ける」「こともなげ」の２つからは、肩の力が入っていない／自然体な性格がわかるし、「満面の笑み」「上機嫌」「自分の子を〜」の３つからは、部員たちを大切に思う優しい性格が読み取れる。

Point 2　人物の性格

行動や様子の中から**共通点**を考えると、**人物の性格がわかる！**

問4「こともなげ」は「当然のように」という意味。**答えは1**。

わたしは「こともなげ」の意味がわからなかったから……
小松さんの「見りゃわかる」という言葉（77行目）から判断しました。「見りゃわかる」は「当たり前」ということだから、それに合うのは1しかない。
2「漠然」は「はっきりしない」という意味だから、これだと誰の作品かわかってなさそう。
3「依然」は「昔と同じ」という意味だから、話と全然関係ない。
4「漫然」は「ぼんやり」という意味だから、これも無関係。

　シュンくんは「こともなげ」という言葉を知っていたから正解を出せた。
　逆にワカナさんは言葉の意味は知らなかったけれど、ストーリーの流れにいちばん合うものを選ぶことで正解を出せた。
　このように「言葉の意味」を答える問題には2通りの解き方があって、両方のやり方でアプローチすることが大切。

Point 3　「言葉の意味」を問う問題

① **辞書に書いてそうな意味**かどうか　⎱
② **ストーリーに合う**かどうか　　　　⎰ を両方チェック！

　ただし、あくまで「言葉の意味」の問題は「辞書に書いてある意味」が優先。ストーリーに合うからといって、「辞書の意味」と異なる選択肢を

選ばないように注意すること。

　これで小松さんの気持ちはOK。次は原口と心の気持ちを読み取ろう。

 この場面は、あまり原口の気持ちは出てこないな。

〝長いことありがと〟〝小松さんがおってくれたおかげでほんとたすかった〟（62〜63行目）

これだけ。**小松さんに対する感謝**の気持ち。

 じゃあ、心の気持ちを整理していきます。まずは……、

「小松さんがいてくれて助かった」という原口のセリフを「あてこすり」（64行目）、つまり「心がいても助からなかった」という意味で捉えた。完全に**さっきの険悪ムードのまま**。

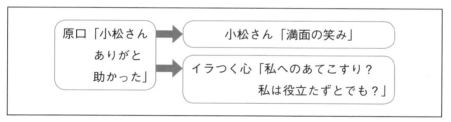

 72行目からは、小松さんへの気持ちも本文に出てくる。

原口への怒りから、**小松さんが誰の製品か言いあてられることへの驚き**に変化した。

　57行目で原口が**「製品ごとに個性がある」**と言ったのに対し、心は**「個性など無意味！」**と全否定していた。

　ところが、プロの職人である小松さんが本当に「製品の個性」を見分けて
しまった。その結果「確かに個性が出てるかも……」と、**作品ごとの個性
を認めるプラスの気持ち**に変わってきている。これは、気持ちの変化だね。

　問5で答えるのは「気持ち」ではなく心の「表情」。

　心の気持ちが変化したのは、小松さんが部員の製品を見分けたとこ
　ろから。そのときの**「表情」**は**「眉を寄せた」**（71行目）しかない。
　問5の答えは「心はぴくり」。

　そのとおりだね。**「一文」で答える問題**だから、必ず**「。」の直後から**答
えを書くこと。「ぴくりと眉」だと不正解。
　では、いよいよクライマックス。「個性」に対するマイナスの気持ちが
消えた心は、最後どんな気持ちになるのだろうか。

　小松さんが、心の作品を見て、心に話しかける。
　〝これはあんた（＝心）やね。なかなかいいね〟（86行目）
　心の作品も同様に見抜いて、さらにほめてくれた。

　その結果、心の気持ちは完全にプラスに変化。
　「ずしんとくる」「自分がつくったものだとわかる」「初めてつくっ
　たときの感覚（＝心細さ／胸の高鳴り／充足感）がよみがえる」
　最初は理解できなかった**「人の手でつくることの良さ」**を、ここで
　初めて心は実感した。だから**「手放したくはない」**という気持ち（94
　〜95行目）、つまり**自分の作品への愛着**が生まれた。その気持ち
　が傍線⑥「そっとなでてみた」という行動に表れています。

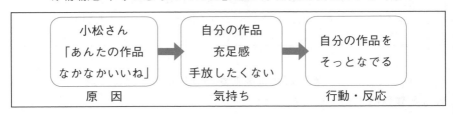

ということは、**問6の答えは3**。「自分の作品への愛着」「手で作ることへのプラスの気持ち」が両方とも書いてある。

選択肢1は「原口より心の技術が高い」が×。いくらなんでも素人の心が、もの研部員の原口に勝てるわけないし、小松さんは「原口より」心のほうが上手だなんて一言も言ってない。
2は「コン研でも生かしていきたい」という気持ちはどこにも書いてないし、「精密さ」は、最初に心がこだわっていたことだから×。今は「手づくりの個性」にプラスの気持ちを抱いている。
4は「後悔」が×。一切本文に書かれていない。

OK、文句なしだ。では、もう一題。次の小説も、すごくいい話だよ。

チャレンジ！実戦問題71 小説読解演習②　　　（➡答えは別冊 P.17）

問題　次の文章を読んで、後の問いに答えなさい。

> 「彼」は、※大連で生まれ、中学校卒業までを大連で過ごした。第二次世界大戦中の1945年3月下旬、東京の大学の一年生であった彼は、休学をして大連へ舞い戻った。

1　一箇月前の四月は、天候がなんとなくちぐはぐであった。並木の柳の綿がふわふわと、静かに軽く道に漂って、通って行く人間の肩にかかったりする。のどかな春の日があるかと思うと、蒙古風と呼ばれているすさまじい風が、空いっぱいを黄色くして吹き過ぎる、荒荒しい春の日があり、温かさと寒さにも、冬
5　期におけるいわゆる三寒四温の惰性が、まだいくらか続いているようであった。
　しかし、五月にはいると、一、二回の雨のあとで、空は眼を洗いたくなるほど濃い青に澄みきり、（そのように鮮かなセルリアン・ブルーを、彼は日本の空に見たことがなかった）、風は爽やかで、気温は肌に快い暖かさになったのであった。特に、彼の心を激しく打ったのは、久しく忘れていたアカシヤの花の甘く
10　芳しい薫である。

　五月の半ばを過ぎた頃、南山麓の歩道のあちこちに沢山植えられている並木のアカシヤは、一斉に花を開いた。すると、町全体に、あの悩ましく甘美な匂い、あの、純潔のうちに疼く欲望のような、あるいは、逸楽のうちに回想される清らかな夢のような、どこかしら寂しげな匂いが、いっぱいに溢れたのであった。

　夕ぐれどき、彼はいつものように独りで町を散歩しながら、その匂いを、ほとんど全身で吸った。時には、一握りのその花房を取って、一つ一つの小さな花を噛みしめながら、淡い蜜の喜びを味わった。その仄かに甘い味は、たとえば、小学生の頃のかくれんぼ、高い赤煉瓦の塀に登って、そこに延びてきているアカシヤの枝の豊かな緑に身を隠し、その棘に刺さらないように用心しながら、その花の蜜を嘗めた、長く明るい午後などを思い出させた。そして彼は、この町こそやはり自分の本当のふるさとなのだと、　a　を通じてではなく、　b　を通じてしみじみと感じたのであった。

　彼の父も母も、高知県の出身であったから、彼の戸籍上のふるさとは、彼が徴兵検査と召集のために二度ほど出かけて行ったその南国の土地のほかにはなかった。実際に父祖の土地を見たとき、彼は自分が予期していた以上の好意を、その素朴でおおらかな田園に覚えた。父の生れた田野町や、その隣の母の生れた奈半利町には、戦争をしている国の一部とは思えないような静けさがあった。そして、そこで、伯母や従兄たちがふるまってくれた、鮎の塩焼、鰹のたたき、あるいは、まるで生きているように新鮮なちりめんじゃこの酢のものなどは、彼の飢えていた胃袋を強く魅惑した。しかし、これが自分のふるさとだという実感は、どうしても湧いてこないのであった。

　彼は、自分が日本の植民地である大連の一角にふるさとを感じているということに、ₐなぜか引け目を覚えていた。もし、このことを他人に聞かせたら、恥かしい思いをすることになるのではないかと不安であった。というのは、この都会とその周辺には、土着人の墓場しかないということを、彼はすでにしてよく知っていたからである。つまり、大連に住んでいる彼の前世代の日本人たちは、心の中で、日本の内地のどこかにある自分のふるさとを大切にし、骨になったらそこに埋めてもらいたいと思っているようであった。また、彼のようないわば植民地二世は、年齢のせいか、まるで根なし草のように、ふるさとについての問題意識をふつうは持っていないようであった。

　彼はふと、自分が大連の町に切なく感じているものは、主観的にはどんなに〈真実のふるさと〉であるとしても、客観的には〈にせのふるさと〉ということになるのかもしれないと思った。なぜなら、彼の気持ちは、大連のほとんどの日

15

20

25

30

35

40

本人たちから見れば、愛国心が欠乏しているということになるだろうし、土着
45　のア気骨ある中国人たちから見れば、根なし草のたわごとということになるだ
ろうと想像されたからである。このことが、彼の内部のどうしようもない矛盾
に対応していることにも、彼は気づかないわけにはゆかなかった。それは、自
分が大連の町にしか〈風土のふるさと〉を感じないのに、もう一方においては、
日本語にしか〈言語のふるさと〉を感じないということであった。

50　　それにしても、偶然に似てしまった言葉による連想は、実に微妙なものである。
彼は、自分に意地悪く提出した〈にせのふるさと〉という言い廻しによって、
いつしか、中学生のときのある経験を思い出していたのだ。もっとも、それは
言葉の相似ということだけが原因というわけでもない、生生しい記憶の蘇りで
あるように思われたのであるが――。

55　　中学校の三年生のときであったか、彼は学校の※博物の授業で、先生からア
カシヤについて教わった。それによると、大連のアカシヤは、俗称でそう呼ば
れているので、正確には、にせアカシヤ、いぬアカシヤ、あるいはハリエンジュ
と呼ばれなければならないということであった。そして、大連にも本当のアカ
シヤが二本ほどあり、それらは中央公園の東の方の入口に近いところに生えて
60　いて、こうこういう形をしているということであった。

彼はその日、学校を出てから、電車に乗らずに歩いて帰った。一番の近道を
歩いて帰ると、途中で、ちょうどそのだだっ広い中央公園を通ることになるの
であった。

彼は、しかし、本物の二本のアカシヤを眺めたとき、B安心した。なぜなら、
65　にせアカシヤの方がずっと美しいと思ったからである。にせアカシヤは、樹皮
の皺が深くて、それが少し陰気であるが、幹は真直ぐすらりと伸び、そのかな
り上方ではじめて多くの枝が分岐し、それらの枝も素直に横にひろがって、全
体として実にすっきりした形をしているが、本物のアカシヤは、幹が少し曲っ
ており、本数の少ない枝もなんとなくひねくれた感じでうねっており、どうも
70　恰好が悪いように見えたのである。本物のアカシヤの花は咲いていなかったが、
もし咲いていたら、先生が黒板に色チョークを使って描いたあんなふうな花房
の実物よりは、にせアカシヤの見なれた花房の方がずっと綺麗だろうと思った。

彼はそのように遠い日のささやかなエピソードを、「にせ」という言葉が不当
にも、ある生命の自然な美しさに冠せられていることに対する、一種のイ義憤
75　を通じて想い起していたのであった。どこの愚かな博物学者がつけた名前か知
らないが、にせアカシヤから「にせ」という刻印を剥ぎとって、c今まで町の

<u>ひとびとが呼んできた通り、彼はそこで咲き乱れている懐かしくも美しい植物</u>
<u>を、単にアカシヤと呼ぼうと思った。</u>

（清岡卓行『アカシヤの大連』より）

（注）※大連＝中国東北地方の都市の名。当時、日本の植民地であった。

　　　※博物＝生物・鉱物・地質に関する教科。

問1　点線ア・イの意味として最も適当なものをそれぞれ選びなさい。

ア　気骨　①無愛想で不慣れだと感じさせる様子

　　　　　②あらゆる物事や状況に耐えられる根気

　　　　　③無風流でも自分の信念を変えない性質

　　　　　④どんな障害にも容易には屈服しない意気

　　　　　⑤他人と調子を合わせようとはしない性格

イ　義憤　①正義を通すための努力　　②見せかけではない同情

　　　　　③道義にのっとった主張　　④道理に合わないこじつけ

　　　　　⑤不正なことに対する怒り

問2　空欄　a　・　b　を補う語の組み合わせとして最も適切なものを選びな
さい。

①　a　思考　　b　肉体　　　②　a　過去　　b　現在

③　a　時間　　b　空間　　　④　a　知識　　b　精神

⑤　a　経験　　b　皮膚

問3　傍線Aにおける「彼」の心情として不適切なものを1つ選びなさい。

①　父祖のふるさとにではなく大連に愛着を感じてしまう自分は、愛国
心が乏しいと思われかねないという恐れ。

②　大連に住んでいる前世代の日本人たちのようには、日本の内地のふ
るさとを思うことができない申し訳なさ。

③　大連という日本の植民地で生まれ育った自分が、その町をこの上な
く切なく感じているということへの驚き。

④　ふるさとへの問題意識すら持たない植民地二世と違い、自分だけが

大連にふるさとを感じているという疎外感。

⑤ 日本人の一人である自分が、大連についてあれこれ悩むことなどくだらないと思われるであろうことへの気後れ。

問4 傍線Bの理由として最も適切なものを選びなさい。

① 本物のアカシヤの木は、にせアカシヤと違って、先生の説明通り、生命のバランスを失っていたから。

② 本物のアカシヤよりも、にせアカシヤの真直ぐなすっきりとした形に、生命の美しさを確認したから。

③ 本物のアカシヤに風格を感じつつも、にせアカシヤ事態の純粋な美しさに軍配を上げることができたから。

④ 陰気な本物のアカシヤを見たとたん、今までの迷いが払われ、にせアカシヤの美しさを改めて実感したから。

⑤ 本物のアカシヤは美しかったが、にせアカシヤの花の匂いに包まれた時ほどの懐かしさは感じなかったから。

問5 傍線Cにおける「彼」の思いとして最も適切なものを選びなさい。

① 大連に住む人がにせアカシヤを「アカシヤ」と呼ぶなら、それを肯定することで、周囲のさまざまな人たちに植民地二世の自分を認めさせようという思い。

② 自分の存在意義と重なるにせアカシヤの方が美しいという事実をたたえ、美しいものがにせアカシヤなどと呼ばれなければならない、理不尽な社会に反抗しようという思い。

③ アカシヤの呼び方に象徴される大連の矛盾を乗り越えることで、大連を愛するものは愛国心が欠乏していると考える日本人たちへ、共生することの意味を考えさせようという思い。

④ にせアカシヤを本物のアカシヤと同じであるとみなすことで、ふるさとでないにもかかわらず生まれ育った大連を愛さずにはいられなかった、自分自身の迷いを解消しようという思い。

⑤ にせアカシヤを今まで通り「アカシヤ」と呼ぶことで、言語としては日本語にしかふるさとを感じないのに、大連こそが自分の真のふる

さとだと感じる自分をも積極的に肯定しようという思い。

問6　文章全体の内容・表現の特色として最も適切なものを選びなさい。

①　植民地である大連の美しい風物が、そのまま主人公の心象風景となっており、清澄な空気の中に、少年時代の不快な思い出をも加えることで、文章全体を陰影に富んだものにしている。

②　蒙古風やセルリアン・ブルーの空といった大連の大陸的な風物を描き、さらに、父祖の故郷である高知県の素朴でおおらかな田園の様子を描くことで、主人公のふるさとへの思いを感慨深く表している。

③　大連の象徴であるアカシヤの木を細部にわたって描くことで主人公の心の揺れを映し出し、自己存在の意義付けに悩む主人公が、過去と現在の交錯する中で未来への希望を得るまでの姿を効果的に描いている。

④　情景描写の中に視覚や嗅覚といった五感に訴える表現を多用しながらも、聴覚を全く表現しないことによって、言語に対する主人公のこだわりを描き出し、主人公がふるさとに抱く矛盾した思いと対応させている。

⑤　天候がちぐはぐな春から爽やかな初夏へと移っていく様子の描写と重ね合わせるように、主人公が「にせアカシヤ」を認めていく経緯を述べていくことで、内部に抱えた矛盾を乗り越えていく姿を印象づけている。

・・

では、いつもどおりリード文から。「人間関係／気持ち／事件・状況」の3点に注目する（→ P.460）。

登場人物は「彼」。

「彼」の気持ちは全くリード文に書いてない。

でも「子供のころ住んでいた大連（植民地）」に、わざわざ大学を休学してまで戻った。これは「事件」と言えそう。

ということは、生まれ育った大連への気持ちや、休学してまで大連に戻った理由が本文に書かれる可能性が高い。

いいね。「大連」に対する気持ちが本文に登場したら最大限に注意して読むべきだ。ただ、予想外の方向へストーリーが進む可能性もあるから、決めつけはダメだけどね。

最初の場面は「一箇月前の四月」。
8行目までは**全部「気候」や「風景」の説明**ですよね。
「彼」の気持ちは特に書かれていない。

確かに、はっきりと「彼の気持ち」は書かれていないよね。
でも……「韻文」で勉強したことを思い出してもらいたい。**「風景」は「気持ち」とかかわることが多い**って、勉強したよね？

作者は「風景」を見て、そこから生まれる自分の気持ちを文章で表現する。これを「情景」と呼んだ。

そのとおり。「韻文」だけでなく「小説」でも「風景／情景」は大切な意味を持つことが多い。たとえば次の例を見てほしい。「私」の気持ちはどこにも書いてないけど、マイナスな印象を受けるはずだ。

> 彼女が荷物を引き払って家を去った後、私は外に出た。
> 目の前には**どんよりした雲**があった。
> **今にも雨が降り出しそう**な空だった。

確かに！　彼女がいなくなった、私のつらさが伝わります。「どんよりした雲」「雨が降り出しそう」という風景が、**マイナスの気持ちを表現**している。

「風景」による心情描写

プラス／マイナスがわかる「風景」はチェックしておく。

　ただし、風景に必ず気持ちが込められるわけではないからね。**「雨が降っている」からと言って「これはマイナスの気持ち！」と思い込んではいけない**。さっきの例文も、「彼女が家を去った」という事件があるから確実にマイナスの気持ちだと判断できるのであって、「雨が降っている」だけで気持ちを判断してしまうのはやり過ぎ。

　では、本題に戻ろう。「大連」の風景の中で**プラスやマイナスを感じさせるもの**がたくさん出てくるはずだ。

「四月」の場面では、
〝のどかな春の日〟（2～3行目）というプラスの風景も出てくるけど……〝すさまじい・荒荒しい〟（3・4行目）というマイナスの風景も出てくる。

でも「五月」の場面になると、（6～8行目）
〝空は眼を洗いたくなるほど濃い青〟
〝（日本の空に見たことがないぐらい、）鮮かなセルリアン・ブルー〟
〝風は爽やかで、気温は肌に快い暖かさ〟
「プラス」の風景しか出てこなくなる。
四月では**「プラス・マイナスが混ざった風景」**だったものが、五月では**「完全なプラス」**に変化している。

「風景」が「気持ち」を表すとすると……
「プラス・マイナス両方を抱えた葛藤」（P.487）から「すっかりプラスになった気持ち」への変化なのかな？

そうだね。この時点で決めつけるのは危険だけど、何か「**葛藤**」を含む気持ちが出てくる予感はするよね。

 9行目からは「アカシヤ」に対する気持ちを語ります。
〝心を激しく打った〟〝甘く芳しい薫〟〝悩ましく甘美な匂い〟
どれもプラスの気持ち。

 でも、13行目からの気持ちはプラスだけじゃないぞ。
〝**純潔**のうちに疼く**欲望**のよう〟
〝**逸楽**のうちに回想される**清らか**な夢〟
〝どこかしら**寂しげ**な匂い〟
「四月」の風景と同じように、「**プラス・マイナスが混ざった**」「**矛盾を含む**」表現になっている。やはり、彼の心に何らかの「矛盾・葛藤」がある可能性が高そう。

それに、今回の**小説のタイトルは「アカシヤの大連」**。タイトルになるぐらいだから、「アカシヤ」はストーリー上重要な意味を持つ可能性が高い。「アカシヤ」に対する彼の気持ちは、特に注意しておくべきだ。

5　小説のタイトルにも注意！

「タイトル」が本文中に登場した場合、重要な意味を持つ可能性大！

 15行目以降も「アカシヤ」に対する気持ちが書かれる。
アカシヤの匂いを全身で吸ったり、蜜を吸ったりして……
〝喜びを味わった〟〝小学生の頃～思い出させた〟
〝（大連が）本当のふるさと（だと感じた）〟
という気持ちになる。大連を「ふるさと」だと感じさせた「原因」

が「アカシヤの匂いや、蜜の味」なんだ。

 言い換えれば、14行目までの彼は「大連を本当のふるさとだと断言できない状態」だった。これが、ずっと描かれてきた「葛藤」の正体なんじゃないかな。

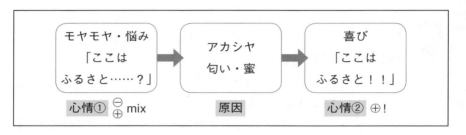

 問2は、その「ふるさとの実感」を何を通じて感じたのか答える問題。「アカシヤの匂い＆蜜の味」を答えればいいから、**正解は①**。「匂い＝鼻」だし、「味＝舌」だ。つまり「肉体」を通じてふるさとを実感したということ。

 ②は……18〜20行目で「小学生の頃」を思い出しているから、ａに「過去」は入れられない。
③は……過去を思い出しているからａに「時間」は入れられない。それに、「蜜を味わう」のは「空間」と関係ないからｂもダメ。
④は……「匂い・味」は「精神」と合わないからｂがダメ。
⑤は……「匂い・味」は「皮膚」を使ってないからｂがダメ。それに「過去の経験」を思い出しているからａ「経験」もダメ。

そのとおり。そして、空欄ａ・ｂの直後で大きく場面が変わる。

 これは「**回想シーン**」。大連ではなく「日本での思い出」だ。彼が「父母の実家＝戸籍上のふるさと」である高知へ行くと……
〝自分が予期していた以上の好意〟（25行目）

〝素朴でおおらかな田園〟（26行目）

〝戦争をしている国の一部とは思えないような静けさ〟（27行目）

〝彼の飢えていた胃袋を強く魅惑〟（30行目）

のように、「日本」へのプラスの気持ちを語っているけど……。

〝自分のふるさとだという実感は、どうしても湧いてこない〟（30～31行目）

……やっぱり日本・高知を「本当のふるさと」だとは思えない。

だって**本当のふるさとは大連**だから。

このあたりまで読み進めると**「彼」が抱える矛盾・葛藤の正体**が、より明らかに見えてくるよね。

〝本当のふるさとだと思っている大連は、戸籍上のふるさとではない〟

〝戸籍上のふるさとである日本は、ふるさとだと実感できない〟

この矛盾が、彼の心に複雑な思いをもたらしている。

32～34行目に、その気持ちがはっきり書かれていきます。

〝日本の植民地である大連の一角にふるさとを感じているということに、なぜか引け目を覚えていた〟

〝他人に聞かせたら、恥かしい思いをする〟　〝不安〟

「植民地」大連をふるさとだと感じることを、周囲の人たちに対して後ろめたく思っている。

そうだね。そのとおりだ。

ただ、ここで1つ質問。今ワカナさんは「彼」の気持ちを「周囲」への後ろめたさであると説明してくれた。それは全く正しいんだけど……

その「周囲」とは、具体的に誰のことなのだろう？

34～46行目を読むと「彼」が後ろめたさを感じる相手は一人ではなく、3パターンに分かれていることがわかる。

まず パターン① **「前世代の日本人」** に対する後ろめたさ。「前世代

の日本人」は、要するに日本人の年寄り連中のこと。

「前世代の日本人」たちの考え方は……
〝日本の内地のどこかにある自分のふるさとを大切にし、骨になったらそこに埋めてもらいたいと思っている（37〜38行目）〟
「前世代の日本人たち」にとって「ふるさと」は日本だけ。「大連＝植民地」をふるさとだとは考えない。「彼」のように「日本をふるさとだと思えない」「大連をふるさとだと思う」人間は
〝愛国心が欠乏している（44行目）〟
ことになる。これが後ろめたさの正体①。

38行目からは パターン② 「植民地二世」の日本人に対する後ろめたさ。「彼」も植民地二世だから、つまり「同じ若い世代の日本人」に対しても、何らかの後ろめたさを抱えている。
〝まるで根なし草のように、**ふるさとについての問題意識をふつうは持っていないようであった**（39〜40行目）〟
「若い世代の日本人」にとっては「ふるさとがどこか」なんて、そもそもどうでもいい問題。「彼」のふるさとへのこだわりは、他の同世代からは「**そんなくだらないことにこだわるなんて、バカなの？**」と思われてしまう。これが「引け目」の正体②だ。

そして パターン③ 「土着の気骨ある中国人」への後ろめたさ。
〝土着の気骨ある中国人たちから見れば、**根なし草のたわごと**ということになるだろう（44〜46行目）〟
「根なし草」というのは「1か所に定着せず、フラフラしている人間」のこと。つまり、はっきりとしたふるさとを持たない「彼」のような日本人を指す表現。

大連を植民地として奪った日本人に「大連がふるさとだ！」と言われたら、確かに中国人にとってはイラッと来るかも……「**大連は中国人のふるさと！　お前ら日本人のモノじゃない！**」と言いたくな

るのも無理はない。これが「引け目」の正体③。

つまり「大連がふるさと！」という「彼」の気持ちは、前世代の日本人も、同世代の日本人も、地元の中国人も、誰ひとり認めてくれない。だから「彼」は大連のことを

〝**主観的には**〜＜**真実の**ふるさと＞〟

〝**客観的には**＜**にせの**ふるさと＞〟（41 〜 42 行目）

だと分析している。「主観＝自分の心」では確かに大連がふるさとだけど……「客観＝周囲」はそれを認めてくれず、ニセモノ扱いされてしまう。

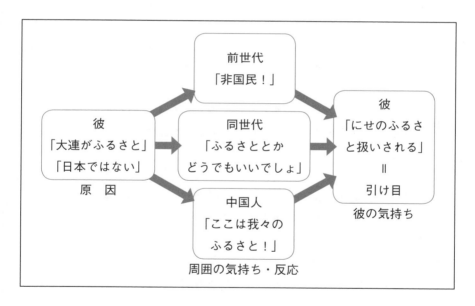

34 〜 46 行目では、同じ「後ろめたさ」という気持ちが３つのパターンに分け整理されていることに気づく必要がある。他の小説でも「今の自分←→昔の自分」を比べたり、「主人公←→ライバル」を比べたり……**何かと何かを比べて気持ちを説明する場合はとても多い。**

これで、問3の答えが出せそう。問3は**「不適切なもの」を選ぶ問題**だから、正しいものを選ばないよう注意。
答えは③。大連は彼にとって「真実のふるさと」。久々に訪れた大連を切なく感じるのは当然のこと。だから「驚き」は変。そもそも「驚き」と「引け目」は全然意味が違うし。

①②は「前世代の日本人」に対する引け目、④は「同世代の植民地二世」に対する引け目、⑤は土着の「中国人」に対する引け目をそれぞれ正しく説明しています。

そのとおり。あと、問1ーアも答えを出せる。**正解は**④。「気骨ある」は「信念が強い」「困難があっても負けない」というプラスの意味。①⑤は意味が全然違うし、②は「あらゆる」がダメ。信念に合わないことには耐えられない人が「気骨ある人」だ。③は「無風流」が余計。

生まれ育った土地をふるさとだと感じるのは、当然のこと。
周囲が言うことなんか無視して、自分の気持ちに素直になればいいのに！

そう思うのも無理はない。……でも、**彼が抱えている矛盾・葛藤は、はたして「周囲への引け目」だけなのだろうか？**
「周囲が白い目で見てくる」だけなら、「うるせえ、オレのふるさとは大連だ！」と反発すればいい。
でも「彼」が**周囲に反発している様子は今のところ1つも書かれていない**。

46行目に**「彼の内部のどうしようもない矛盾」**と書かれている。
ということは「周囲の目」に後ろめたさを感じているだけでなく、「彼」自身の心にも何らかの矛盾・葛藤がひそんでいるはず。

〝大連の町にしか＜風土のふるさと＞を感じないのに〟

〝日本語にしか＜言語のふるさと＞を感じない〟（48 〜 49 行目）

そうか……「彼」は**日本語しか話せない**んだ。アカシヤの匂いや蜜の味（風土）になつかしさは感じる。でも中国語がわからないから、大連をふるさとと思えない面も「彼」の中にあるんだ。

50 行目から再び回想シーン。「**中学生のときのある経験**」が書かれる。突然中学時代を思い出した理由は……

〝偶然に似てしまった言葉による連想〟（50 行目）

「偶然に似てしまった言葉」とは何かというと……

〝＜にせのふるさと＞という言い廻し〟（51 行目）

ということは中学時代の思い出の中に、何か「**にせのふるさと**」と**似た言葉**が登場するはず。その結果「彼」は……

〝微妙な〟（50 行目）〝生生しい〟（53 行目）

気持ちになった。

すると 55 〜 60 行目に、中学時代の思い出が具体的に書かれる。

〝中学校の三年生のとき〜先生からアカシヤについて教わった〟

〝大連のアカシヤは、俗称〟　〝正確には、にせアカシヤ〟

つまり「にせのふるさと」という言葉によって、**にせアカシヤ**に**関するエピソード**を思い出した。どっちも「にせ」が入っているから、似た言葉だと言える。

その後公園へ「本物のアカシヤ」を見に行って……
〝本物の二本のアカシヤを眺めたとき、安心した〟（64行目）
〝にせアカシヤの方がずっと美しい〟（65行目）
という気持ちになった。
「本物のほうが美しくない」とわかって「安心」したということは、
「にせアカシヤのほうが美しくあってほしい」と「彼」が思ってい
たということ。「にせアカシヤ」に対するプラスの気持ちだ。

「彼」は「にせアカシヤ＝大連のアカシヤ」をずっと「ホンモノ」
だと思って大切にしていた。でも、学校の先生はその大連のアカシ
ヤを「ニセモノ」呼ばわりした。
「周囲は〈ニセモノ〉だと言うけれど、自分にとってはこれが
**〈ホンモノ〉なんだ！」という気持ち……これ、さっきの〈にせの
ふるさと〉に対する気持ちと、全く同じ構造だ。**

だから「彼」は最後の段落で、次のように気持ちを語る。
〝「にせ」という言葉が不当〟（73行目）
〝一種の義憤〟（74行目）
〝単にアカシヤと呼ぼうと思った〟（78行目）
問1ーイの答えは⑤。「義＝正義」「憤＝怒り」という意味。**「本物
より美しいのに、なぜニセモノ扱いされなきゃいけないんだ！」**と
いう怒り。

やはり「にせアカシヤ」に対する気持ちが、「大連＝ふるさと」に対する気持ちと重ね合わせられている。

日本人であっても、中国語が話せなくても、**大連を「本物のふるさと」だと思う心があれば、それでいいじゃないか**、と。

「＜にせアカシヤ＞ではなく、＜アカシヤ＞と呼ぶ」ことは、すなわち「＜にせのふるさと＞ではなく、＜真実のふるさと＞だと自信を持って言う」ことを意味するんだ。

いいね！　これでラストまで「彼」の心情を分析することができた。
では、残った問４～６を解いて終わりにしよう。

問４は、彼が「安心した」理由の説明。
大切な「にせアカシヤ＝大連のアカシヤ」が、**本物のアカシヤよりもずっと美しかった**ことがポイント。

65～70 行目には、＜にせアカシヤ＞と＜本物のアカシヤ＞の具体的な違いも書かれている。

にせアカシヤ	本物のアカシヤ
ずっと美しい	あまり美しくない
少し陰気ではある	幹が曲がっている
真直ぐすらりと伸びた幹	枝もひねくれた感じ
素直に横に広がる枝	恰好が悪い
すっきりとした全体の形	花もあまり綺麗じゃなさそう
花も綺麗	
生命の自然な美しさ	

①は……「先生の説明通り」がダメ。「先生」は「本物のアカシヤ」を悪く言ってない。

②は……「にせアカシヤ」を「真直ぐなすっきりとした形」「生命の美しさ」と正しくプラスに説明している。

③は……「本物のアカシヤに風格を感じる」がダメ。「彼」は「本物のアカシヤ」に否定的だから、これだと全く逆。だから⑤「本物のアカシヤは美しかった」もダメ。

④は……「陰気な本物のアカシヤ」がダメ。「ちょっと陰気な感じ」なのは、＜にせアカシヤ＞のほう。

問4の答えは②です。

問5は「にせアカシヤではなく、アカシヤと呼びたい」気持ち。つまり**「自分にとっては、大連のアカシヤが本物！」**という気持ち。そして同じように**「自分にとっては、大連が本物のふるさと！」**という気持ち。この2点がポイント。

①は……「他人に認めさせたい」が×。「彼」が他人のことを気にしていたのは問3の場面であって、46行目以降はずっと「彼の内部」の矛盾・葛藤について書かれている。

だから②「理不尽な社会に反抗しよう」もダメ。「社会＝他人」は今関係ないし、そもそも「反抗」は全く本文に書いてない。

③も、他の日本人に「共生することの意味を考えさせよう」が×。そんなこと書いてないし、他人のことは今関係ない。

④は……「にせアカシヤを本物のアカシヤと同じであるとみなす」がダメ。本物より美しいんだから「同じ」じゃない。

ということは、**問5の答えは⑤**だ。「言語としては日本語にしかふるさとを感じない」は彼の「葛藤」を正しく説明しているし、「大連こそが自分の真のふるさと」だと肯定したい気持ちも、まさに本文どおりだ。

　OK、もう完璧だね。では最後の問6。問6は「内容・表現の特色」という本文全体の内容を問われる問題。こういう問題では、何がポイントになるかは選択肢を見ないとわからないから、**選択肢を1つずつ見て消去法をやるしかない**。

①は……「少年時代の不快な思い出」がダメ。「少年時代の思い出＝にせアカシヤの話」のおかげで、自信を持って大連をふるさとだと思えるようになったから、むしろプラスの内容。

それに「全体が陰影に富んだ」もダメ。傍線Cで「彼」の迷いは晴れているし、最後はスッキリした気持ちで終わっている。

②は……「高知県」に対して「ふるさとへの思い」は抱いていないからダメ（30〜31行目）。

③は……「アカシヤの木を細部にわたって描く」のは「彼の迷いが消える場面」だからダメ。「心の揺れ」と合わない。

④は……「聴覚を全く表現しない」がダメ。「すさまじい風」（3行目）、「静けさ」（27行目）など、音に関する表現はある。

ということで、**問6の答えは⑤**！

四月では「プラス・マイナスが混ざった風景」だったものが、五月では「完全なプラス」に変化した。

そして「彼」の気持ちも、前半は「大連がふるさとかどうか悩む気持ち」だったのが、最後はスッキリした気持ちへ変化した。

　そのとおり！　これで全問題が終了。全体を通じて複雑な内容だから、一度で理解しきれなくても構わない。ぜひ、本文と解説を何度もくり返し読んで、読み方・解き方を再確認してほしい。

　次は**入試で配点の高い最重要項目「説明文」**に進む。

選択問題では、
消去法で答えを
導き出せばいいんだ

説明文攻略！
7つのレッスン

いよいよ最後の3章。1章では「韻文」、2章では「小説」の攻略法を勉強したけど、「韻文」「小説」に共通する特徴が1つあったよね？

 全部**「気持ち」が中心に書かれる文章**でした。

そのとおり。「作者の気持ち」「主人公の気持ち」……どれも「気持ち」が文章の中心であり、設問でも「気持ち」を答えさせる問題が出る。

それに対して、今から勉強する「説明文」は、「気持ち」ではなく**「主張」が文章の中心**になる。

 「気持ち」と「主張」って、どう違うんだろう？
「筆者が考えたこと」という意味では、同じものに感じるけど。

では「説明文」の勉強のスタートとして、「主張」とは何か？　「説明文」は他のジャンルと何が違うのか？　を明らかにしておこう。
結論を先に。「説明文」には3つの特徴がある。

「説明文」とは？

① ある**重要な「 テーマ 」**について

② 筆者が「 **正しいと思う考え方** 」を

③ **「客観的な根拠」**とともに書いた文章！

まず1つ目。説明文には**文章ごとに「テーマ」がある**。たとえば……

> ★宗教について　　★異文化交流について　★自然環境について
> ★学校教育について　★コミュニケーションについて

このように「○○についての文章」と言えるような、はっきりとしたテーマを持つのが「説明文」だ。そして、説明文でとりあげられる「テーマ」は、われわれが暮らす**現代社会／世界にかかわる重要なもの**が多い。

そして「説明文」2つ目の特徴。そういう「世の中の重要なテーマ」について、「**筆者が正しいと思う考え方**」が書かれる。

韻文や小説に書かれる「気持ち」は、あくまで「個人的なもの」であって、「正しい／間違い」を他人にどうこう言われるようなものじゃない。たとえば……、

> A君「君のことが**好き**で、**胸が痛い**んだ。もう少し、**君に近づきたい。**」
> Bさん「私にとって**必要なのは、あなたではないの**」

このA君／Bさんの「気持ち」それ自体を他人が否定することなど不可能なことだ。

 A君に「Bさんを嫌いになれ」と言ってもムリだし、逆にBさんに「A君を好きになれ」と言うのもムリ。

そのとおり。ただ**説明文で書かれる「主張」は違う**。たとえば……

> A君　　「学校教育は、これから**もっと暗記を大事にして、子どもたちに知識をつめこむべき**だ。」
> Bさん「いや、これからの学校教育は、**生徒の自由な発想を大切にしていくべき**だ。」

　これは「学校教育」という「社会の重要なテーマ」について**「どうするのが正しいのか？」という「主張」**を述べている。

　「社会問題」について「正しい考え」を主張すれば、「筆者だけの個人的な気持ち」では済まなくなる。筆者の主張が本当に実現すれば、学校の先生、生徒、保護者など、多くの人々に影響が出るからだ。

　当然、筆者がおかしな主張を言えば「それは間違っている！」と**反論される**し、逆にいい主張をすれば「そのとおりだ！」と多くの人から**賛成をもらう**。「賛否両論」が起こるのが「説明文」の特徴とも言える。

　そこで「説明文」3つ目の特徴。筆者は多くの読者から、自分の考えへの「賛成」を集めたい。だからこそ、読者に**「納得」してもらう**ためのさまざまな工夫をしなければならないんだ。

　自分と考えの違う他者を説得して、賛成してもらうためには……

> ★自分の考えが正しい「理由」
> ★実際に起こった「具体例」
> ★わかりやすい「たとえ話」

　こういった内容を筆者は説明文に織り込んで、読者が納得しやすいように文章を書く必要がある。よって、われわれ読者も……

> ★筆者が**どんなテーマで話をしようとしているのか？**
> ★筆者が主張している**「正しい考え」とは何か？**
> ★それを納得させるために、**どのような工夫をしているのか？**

を読み取れば、「説明文」のポイントが理解できるということ。

　そのために**次の7ポイントをみんなが自分の力で発見して、読み取るための練習をする必要があるんだ。**

2　説明文攻略！　7つのレッスン

★ Lesson1「テーマ」を発見する　　★ Lesson5「指示語」の攻略

★ Lesson2「対比的」に読む　　　　★ Lesson6「理由」を発見する

★ Lesson3「主張」を発見する　　　★ Lesson7「接続語」の攻略

★ Lesson4「くり返し」を発見する

Lesson1。さっきも言ったとおり説明文には必ず**「テーマ」**がある。その文章で筆者が「何について」主張しているのか。これを捉える方法を最初に勉強する。

Lesson2では「対比」つまり**「比べながら」文章を読む方法**を勉強する。読者に「主張」を納得させるには、何らかの「対比」をすることが不可欠だ。たとえば…

- ・今の若者はだらしない
- ・日本人は情けない

こういう主張を見たら、二人はどう思う？

「あんたの若い頃は、そんな立派だったのかよ？」と思うな。

「じゃあ外国人は、情けなくないの？」って思いますね。

そうでしょ。つまり「今／日本」を批判しようと思ったら「昔／外国」と比べるしかない。もし比べないまま一方的に主張しても、読者にとっては説得力を感じられない自分勝手な主張に聞こえてしまう。そうなっては困るから、筆者は必ず「対比」させて自分の主張をするんだ。

だからわれわれ読者も**「筆者が何を、どのように比べているのか」**に注目すると、文章のポイントをスッキリと理解できる。

　Lesson3。筆者は説明文で**「主張＝正しいと思う考え」**を書く。

　では、その「筆者が正しいと思う考え」とは、具体的にどのような内容なのだろう？

　何を理解すれば「主張」を読み取ったことになるのか？　これをLesson3では具体的にハッキリと示す。

　Lesson4。主張を読者に理解させるには、**何度もくり返す**ことが重要。ただし、全く同じ内容を、全く同じ言葉でくり返しても意味はない。「別の言葉」に置き換えたり、「具体例」や「たとえ話」を使ったり……いろいろ「形を変えて」主張をくり返すことで、多くの読者が理解・納得できるようになる。

　Lesson5。「指示語」は「それ／こんな／あの」のような言葉。これらは、今説明した「くり返し」を発見するときに役に立つ言葉だし、テストでも非常に出やすい不可欠な知識だ。

　Lesson6。「主張」には**必ず「理由／根拠」が必要**だ。何の根拠もなしに、思いつきや思い込みで主張しても、「意見の異なる他者」を説得することはできない。説明文は「自分と意見が違う人」にも納得できるように書かないとダメだから、必ず本文中に「理由／根拠」が書かれるものだ。

　Lesson7。「接続語」は「しかし／だから／さて」のような言葉。これらは「前後のつながり」を読者に教えてくれる非常に便利な言葉。「接続語」をうまく見つければ、次にどんな内容が書かれるのか予測することができるし、「指示語」同様テストにも非常に出やすい。これを最後のレッスンとして攻略する。

説明文では、テーマと筆者の主張を読み取ろう！

これら7つのポイントを1つずつ理解して、入試で使える「本物の読解力」を一緒に身につけよう！

◇ **Lesson1「テーマ」を発見する**

では、説明文の「テーマ」をつかむ方法からスタートしよう。

3 「テーマ」を発見する

何度もくり返される／一貫して最後まで登場する言葉に注目！

文章のほんの一部にしか登場しないものは「テーマ」とは言えない。1段落に登場する言葉が、2段落、3段落、4段落と何度も登場してくる場合は、その言葉は文章のテーマだと言える。このポイントを踏まえて、例題をやってみよう。

次のような「見出し・タイトル」をつける問題は、つまり「テーマ」がわかっているかどうかを問う問題。文章の「テーマ」として最も適切なものを選べば正解になる。

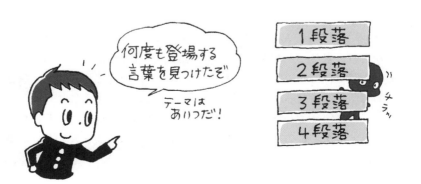

（例題）次の文章の見出しとしてふさわしいものを、それぞれ選べ。

A　「名」や「名前」の概念には、好ましい意味と逆の意味がある。「実」と対比されるときの「名」は、単なる名目として空疎なものという意味である。『荘子』の「逍遥遊」には、「名者、実以賓也」（名は実の賓である）とあり、その注釈書はこれについて、「実以生名、名従実起、実則是内是主、名便是外是賓」（実は名を生み出すもとであり、名は実から起こるものである。実はつまり内であり主であるが、これに対して名は外であり客である）と説明している（『広漢和辞典』）。主―賓の対概念は文法用語としても用いられているから（主語と術語）、ものとその名との関係を、実体に対する形容として理解することもできるが、名はあくまでも実体に従属し依存するものとして性格づけられている。「名のみ」というときの「名」がそれである。

　しかし、逆の意味あいもある。「無名」とは無価値なことであり、「有名」は価値のしるしと見られる。もちろん「有名無実」として、実との対比で捉えられた「有名」はやはり単なる名目の意味にすぎない。そして事実「有名」であるからと言って、そのひとや物が優れているとは限らないという事例は、いくらもある。また「名物にうまいものなし」ということわざは、いわゆる名物が名物倒れであることが多いことを言っているし、「名所」も同じような目で見られることは珍しくない。しかし「名人」「名曲」「名画」などは、このようなアイロニーを受け付けない。その「名」は紛れもなく価値のしるしだ。　　　　　　（佐々木健一『タイトルの魔力』）

ア　荘子の思想　　　　　　イ　「名」が持つ意味
ウ　アイロニーについて　　エ　有名無実であること

B　世界中の人がみんな同じ言葉で話せたらいいのにな。私も外国でなかなか自分の言うことが通じないときなど、外国語が恨めしく思うときがある。でも、世界には無数の言葉があった方がいいと思い直す。なぜなら、言語が同じなら、誰もが同じようなことしか考えられなくなるからだ。自分と似たことを言ったり、やったりする奴が世界に何万人もいたら、自分なんてこの世にいなくたって済むではないか。人と違う言葉を話す……それ自体が価値を生むのだ。

たとえば、日本語の「幸せ」に当たる言葉は、英語ではハッピーといい、ロシア語ではスチャースチエという。しかし、その単語を発音しても、幸せのニュアンスは伝わらない。ハッピーはどこか快楽と結びつく感じがし、スチャースチエは神に願いをかなえられた感じがあり、幸せは慎ましく、ほのぼのした願いといった感がある。このズレこそがコミュニケーションの楽しみである。　　　（島田雅彦『いまを生きるための教室』）

ア　外国語の楽しみ　　イ　外国語を学ぶ苦労
ウ　自国語への誇り　　エ　幸せの意味の違い

3章

じゃあ、まずは A から。明らかに**「名前」について**書かれた文章。最後までずっと「名前にはどんな意味があるか」を説明しています。ということは、**答えはイ**。ア「荘子の思想」、ウ「アイロニー」は本文の一部にしか関係ないよね。

エ「有名無実」は「名前は立派でも価値がない」という意味だよな。この言葉は、「名」について説明するために用いられているだけで主題とは関係ないからエも✕。

では、 B 。最初から最後まで「言語／異なる言語間のコミュニケーション」について話をしています。ということは、**ア「外国語の楽しみ」**か、**イ「外国語を学ぶ苦労」**のどちらかが正解。
ウは「自国語」が✕。他言語との違いを楽しむ話だから、全く逆。
エは「言語」について全く触れていないから論外。

ただ、ア「楽しみ」と、イ「苦労」は両方とも本文に書いてある。
〝（1段落）外国で**なかなか自分の言うことが通じない**ときなど、外国語が**恨めしく**思う〟
〝（1段落）人と違う言葉を話す……それ自体が**価値を生む**〟
〝（2段落）このズレこそがコミュニケーションの**楽しみ**である。〟

「テーマ」は、前半だけでなく、**後半まで一貫して**登場することがポイントだったよね。ということは……

アが正解ですね。イ「苦労」は1段落にしか書かれていないけど、ア「楽しみ」は1段落の後半から、2段落までずっと登場する。「文章の最後まで」登場するのはアのほうです。

そのとおり。ただ、もう1つやり方があって……
〝外国語が恨めしく思うときがある。でも、世界には無数の言葉があった方がいいと思い直す。″
この**逆接の接続詞 でも** に注目する方法もある。たとえば……

> ①　彼女は性格が悪い。でも、仕事はできる。
> ②　彼女は仕事はできる。でも、性格が悪い。

この2つの文は、同じことを言っているように見えるけれど、読み手が受ける印象が全然違うはずだ。

①だと「仕事ができる」から**嫌な奴だけど我慢しよう**、というニュアンスになって、②だと「性格が悪い」から、いくら仕事はできて**も認めない**、というニュアンスになる。

つまり**「逆接」が出てきたら、その「後ろの内容」こそが筆者の言いたいことになる。** ということは……
〝外国語が恨めしく思うときがある。でも、世界には無数の言葉があった方がいいと思い直す。″
後ろの「世界には無数の言葉があった方がいい」のほうが、筆者が伝えたい内容なんだ！
つまり筆者は外国語を学ぶことを「良いこと」として捉えているから、正解はイ「苦労」ではなく、ア「楽しみ」。

そのとおり。「逆接」はテーマづかみのときだけでなく、主張を読み取るときや問題を解くときにも使えるから、ぜひここで覚えておこう。

Point 4　逆接の接続詞

① 前後が「反対の内容」になる。

② 「2つの考え」が並べられた場合→筆者の主張は逆接の「後ろ」に書かれる！

◇ **Lesson2「対比的」に読む**

まず、最初に結論から。筆者は、自分の「正しい考え」を読者に伝えるために、必ず「対比」を用いて、つまり何かを「比べながら」文章を書く。**何も「対比」せずに筆者が説明文を書くなんて、ありえない。**

 作文を書くとき、そんなの意識したことないですけど……。**なぜ比べないとダメなんですか？**

説明文は、筆者が「正しいと思う考え」を書くものだよね。

では、1つ質問。なぜ筆者は、わざわざ「正しい考え」を他人に伝えようとするのだろうか？

 それは、**間違った考え方をしている人がいるから**だろう。
間違った考え方をしている人に、
「オマエの考えは違う！　オレの考えが正しい！」
と伝えるために文章を書く。

 ということは……**「正しい考え」を「間違った考え」と比べて説明する**必要が出てくる。

そういうこと。「正しい考え」を伝えようとする時点で、「間違った考え」

と比べて説明することは避けられない。

　他にもあるよ。「今の日本社会」をテーマに何かを主張するには、絶対に「昔の日本社会」や「外国社会」と比べないとムリだ。

　「大人」について何かを言おうとすると、「子ども」と比較しないと無理だし、「野球」について意見を言いたかったら、「サッカー」と比べるのはごく自然なことだ。「対比のない説明文など、ありえない」と言った意味がわかってもらえたかな。

 どんな文章も、必ず何らかの「対比」を使って書かれる。なら……
文章を読むときも「対比」に気をつけて読めばいい。

　そのとおり！　　まず次の ★Point★ を理解しよう。

5 　「対比関係」に注目する

筆者が**何と何を比べているか**、探しながら読む！
⇒ | よくあるパターン |　①反対の言葉（対義語）　②似た言葉（類義語）
　　　　　　　　　　　　③時代　　④地域・国・文化　　⑤２つの考え方

　「対比」は文章の途中で突然登場することも多い。説明文を読むときは常に「対比が出てくるんじゃないか？」と疑いながら読む姿勢が大切。ただ、実際は「筆者がよく使う対比パターン」というものがあって……①～⑤の「よくあるパターン」を覚えておくと、対比の見落としを防ぎやすくなる。では、１つずつ紹介していこう。

（パターン①　反対の言葉（対立する言葉）どうしで比べる）

・動物は本能で動くのに対し、人間は知性を持って行動する。
・動物は感覚や感情を持つが、植物はそれらを持たない。

「動物←→人間」「動物←→植物」……どちらも「反対の意味の言葉」です。文章中に**「反対の意味の言葉」が登場したら、それは「対比」のサイン**だということ！

(パターン② 似た言葉（類義語）どうしを比べる)

・<u>成人</u>とは単に成年に達した人間のことだが、<u>大人</u>とは自分に責任が持てる人のことだ。

・<u>恋</u>は自分の心を優先させるが、<u>愛</u>は相手のことを優先させる。

パターン①とは逆に「成人←→大人」「恋←→愛」は、どっちも似た意味の言葉。似た言葉どうしの意味の違いを説明している。

「全く同じ意味」の言葉だったら、わざわざ言い方を変える必要がないよね。「大人←→成人」「恋←→愛」とわざわざ言い換えているということは、そこに何らかの意味の違いがある可能性が高い。その違いを読み取ることが、筆者の主張を理解することにつながる。

(パターン③ 「時代」を比べる)

・<u>今は</u>少子化が進んでいるが、<u>戦後には</u>ベビーブームも起こった。

・<u>1990年代になると</u>バブルが崩壊し、不景気が訪れた。

(パターン④ 「地域・国・文化」を比べる)

・<u>都会</u>に人口が集中し、その反面<u>過疎</u>問題が深刻化した。

・<u>日本</u>は<u>諸外国</u>よりも、軍事的なものへのアレルギーが強い。

対比関係を
見落とさないよう、
注意して読もう！

3
章

③は……「今←→戦後」「1990年代←→それ以前」つまり「異なる時代」どうしを比べるパターン。

④は……「都会←→過疎地域」「日本←→外国」つまり「異なる地域・国・文化」どうしを比べるパターンだ。

　そのとおり。文章中に**「2つの時代」「2つの文化」を示す言葉**が出てきたら要チェックだ。

　それと……③「1990年代に**なる**と」の部分が**「変化」の意味を表す**ことにも気づいてほしい。「大人に**なる**」ということは「以前は子どもだった」ということだし、「無力**化**する」ということは「以前は有力だった」という意味だ。つまり「1990年代に**なる**と」と書かれた時点で「1980年代まで」と比べられていることがわかる。このように**「変化」に注目すると、簡単に対比関係が見抜ける**ケースはとても多い。

「変化」を表す言葉に注意

「○○に**なる**／○○**化**する」　→　「以前は○○ではなかった」

（パターン⑤　「2つの考え方」を比べる）

・<u>一般的に</u>、宗教はうさんくさく、不気味なものだと思われ<u>がちだ</u>。
・人間は、行動を自分の意志で決められると<u>誤解していた</u>。
・原子力発電に<u>賛成する人</u>は、発電コストの安さを理由にする。
・日本が島国であることは、経済政策上<u>よい面</u>もある。

1つ目は……「**一般的に**うさんくさい」ということは、「**筆者は**うさんくさいと思っていない」感じがします。
　それと……

2つ目は……「**自分の意志で決められると誤解していた**」ということは、「**本当は**自分の意志では**決められない**」。

3つ目は……「原子力発電に**賛成**する人は〜」ということは、「原子力発電に**反対**する人」の考えと比べられるはず。

4つ目は……「**よい面**もある」ということは、「**悪い面**もある」。

　そのとおり。「**一般的・常識的な話**」が出てくれば、通常「**筆者の考え**」と比べられるし、「**間違った考え**」が出てくれば、当然「**正しい考え**」と比べられる。このように**2つの考えを比べる**文章も超定番。

　以上！　これら5パターンを意識して文章を読めるようになろう。

　そして「何と何が比べられているか」がわかったら……必ず次の「**4点チェック**」を意識してほしい。

★Point★ 7　対比の「4点チェック」

① **何が違うか？**（相違点）　　② **何が同じか？**（共通点）

③ **よいところは？**（プラス）　　④ **悪いところは？**（マイナス）

　たとえば「アメリカと日本」を比べた文章が出たら……

> ① アメリカと日本の、<u>何が違うのか？</u>
> ② アメリカと日本の、<u>共通点</u>はないか？
> ③ アメリカと日本の、それぞれ<u>よいところ</u>は？
> ④ アメリカと日本の、それぞれ<u>悪いところ</u>は？

　この4点を見つけるつもりで文章を読むことが重要！　すると、自然と「筆者が言いたいこと」がはっきりと見えてくるはずだ。

　論より証拠。次の例題で実際に練習してみよう。

（例題）次の文章を読み、後の問いに答えなさい。

C　①**世界中の人がみんな同じ言葉で話せたらいい**のにな。私も外国で
なかなか自分の言うことが通じないときなど、外国語が恨めしく思うと
きがある。でも、世界には無数の言葉があった方がいいと思い直す。な
ぜなら、言語が同じなら、誰もが同じようなことしか考えられなくなる
からだ。自分と似たことを言ったり、やったりする奴が世界に何万人も
いたら、自分なんてこの世にいなくたって済むではないか。人と違う言
葉を話す……それ自体が価値を生むのだ。

　たとえば、②**日本語の「幸せ」に当たる言葉は、英語ではハッピーといい、**
ロシア語ではスチャースチエという。しかし、その単語を発音しても、
幸せのニュアンスは伝わらない。ハッピーはどこか快楽と結びつく感じ
がし、スチャースチエは神に願いをかなえられた感じがあり、幸せは慎
ましく、ほのぼのした願いといった感がある。このズレこそがコミュニ
ケーションの楽しみである。　　　　（島田雅彦『いまを生きるための教室』）

問１　傍線①に対する筆者の意見としてふさわしいものを選べ。
　　ア　外国でも自分の伝えたいことを伝えられるので、理想的だ。
　　イ　誰もが同じようなことしか考えられなくなり、面白くない。
　　ウ　人と違う言葉を話すのは孤独感が強まるので望ましくない。
問２　傍線②を通じて筆者が言いたいことを選べ。
　　ア　幸せなどの感情は全世界共通であり、言葉を超えて人はつ
　　　　ながることができる。
　　イ　同じ意味の語でも使う人によってズレが出るので、ズレを
　　　　修正する必要がある。
　　ウ　一見同じに見える感情でも、言語ごとにニュアンスの違い
　　　　が出ることが面白い。

どこが対比関係に
なっているか、
探しながら読もう！

傍線①に**「世界中同じ言語になった」**場合の話が出てくるけれど……これと「反対の状況」が、同じ1段落に出てくることに気づこう。

3行目に**「世界に無数の言語がある」場合の話**が書かれる。
「世界中が同じ言語」のほうがいいのか、それとも「無数の言語がある」ほうがいいのか。つまり「2つの考え方」を比べて意見を言う文章。

そのとおり。そこに気づいたら、これら「2つの考え方」の「相違点／共通点／プラスマイナス」を本文から探していけばいい。

まず「世界中同じ言語」の場合について説明される。
「自分の言うことが外国でも通じる」のがプラス点。
逆に「誰もが同じようなことしか考えられなくなる」というマイナス点もある。
でも……「無数の言語がある」場合の説明が1段落にない。7行目に「価値を生む」とは書いてあるけど、それ以外の説明が何もない。

確かに。……でも、「世界中同じ言語」の場合の**反対を考えれば**、「無数の言語がある」場合の話も予想がつく気がする。
「世界中同じ言語の場合→話が外国でも通じる」のであれば、**つまり「無数の言語がある場合→外国語を勉強しないと、話が通じない」という意味になりますよね。**いちいち外国語を勉強するのは面倒なので、これはマイナス点と言えます。

そのとおり。今ワカナさんが試した**「反対を考える」**方法は、説明文を読み進めるうえで非常に重要。今後も、何度も使うテクニックだ！

「世界中同じ言語の場合→誰もが同じことしか考えられない」なら、**つまり「無数の言語がある場合→考え方に違いが出て、いろいろなアイデアが生まれる」**ことになる。世界中でいろいろなアイデアが生まれるのは、人類にとってプラス。

　そうだね。「大人は汚い」と本文に書いてあれば、その時点で「子ども
はピュア」という意見も自動的に読み取れる。「化学調味料は体に悪い」
と言っている人がいれば、その時点で「天然調味料のほうが体に良い」と
その人が考えているのはほぼ間違いない。

　つまり対比された2つの話のうち、1つの話を見つけた時点で**「もう片
方」を予測する発想が大切**なんだ。そうすると、本文に直接書かれていな
い筆者のメッセージが、はっきりと読者の前に姿を現してくる。

Point 8 「対比」を使った読解のコツ

「反対」の場合を考えながら読む！

　結局……「世界中が同じ言語」の場合も、「無数の言語がある」場合も、
それぞれにプラス点／マイナス点が存在するということだ。……で、肝心
の筆者は、どっちの場合が良いと考えているんだろうか？

　「逆接」の後ろが、筆者が本当に伝えたいことだったよな（→ P.547）。
3行目に〝**でも**、世界には無数の言葉があった方がいい〟と書いて
あるから……
「無数の言葉がある」場合のほうが良いと筆者は思っている！

　逆に言えば「世界中が同じ言語」になるのは、みな同じ考え方にな
るから良くないと考えている。**問1の答えはイ**。

　そうだね。アは筆者と逆の考え方だし、ウ「孤独感が強まる」という話
は一切本文に書いていない。では、この調子で2段落も読んでみよう。

　2段落は「日本語／英語／ロシア語」を比較しているよな。つまり
「異なる言語／異なる文化」の対比だ。

そのとおり。やるべきことはさっきと何も変わらない。それらの言語の「相違点／共通点／プラスマイナス」を明らかにしていけばいい。

 全部「幸せ」という感情だから、それは**「共通点」**。でも……
"ハッピー（英）＝快楽" "幸せ（日）＝慎ましく、ほのぼの"
"スチャースチエ（ロシア）＝神に願いをかなえられた感じ"
というニュアンスの違いがある。これは言語ごとの**「相違点」**。

 そして2段落のラストで、その「ニュアンスの違い」を、「コミュニケーションの**楽しみ**」だと言い切っている。つまり筆者にとって、言語ごとにニュアンスの違いがあることは「プラス」なんだ。

 ということは、**問2の答えはウ**ですね。アは「全世界共通であること」が良いと言っているし、イは「ズレがあること」が悪いという意見だから、どちらも筆者と正反対の考え方。

そのとおりだ。こうやって「対比関係を捉える→相違点／共通点／プラスマイナスを読み取る」ことで、どんどん筆者が伝えたいメッセージが明らかになってくる。この感覚をつかんでほしい。

◇ **Lesson3「主張」を発見する**
Lesson3 では「筆者の主張」の発見法を勉強する。

 あれ？　でも Lesson2 で**「筆者の主張を見つけるには、対比をつかむことが大事！」**って言ってませんでした？
「対比」を見つけて「相違点／共通点／プラスマイナス」を探せば、自然と筆者の主張もわかるはずでは？

> それはそのとおりだけど……

　段落によっては「対比関係」が発見しにくいケースもある。われわれは試験本番で「対比関係」がうまく発見できないときでも、あきらめずに「筆者の主張」を見つけなくてはならない。そのためには「対比」だけにすべてを頼るのではなく、

> ★そもそも筆者の「言いたいこと」「主張」とは何なのか？
> ★どうすれば「主張」を見つけられるのか？

という、具体的な「やり方」を身につけたい。で、次の ★Point★。

★Point★ 9 「筆者の主張」とは何か？

テーマについて……
① 「**定義**」を示す。　　② 「**困った問題**」を示す。
③ その問題の「**解決策**」を提案する。

　「筆者の主張」は、もちろん文章によって毎回異なるよ。だけど、いろいろな説明文を分析すると、どの文章でも結局「筆者の主張」はこの3ポイントに整理できることがわかってくる。
　だから説明文を読むときに、これら3ポイントにあてはまる内容が出てきたら必ずチェックをしてほしいんだ。

　まず①「**定義**」から。「定義」という言葉は初耳かもしれないけど……漢字を見たら、なんとなく意味が予測できないかな？

「定」だから、何かを「定める・決める」という意味だよな。

「義」は……「意義」の「義」じゃないかな。「意義」は「役割」「価値」という意味だから……**「どんな役割や価値があるか」を決める**のが「定義」ということかな。

あと、「対義語」とか「類義語」って言うよな。あれは「反対の意味／似た意味の言葉」だから……「義」には「意味」という意味がある。だから、**「どんな意味を持つか」を決める**ことが「定義」だと思う。

どちらも正解。たとえば「民主主義」がテーマの文章なら……

・民主主義は、**どんな役割や価値があるのか？**

・民主主義は、**どんな意味を持つものなのか？**

コレを読者に納得させられるように書くのが、「定義」を主張するタイプの説明文だ。だからわれわれ読者も説明文のテーマを発見したら、そのテーマが「**どんな役割や価値があるのか？**」「**どんな意味を持つのか？**」を本文から探していく必要がある。

★Point★
10　「定義」に注目する

筆者が説明したいテーマが……

どんな役割／価値／意味を持つのか？を探す！

（例題）傍線部①・②を筆者が「定義」した部分に線を引きなさい。

D　①**なまえ**には、ひとであれ作品であれ、名づけられた対象を聖化する力がある。そこで商品は名前を必要とすることになり、法的な保護という制度のもとで、なまえ自体が商品化するわけである。しかし、それだけではない。商品を聖化するに際して、なまえはその字義を介してそこにあるイメージを付着させる。これが第二の面である。

（佐々木健一『タイトルの魔力』）

E　二一世紀には生命科学の時代といわれるが、一方では②**情報**の時代ともいわれている。毎日のように、インターネットから情報を入手し、海外の人びととeメールで交信している。距離という制約を超えてコミュニケーションを可能とする情報テクノロジーは、社会構造を変えるほど

の力をもっており、二一世紀の社会のあらゆる面で不可欠な要素である
ことは議論の余地はない。　　　　　　　　　（黒田玲子「科学を育む」）

じゃあ、まず D からやってみる。
・「なまえ」には、どんな役割や価値があるのか？
・「なまえ」には、どんな意味があるのか？
を探していけばいい。「なまえ」には **〝名づけられた対象を聖化す
る〟役割**がある。コレが「定義」だ！

それに **〝なまえ自体が商品化する〟〝その字義を介してそこにある
イメージを付着させる〟**のも「なまえ」が持つ役割です。
たとえば、「花」という言葉を商品の名前につけたとしたら、その
商品にも「花」が持つイメージをつけることができる。
たとえば……「きれいで、はなやかで、女の子らしい」とか？

　そのとおり。「花の香りの制汗スプレー　ふらわぁ♡」という名前の商
品があったら、明らかに女子をターゲットにした商品だとわかるよね。逆
に空手部やラグビー部のイカツい男子にとってはかなり買いづらい商品に
なる。中身が同じでも「なまえ」が違うだけでイメージが変わるのは納得
できるはずだ。

E も同じように、
・「情報」には、どんな役割や価値があるのか？
・「情報」には、どんな意味があるのか？
を探していけばいいんですよね。
**〝距離という制約を超えてコミュニケーションを可能とする〟
〝社会構造を変えるほどの力をもって（いる）〟
〝二一世紀の社会のあらゆる面で不可欠な（もの）〟**
この３つが情報を「定義」した部分です。

　そうだね。コツをつかんでもらえたようでうれしい。では、次へ進もう。

11 「困った問題→解決策」に注目する

★ 世の中で起こっている **「困った問題」** を読み取る

★ その問題の **「解決策」** を読み取る

　説明文の中には「社会／世の中の問題をあぶり出すこと」「その問題の解決方法を提案すること」を目的としたものも多い。

　たとえば「民主主義／情報／言葉」がテーマなら……

・民主主義を無視した独裁により、**戦乱や紛争**が起こっている。
・ウソの情報が現代社会にあふれ、**風評被害**が発生している。
・不適切な言葉の使い方をすると、**誤ったイメージ**を与えてしまう。

　このように「困った問題」を読者に示してから、

・**少数意見にも耳を傾ける**よう、政治家は心掛ける必要がある。
・１つの情報をうのみにせず、**複数の情報源で確かめる**べきだ。
・**適切な言葉づかいをする**ような教育が求められている。

　このように、それらの問題への「解決策」を提案する。これらも説明文の中で重要な「筆者の主張」になるんだ。では、例題で練習しよう。

（例題）次の文章を読み、後の問いに答えなさい。

F　二〇世紀後半に①**科学が非常に速いスピードで進んだ**ために、さまざまな軋轢（あつれき）が生じてきた。生活スタイルも、社会の構造も、科学の発達のために、大きく変わってきている。変化のスピードは人類がこれまでに経験してきたものと比較にはならない。長い地球上の生命の歴史の本の、最後のページの最終行に登場してきた人類であるのに、過去五〇年あまり、三六五日の歴史の中の〇・四秒あまりの短い間に、われわれは地球環境を変え、他の生物との関係も人間同士の関係も変えつつある。

それには、当然ながら、光の部分も陰の部分もある。ある方向に科学が進歩してしまったら、昔はそうではなかったといったところでどうにもならない。②**現状を認識し、そこからどうしていくのかを考えなければならない**。

　二〇世紀後半は科学にとって「知の爆発」の時代であった。生命科学の分野においては、二一世紀もそれは続くであろう。しかし、私たちはいま、③**科学のもたらす新しい知識や発見、成果をどのように生かし、コントロールしていくかを問われる**時代を迎えている。

　知の活用の仕方をコントロールするには、知恵が必要である。科学の発達がわれわれにもたらす光の部分と陰の部分を考え、地域の文化・伝統・環境・経済を大切にすると同時に、グローバルな視点ももたなくてはいけない。「時間軸と空間軸の座標」の視点にとどまり、自分や家族、今日明日しか考えないのではなく、一〇〇年前の日本、一〇〇年前の世界、人類の誕生、地球の誕生へと過去を遡ったり、逆に何世紀か先の未来へ思いをはせてみたりしたい。（中略）④**こうした座標の中に置かれて初めて、人類の位置付けや科学のもつ意味を、さらには、科学の進むべき方向を探る知恵が得られるのではないだろうか**。　　　　　　（黒田玲子『科学を育む』）

問1　傍線①のために起きた問題の例として適切なものを選べ。
　　ア　工場建設により激しい森林伐採で土地に住めない生物が増え、新たな病原菌が都市に持ち込まれた。
　　イ　医療の進歩により肉体は治療できたとしても、人の心は変えられないため精神面は治療できない。
　　ウ　コンピューター技術は急速に発展したが、いずれその進歩にも限界が訪れ停滞を迎えることになる。
問2　傍線②③とあるが、結局筆者はどうすべきだと考えているか。
　　ア　科学の力を信じ、より急速に進歩させるべきだ。
　　イ　科学を多様な視点で捉え直していくべきだ。
　　ウ　科学を否定し、昔ながらの伝統文化に戻るべきだ。
問3　傍線部④の意味として最も適切なものを選べ。
　　ア　幅広い視点を持つことは、人類や科学に関する知恵を得るための妨げになる。

> イ　幅広い視点を持つことと、人類や科学に関する知恵を得る
> 　ことには関連性がない。
> ウ　幅広い視点を持つことで、人類や科学に関するよい知恵を
> 　得られるはずだ。

傍線①「科学が非常に速いスピードで進んだ」は、とても良いこと
に聞こえるけど……
問1には「傍線①のために起きた問題」と書いてある。「科学が非
常に速いスピードで進んだ」ことによる「マイナス点／問題点」を
答えなくてはならない。

となると、1段落のポイントは以下のとおりだ。
〝さまざまな軋轢（＝仲が悪くなること）が生じてきた〟
〝生活スタイルも、社会の構造も（変わってしまった）〟
〝地球環境〜他の生物との関係も人間同士の関係も変えつつある〟
この3点と合うものを答えればいいから……**問1の答えはア**だ。
「工場建設」は人間社会や生活を変えることだし、それによって地
球環境も変えているし、生物や人間に悪影響も与えている。

「新たな病原菌が都市に持ち込まれた」のは、「他の生物との関係」
を変えたことの例になっているよね。イは「人の心は変えられない」
が本文と無関係。そもそも今は科学によってさまざまなものが変わ
る話をしているのであって、変わらないものの話はしていない。
ウは「科学が発展しなくなる」話だから、本文と反対。

　そのとおり。8行目「光の部分も陰の部分もある」と書いてあるように、
科学には当然プラス面もたくさんある。ただ、あくまでこの文章で筆者が
強調したいのは「科学のマイナス面」だということだ。
　そして、科学によってさまざまな「マイナス面＝困った問題」が引き起

こされている以上、われわれはその問題を解決しなくてはならないよね。その「解決策」に注目して、続きを読み進めていこう。

 問2は、2つの傍線部について質問されています。
傍線② 〝現状を認識し、そこからどうしていくのか〟
傍線③ 〝どのように生かし、コントロールしていくか〟
……これ、**両方とも「疑問文」**じゃないですか？

　ワカナさん、鋭いね。そのとおり、傍線②③はどちらも「疑問文」が含まれた部分。「疑問文」に注目することは「筆者の主張」を発見・理解するために非常に役に立つ。

★Point★ 12 「疑問文」に注目する①

文章中の「疑問文」は、**「問題提起」**のはたらきをする！
→後で「疑問文への答え」が書かれる。その**「答え」が筆者の主張**。

　このように本文中に「疑問文」が出てくるのは、実はよくあるパターン。だけど、筆者は本当に読者に質問をしたいわけではない。**「今からこの疑問文について説明するから、みんな注目して読んでね！」**と予告しているだけなんだ。ということは、当然その疑問文より後ろに「疑問文への答え」が書かれることになる。「疑問文への答え」を本文中から発見すれば、それが「筆者の主張」になるというわけだ。

 科学をどのように生かし、コントロールすればいいか……
〝知恵が必要である〟
〝光の部分と陰の部分を考え（る必要がある）〟
〝地域〜を大切にすると同時に、グローバルな視点ももたなくてはいけない〟

〝過去を遡ったり〜未来へ思いをはせてみたり（する必要がある）〟
これらが傍線②③への「答え」になる部分。ということは……**問2
の答えはイ**だな。「光と陰／地域とグローバル／過去と未来」どれ
も「多様な視点」と言える。

アは「科学が全て正しい」という意味になってしまうからダメ。
ウは「科学を否定」がダメ。「光の部分」もあると筆者は言ってい
るから、別に科学全部を「否定」していない。それに「地域の伝統
／グローバルな視点」を両方とも考えるべきだと筆者は言っている
から、「伝統文化に戻る」もダメ。

　そのとおり。「疑問文」に注目することで、正しくポイントを拾い上げ
られることがわかってもらえただろう。
　そして傍線④も疑問文の形になっているよね。

「〜のではないだろうか」だから、確かに疑問文の形ですね。
でも……あまり「質問している」ようには感じられない。

　そのとおり。「オマエ、アホじゃ**ないのか**？」と他人に言うとき、それ
は質問しているのではなく「オマエはアホ**だ**！」というメッセージを疑問
の形を使って表現しているだけだ。
　このように「疑問文の形を借りて、自分の言いたいことを言う」表現を
「反語」と呼ぶ。古文ですでに勉強済みだね（→ P.291）。

疑問文が出てきたら、
筆者の主張を見つける
チャンスだ‼

Point 13 「疑問文」に注目する②

文章中の「疑問文」は、**「反語」**の場合もある。
→「反語」文それ自体が、筆者の主張になる。

 つまり、傍線④は「こうした座標の中に置かれて初めて……知恵が得られる！」と筆者は言っている。**問3の答えはウ**だ。

そのとおり。問2の内容ともピッタリ合致するしね。
これで「筆者の主張」に関するレッスンは終了。次へ進んでいこう。

◇ Lesson4 「くり返し」を発見する

筆者は、自分の言いたいこと／伝えたい主張を、**何度も「くり返す」**ことで読者の理解／納得を得ようとする。このレッスンでは「くり返し」に注目することで、筆者の主張を理解する方法を学んでいく。

Point 14 「くり返し」に注目する

筆者は、自分の**「言いたいこと」**を、**何度もくり返す。**

ただ「くり返す」と言っても、別に「全く同じ言葉・同じ形」でくり返すわけではない。話を読者に理解してもらえるよう、主張を**さまざまな形に「言い換えて」**説明をする。その「形の変え方」を理解すれば、中学生でも自分の力で「くり返し」を発見できるようになるはずだ。
特に説明文では、最初に**「わかりにくい／抽象的な」言い方**で主張を言って、それを後で**「わかりやすく／具体的に」言い換える**ケースが多い。

（例題）次の中で、意味がはっきりしない部分にラインを引きなさい。
　売るために本を書く行為には、いつも一種の転落の危険がつきまとう。

　この文には難しい言葉は1つも入っていない。でも、この文を読んだ読者が**「なるほど！　納得した！」という気持ちになるだろうか？**

無理ですね。「一種の転落の危険」って言われても**「どの種？」「どこからどこへ転落するのか？」「どんな危険なのか？」**が全然理解できない。

　そうだよね。**答えは「一種の転落の危険」**の部分。こういう、あいまいな部分、つまり**「抽象的」**な部分が、説明文にはよく出てくる。

15　抽象部分を具体化する①

意味がはっきりしない**抽象的な**箇所に注目する。
→「どこが？／何が？／どんな？」と**ツッコミを入れながら**読む！

　だから、文章を読むときは**「どこがだよ！」「何がだよ！」「どんなだよ！」とツッコミを入れながら**読む。受け身の態度でなんとなく文字を追いかけるのではなく「わからないところを自分から探す」姿勢が重要。
　ただし、「抽象的で意味不明な部分」を闇雲（やみくも）に考えても意味は理解できない。

　筆者の主張は、
　言葉や表現を変えて
　何度も繰り返される

Point 16　抽象部分を具体化する②

抽象的な部分を見つけたら……

→**同じ内容を、もっと具体的に説明している部分**を探す！

　筆者は読者に自分の主張を理解させたい。だから「抽象的で意味不明な部分」をそのまま放置するのではなく、本文のどこかで具体的な形に言い換えるのが当然。だからわれわれ読者は、その「言い換え」を本文中から発見すればいい。

　では、例題。さきほどの「抽象的な」文に続きをつけてみた。

（例題）傍線部の意味の説明として最も適切なものを答えなさい。

　売るために文章を書く行為には、いつも**一種の転落の危険**がつきまとう。商業性のない趣味行為であれば、書きたいものを書くだけで十分だったはずが、商売を意識した途端に話題作りや売名を優先する姿勢へと変わり、他者を犠牲にしてでもとにかく目立ちたい、売れるものを書きたい、そういった願望にとりつかれる著者は多い。創作物の世界だけでなく、報道においてもデマを流し、根拠なく敵を中傷することに躊躇しない無責任な「ジャーナリスト」も多い。

ア　書きたいものだけを自由に書いた結果、他者を傷つけること。

イ　読者の支持と売り上げを伸ばそうとして、作品の質が上がること。

ウ　他者を犠牲にしてでも、話題性や自らの売名を優先すること。

エ　デマや根拠のない中傷を含む報道記事を発表すること。

　本文から「具体的言い換え」を探すためのコツを2つ教えよう。

17 抽象部分を具体化する③

「主語」と「言葉の意味」を意識する。

　1つ目は「主語」を確かめること。**傍線部「転落」するのは誰だろうか？**
　そして2つ目は「言葉の意味」をハッキリと意識すること。**「転落」とはどのような意味を持つ言葉だろうか？**

　主語は「**売るために書く著者**」ですね。「転落」とは「**高いところから、低いところへ落ちる**こと」。基本的に**マイナスの意味**で使われる言葉です。

　ということは「売るために書く著者」に関する話じゃないと、正解にしてはいけないのか。となると**アは×**だ。「書きたいものだけを自由に書く」のは「趣味で書く著者」であって「売るために書く著者」の話じゃない。

　イも×。「転落」はマイナスの意味の言葉なのに、イはプラスの内容になっている。

　そのとおり。「主語」と「言葉の意味」をつかんでおくと、このように傍線部（抽象部分）の「くり返し」であるものと「くり返し」でないものを見分けることができる。
　では、傍線部の「くり返し」を本文から発見していこう。

　「売るために書く著者」の話で、マイナスの意味を探すと……
　　　"他者を犠牲にしてでもとにかく目立ちたい、売れるものを書きたい"
　　　"報道においてもデマを流し、根拠なく敵を中傷する"

　　　　この２点が、傍線部の「くり返し」だと判断できる。
　　　　あれ？　それだとウ／エ両方とも正解になる気が……。

　シュンくんの言うとおり、ウ／エは両方とも傍線部の「くり返し」になっ
ているから、読み取りには何の問題もない。
　でも、例題の答えになれるのはウだけ。エは間違いなんだ。

　たとえば……次のような問題があったとする。

> 問題　「私が好きなもの」として適切なのはＡ、Ｂのどちらですか。
> 私は動物が好きです。たとえば犬など。
> 　　Ａ　英語で言う「animal」　　Ｂ　犬

　この場合**「動物が好き」が筆者の主張**。そして**「犬」はその「具体例」**、
つまり「動物が好き」という主張を、より読者にわかりやすく伝えるため
に、例を使って言い換えたものと言える。
　でも……この問題の正解はＡであって、具体例である**Ｂは正解にならな
い**んだ。もしＢを正解にすると、１つ大きな問題が発生してしまう。

　犬以外は好きじゃないの？　という疑問が。
　「動物が好き」ということは、犬だけじゃなくて、たぬきや馬も好
　きなはず。

　そう。傍線部の説明を求められたときに「具体例」だけで答えてしまう
と「他は違うの？」とツッコミを入れられてしまうんだ。

具体例を正解にすると、
例外が生じて
しまうこともありますね

☆Point☆ 18 具体例の扱い方

「具体例」は、**筆者の主張の「くり返し」。**

ただし「具体例」だけを答えても、**問題の正解には原則ならない。**

※問題文に「具体例を答えなさい」と指示があるときは別。また、「犬などの動物」の
ように具体例を交えて一般論を説明しているものは OK。

ということは、**選択肢エは「ただの具体例」だから✕**なんだ。今回
は「売るために書く著者」全員について話をしていて、「ジャーナ
リスト／報道記事」はその１つの具体例でしかない。

もしエを正解にしてしまうと……「小説は？　説明文は？　漫画
は？」のようなツッコミを入れられてしまう。

　そのとおり、このように、本文中の抽象的な部分に注目して、それを具
体的な形に置き換えながら文章を読んでいくこと。これが読解の大きな基
本になる。

　これで「くり返し」のレッスンはすべて終了！

　と言いたいところだけど……関連して、もう１つ身につけるべき知識が
あるんだ。次は**「指示語」**について勉強する。

◇ Lesson5「指示語」の攻略

「指示語」→「これ、それ、あれ」のような言葉ですよね。
小学校のとき「こそあど言葉」って習った記憶が。

　そうだね。「指示語」は、名前のとおり「他の言葉を指し示す」言葉。

> **床に落ちている消しゴム**取って　　　→　　それ取って
> **信号の手前のコンビニの前**で降ります　→　あそこで降ります
> **私が今いる場所**はどこ？　　　　　　　→　　ここはどこ？

　このように「指示語」を使うことで、長い言葉を**短く簡単に「言い換える」**ことができる。

　「指示語」は説明文に限らず、いろいろなジャンルの文章で大量に使用されるし、「指示語」を読み間違えると、文章全体の意味を大きく誤解してしまう危険性が高い。それに試験問題でも「指示語の内容を答えよ」という問題は非常によく出る。

　このレッスンで「指示語」の処理方法をしっかり身につけよう。

> （例題）傍線部が指し示すものを、文中から一語で書き抜きなさい。
> 　野菜が大量に乗った油っこいラーメンを父と一緒に東京で食べた。
> **それ**はあまりおいしくなかった。しかたなく、口直しにすしを食べた。

　「指示語」の答えは**指示語より「前」**にあると小学校で習いました。
　だから……**答えは「ラーメン」**。

　そのとおり。「指示語」は原則として「後ろ」にある言葉を指すことはない。**「指示語」の答えを探すときは「前」から探す**のが基本中の基本だ。

★Point★ 19　指示語①

前の話を、短く「言い換える」はたらきを持つ。
⇒答えは「前」にある！

「すし」は**後ろにある言葉だから、答えにならない**んですね。

　そのとおり。でも……**「前」にあれば何でも答えになるわけではない。**もし「前」にあれば何でもＯＫなら、「野菜／父／一緒／東京」もＯＫになってしまうよね。なぜ「ラーメン」は正解になるのに、「野菜／父／一緒／東京」だと不正解になるのだろうか？

「父／一緒／東京」を答えにしてしまうと……
"父はあまりおいしくなかった。"
"一緒はあまりおいしくなかった。"
"東京はあまりおいしくなかった。"
ヤバい、父が食べられてしまう……。

「野菜」を答えにしてしまうと、「野菜だけがまずかった」という意味になる。麺とかスープもまずかったから、わざわざ口直しをしたんですよね。

　つまり、指示語の答えは**「指示語にあてはめて、意味が通る」言葉じゃないとダメ。**今回で言えば「おいしくなかった／口直しをした」という内容に合うものを選ぶ必要がある。**「まわりの内容をヒントに、前から探す」**これが指示語攻略の極意だ。

★Point★ 20　指示語②

★指示語に**あてはめて、意味が通るもの**を探す。

★指示語の**まわりの内容が、答えを出すヒント**になる。

　チャレンジ！実戦問題 **72** 指示語　　　　　　（➡答えは別冊 P.17）

問1　傍線部が指し示す内容を、 A は漢字2字で書き抜きなさい。 B は
　　　15字以内で、本文の語を用いて書きなさい。

A 　森林の美しさが、視覚に訴えるものであることはいうまでもないが、それ
だけだろうか。梢にさえずる鳥の声や風のわたる音、草むらにすだく虫の声、
渓流のせせらぎは聴覚に訴える。木々や下草の花の香り、木々の発する香気、
枯草の匂いが臭覚に、木の肌のぬくもり、適度な空気のしめり気、清冽な水な
どは触覚に、そして清く冷い水、きのこや山菜、木の実や果実などは味覚に訴
える美である。森林は五感すべてに対する美を持つ。さらに、画趣や詩趣といっ
た言葉で表現される精神的な美も**そこ**にある。　　　（只木良也『ヒトと森林』）

B 　裏座敷へ向かう時、私は、クド場へ出る境目の、通路の上に張り出してい
る黒いはりに、頭をガーンとぶつけることがあったのでした。（中略）以前から、
母は、あのようにひどく頭をぶつけていると、脳に悪い影響が起こるかもしれ
ない、暗い所で駆けないようにいってもらいたい、と父に頼んでいたのだそう
です。ところが父は、頭蓋骨が脳をしっかり保護しているはず、と答えた。また、
あれだけ勢いよく駆け込んでくるのには、それだけの気持ちがあるのだから、
自分で**それ**をとめることはできないのだろう、ともいったということなのです。

　　　　　　　　　　　　　　　　（大江健三郎『「新しい人」の方へ』）

問2　傍線部が指し示す内容として最も適切なものを選びなさい。

　現代人は、写真や映像などの〈イメージ〉を簡単に手に入れることができる
ために、それを「真実の姿」と思い違えていることも少なくない。そのため写
実主義という意味をきわめて表面的な狭い意味でしか捉えられないことにも
なってしまう。中には、写真のイメージをそのまま絵に置き換えるという、そ
れ自体およそ知的ではない表現であっても、〈真〉を描いた写実的な表現だと勘
違いしてしまうことすら実際には起きているのである。写真のようにリアルに
描けている、というだけで安心してしまうことは、人間にとってきわめて当た
り前の心のありようである。しかし、**そのこと**と作品の心をわかることとは違
うということだけは強調しておかなければならない。（古田亮『美術「心」論』）

ア 現代人は、簡単に写真や映像の＜イメージ＞を入手し、複製すること
　　ができること。
イ 写真のようにリアルに描かれた作品を見て、真の姿を捉えたものだと
　　思い込むこと。
ウ 眼に映る映像よりも、心がもつ知的能力によって感じられる真の姿を
　　探し出すこと。
エ 写真のイメージを絵に置き換えて表現することを当然の心のありよう
　　だと知ること。

3章

◇ Lesson6 「理由」を発見する

　説明文は「筆者が正しいと思う考えを、読者に伝える文章」だ。

　でも……もし筆者が**何の「理由」も説明せず**、自分の考えを読者に押し
付けたら、読者はどう思うだろうか。

　そんな文章、納得もできないし、読む気もしません。「勉強しなさ
い！」ってただ言われても、逆にやる気がなくなるのと同じ。
　ちゃんとした「理由」を言ってくれないと困る。

　そうだよね。「理由」もなしに筆者の意見に納得してくれる読者なんて
いないし、仮にいたとしても「もともと筆者と同じ考え」の人だけだろう。
世の中には「筆者と異なる考え方」の人がたくさんいて、その人たちにも
自分の考えを届けなくてはならないんだから、当然説明文において「理由」
の説明は不可欠だし、試験でも非常によく問われる。その「理由」の発見
方法をこのコーナーで勉強するけど……一言に「理由」と言っても、大き
く**3つのパターン**に分けることができる。

> 筆者は、
> 理由を示すことで
> 読者を説得している

（例題）傍線部Ａ／Ｂの理由を考えなさい。

　私の息子は第1志望の大学が諦めきれず、高校卒業後Ａ**もう1年予備校に通うことにした**。予備校に入って半年が経ったが、どうやらＢ**その選択は正解だったようだ**。偏差値が20も上がって、この調子であれば恐らく合格は間違いないだろう。

　この問題に、二人ならどう答えるだろうか。まずＡから考えてみよう。

「来年の受験で、第1志望の大学に合格するため」です。もし彼が「別に合格できなくてもいい」と思っていたら、お金と時間を使ってわざわざ予備校に通ったりしない。

　そのとおり。ワカナさんの答えが、まさに**「理由」の典型パターン①**。

★Point★
21 「理由」の見つけ方①

「**将来、得られるメリット／利益**」を探す！

茶碗蒸しが食べたい ので、卵を買う。
税収を増やす ため、消費税を上げる。
次の試合で勝てる よう、練習を頑張る。
金持ちになりたい から、起業する。

　この場合、☐☐☐の部分が「理由」で、〜〜〜の部分がその「結果」と言える。☐☐☐の部分は、どれも**「将来getできるメリット／利益」**になっていることがわかるはずだ。「第1志望の大学に合格する」というのも、大きな「メリット／利益」だよね。

オレの答えはちょっと違って……**「今年の受験に失敗したから」**と書いたんだけど、これじゃダメかな？　もし今年合格していれば、予備校に通うことはなかったわけだし。

全然問題ない。ワカナさんの答えは**「将来」**の受験について答えたものだったけど、シュンくんは逆に**「過去」**の受験のことを答えたと言える。これが**理由のパターン②**だ。

22 「理由」の見つけ方②

「過去に起こった原因／事件」を探す！

> 卵を買った せいで、お金が減った。
> 消費税を上げた 結果、景気が悪化した。
> 練習 の成果で、大会で優勝できた。
> 起業した ことで、自由な生活を手に入れた。

この場合、◻️◻️の部分が「原因」で、〰️〰️の部分がその「結果」。
◻️◻️の部分は、どれも 〰️〰️ より「過去」に起こった内容になっているのがわかるはずだ。

「今年の受験に失敗した」のも、「予備校入学」より過去の出来事だし、「予備校入学」のきっかけになる「原因／事件」だと言えるよね。

よって、今回の模範解答は**「今年の受験に失敗したが、どうしても第1志望の大学に行きたかったから」**。ワカナさんとシュンくんの答えを合体させれば、より詳しい理由の説明になる。

では、最後**「理由」パターン③**。これは、Bの問題を解いてから説明したほうが納得しやすいだろう。

「**成績が大幅に伸びて、第1志望の大学に入れそうだから**」。息子を予備校に入れたことを、親が「**正解**」**だと判断している**ということは、予備校に入った後に**実際に良い成果が出ている**はず。つまり「偏差値が 20 上がった」ことが最大の「理由」だと思います。

Point 23 「理由」の見つけ方③

「**具体的な証拠／根拠**」を探す！

> 体重が去年より 10 kg も増えた から、さすがに太り過ぎだと思う。
> 手をつないで下校していた から、あの二人は付き合ってるはずだ。
> 指紋が殺人現場に残っていた から、ヤツが犯人に違いない。

　この場合、〜〜〜〜の部分が筆者が下した「判断」で、□□□□の部分がその「証拠／根拠」になっていることがわかるだろう。

　①「メリット／利益」、②「原因／事件」、③「証拠／根拠」どれが本文に登場するかは、その文章によって変わってくる。①②③すべて本文に書かれることもあれば、1つしか登場しないこともある。いずれにせよ、本文にこれら3ポイントが登場したときは、チェックできるように注意を払っておこう。

◇ **Lesson7「接続語」の攻略**

　最後に「接続語」について勉強する。接続語とは「**前後の関係を教えてくれる**」**言葉**のこと。本文中の「接続語」に注目できれば「次にどのような話が登場するか」を高い精度で推測することができる。それに、試験で「穴埋め問題」として接続語が出題されることも多い。いずれにせよ重要な知識なので、基本的な「接続語」とそのはたらきを理解しておこう。

　まず、接続語は膨大な数があるので、**大きく4つのパターンに分けて考える**のが便利だ。

24 接続語の４大パターン

① 前後が「反対の内容」   ② 前後で「話題が変わる」

③ 前後が「同じ内容」   ④ 前後が「似た内容」

　穴埋め問題を解くときも、空欄の前後を①〜④のパターンで分類してしまうと楽に問題が解ける。

●パターン①　前後が「反対の内容」

意味	接続語	例文	はたらき
逆接	しかし	逃げ出した。しかし回り込まれてしまった。	後ろが…… ・予想外のこと ・前の否定
	ところが	店を開いた。ところが客が来なかった。	
	だが	有名なすし屋だが、まずかった。	
	けれども	努力したけれども、失敗した。	
注意・ 例外事項	ただし	魚介が好きだ。ただしカニはダメだ。	後ろに「注意／例外」を補足
	もっとも	来年は大学生だ。もっとも合格が前提だが。	
比較	むしろ	これでは柔道というより、むしろけんかだ。	後ろのほうが、前より適切
	かえって	30分寝るなら、かえって徹夜すべきだ。	
譲歩→ 逆接	もちろん	もちろん練習は大切だが、休息も必要だ。	前が「建前」→ 後が「本音」 （逆接とセット）
	たしかに	たしかに彼は頭がいい。しかし性格が悪い。	
	なるほど	なるほど君の考えもわかる。でも認めない。	
逆の見方	逆に	わがままな性格が、逆にかわいらしく見える場合もある。	同じ物事のプラス面とマイナス面

●パターン②　前後で「話題が変わる」

意味	接続語	例文	はたらき
話を 変える	さて	勉強が終わった。さてゲームをしよう。	前と違う 話をする
	ところで	勉強が終わった。ところで明日の天気は？	
話を 進める	では	ストレスを減らす生活が大切だ。 では、そのための方法を教えよう。	より具体的・ 重要な話に進む

3章

●パターン③　前後が「同じ内容」

意味	接続語	例文	はたらき
言い換え	すなわち	徳川幕府滅亡の年、[すなわち] 1867 年だ。	前後が全く同じ
説明する	つまり	僥倖というのは、[つまり] 思いがけない幸運という意味である。	前が難しい→後ろが簡単
要点をまとめる	つまり 端的に このように	彼は偉そうで、目上に反抗し、口も悪い。 [つまり] 不遜だ。 [端的に言えば] 会社員に向かない。 [このように] 無礼な人間が多い。	前が長く後ろが短い
具体例	たとえば	冬は鍋がおいしい。[たとえば] かき鍋だ。	後ろが具体例
	特に	冬は鍋がおいしい。[特に] かき鍋だ。	後ろが重要例
比喩	いわば	こんな計画は、[いわば] 絵に描いた餅だ。	後ろに比喩

●パターン④　前後が「似た内容」

意味	接続語	例文	はたらき
付け足し	そして	風呂に入り、[そして] ご飯を食べた。	似た内容を… 並べる 上乗せする
	また	金がない。[また] 友達もいない。	
	そのうえ	蚊に刺された。[そのうえ] 財布も落とした。	
	しかも	給料が増え、[しかも] 希望の仕事ができる。	
	さらに	大学へ進み、[さらに] 大学院も行きたい。	
	それに	本棚が必要だ。[それに] ベッドも欲しい。	
整序	まず それから	[まず] [第一に] 卵を割ってボウルに入れる。 [それから] [次に] かきまぜる。	順序立てて説明・整理
選択	あるいは	犯人は男性か、[あるいは] 女性だ。	前後どちらか片方を選ぶ
	または	新幹線、[または] 飛行機で九州へ行こう。	
前に理由 （順接）	だから	練習不足だった。[だから] 試合に負けた。	前が理由後が結果
	したがって	病気になった。[したがって] 会社を休んだ。	
	それで	人の命を救いたい。[それで] 医者を目指した。	
類推	まして	とれたてのウニが食べられないなら、 [まして] 回転ずしでは無理だと思う。	〜でさえ

　例文すべてにしっかり目を通して、前後関係のイメージを持ってほしい。
　そして、この中で読解上きわめて重要なのが**「譲歩」＝「もちろん／たしかに／なるほど」等を使った表現**なんだ。そこで接続語の演習問題に入る前に、もう少し詳しい例文を使って「譲歩」について勉強しておく。

・中学生にとって、勉強が一番大切だ。もちろん、遊びも大事だ。しかし、遊びばかりやって、勉強をおろそかにするのは本末転倒だ。

・選挙に行かない人が多いのは困ったものだ。なるほど、忙しくて投票に行けない人もいるだろう。だが、期日前投票を利用すればいいのだから、それは言い訳にはならない。

・死刑は廃止すべきだ。たしかに、死刑をなくすと凶悪犯罪が増えるという意見もわかる。けれども、えん罪が起きたときのことを考えるべきだ。

3章

　この3つの例文から、**何か共通する構造**を発見できないだろうか？

「譲歩」の後に、全部「逆接」の接続語が来ています。図にすると、こんな感じ。

勉強大事！	もちろん	遊びも大事	しかし	勉強のほうが大事
選挙行け！	なるほど	忙しい人もいる	だが	期日前投票に行け
死刑廃止！	たしかに	犯罪が増えるかも	けれども	やはり廃止すべき
主張		譲歩⇒		主張

パターンが
わかれば
いいのね！

「もちろん・なるほど・たしかに」の前に、**筆者の主張**。
「逆接」の直後に**もう一度筆者の主張**が書かれている。

「もちろん／なるほど／たしかに」の後には……「<u>特に主張したくもないけど、間違ってもいない考え方</u>」が来ています。こういうのを「建前」って言うんですよね。

　そのとおり。P.548で「2つの意見の対比」について教えたけれど、この「譲歩→逆接」が出てくると、簡単に「2つの意見の対比」を見破れる。
　本文を読んで「もちろん・なるほど・たしかに」のような言葉が出てきたら、もうちょっと後ろまで読んで、**「逆接」をチェックすることが重要**。その「逆接」の後ろにある考え方が「筆者の伝えたい考え方」である可能性がきわめて高い。

★Point★
25　**「譲歩→逆接」構文**

主張		譲歩		主張
	もちろん なるほど たしかに etc.		逆接 (だが しかし etc.)	

「もちろん／なるほど／たしかに」の後→「**特には主張したくない建前**」
「逆接」の後→「**主張したい内容**」　　　　　　　　　　　　が来る！

チャレンジ！実戦問題 73 接続語

（➡答えは別冊 P.17）

問題　□□□にあてはまる接続語として、最も適当なものを選びなさい。

a　街角の樹木の枝は伸びてくると、電線などに引っかかる恐れがあるとして、ほとんどの場合、切り落とされる。□□□、この樹木にのびのびと枝を伸ばさせるために、引っかからない場所に電線を移動させることも不可能ではないはずである。

（三島次郎『街角のエコロジー』）

ア　つまり　　イ　だから　　ウ　しかし　　エ　しかも

b　キツネザルにすら、「ことば」もどきは存在する。□①□彼らの天敵にあたるような捕食動物が近づいてきた場面を思い描いてみよう。そういうとき彼らは独特の声を出す。この声を耳にすると、周辺にいる仲間（同種個体）はただちに自らの身を守る防御反応を行う。結果として群れに危険の接近を周知する機能を実行しているところから、警戒音と命名されている。□②□、天敵の種類はさまざまである。大別しても、空からやって来るものと、地表から来るものがある。それによって防御の手段の講じ方も、おのずと異なってくる。

（正高信男『考えないヒト』）

ア　ただし　　イ　したがって　　ウ　あるいは　　エ　つまり
オ　たとえば

c　最近は何にでも「癒し」がつく。食べ物にも、ホステスにも。癒しのホステスって、他のホステスとどう違うのか。□□□、癒しというものを特別視することで、「癒されなければならない」というストレスを生じさせていることにも目を向けたほうがいいと思う。

（岸田秀『「哀しみ」という感情』）

ア　だいたい　　イ　逆に　　ウ　たとえば　　エ　つまり

d　希望は、実現することも大切だけれど、それ以上に探し、出会うことにこそ、意味があります。（中略）□□□□最短時間で最短距離を進んでいけば、当初から意図していた計画が早々に実現する確率は高くなるでしょう。しかし、そこでは新しい出会いは起こりにくいものです。

（玄田有史『希望のつくり方』）

ア　むしろ　　イ　しかし　　ウ　たしかに　　エ　さらには

e　知覚情報の処理というのは、一度にできることが限られている。余談だが、様々な分野で、熟達する過程にも同じことがいえる。熟達者は、近く情報の処理をするときに、その時々の環境に存在するすべての情報を一度に取り込み、すべてを並行して処理しているわけではない。□①□、初心者よりも情報を絞り込んで取り込み、必要な情報だけを処理しているのである。そのときに、どの情報が必要で、どの情報が必要でないかを瞬時に見極め、必要な情報にだけ目を向けることができる。それが熟達者の特徴なのだ。□②□、情報をスムーズに処理し、知識を効率よく得ていくには、不必要なことに無駄に注意を向けないということが、とても大事なのだ。

（今井むつみ『ことばと思考』）

ア　ただし　　イ　まるで　　ウ　つまり　　エ　むしろ

f　本を読むとき、あるいは本を読むことを必要とするとき、ひとはそこに生きられた同時代の経験を、じぶんの経験を読もうとしている。□①□どんなに古い本であっても、本を読むとき、ひとがそこに読もうとするのは、いま、ここの経験を共にするものとしての言葉であり、読書は□②□経験という織物を、言葉という糸で織ることです。

（長田弘『本という不思議』）

ア　まして　　イ　さらに　　ウ　いわば　　エ　よもや
オ　あえて　　カ　むしろ　　キ　やたら　　ク　たとえ

g 普通の人が、科学的であるためにはどうすれば良いだろう。

　　　　科学から自分を無理に遠ざけないこと。数字を聞いても耳を塞がず、その数字の大きさをイメージしてみること。単位がわからなければ、それを問うこと。第一段階としてはこんな簡単なことで十分だと思う。

　さらには、ものごとの判断を少ないデータだけで行わないこと。観察されたデータを吟味すること。勝手に想像して決めつけないこと。これには、自分自身の判断がどんな理由によってなされているのかを再認識する必要があるだろう。理由もなく直感的な印象だけで判断していないだろうか、と疑ってみた方が良い。

（森博嗣『科学的とはどういう意味か』）

ア　そこで　　イ　また　　ウ　まずは　　エ　あるいは

h 　あれは、高校二年生のときだった。私の通う学校に、クラス交流としてある高校の生徒たちがやってきた。私たちは、教室の机に思い思いに座った。約一時間、お互いの生活のことを話した。ごく普通の、とりとめもない会話。話し終えたときに、心の奥どうしが触れ合えたような、そんな確かで温かい感触が残ったのである。私たちの学校を訪問したのは、視覚特別支援学校の生徒たち。生まれつき、　　　　　人生の途中から視覚を失った同世代の仲間たちと、語らいの時間を持った。あの日のことが、今に至るまで忘れがたい。

（茂木健一郎『挑戦する脳』）

ア　とりわけ　　イ　もちろん　　ウ　おそらく　　エ　あるいは

i 　近代以降、現代社会になってますます人間は、ムラ的共同性がもっていた直接な拘束力から切り離された形で、都市的な自由や個性の追求が可能になったのです。それまでは　①　個性を持ちたいと思ったとしても、それを社会的に実現する場所ときっかけを与えられることがなかった人びとが、近代以降、しだいに自分の好きな振る舞い方や欲望の実現を求めることができるようになったのです。

　こうした状況のなかでは、実際は身近にいるからといってみんな同じというわけにはいかず、自分とは違う振る舞い方、自分とは違う考え方や感じ方をする人びとといっしょに過ごす時間も多くなります。　②　学校や職場といった、自分が好むと好まざるとにかかわらず、他者といっしょにいなければならない現代の組織的集団においては、こうした経験は避けられません。

　　③　、現代社会においては、「気の合わない人」といっしょの時間や空間を過ごすという経験をせざるを得ない機会が多くなっています。　④　「気の合わない人と一緒にいる作法」ということを真剣に考えなければならないと思います。

（菅野仁『友だち幻想』）

ア　とりわけ　　イ　つまり　　　ウ　だから
エ　また　　　　オ　しかし　　　カ　たとえ

[j]　現在では、私の郷里の村は、少し辺鄙ではあるが、伊豆の温泉部落として東京へも名前を知られているが、私の少年時代は、文字通りの天城山麓の山村で、馬車に二時間揺られて、Ｏという軽便鉄道の終点の部落に出、　①　その軽便鉄道に一時間半乗って、初めて東海道線の三島の街に出た。（中略）

　馬車にはめったに乗れなかった。一年に二、三回、馬車でＯという部落へ行くことがあったが、私たちは軽便鉄道が通じているというだけのことで、そのＯという部落を尊敬した。Ｏという部落へ馬車がはいると、心が自然に緊張し、その部落の子供たちの誰もが、活発で怜悧に見えた。道で彼等に合うと、何となく気が退けて、俯くようにして、こそこそと歩いた。

　その部落に親戚の家があり、そこに同年配の少年がいた。私はその少年に徹頭徹尾頭が上がらなかった。その少年の口から出る「今度の上り」だとか「今度の下り」だとかいう言葉が、ひどく都会的な、しゃれたものに聞え、それだけで到底太刀打ちできないものを感じた。

　Ｏという部落でさえこのくらいだから、　②　三島町へ出た時は、惨憺たるものだった。

（井上靖『少年』）

ア　まして　　イ　いろいろ　　ウ　さらに　　エ　もはや

[k]　雑草を燃やすということは、雑草が得た太陽エネルギーを熱エネルギーに変え、二酸化炭素を大気中に放出することで、温暖化に貢献してしまう。それならば、刈った雑草を腐らせてから農地の肥料として使い、雑草からバイオエタノールをつくる技術を開発して石油の代替燃料として使ったほうがいいだろう。もしそれが実現したら、誰もその植物を雑草などと呼ばなくなるかもしれない。

　　　　　、二十年ほど前、ドイツのプリョンという湖沼地帯で開かれたプランクトンの国際会議に出席したとき、知り合いのミジンコ研究者に招かれて、彼の自宅を訪れた。彼は、居間でお茶を飲みながら談笑している最中に、窓を大きく開け、「見てください。すばらしいでしょう」といいながら誇らしげに庭を見せてくれた。

　　　　　　　　（花里孝幸『自然はそんなにヤワじゃない　誤解だらけの生態系』）
ア　ところで　　イ　すなわち　　ウ　なぜなら　　エ　さらに

これで説明文の読解に必要な知識／考え方は一通り伝えることができた。いよいよこの参考書も次で終わり。実戦問題を使って、説明文の演習をしていこう。

3
章

接続語には、
4つのパターンが
あったよね

説明文読解演習

チャレンジ！実戦問題 74 説明文読解演習①　　　　（→答えは別冊 P.18）

問題　次の文章を読んで、後の問いに答えなさい。

1　見たり味わうことならできるけれども、創(つく)るという時間がない。あるいは、
どうもそれにふみきる積極性がないという人でも、次の問題について考えてみ
てほしいのです。

2　創ることと、味わうこと、つまり芸術創造と鑑賞というものは、かならず
しも別のことがらではないということです。あなたが、たとえば一枚の絵を見る。
なるほど、そこには描かれてあるいろんな形、色がある。それはある一人の作
家がかってに創りだしたもので、あなたとはいちおうなんの関係もありません。
しかし、あなたがそれを見ているのは、なんらかの関心があってのことです。
当然、喜び、あるいは逆に嫌悪(けんお)、またはもっとほかの感動をもって、それにふ
れているはずです。

3　そのとき、はたしてあなたは画面の上にある色や形を、写真機のレンズが
対象のイメージをそのまま映すように見ているかどうか、考えてみれば疑問で
す。あなたはそこにある画布、目に映っている対象を見ていると思いながら、
じつはあなたの見たいとのぞんでいるものを、心の中にみつめているのではな
いでしょうか。

4　それはあなたのイマジネーション※によって、自分が創りあげた画面です。
一枚の絵を十人が見たばあい、その十人の心の中に映る絵の姿は、それぞれまっ
たく異なった十だけのイメージになって浮かんでいるとみてさしつかえありま
せん。人によって感激の度合いがちがうし、評価もちがいます。同じように好
きだといっても**十人十色**、その好き方はまたさまざまです。

5　こういうことを考えてみても、鑑賞がどのくらい多種多様であり、それが
その人の生活の中にはいっていくばあい、どんなに独特な姿を創りあげるか。
それは、見る人数だけ無数の作品となって、それぞれの心の中で描きあげられ
たことになります。さらにそれは、心の中でその精神の力によってつねに変貌(へんぼう)
し創られつつあるのです。

1

5

10

15

20

25

6 この、①**単数でありながら無限の複数である**ところに芸術の生命があります。たとえどんな作品でもすばらしいと感じたら、それはすばらしい。逆にどんなすばらしい作品でもつまらない精神にはつまらなくしかうつらないのです。作品自体は少しも変わってはいないのに。

30 7 ②**ゴッホの絵**は、彼が生きているあいだは一般大衆にはもちろん、セザンヌのような同時代の大天才にさえ、こんな腐ったようなきたない絵はやりきれないとソッポをむかれました。当時はじっさい美しくなかったのです。それが今日はだれにでも絢爛※たる傑作と思われます。けっしてゴッホの作品自体が変貌したわけではありません。むしろ色は日がたつにつれてかえってくすみ、

35 あせているでしょう。だがそれが美しくなったのです。社会の現実として。こんなことはけっしてゴッホのばあいにかぎりません。受けとる側によって作品の存在の根底から問題がくつがえされてしまう。

8 こうなると作品が傑作だとか、**駄作**だとかいっても、そのようにするのは作家自身ではなく、味わうほうの側だということがいえるのではありませんか。

40 そうすると鑑賞──味わうということは、じつは価値を創造することそのものだとも考えるべきです。もとになるものはだれかが創ったとしても、味わうことによって③**創造**に参加するのです。だからかならずしも自分で筆を握り絵の具をぬったり、粘土をいじったり、あるいは原稿用紙に字を書きなぐったりしなくても、なまなましく創造の喜びというものはあるわけです。

45 9 私の言いたいのは、ただ趣味的に受動的に、芸術愛好家になるのではなく、もっと積極的に、自信をもって創るという感動、それをたしかめること。作品なんて結果にすぎないのですから、かならずしも作品をのこさなければ創造しなかった、なんて考える必要もありません。創るというのを、絵だとか音楽だとかいうカテゴリー※にはめこみ、私は詩だ、音楽だ、踊りだ、というふうに

50 枠に入れて考えてしまうのもまちがいです。それは、やはり職能的な芸術のせまさにとらわれた古い考え方であって、そんなものにこだわり、自分を [　　　] して、かえってむずかしくしてしまうのはつまりません。

10 （中略）絵を描きながら、じつは音楽をやっているのかもしれない。音楽を聞きながら、じつはあなたは絵筆こそとっていないけれども、絵画的イメージ

55 を心に描いているのかもしれない。つまり、そういう絶対的な創造の意志、感動が問題です。

11 さらに、自分の生活のうえで、その生きがいをどのようにあふれさせるか、自分の充実した生命、エネルギーをどうやって表現していくか。たとえ、定着された形、色、音にならなくても、心の中ですでに創作が行なわれ、創るよろ

こびに生命がいきいきと輝いてくれば、どんなにすばらしいでしょう。　　　　　60

12　だから、創られた作品にふれて、自分自身の精神に無限のひろがりと豊かないろどりをもたせることは、りっぱな創造です。

13　つまり、自分自身の、人間形成、精神の確立です。自分自身をつくっているのです。すぐれた作品に身も魂もぶつけて、ほんとうに感動したならば、その瞬間から、あなたの見る世界は、色、形を変える。生活が生きがいとなり、65 今まで見ることのなかった、今まで知ることもなかった姿を発見するでしょう。そこにすでに、あなたは、あなた自身を④創造しているのです。

　　　　　　　　　　　　　（岡本太郎『今日の芸術』による。一部省略がある）

※イマジネーション…想像力　　※絢爛…はなやかで美しい様子。

※カテゴリー…部門。範囲。

問1　＿＿線①「単数でありながら無限の複数である」とはどのようなことか。最も適当なものを選びなさい。

　ア　作品は1つであるが、過去の芸術作品から影響を受けていると同時に、未来の芸術作品にも影響を与えるということ。

　イ　作品は1つであるが、様々な芸術家に感動を与えるものであり、他の芸術家の心の中で永遠に生き続けるということ。

　ウ　作品は1つであるが、鑑賞する人の経験の違いによって感動の質は異なり、年齢を重ねるにつれて深まるということ。

　エ　作品は1つであるが、鑑賞する人の数だけ様々な感動や評価が生まれ、人の心の中でつねに変化し続けるということ。

問2　＿＿線②「ゴッホの絵」の例は、筆者がどのようなことを述べるために挙げた例か。最も適当なものを選びなさい。

　ア　作品の評価はその時代の流行と深く関係があり、見る人の気分によって、正しく評価されない場合もあること。

　イ　作品自体は変わらないのに、見る人の受け止め方が変化することで、その価値が見いだされる場合もあること。

　ウ　芸術家が時代に流されず、自分の個性を発揮すれば、時代を超えて正しく評価されるときがくるということ。

　エ　評価の低い作品も、それが古くなることで価値が高まり、美しい作品として評価されるときがくるということ。

問3　＿＿＿線③④「創造」の内容を、それぞれの違いがわかるよう80字以内で説明しなさい。③④の記号を使ってもよい。

問4　□□□に入る言葉として最も適当なものを選びなさい。
ア　限定　　イ　意識　　ウ　確立　　エ　反省

問5　本文の内容と最も合っているものを選びなさい。
ア　様々な芸術にふれることで感性が豊かになり、自分も絵画や音楽を制作しようという意欲が生まれてくる。
イ　これからの芸術は、絵画や音楽などのジャンルを組み合わせることで、新たな感動を生み出すべきである。
ウ　芸術を味わうことは、創造そのものであるという自信をもち、積極的に感動を体験することが大切である。
エ　芸術を鑑賞する際、それを創作した芸術家に関する知識は必要なく、素直に作品と向き合う必要がある。

・・

では、読解に入ろう。まずは文章全体を一度見わたして、「テーマ」をつかむんだった（→ P.543）。

[1]段落で「見たり味わうこと」「創ること」について話をしている。
[2]段落以降も**ずっと「作品を味わうこと（鑑賞）」と「作品を創ること（創造）」について説明をしている**から、これがテーマ。

┌───┐
│ テーマ＝「創造・創ること」／「鑑賞・見て味わうこと」について │
└───┘

　全体のテーマがわかったら、次はテーマについての「主張」を読み取っていく。「主張」を読み取るためのポイントをもう一度確認しておこう。

1 「筆者の主張」の見つけ方

★「**対比**」を見つける（対義語、時代、文化、異なる考え etc.）

　→「共通点／相違点／プラスマイナス」を読み取る！

★「**定義**」を見つける（どういう意味を持つのか？）

★「**困った問題**」と「**解決策**」を見つける

「鑑賞 ←→ 創造」は対義語と言えるから、「対比」に注目して読んでみよう。

　1段落では「鑑賞＝**カンタンにできること**」「創造＝**大変なこと**」という違いが書かれているな。

でも2段落で「鑑賞と創造は別のことがらではない＝**似たようなもの**」と言っているから、1段落とは反対の考え方。1段落と2段落で「異なる考え方」が対比されている。

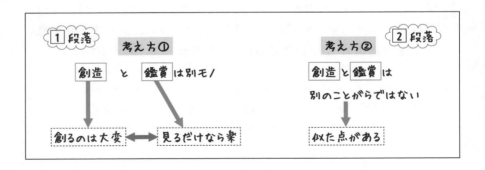

　そのとおり。問題は考え方①と考え方②、どちらを筆者が正しいと思っているか。それを判定するために、1つ重要なポイントを教えよう。

☆Point☆ 2 「常識」と「筆者」の対比

筆者は「常識と違う意見」を言いたがる！

★「常識」を示す表現を Check！

一般に／多くは／〜がち／一見／人々は etc.

⇒その反対の考えが、筆者の主張になりやすい。

3章

　もし説明文に自分が知ってることしか書いていなかったとしたら、その文章を読みたいと思うだろうか？

 そんな文章、読んでもためにならないよ。説明文は「知らないことを知る」ために読むものだろ？

　そうだよね。ということは、当然筆者は**「読者が知らないこと／意外に思うこと／ビックリすること」を文章に書こうとする。**そのためには、先に「読者が信じ込んでいる間違った常識」を示して、その後で「常識と異なる正しい考え」を示せばいい。だから「常識的考え」が文中に出てきたら、その反対の考えこそが「筆者の主張」である可能性が高いんだ。

 ①段落の内容が「常識的考え」ですよね。どう考えても芸術を創るより、見るほうがラク。私は今すぐマンガを読むことができるけど、自分でマンガを描くことはできない。でも……この考え方は当たり前すぎて、「筆者の主張」にはなりにくい。

 だとすると②段落「創ることと、見ることは**似ている**」が筆者の主張になるはず。でも……ただ「似ている」と言われても、**何が似ているのか**説明してくれないと、全然納得できないよな。

シュンくんの言うとおり「鑑賞と創造は似ている」と言うだけでは、あいまいすぎて読者は納得できない。だから、筆者はあいまいな内容を**後ろで具体的に言い換える**（→ P.566）んだったよね。

創造と鑑賞の「何が似ているのか」考えながら６行目以降を読もう。

〝なんらかの関心〜喜び、あるいは逆に嫌悪、またはもっとほかの感動〟（８〜９行目）を持っていること。

ここは、「鑑賞と創造の似たポイント」と言えます。創る人も見る人も、心の中に「関心・感動」があるのは変わらない。

そのとおり。また、もう１つの方法として「譲歩」に注目するのもよい（→ P.579）。「なるほど（６行目）」の後に「常識的意見」が来て、「しかし（８行目）」の後に「筆者の意見」が来ることを復習しておこう。

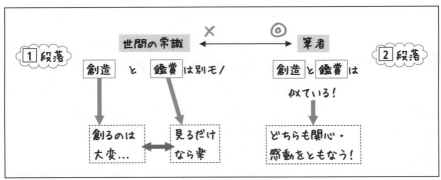

③段落は「見ること＝鑑賞」についての説明。

人がモノを見るときは〝画面の上にある色や形を、写真機のレンズが対象のイメージをそのまま映すように見ている（11〜12行目）〟

これは「当たり前の常識的考え」だよな。カメラが写真を撮るのと、自分の目で見るのは、何も変わらない。そこにあるモノを、ただありのまま見るだけ。

ということは、その反対の考えが「筆者の主張」になりそう。
〝見たいとのぞんでいるものを、心の中にみつめている（14行目）〟
ただありのままモノを見るのではなく、見る人の心によってモノの
見え方・印象は変わる。コレが筆者の言いたいことですね！

ん……？　コレって結局②段落と同じ話のような気が。
②段落〝なんらかの関心があって〟〝感動をもって〟作品を見る
③段落〝見たいとのぞんでいるものを、心の中にみつめている〟
「関心」と「自分が見たいもの」ってほぼ同じ意味だし。

筆者は、言いたいことを何度もくり返す。
P.569で勉強したとおりだね。

　そのとおり。結局③段落は、②段落と内容的にはほとんど変わらない。
②段落で言ったことを、読者がわかりやすいように言葉を変えてもう一度
くり返しただけだ。

筆者の主張は、
「常識」とは違う意見に
なることが多い！

3
章

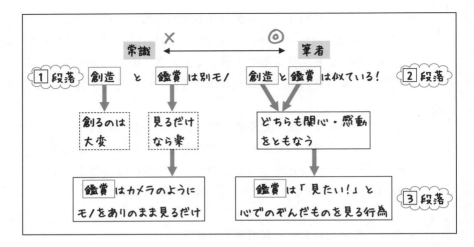

④段落へ進もう。

〝イマジネーションによって、自分が創りあげた画面（16行目）〟

これは②③段落と同じ内容だな。「ありのまま見る×のではなく自分の関心にしたがって作品を見る。」ということ。

「自分の関心にしたがって作品を見る」ということは、当然……

〝一枚の絵を十人が見たばあい〜まったく異なった十だけのイメージ（17〜18行目）〟

が生まれることになる。「関心／見たいもの／イマジネーション」は人それぞれ違うんだから、作品を見たときの「感激／評価」（19行目）も当然人それぞれ違ってくる。

⑤段落も、④段落を具体的に言い換えていく内容。「鑑賞」することは、見る者の心に

〝多種多様で（21行目）〟

〝独特な姿を創りあげる（22行目）〟こと。言い換えれば、

〝見る人数だけ無数の作品となって、それぞれの心の中で描きあげられたことになります（23〜24行目）〟

どれも人によって「作品の見え方／印象が違う」という意味。

「見る者の心によって、作品のイメージが変わる」ということは……
同じ人が見たとしても、その時その時の心の状態が違えば、作品の
印象／見え方も変わってしまうんじゃないかな。
キゲンが悪いときに作品を見ると、その作品にまで腹が立ってくる
し、好きな人と一緒に作品を見れば、どんな作品でもよく見えたり
する。つまり……
〝心の中でその精神の力によってつねに変貌（24行目）〟
するということ。

今ワカナが言ったことが、まさに6段落の内容。
〝どんな作品でもすばらしいと感じたら、それはすばらしい〟
〝つまらない精神にはつまらなくしかうつらない〟
〝作品自体は少しも変わってはいないのに〟（27～29行目）
これが5段落「心の中でその精神の力によってつねに変貌」の具体
的な言い換えになっている。

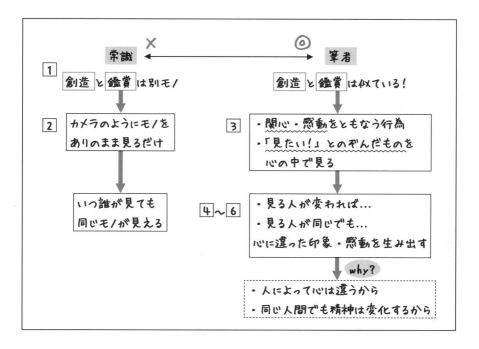

では⑦段落。⑦段落では「ゴッホの絵」が冒頭に登場するよね。
⑥段落までは「芸術作品」の話をしていた。この関係は……

「具体例」ですね。「芸術作品」の1つの例が「ゴッホの絵」。

そのとおり。「具体例」の読み取り方はP.564で勉強済みだけど、ここ
でもう少し詳しく勉強しておきたい。

3　「具体例」が本文に登場したら？

「具体例」は、本文の中で「くり返し」を作る

★「具体例」は、その前後と、結局同じことを言っている。

★「具体例」と、その前後を比べ、共通した内容を発見する。

「ゴッホの絵」も「芸術作品」の1つだよね。だったら、⑥段落までに
筆者が述べた「芸術作品」に関する意見は、「ゴッホの絵」についても当
然同じことが言えるはずだ。

⑦段落は「ゴッホが生きている間」と「死んだ後」で対比されてい
る。「ゴッホが生きている間」は……
〝腐ったようなきたない絵（31行目）〟
つまりマイナス評価を受けていた。でも「死んだ後」に……
〝絢爛たる傑作（33行目）〟
と、突然プラス評価に変わった。でも……
〝作品自体が変貌したわけではありません（33〜34行目）〟
であれば、変わったのは「作品を見る人の心」としか考えられない。

「見る人の心によって作品の印象・評価が変わる」。④〜⑥段落の内
容と何も変わりませんね。⑧段落を読んでも……

〝傑作だとか、駄作だとかいっても、そのようにするのは〜味わうほうの側（38〜39行目）〞

〝味わうということは、じつは価値を創造すること（40行目）〞

この２か所も、同じ意味として解釈できます。「作品の印象／評価」は「見る人の心の中」で<u>つくられる</u>もの。

だったら「作品を見ること」は「印象／評価」つまり「価値」の<u>創造</u>と言える！

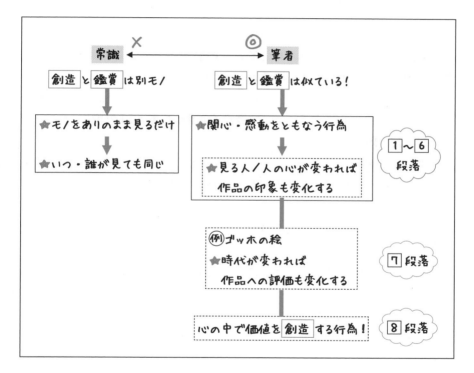

OK、そのとおりだね。

では、⑨段落に進んでいこう。

⑨段落を読むにあたって、

１つ大切なコツを教えておく。

だんだんわかってきました

4　否定表現に注意！

否定表現 ＝ 筆者が**間違いだと思っている**内容がわかる！

例　〜ではなく、誤り、表面的、非現実的、古臭い、〜にすぎない etc.

⇒「誤った考え」は「正しい考え」と対比させて読み取る！！

　これまで「２つの考え方」を対比させて読む方法を勉強してきたけど……今回も全く同じ。本文中に**「否定」の表現**が出てきたら、そこには当然**筆者が間違いだと思っている考え**が書かれる。

　ただ、単に「間違った考え」を書くだけだと、「**じゃあ、何が正しいの？**」と読者に思われてしまう。だから**「否定（間違った考え）」の後に「肯定（正しい考え）」が書かれる**のが通常のパターンだ。

　つまり本文中の「否定表現」に注目すれば、そこから「間違った考え ⟷ 正しい考え」の対比を読み取れるようになる。

　⑨段落から否定表現を探すと……

　〝ただ趣味的に受動的に、芸術愛好家になるの**ではなく**〟（否定）

　〝もっと積極的に、自信をもって創るという感動、それをたしかめること〟（肯定）

　つまり「受動的＝受け身の姿勢」で見るのが「間違った考え」。

　逆に「自分から積極的に感動を創造する」のが「正しい考え」。

　47〜50行目にもまた「否定表現」が出てくる。

　〝作品をのこさなければ創造しなかった、なんて考える**必要もありません**〟（否定）

　〝絵だとか音楽だとかいうカテゴリーにはめこみ〜枠に入れて考えてしまうのも**まちがいです**〟（否定）

その逆を考えれば……

「作品を実際に創らず、見るだけでも創造することができる」

「ジャンルにとらわれず、もっと広い心で芸術を楽しむ」

これが正しい考え。まさに⑩段落に書いてある内容です！

〝絵を描きながら、じつは音楽をやっている（53行目）〟

これは**「ジャンルにとらわれない心」**と言えるし……

〝絵筆こそとっていないけれども、絵画的イメージを心に描いている（54～55行目）〟

これは**「作品を創らずに心で創造する」**話です。

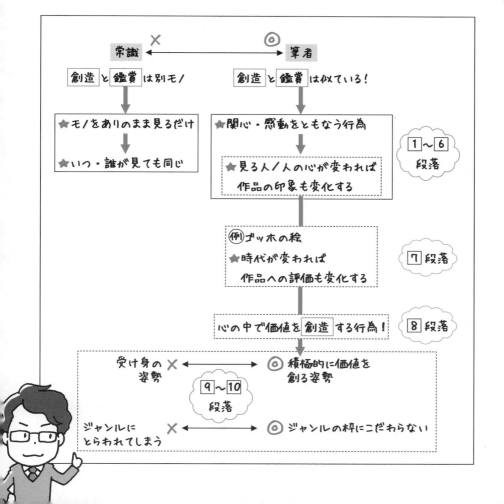

　そのとおりだね。ちなみに「否定表現」は、すでに読み取った段落の中にも何度も出て来ている。たとえば……

　2段落　〝芸術創造と鑑賞というものは、かならずしも別のことがら**ではない**（4〜5行目）〟
　3段落　〝写真機のレンズが対象のイメージをそのまま映すように見ているかどうか、考えてみれば**疑問です**（11〜13行目）〟
　7段落　〝ゴッホの作品自体が変貌したわけ**ではありません**（33〜34行目）〟
　8段落　〝傑作だとか、駄作だとかいっても、そのようにするのは作家自身**ではなく**、味わうほうの側だ（38〜39行目）〟

　これらの「否定表現」に注目することができれば、今までよりももっとスムーズに「著者の主張」が理解できるようになるよね。

　では、次は11段落。11段落を使って、もう1つ読解のコツを覚えよう。

5　「主張」は1つとは限らない

「付け足し表現」 は要チェック！
　（それに、さらに、〜だけでなく、そして、もう1つ、〜もまた etc.）

　「筆者の主張」 が、本文に**2つ以上登場する**ケースもよくあるんだ。「主張」を1つ見つけたからといってそれで安心してしまうと、大事な2つ目の「主張」を見逃してしまう危険性がある。

　それを防ぐために、**「付け足し表現」** に注目する習慣をつけてほしい。次の例文の、**太字部分**に注目して読んでみてほしい。

付け足し
部分に
注目！

> このロボットの特徴は2つある。
> 二足歩行ができること、**もう1つは**人間の言葉が話せることだ。
> 二足歩行ができること、**それに**人間の言葉が話せることだ。
> 二足歩行ができること、**そして**人間の言葉が話せることだ。
> 二足歩行ができること、**さらに**人間の言葉が話せることだ。
> 二足歩行ができる**だけでなく**人間の言葉**も**話せる。

どれも主張①「二足歩行ができる」に、主張②「人間の言葉が話せる」が付け足されていて、その境目に「付け足し表現」が置かれている。

このように「付け足し表現」に注目することで、**前と異なる「筆者の新しい主張」に気づく**ことができる。

11 段落の冒頭に「さらに」という「付け足し表現」があります！
ということは、10 段落までとは違う「新しい主張」が登場する。

11 段落で新しく出てくる話は……。良い作品を鑑賞することで、
"生きがい" をあふれさせることができる
"充実した生命、エネルギー" を表現できる
"生命がいきいきと輝いて" くる
どれも「創造」「鑑賞」することの意味を説明しているし、それに「作品を鑑賞する本人」にとっての「メリット」にもなっている。

それを 12 13 段落で具体的に言い換えている。
"自分自身の精神に無限のひろがりと豊かないろどりをもたせることは、りっぱな創造（61 〜 62 行目）"
"自分自身の、人間形成、精神の確立（63 行目）"
"自分自身をつくっている（63 〜 64 行目）"
"生活が生きがいとなり〜知ることもなかった姿を発見する（65 〜 66 行目）"

芸術を鑑賞することで「人生・精神・生活を豊かにすること」。
このことも筆者は「創造」と呼んでいるんだ。

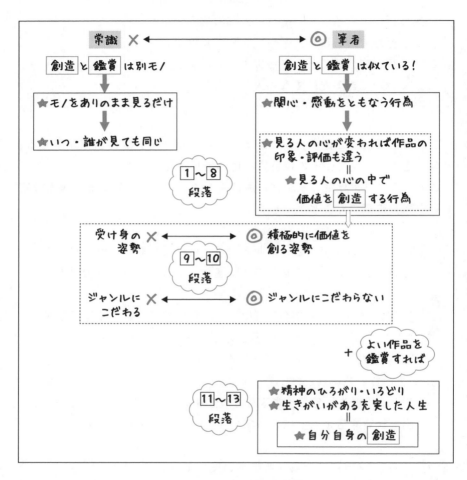

これで本文の読解はすべて終了。ここから問題を解いていくんだけど……。
まず、**基本的な「問題の解き方」**を二人に教えておこう。

筆者の主張は、
1つだけとは限らない。
付け足し表現に注目！

★Point★
6　問題の解き方

A　問題文を読んで「**質問内容**」を分析する

B　傍線中の「**意味がわからない場所**」「**言葉の意味**」に注目する

C　答えは**必ず**「**本文**」**の中**にある

D　傍線のまわりから「**ヒント**」をつかむ

3章

A〜D、4つのステップに分けて「問題を解く」考え方を伝授する。

まずA。質問を正しく読まずに問題を解くのがミスの原因。例えば……

- -

例文　**二度寝**は危険である。一度起きてからまた寝ることは遅刻の原因だ。私の妹も昨日7時に起きたのに、その後昼過ぎまで寝てしまったようだ。二度寝をする人は、目覚まし時計を1つしかかけないことが多い。
傍線部について……

Q1　**説明**しなさい　⇒ 一度起きてからまた寝ること

Q2　**原因**を答えよ　⇒ 目覚ましを1つしかかけないから

Q3　**結果**を答えよ　⇒ 遅刻

Q4　**例**を答えよ　⇒ 妹が昨日7時に起きてから昼過ぎまで寝たこと

- -

傍線の場所が同じでも、**質問が違えば答えが変わる**んですね。

いくら本文が理解できても**質問に正しく答えないとマルはもらえない**。だから最初に「何を答えればいいか／何が質問されているか」を問題文から読み取る必要がある。

そのとおり。では、問1の「問題文」を読んでみよう。

問1では「これは**どのようなことか**」と質問しています。

　「どのようなことか」と質問される場合は「説明問題」と呼ばれる。

　「説明問題」とは、簡単に言えば**「わかりにくいものを、わかりやすく言い直す」**問題のこと。説明文の試験では圧倒的によく出る、基本中の基本の問題だ。

では、ここでポイントB。

　「わかりにくいものを、わかりやすく言い直す」ということは……

　言い換えれば、傍線の中には必ず**「わかりにくい部分」がある**ということ。だから、傍線部を読んで「難しいな……」と思うのは当然。**逆に「どこがわかりにくいのか」突き止める**つもりで傍線を読む姿勢が大切。

　傍線①の中で「意味のわかりにくい」部分はどこだろう？

 「単数／無限／複数」が何を表すのか、よくわかりません。

　そうだよね。このように傍線から**「説明が必要な部分」を見つける**。

　そしてもう1つ。傍線に出てくる**「言葉の意味」を強く意識する**必要がある。今回で言えば「単数／無限／複数」とは、どんな意味の言葉なのかを考えるということ。

 「単数＝数が1つ」「無限＝数に限りがない」「複数＝数が多い」
です。つまり「単数でありながら無限の複数である」とは……
「数が1つしかないものなのに、限りない多くのものが生まれる」
という意味。

 ということは……
「単数＝1つしかないもの」とは、何なのか？
「無限の複数＝限りない多くのもの」とは、何なのか？
これらが説明できればOKということだ！

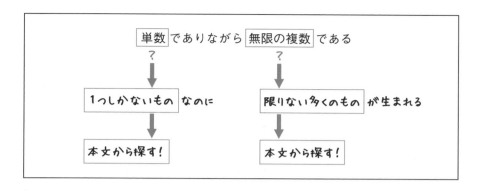

そのとおり。**そこでポイントC＆D**。国語の問題は、原則**「本文の中に答えがある」**ものだ。自分で勝手に答えを考えるのではなく、**本文の中から答えを「探してくる」**必要がある。

でも「本文から答えを探せ」といきなり言われても、どうすればいいかわからないよね。わかりにくい傍線部を言い換えるためには、まず「ヒント」をつかむ必要がある。

★Point★ 7　答えを出すための「ヒント」探し

★傍線部だけでなく、**「文」の単位**で意味をつかむ

★**「プラス／マイナス」「指示語」**は重要なヒント！

傍線が短いときは、傍線だけを読んでも十分なヒントが得られない。**傍線を含む「文」**をしっかり読むことが大切。

> 説明問題では
> 言葉の意味を意識する
> ことが重要だね

「文」は「マルからマルまで」の単位ですよね。ということは……

〝①<u>単数でありながら無限の複数である</u>〟

の部分だけを読むのではなく……

〝この、①<u>単数でありながら無限の複数である</u>ところに芸術の生命があります。〟

の部分全体を読んで、意味を理解する必要がある。

　傍線①の直前に**「この」**という**「指示語」**があるな。

　指示語は、必ず答えが「前」に書かれるんですよね。ということは……**傍線①の内容も「前」に書いてある**はず！

　あと、文末に「芸術の**生命があります**」と書いてある。

「生命がある」という表現は、**間違いなく「プラス」の意味**。

つまり傍線①は、筆者が正しいと考える「プラス」の内容。

そのとおりだ。これまでの情報をまとめると……

> ★<u>傍線部よりも前</u>から、
> ★「<u>1つしかないものから、限りない多くのものが生まれる</u>」内容で、
> ★筆者が正しいと思っている、<u>プラスの内容</u>

を発見すれば、それが問1の答えになるはずだ。

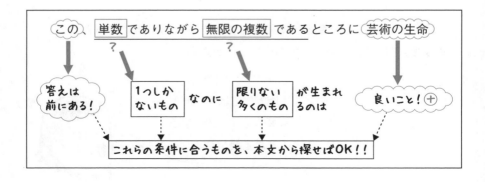

「単数＝1つしかないもの」を、傍線より前から探すと……

〝一枚の絵を見る（5行目）〟

〝一人の作家がかってに創りだしたもの（6～7行目）〟

つまり、その「芸術家」はこの世に一人しかいないし、「作品」も1つしか存在しないということ。他に「単数」を表す表現は本文にないから、これが「単数」の意味だと思う。

「無限の複数＝限りない多くのもの」を前から探すと……

〝一枚の絵を十人が見たばあい、その十人の心の中に映る絵の姿は、それぞれまったく異なった十だけのイメージになって浮かんでいる（17～18行目）〟

〝人によって感激の度合いがちがうし、評価もちがいます（19行目）〟

〝十人十色、その好き方はまたさまざま（20行目）〟

〝多種多様（21行目）〟

〝見る人数だけ無数の作品となって、それぞれの心の中で描きあげられた（23～24行目）〟

〝心の中でその精神の力によってつねに変貌し創られつつある（24～25行目）〟

作品そのものは1つしかないけれど、見る人の心に生まれるイメージは「無限の多数」と言える。**問1の答えはエ。**「作品は1つ」「鑑賞する人の数だけ様々な感動や評価」「心の中でつねに変化」すべて正しい。

アは……「過去からの影響／未来への影響」なんて、本文のどこにも書いてない。

イは……「様々な芸術家に感動を与える」だと、「芸術家以外には？」という疑問が生まれてしまう。作品を鑑賞するのは、芸術家だけじゃない。わたしたち一般人だって作品を見て感動するよね。

　そうだね。P.569 で「ただの具体例は答えにならない」と勉強したよね。**「芸術家」は「作品を鑑賞する人」の１つの例でしかない**から、イは正解にできないとも言える。

 それにイは「心の中で永遠に生き続ける」もおかしい。本文には「イメージが多様に変化する」と書いてあるのに、これだと「永遠に変化しない」みたいだ。

 ウは……「経験の違い」と「年齢」は本文に書いていない内容。それに「感動の質が深まる」のは１つの例でしかない。もちろん感動が深まる場合もあるけど、まったく違うイメージに変化したり、作品が嫌いになってしまう場合もあるはず。

　そのとおり。正解を出すだけで満足せず、ア～ウの選択肢の**「何がダメなのか」**もきちんと理解しておこう。

★Point★
8　**「間違った選択肢」の見極め方①**

×　本文に**書いていない**こと　　×　本文と**矛盾している**こと

×　**ただの具体例**　　　　　　　　　　は正解にしてはいけない！

　では、次は問２。問１は「抽象的＝わかりにくいもの」をわかりやすく言い直す問題だったけど、問２はその逆の問題と言える。

傍線部が「具体例」なんですね。

「具体例」は、前後の内容の「くり返し」（→ P.569）だから……傍線の前後から「同じ内容／共通した内容」を見つければ、問2の答えも出せるはず。

そのとおりだね。結局問2も、問1同様「同じ内容をわかりやすく言い換えた場所」を探すことが重要。P.605の図をもう一回見てみよう。

「ゴッホの絵」は「生きている前は低評価だったのに、死後に高く評価された」んだったよね。これと同じ内容を前後から探せばいい。

「作品自体は何も変わらないのに」
「鑑賞する人の心が変われば、評価／価値も変わる」
「評価／価値は、人の心によって創られる」
この3点がポイント。ということは、**問2の答えはイ**だ。

アは……「見る人の気分」はゴッホの話と無関係。ゴッホが生きているときは誰も評価してくれなかったんだから、これは「気分」の問題ではない。

ウは……「時代に流されずに個性を発揮すべき」という考え方は全く本文に書かれていない。

エは……「古くなることで価値が高まる」が×。価値が高まったのは「古くなったから」ではなく「見る人の心が変わったから」。

OK、そのとおりだ。では次は問3、記述問題だね。小説のときと同様「中間点」を拾い集める意識をもって、点数がもらえそうなポイントを予測することが重要（→ P.512）。そのためには「問題文」と「傍線部」をしっかり分析することが不可欠。

まず問題文を読むと……傍線③と④、どっちも「創造」。
同じ「創造」なのに、「それぞれの内容」を説明するということは……。

傍線③の「創造」と傍線④の「創造」は意味が違うということ。だとすると、傍線③と傍線④の「違い」がわかるように答案を書く必要がある。

 傍線③／傍線④を含む「文」を分析すると……こんな感じだな。

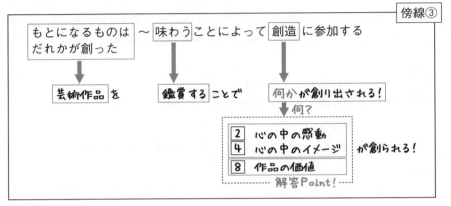

 傍線③の答えは……
Point 1 「見る者の心に、感動やイメージが生まれること」
Point 2 「その結果、作品の評価や価値が生まれること」
の2つが説明できていれば OK。

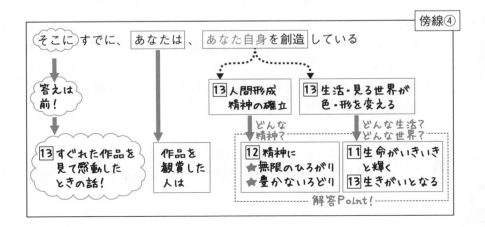

傍線④は……

Point 3 「感動した人の精神に、豊かないろどり・ひろがりが生まれること」

Point 4 「その結果、生活が、生きがいあるいきいきしたものに変わること」

2つをまとめれば、良い答案になるはず。

そのとおりだね。問3の模範解答例は……

「作品鑑賞によって心に感動を創り出し、そこから作品の価値を見出すことが③、自分の精神を豊かに広げ、生活をいきいきした生きがいあるものに変えることが④である。（77字）」

仮に問3の点数が8点だとしよう。 Point 1 〜 Point 4 が、正しく自分の答案に1つ入っているごとに、それぞれ2点ずつ点数を足していけばOK。

（※）本書独自の採点基準であり、実際の試験の採点基準とは必ずしも一致しない。

では、次は問4。問4は「空欄問題」だね。

空欄問題は、原則「傍線問題」と解き方は変わらない。まずは空欄前後の「文」をしっかり読んで、そこからヒントを集めてくることが重要だ。

Point 9　「空欄問題」の解き方

① **空欄を含む「文」**をしっかり読んで、ヒントをつかむ

⇒まわりにある「言葉の意味」「指示語」「プラスマイナス」etc. に注目

② **空欄に言葉をあてはめて、**意味の通るものを答えにする

まわりの「文」を読む、ということは……

〝それは、やはり職能的な芸術のせまさにとらわれた古い考え方であって、そんなものにこだわり、自分を◻︎◻︎◻︎して、かえってむずかしくしてしまうのはつまりません。〟

この文全体の意味を理解することが重要。

ここからヒントになりそうなものを探すと……。

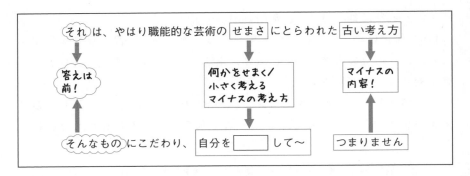

 つまり……

〝前から〟〝マイナスの、間違った内容で〟
〝何かを「せまく」考えるような考え方〟

を発見すれば、答えがわかるはず。ということは……

〝絵だとか音楽だとかいうカテゴリーにはめこみ、私は詩だ、音楽だ、踊りだ、というふうに枠に入れて考えてしまうのもまちがいです（48〜50行目）〟

この部分が、正解を出す決め手になるはず。筆者が否定しているマイナスの考え方だし、「カテゴリーにはめこみ／枠に入れて考えてしまう」のは「せまい考え」と言えます。

 ということは……**問4の答えはア**だ。「限定」は「カテゴリーにはめこむ」と同じ意味で使える言葉。「意識／確立／反省」は「カテゴリーにはめこむ」と全然意味が違う。

　そのとおりだ。**では、最後の問５。**これは本文全体の内容を問う問題なので、P.605 の一覧表と照らし合わせて答えを選べばそれで OK。

　アは……「自分も絵画や音楽を制作しよう」が、完全に本文と矛盾。「直接自分で作らなくても OK！」が筆者の主張なんだから、論外。
　イは……「ジャンルを組み合わせる」なんて、本文に書いてない。「ジャンルにとらわれるな」とは言ってるけど、それと「組み合わせる」ことは別の話です。

　ウは……「味わうことは、創造そのもの」「自信をもち、積極的に感動を体験することが大切」全部本文に書いてある、筆者の主張と言える。**問５の答えはウ**だ。
　エは……「知識は必要ない」なんて、本文に書いてない。知識は、ないよりはあったほうがいいだろ。

　そのとおり、二人の説明で全く問題ない。これで、最初の問題は全部終了。最後にもう１題練習しておこう。

空欄問題は、
空欄の周りの文を
しっかり読もう！

・・・

チャレンジ！実戦問題⑦⑤説明文読解演習②　　（➡答えは別冊 P.18）

問題　次の文章を読んで、後の問いに答えなさい。

1　ぼく自身の初めての日本文化体験、日本語体験において、①日本語の特徴　　¹
を考えるとき、書き言葉は話し言葉の延長にすぎないという、多くの日本人が
もっていた認識を、ぼく自身そのまま信じていたと思う。自分自身が日本語を
書き出したとき、自分の書いたものが批評されたり、それに基づいて文学者た
ちと語ったり、という経験から、改めて話し言葉と書き言葉の違いを深く考え　　⁵
させられるようになった。日本語を話したいということと日本語を書きたいと
いう二つは、〔　Ａ　〕つながってはいるのだが、本質的に違うということを、
自分の心の中でも少しずつ分かるようになっていった。話し言葉にひかれるの
と、書き言葉にひかれるのは、明確に違う。ではその違いは何か。日本語には
漢字があり、平仮名があり、片仮名があり、現代ではローマ字もある。ぼくの　　¹⁰
文章には、中国の簡体字も入る。いわゆる「混じり文」だ。ぼくは「混じり文」
にひかれて、書いたのだと思う。

2　プリンストン大学の恩師に、三島由紀夫や大江健三郎の翻訳で知られるジョ
ン・ネイスンがいる。あるとき、アジア学会が行われたホテルのロビーで一緒
になり、「日本語は美しい、フランス語など問題にならない」「本当にそのとお　　¹⁵
りだ」というやりとりがあった。「日本語は美しい」と言ったとき、ぼくが何を
イメージしていたかというと、縦書きで、漢字、平仮名、片仮名の混じり文を、
自分の目で読み、自分の手で書く、ということだった。名翻訳家との会話は、
おのずと、「　②　は美しい」という話になった。

3　話し言葉の次元で、なぜ日本語にひかれたのかとたずねられても、答えら　　²⁰
れない。しかし、書き言葉の次元で同じことをきかれたら、よくよく考えると、
言えることがひとつある。書き言葉としての日本語には③緊張感がある。その
緊張感は、英語にもフランス語にも中国語にもない。単に文字を書く、文字によっ
て表現するということとは、まったく別の次元のもので、しかも、かたちとして、
きわめてよく見えるものでもある。　　²⁵

4　歴史的に見て、日本は固有の文字をもっていなかった。自分の言葉──「土
着」の感性──を書くために、異質な文字──「舶来」の漢字──を使わなけ
ればならなかった。日本語を書く緊張感とは、文字の流入過程、つまり日本語
の文字の歴史にいやおうなしに参加せざるをえなくなる、ということなのだ。

30 だれでも、日本語を一行書いた瞬間に、④そこに投げ込まれる。それは、中国
人もアメリカ人もフランス人も、意識せずにすむ緊張感だ。このことは、ぼく
がアメリカと日本の間だけを往還していた時代には、〔 B 〕見えるものでは
なかった。日本とアメリカ、あるいは日本と西洋という動きに加え、日本と中
国大陸という、もうひとつの行き来があったときに初めて、はっきりと見えて
35 きた。

　⑤ ぼくは英語ならタイプを打つが、日本語のワープロは使わない。一度試み
たことがあったが、「変換する」という行為が嫌だった。ローマ字か仮名で打ち
込み、ボタンを押してその字句を選ぶ、そのことにすごく引っかかってしまう。
自分で文章を書きながら、漢字か平仮名か片仮名かを、選ぶ。そこに日本語の、
40 いい意味での不自然さが入っていると思う。平仮名で書くのと漢字で書くのと
では、ずいぶん違う。しかしその使い分けができるところが、日本語の豊かさ
でもあると思う。選択という過程が常にある。文字のかたちそのもの、文字の
種類を選ぶという選択は、決められ与えられた英語や中国語にはない。他の言
語には、ボキャブラリーの選択があるだけだ。

45 　⑥ 中国人はよく日本人は神経質だと言う。しかし、それは国民性というもの
ではないだろう。あらかじめ備わった国民性ではないのだが、日本語を書くとき、
書き言葉のなかに異質なものがあり、異質なものを常に同化するという経験を
する。それが、心のはたらきに影響しているのかもしれない。

（リービ英雄『我的日本語 The World in Japanese』による）

　（注）○簡体字＝中華人民共和国で公式に使われている、字体を簡略化した漢字。
　　　　○舶来＝外国から渡来すること。　　　○タイプ＝タイプライターの略
　　　　○ボキャブラリー＝ここでは、単語のこと。

問１　①「日本語の特徴」の説明として最も適当なものを選びなさい。
　ア　書き言葉が単に話し言葉の延長であると思われていること
　イ　書き言葉には手書きによる美しさが備わっていること
　ウ　書き言葉にはワープロで変換できない文字があること
　エ　書き言葉が漢字や仮名などを組み合わせたものであること

問２　〔 A 〕〔 B 〕にあてはまる最も適当なことばをそれぞれ選びなさい。
　ア　もちろん　　イ　あたかも　　ウ　あらゆる　　エ　必ずしも

問3　　②　にあてはまる最も適当なことばを選びなさい。

　ア　日本語体験　　イ　書いたもの　　　ウ　話し言葉　　　エ　自分の言葉

問4　③「緊張感がある」理由を説明した次の文の　　　　にあてはまる最も適
　当なことばを、⑤段落以下の文章から4字で抜き出しなさい。

> 書き言葉としての日本語に緊張感があるのは、日本語を書くことが常に異質なも
> のを　　　という経験を伴うからである。

問5　④「そこに投げ込まれる」の説明として最も適当なものを選びなさい。

　ア　日本語の混じり文には中国語が巧みに挿入されており、外国人でも読め
　　るものになっていることに気づかされること

　イ　日本語の文学が独自のものではなく、外国から渡来した文字を使って書
　　いてきた歴史を日本人が忘れかけていること

　ウ　固有の文字をもたなかった日本人が、中国から伝わった文字を利用する
　　という工夫をしてきた事実を再認識すること

　エ　日本語を書いていると、中国から漢字が日本に入ってきた過程について
　　調べてみたいという気持ちになっていくこと

問6　筆者は⑤段落で日本語の豊かさについて述べている。それを40字以上
　50字以内で要約しなさい。ただし「自分」「種類」という2つのことばを使っ
　て、「日本語の豊かさは、……」という書き出しで書くこと。2つのことばは
　どのような順序で使ってもよい。（文は、一文でも、二文でもよい。）

> 設問文に目を通してから
> 問題文を読むと、
> 意識的に読める！

まずは、文章全体のテーマ把握から。

 最初から最後まで「日本語」「話し言葉／書き言葉」の話。

テーマ＝「日本語」「話し言葉／書き言葉」について

 では①段落から。「ぼく自身」の考え方と、「多くの日本人」の考え方を比べている。今回も「常識 ←→ 筆者」の対比ですね！

 「多くの日本人」の考え方は……
　〝書き言葉は話し言葉の延長にすぎない〟
文字で書こうが、口で話そうがコトバはコトバ。何も変わらない。確かに「常識的な」当たり前の考え方だ。

 ということは、**筆者の考えはその反対である可能性が高い。**つまり「書き言葉と話し言葉は全然ちがう！」というのが筆者の主張じゃないかな。①段落の後半に、次のように書いてます。
　〝話し言葉と書き言葉の違いを深く考えさせられるようになった（5～6行目）〟
　〝日本語を話したいということと日本語を書きたいという二つは～本質的に違う（6～7行目）〟
　〝話し言葉にひかれるのと、書き言葉にひかれるのは、明確に違う（8～9行目）〟

 ただ、これだけだと、話し言葉と書き言葉の何が違うのかが全くわからない。書き言葉と話し言葉の違いを、もっと具体的に説明している箇所を探す必要がある。

それに9行目を見ると……〝ではその違いは何か〟
と筆者が「問題提起」をしている。問題提起の疑問文は、後ろから「答え」を探せばよかった（→ P.562）。

 すると9～12行目、疑問文の直後に「答え」が書いてある。
〝日本語には漢字があり、平仮名があり、片仮名があり、現代ではローマ字もある～いわゆる「混じり文」だ〟
〝「混じり文」にひかれて⊕、書いた〟

 「混じり文」は、いろんな種類の文字が混じっていること。
確かに「話し言葉」は**文字を使わない**から、当然文字を混ぜることも不可能。
「書き言葉」は**文字を使う**から、いろんな文字を混ぜて書くことができる。それが筆者の考える「書き言葉」の魅力。

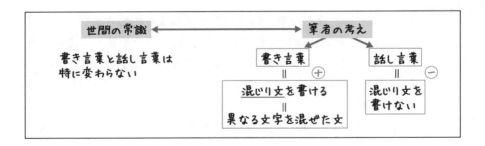

テーマがつかめたら、
筆者の主張を
明確にしていこう!!

②段落では「日本語」と「フランス語」を対比している。

〝日本語は美しい⊕〟 〝フランス語など問題にならない⊖（15行目）〟

日本語のどこが美しいのかというと……

〝縦書きで、漢字、平仮名、片仮名の混じり文を、自分の目で読み、自分の手で書く（17～18行目）〟

のが美しさのポイント。この参考書は横書きだからダメですね！

 やはり①段落同様「混じり文」を「書く」ことに筆者はこだわりを持っている。フランス語は**アルファベットしか使わない**から「混じり文」を書くことは難しいよな。

 そう言われてみると「文字の種類」がたくさんある言語って、確かに珍しいかも。英語はアルファベットばかりだし、中国語だと漢字ばかりだし。

3章

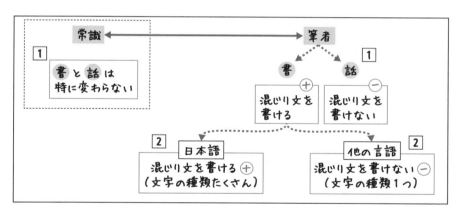

 ③段落も「話し言葉」と「書き言葉」の対比。

〝話し言葉の次元で、なぜ日本語にひかれたのかとたずねられても、答えられない（20～21行目）〟

〝書き言葉としての日本語には緊張感がある（22行目）〟

「日本語」と「英語・フランス語・中国語」の対比も書かれる。

〝その緊張感は、英語にもフランス語にも中国語にもない（22〜23行目）〟

……「話し言葉／日本語以外」が⊖で、「書き言葉／日本語」が⊕。

②段落までと何も変わらない。

でも「緊張感」って、一体何なんだ？

抽象的すぎて、意味が全然わからない。

「意味がわからない抽象的な主張」ということは……

後ろの段落に、「緊張感」の正体が詳しく書かれる可能性が高い！

「緊張感」の説明を探しながら④段落以降を読めばいい。

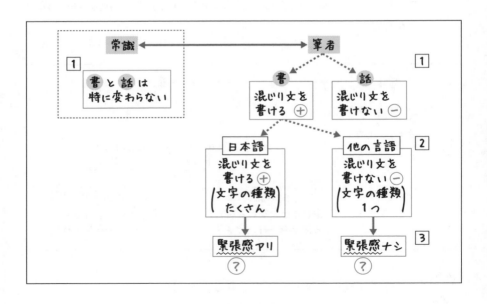

④段落も、「日本」と「中国・アメリカ・フランス」の対比。

〝日本は固有の文字をもっていなかった（26行目）〟

ということは……

「中国・アメリカ・フランスは、固有の文字をもっている」

漢字は中国人が作った文字だし、アルファベットは欧米人が作った文字。つまり固有（＝オリジナル）の文字をもっていると言っていい。

でも、日本人が使う文字は、どれも外国で作られたものばかり。

そうだね。漢字／アルファベットは当然として、ひらがな／カタカナも漢字を崩して作った文字だから、日本固有の文字とは言えない。

だから、自分の「感性」を文字で書き表すとき……

〝日本「土着」の感性を書くために、異質な文字を使わなければならなかった（26〜28行目）〟

言い換えれば、当然

〝外国「土着」の感性を自分たち固有の文字で書ける〟

という意味になる。自分の気持ちを表現するには「外国から借りた文字」より、「自分たちオリジナルの文字」のほうが、自然にスラスラ書けそうです。

何かを書くとき、常に「外国から借りた文字」を使う以上……

〝日本文字の流入過程、つまり日本語の文字の歴史にいやおうなしに参加せざるをえなくなる（28〜29行目）〟

〝外国それは、中国人もアメリカ人もフランス人も、意識せずにすむ（30〜31行目）〟

「流入過程」ということは……日本人が文字を書くとき、その文字が「**いつ／どこから／どうやって**日本に輸入されたのか」意識するという意味。

オリジナルの文字を使う外国人は、何も意識せず、自然な気持ちで文字を使うことができる。

日本語を書くことは、日本語に文字が輸入される歴史を意識すること。**これが3段落「緊張感」の正体**なんですね！

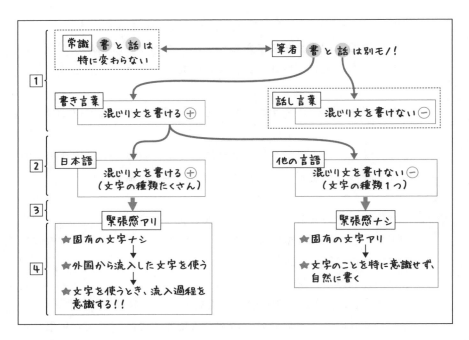

 5段落は「日本語⇔英語」の対比に加えて「ワープロ⇔手書き」の対比が出てきます。

〝英語ならタイプを打つが、日本語のワープロは使わない（36行目）〟

「日本語を書くときにワープロを使いたくない」ということは、つまり「**日本語を書くなら手書きがいい！**」という意味。……なんでだろう？

「ワープロで日本語」が嫌な理由は……

〝「変換する」という行為が嫌（37 行目）〟

〝ローマ字か仮名で打ち込み、ボタンを押してその字句を選ぶ、そのことにすごく引っかかってしまう（37 ～ 38 行目）〟

逆に「手書きで日本語」が好きな理由は……

〝自分で文章を書きながら、漢字か平仮名か片仮名かを、選ぶ（39 行目）〟

〝日本語の、いい意味での不自然さ（39 ～ 40 行目）〟

〝選択という過程が常にある（42 行目）〟

「文字の種類を選択する」ところが手書きのメリット……これ、結局**「混じり文の緊張感」をくり返し説明しているだけ**だ。

手書きで書くと、どの文字を使うか考えなくてはならないけど……

ワープロで打つと、全部ローマ字で（仮名で）キーボードに打ち込むから、文字の種類を意識しない。

 英語などの場合は、もともと文字の種類が１つしかないんだから、手で書いても、キーボードで打ち込んでも同じ。

〝文字の種類を選ぶという選択は、決められ与えられた英語や中国語にはない（42 ～ 43 行目）〟

あいまいだった
筆者の主張が、
具体的になってきたね

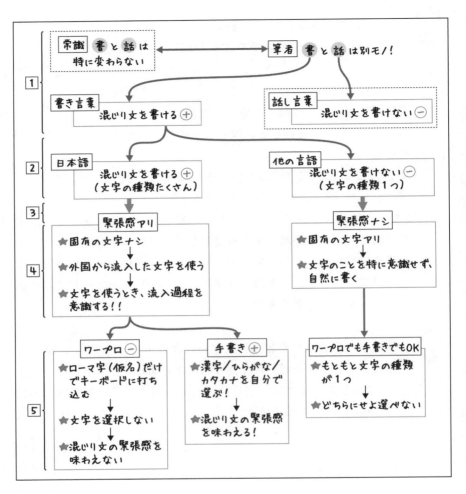

 では最後の⑥段落。**「中国人」**と**「日本人」**を**対比**しています。

〝日本人は神経質（45行目）〟

つまり「中国人は大ざっぱ」ということですよね。……なんでだろう？

 その理由を探していくと……まず「否定表現」（→ P.598）が出てくる。

〝それは国民性というものではない（45～46行目）〟

〝あらかじめ備わった国民性ではない（46 行目）〟
日本人と中国人の性格の違いは「生まれつき」とか「人種の違い」
とか、そういうことではない。何か特別な原因があるはず。

「否定」の後ろには「肯定」が出てくる可能性が高い。すると……
〝日本語を書くとき、書き言葉のなかに異質なものがあり、異質な
ものを常に同化するという経験をする（46 ～ 48 行目）〟
〝それが、心のはたらきに影響しているのかもしれない（48 行目）〟
「異質なもの」って、今回の文章で言えば「異なる文字」のことだ
よね。
「毎回異なる文字を使い分ける」ことで、細かい違いをやたら気に
する「神経質な」日本人の性格ができあがった。
逆に「同じ文字しか使わない」中国人は、細かい文字の違いを気に
することがないから「大ざっぱな」性格になった。
文字の違いが、人間の性格にまで影響を与えるんですね。

　まぁ、本当にこの説が正しいかどうかはわからないけど……筆者もちゃ
んと「～かもしれない」（48 行目）と断定を避けた言い方をしているよね。
　以上、これですべての読解が終了！　最後にもう一度ストーリーを図に
まとめてから、問題を解いていこう。

対比関係を手がかりに、
筆者の主張が
読み取れたね！

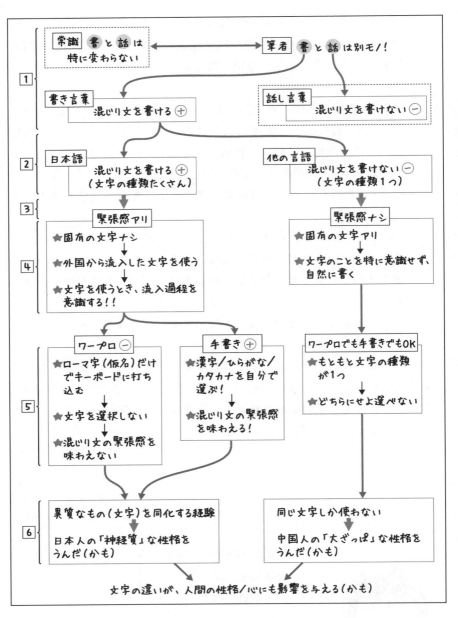

 問1は筆者が考える「日本語の特徴」を答える問題。ということは
……

「他の言語にはない日本語ならではのポイント」を答えれば OK。

2 段落 →「混じり文が書けること」

3 段落 →「緊張感があること」

4 段落 →「固有の文字がないこと」
　　　　　「文字の流入過程を意識すること」

6 段落 →「異質なものを同化すること」

このあたりが「他の言語にはない日本語の特徴」と言える。

ということは、**問 1 の答えはエ**。「漢字や仮名などを組み合わせ」は「混じり文」と同じ意味だから。

アは……これは「間違った世間の常識」で、筆者と反対の考え方。

イは……手書きの「美しさ」なんて本文に書いていないし、そもそ**も「日本語」のことではなく「書き言葉」すべてのことを説明してしまっている**。「手書きの美しさ」は日本語でも英語でも中国語でも同じだから、これだと「日本語と他の言語の違い」にならない。

ウは……「ワープロに変換できない文字」の話なんて、本文に書いていない。

そのとおり。イはそもそも**「質問に答えていない」「傍線を説明していない」**選択肢であることがポイント。「日本語の特徴」を答える問題である以上「すべての言語にあてはまる内容」が正解になるはずがないんだ。

「質問」と「傍線内容」を先にしっかり読んでおかないと、こういう選択肢に引っかかりやすくなる。

★Point★ 10　間違った選択肢の見極め方②　　（→①は P.608）

×**質問の答えになっていない**もの　　×**傍線部と違う意味**のものは正解にしてはいけない！

問2。空欄Ａを含む文を分析すると……**「譲歩」**の関係になっているから、Ａの**答えはア「もちろん」**。

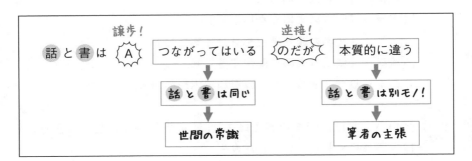

 イ「あたかも」は、後ろに必ず「ようだ（みたいだ）」が来る「呼応の副詞」（→ P.170）だから、問２-Bには入れられない。

ウ「あらゆる」は、後ろに必ず「名詞」が来る「連体詞」（→ P.132）の一種。これもＢの答えにはできない。

ということは……**問２-Bの答えはエ**だ。空欄Ｂの後ろは「〜見えるものではなかった」と「否定」の形になっている。エ「必ずしも」は、否定の形とピッタリの表現。

 問3の空欄問題。空欄を含む文を分析すると……こんな感じ。

「混じり文」を書けることが日本語の魅力！

これが、問３のポイントですね。

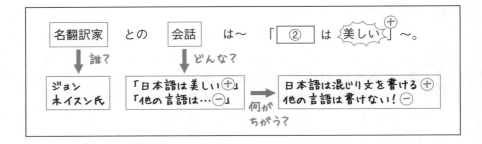

ということは、**答えはイ**。「混じり文を書く」ことに対応する選択
肢はイしかない。

アは……「日本語体験」だと**「話し言葉」でも OK になってしまう**
から、2段落の内容と合わない。

ウは……「話し言葉」は全く逆の話。論外。

エは……「自分の言葉」だと日本語に限った話ではなく、**どの言語
にもあてはまる**話になってしまうよな。フランス人も中国人も「自
分の言葉」で書いたり話したりするから。

3
章

次は問4。問4は「緊張感」が生まれる理由の説明。

そもそも「緊張感」がどういう意味だったかというと……

"文字の流入過程／歴史を意識して、どの文字を使うか選ぶこと"

これが「緊張感」の正体。

では、なぜ「文字の流入過程／歴史」を意識するかというと……

"日本語には固有の文字がないために、異質な外国の文字を使う必
要があるから"

これが、問4の答えになるはず！

ただ、問題文を読むと……**5段落以下**から□□□にあてはまる
言葉を抜き出せ、という条件がついている。つまり、今ワカナが言っ
たポイントと同じ内容で、□□□にあてはまるものを5段落以下か
ら探し直す必要があるということ。

ということは、**問4の答えは「同化する」**（47行目）。□□□にピッ
タリあてはまるし、内容的にも「異質な文字を、日本語を書くとき
に使う」という意味になる。

次は問5。問5は「説明問題」だから「わかりにくい部分」を見つ
けて、わかりやすく言い直せば OK。

傍線を含む文を分析すると、こんな感じ。

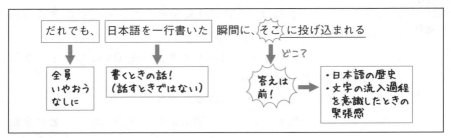

「日本語を書いたとき、書いた人がどうなるのか？」を傍線より前から探せば正解が出るはず。ということは……

"文字の流入過程／歴史を意識して、緊張感を感じること"

これが正解のポイントになるはず。

ということは、**問５の答えはウ**。「中国から伝わった文字を利用するという工夫」は「文字の流入過程／歴史」と同じ意味だし、その「事実を再認識する」は「流入過程／歴史を意識する」と同じ意味になる。

アは……「中国語が挿入」されているとは本文に書いていないし、そもそもウソだよな。漢字を使うことと、中国語を使うことは全く別の話。日本人は漢字を使ってはいるけど、中国語を使って生活しているわけではない。

それに「外国人に読めるかどうか」も、本文に全く書かれていない。

イは……文字の歴史を「忘れかけている」が、傍線と反対。

エは……文字の歴史を「調べる」話は全く本文にない。

選択問題は、
消去法で解けばいいんだったね

最後の問6。問6は「⑤段落を要約しなさい」という問題。
⑤段落は「手書き vs ワープロ」の対比だから……
"手書き"→文字の種類を選び、使い分けることができる
"文字の種類を使い分ける"→いい意味での不自然さが生まれる
この2つが、⑤段落のポイントと言えます。
"いい意味での不自然さ" は、要するに④段落の **"緊張感"** のこと
だよね。

「自分／種類という2つのことばを使え」「日本語の豊かさは、で書き始めろ」という条件にもピッタリ合う内容だな。
問6の模範解答は、こんな感じ。
"日本語の豊かさは、<u>自分の手で文章を書きながら</u>、文字の<u>種類を選んで使い分ける</u>ときの緊張感にある。（47字）"

3
章

　良い答えだと思う。ただし、あくまで「⑤段落の要約」なので「緊張感」という④段落の言葉を無理に入れる必要はないだろう。「緊張感」という言葉は、あってもなくても OK ということにする。

Point1	日本語の豊かさは、<u>文字の種類の選択／使い分け</u>
Point2	その豊かさは、<u>自分で文字を書く</u>ことで生まれる

★「自分／種類」という言葉がない場合は×
★「日本語の豊かさは、」で始まっていない場合は×

もう、
どんな問題も
ダイジョーブ!!

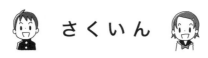

さくいん

あ

か

さ

た

やさしい中学国語 改訂版

解答解説集

──────→

この冊子はとりはずせます。
矢印の方向にゆっくり引っぱってください。

― 解答 ―

第1部

チャレンジ実戦問題①

問1　エ
問2　イ

問1　「煮」は「者」と「灬」に分解が可能なので、「会意」か「形声」のどちらかになる。そして「者（シャ）」が漢字全体の読み「煮（シャ）」を表しているので、答えは形声文字と判断できる。
問2　「会意文字」＝分解可能な文字なのでイ「孫＝子＋系」／エ「洋＝さんずい＋羊」のどちらか。エは「洋（ヨウ）」の読み方が「羊（ヨウ）」と一致するので形声文字。よって答えはイと判断できる。
ア「末」は「指事文字」の定番なので、覚えてしまおう。ウ「鳥」は「動物」の形を表した象形文字。「動物」を表す漢字には象形文字が多い。

チャレンジ実戦問題②

問1　①ア　　②イ
問2　エ
問3　①エ　　②ウ
問4　①イ　　②ウ　　③ウ

問1　①アは「もんがまえ（門）」の部分が省略されている。イは「あめかんむり（雨）」の部分が、点の数が少なく書かれている。
問2　①「さんずい」。楷書では点を3つ独立させて打つ。「角張っている」のが楷書の特徴で、「丸みを帯びる」のが行書の特徴。
問3　①「書」は、楷書ではヨコ線から書きはじめるが、行書ではタテ線を最初に書く。
②「くさかんむり」の部分の筆順が異なる。
問4　①「区」は4画。ア「成」は6画、イ「円」は4画、ウ「己」は3画、エ「可」は5画。
②「家」は10画。ア「紅」は9画、イ「河」は8画、ウ「格」は10画、エ「祝」は9画。
③は「複」は「ころもへん」で14画。「しめすへん」ではないので注意。ア「遠」は13画、イ「確」は15画、ウ「増」は14画、エ「報」は12画。

チャレンジ実戦問題③

問1　①れんが（れっか）　　②きへん
③ころもへん　　④りっしんべん
⑤あしへん

問2　①のぎへん・イ　　②にんべん・エ
③いとへん・ウ　　④もんがまえ・ウ
問3　①ウ　　②エ
問4　①イ　　②イ

問1　行書で出題された場合は、一度楷書に置き換えてから考える。「きへん／てへん／しめすへん」は行書で書くと区別がしにくい場合が多いので注意が必要。
問2　①は「積」、②は「池」、③は「練」、④は「閑」になる。③「いとへん」は行書の形が独特なので注意する。④「閑」は中学レベルとしては難易度が高い。音読みは「カン」で、訓読みは「ひま」「しずか」。「閑散としている」のように使われる。
問3　①「さんずい」を行書で書くと、2つ目の点と3つ目の点がつながる場合が多いので注意。
②もイ「しめすへん」、ウ「のぎへん」、エ「てへん」は行書では区別がしにくいので注意。
問4　①は「しめすへん」、②は「きへん」。特に②は「てへん」と行書の字体が似ているので、よく見て区別しなくてはならない。

チャレンジ実戦問題④

問1　①部首　　②8
問2　①読みが「ゴウ」であることをもとにして、音訓索引を用いて調べる。／総画数が5であることをもとにして、総画索引で調べる。／（部首が「くち」で、部首を除いた画数が2であることをもとにして、部首索引で調べる。）
②読みが「カン」または「なれる・ならす」であることをもとにして、音訓索引を用いて調べる。／部首が「りっしんべん」で、部首を除いた画数が11であることをもとにして、部首索引で調べる。／総画数が14であることをもとにして、総画索引で調べる。

問1　①「りっしんべん」は部首の一つ。部首をもとに調べるのは「部首索引」。
②今回は「総画索引」なので「漢字全体」の画数を問われていることに注意する。「部首索引」を使う問題であれば、「部首だけの画数」や「部首を除いた部分の画数」が問われることもありえる。問題文をよく読んで、どこの画数を答えればいいのかチェックしよう。

問2　①「号」の部首は「くち」だが、一般的に知られているものではない。「音訓索引」で調べるのが普通だろう。

②ごく一般的な漢字なので、読み方をもとに「音訓索引」で調べるのが楽だろう。

チャレンジ実戦問題⑤

問1　エ
問2　イ

ヒント

問1　ア「しゅくふく」、イ「じゅうでん」、ウ「しゅうちゅう」、エ「しゅうじつ」。これを「゛」「゜」「小さい文字」を含まない形に直すと、ア「しゆくふく」、イ「しゆうてん」、ウ「しゆうちゆう」、エ「しゆうしつ」。まず3文字目がアだけが「く」で、それ以外が「う」なので、最後に来るのがアだとわかる。4文字目はイ「て」、ウ「ち」、エ「し」なので、エ→ウ→イ→アの順番で並ぶことがわかる。

問2　「ここち」と読む。ア「こころえ」、イ「ここく」、ウ「ここう」、エ「ごご」。エの「゛」「゜」を除いて「ここ」の形で考える。すると2文字目までは全て「ここ」なので、3文字目から考えればよい。3文字目が存在しないエ「ここ」が先頭であり、エ→ウ「う」→イ「く」→「ここち」の「ち」→ア「ろ」の順で並ぶことがわかる。

チャレンジ実戦問題⑥

問1　ア
問2　①伝言　　②メッセージ　　③規則
　　　④ルール

ヒント

問1　ア「おやこ」だけが訓読み。「親」の音読みは「シン」、「子」の音読みは「シ」が代表的。イ〜エはすべて「音読み」ばかりなので、漢語。
問2　アは「言伝」、イは「掟」。

チャレンジ実戦問題⑦

問1　ウ
問2　ウ
問3　ア
問4　①ウ　　②ア

ヒント

問1　「湯桶読み」なので「訓＋音」の組み合わせを探せばよい。「場」は音読みと勘違いしやすいので要注意。「場」の音読みは「ジョウ」であって、「ば」は訓読みである。アは「音＋音」、イは「訓＋訓」、エは「音＋訓　＝　重箱読み」。
問2　「重箱読み」なので「音＋訓」の組み合わせを

探せばよい。「事」は「ジ」が音読みで「こと」が訓読み。ウ以外はすべて「音＋音」。
問3　「イチ」が音読み、「ひとつ」が訓読み。「ソク」が音読み、「いき」が訓読み。
問4　①ウは「訓＋訓」、その他は「音＋音」。
②アは「訓＋訓」、その他は「音＋訓　＝　重箱読み」。

チャレンジ実戦問題⑧

問1　Ⅰウ　　Ⅱb
問2　①ウ　　②イ　　③ウ　　④イ
　　　⑤ア

ヒント

問1　「巨」「大」はどちらも似た意味と言える。aは「洗う　顔を＝後ろから前に読む」、bは「探す　求める＝似た意味」、dは「雷が　鳴る＝主語述語」タイプ。
問2　①「多い　数」、ウ「温かい　泉」は「前から後ろを修飾」タイプ。アは「似た意味」、イは「就く　職に＝後ろから前に読む」、エは「反対の意味」タイプ。
②「読む　書を」、イ「登る　山を」は「後ろから前に読む」タイプ。アは「似た意味」、ウは「雷が　鳴る＝主語述語」、エは「反対の意味」タイプ。
③「返す　答えを」、ウ「待つ　機（会）を」は「後ろから前に読む」タイプ。アは「県が　営む＝主語述語」、イは「最も　後＝前から後ろを修飾」、エは「似た意味」タイプ。
④「未」、イ「非」は「否定」の字。アは「植える　樹を＝後ろから前に読む」、ウは「仮に　定める＝前から後ろを修飾」、エは「往＝行く／復＝帰る」で「反対の意味」タイプ。
⑤「遠近」が「反対の意味」であることは容易だが、「雅」と「俗」が反対の意味であることを知っている中学生は少ないだろう。「雅＝高貴で上品／俗＝いやしくて下品」という意味。「俗」には「世間一般」という意味もあり、必ずしも悪い意味ではないので注意。イは「人が　造る＝主語述語」、ウは「遷す　都を＝後ろから前に読む」、エは「似た意味」タイプ。

チャレンジ実戦問題⑨

問1　①ア　　②ウ
問2　エ

ヒント

問1　①「有／意義」とア「好／都合」は「上1字／下2字」パターン。イは「自主／的」＝「上2字／下1字」であり、しかも後ろに「的・然・性・化」がつくパターン。ウは「松／竹／梅」＝3文字すべて区切れるパターン。エは「向上／心」＝「上2字／下1字」パターン。
②「統一／体」とウ「社会／人」は「上2字／下1字」パターン。アは「無／責任」＝「上1字／下2字」であり、しかも前に「否定」の字がつくパターン。イは「衣／食／住」＝3文字すべて区切れるパターン。エは「半

／透明」＝「上1字／下2字」パターン。

問2　「不／可能」とア「未／確認」は「上1字／下2字」であり、しかも前に「否定」の字がつくパターン。イ「初／舞台」＆ウ「再／利用」も、否定の字はつかないが「上1字／下2字」パターンであることは共通。エ「無人島」だけが「無人／島」と「上2字／下1字」で区切れる。「無」＝「否定」の文字にだまされないよう注意。

チャレンジ実戦問題⑩

問1　エ
問2　①イ　　②D

ヒント

問1　「枝葉」も「末節」も「主要でない、ささいなこと」という意味なので、似た意味が並べられたタイプ。アは4字がバラバラのタイプ、イは「暗い場所の中で」「模索する」なので、上が下を修飾するタイプ、ウは「大器が晩成する」なので、主語述語タイプ。
問2　「片言」と「隻句」はどちらも「ちょっとした・小さな言葉」という意味（「隻」という字には「片方・ひとつ」という意味がある）。「千差」と「万別」も「違いが大きい」という意味で共通している。

チャレンジ実戦問題⑪

問1　①ウ　　②ウ
問2　カ

ヒント

問1　「拝啓・敬具」の組み合わせさえ理解していれば難しくないので、まず代表的パターンを覚えてしまおう。①は頭語「拝啓」、②は結語「敬具」を答えればよい。①アは「草々・早々」と対応する頭語。イとエはそもそも結語であり、頭語ではない。
②アは「前略」と対応する結語。イ「追伸」は最後に話を付け足すときに使う語。エはそもそも頭語であり、結語ではない。
問2　「前略」には「草々・早々」が対応する。また「敬白」には「拝啓・謹啓」が対応する。ア・イは「謹」つながり、ウは「拝」つながりなので、暗記していなくても見抜きやすいだろう。エ・オは最も出題されやすいパターン。

チャレンジ実戦問題⑫

問1　①ウ　　②エ
問2　エ
問3　A 暑中　　B お過ごし

ヒント

問1　まず手紙を出す日付を必ず確認することが大切。①「新緑」は5月に最適の表現。ア「木の葉が舞う」

は11月ごろ、イ「きびしい暑さ」は7～8月、エ「梅」は2～3月に最適の表現。
②10月なので「樹も色づき＝紅葉」が最適。ア「涼風恋しい」は7～8月、イ「風薫る」は5月、ウ「寒さの厳しい」は12～1月に最適の表現。
問2　「薫風」は5月・初夏に最適の表現。
問3　A「梅雨も明け」「これから夏本番」とあるので、「残暑」見舞いは答えにならない。Bは慣用表現なので覚えるしかない。

チャレンジ実戦問題⑬

8

ヒント

「ではネー／人間をネー／動物とネー／区別するネー／もっともネー／大きなネー／違いはネー／なんだろうかネー」

チャレンジ実戦問題⑭

エ

ヒント

アは「読めないネー／漢字がネー／出てネー／きたらネー／先生をネー／頼らずにネー／自分でネー／漢和辞典をネー／引きなさいネー」で9文節。「て」の下で区切るのを忘れずに。
イは「卒業式ではネー／在校生のネー／代表としてネー／生徒会会長がネー／お祝いのネー／言葉をネー／先輩たちにネー／贈りますネー」で8文節。「生徒会会長」のような言葉は、1つの単語と考え、文節には区切らない。
ウは「今日はネー／部活がネー／お休みなのでネー／帰ったらネー／散らかってネー／いるネー／部屋のネー／片づけをネー／しようネー」で9文節。「て」の下で区切るのを忘れずに。
エは「電車でネー／お年寄りにネー／席をネー／譲ったらネー／大きなネー／声でネー／お礼をネー／言われてネー／恥ずかしくネー／なったネー」で10文節。「て」「く」の下で区切るのを忘れずに。

チャレンジ実戦問題⑮

問1　言った
問2　①ユリカが　　②自然は

ヒント

問1　文末にあること、「その人」が行った動作を表していることを確かめればよい。
問2　「誰が／何が」傍線部の動作を行ったのかを考えればよい。①「ユリカ＝叫んだ人」「ぼく＝叫ばれた人」。一文節で答えるので、「が」を抜かさないこと、「隣の」は答えに入れてはいけないことに注意。
②「自然が、日本人の心を、育てた」のである。「日

本人」は「育てられる側」なので、主語にはならない。
これも「は」を含めて答えることに注意。

チャレンジ実戦問題⑯

問1　①貼られた　②使えるが
問2　①C　②C　③D

ヒント

問1　①「べたべたと」と一緒に読んで通用するのは「貼られた」「割って」「入った」の３つ。「べたべた」と意味的に関連するものは「貼られた」である。
②「たより」以降は主語が変わってしまうので、「たより」以降に正解があることは考えにくい。となると「幅広く」と一緒に読んで通用するのは「使えるが」しかない。
問2　①「何か」と一緒に読んで通用するのは「違うような」と「します」の２つ。意味的につながるのは「違う」である。
②「ただでさえ」と一緒に読んで通用するのは「きつめ」しかない。
③「夕食時」と一緒に読んで通用するのは「言った」か「伝えた」の２つ。「言った」のは「夕食時」の出来事ではないので正解にはならない。

チャレンジ実戦問題⑰

問1　①ウ　②イ
問2　①イ　②エ　③ウ

ヒント

問1　①「タイプが　違う」は主語と述語の関係。
②「て」でつながる関係なので、「補助」。同じく「て」でつながるイを選べばよい。
問2　①「どのぐらいのスピードで」歩く（＝動詞）かを説明しているから、連用修飾語。
②「で」でつながる関係なので、「補助」。
③「バランス」「完成度」を入れ替えても何も意味が変わらないので、「並立」。

チャレンジ実戦問題⑱

エ

ヒント

「て」に注目すれば簡単に解けるが、ここでは「意味の違い」をよく考えてもらいたい。
ア・ウは、実際に人が「移動」する表現であり、イも日付が「移動」する意味あいを持つ。
しかし、「山々が迫ってくる」というのは、実際に「山々が移動する」わけではないし（むしろ移動しているのは話し手である人間）、エも「胸が移動する」わけではない。どちらも「徐々に・少しずつ」という意味を表現している補助動詞であり、「移動」という元来の意味が薄まっていると言える。

チャレンジ実戦問題⑲

問1　（主部）地面を揺らすような水音が
　　　（述部）聞こえてきた
問2　どんな細胞でも

ヒント

問1　主語「水音が」を修飾している部分まで含めて主部と考える。「ほどなく」は文末の「聞こえてきた」を修飾しているので主部には入れない。
述部は「補助の関係」に注意する。「ほどなく」は位置が離れているので述部とは考えない。
問2　「何が」平衡状態にあるのかを考える必要がある。「平衡」とは「何かと何かのバランスがとれた状態」であり、すなわち「２つ以上のもの」が主語にならないと意味的に通じない。本文は「さまざまな細胞どうしが」バランスを保った状態になっているという内容であり、「どんな細胞でも」が正解となる。誤答例としては「その中身」「タンパク質や脂質など」「形作る分子群は」などが多いだろう。しかし、それらは「１つの細胞の中で」起こっている事象の説明であり、「２つ以上のもののバランス」を説明できている箇所とは言えない。

チャレンジ実戦問題⑳

問1　強い日差しが（は）さえぎられます
問2　①使われていることだ（です・である）
　　　②なることだ（です・である）
　　　③１時間です（だ・である）

ヒント

問1　「受け身」の文は、動詞を「未然形」に変え、その語に「れる／られる」をつけるのが基本形。
問2　①主語が「～ことは」なので、述語も「～ことだ」に合わせる。仮に述語をそのままにするなら、点線部を「気になっているのだが」にするなどの方法があるだろう。（今回は問題の指示に合わないため、その方法は×）
②主語が「夢」であり人間ではないので、述語も「～ことだ」の形が合う。仮に述語をそのままにするなら、点線部を「私は」にする必要がある。
③主語が「時間」なので、述語も「（時間）だ」の形が合う。仮に述語をそのままにするなら、点線部を「体験には」「体験は」などに変える必要がある。

チャレンジ実戦問題㉑

問1　（例）熱を出したのが私か子どもかあいまいな点。
問2　①ウ　②イ

〔ヒント〕

問1　熱を出したのが「私」なら、「私は熱を出して、横になっている～」のように「、」を入れるか、「熱を出した私は～」のように連体修飾の形にする。
　逆に熱を出したのが「子ども」なら、「私は、熱を出して～」のように「、」を入れるか、「熱を出して横になっている子どもの手を、私は～」のように「私は」を後ろに持っていくとよいだろう。

問2　①アは「連絡を受けた」のが「お昼前」なのか、「学校に来る」のが「お昼前」なのかがあいまい。　イは「母親が笑っている」のか、「子どもたちが笑っている」のかがあいまい。エは「財布」が小さいのか、普通サイズなのかがあいまい。
　②ア・エはどちらも「海外に行く」のを急いでいるのか、「見送りに行く」のを急いでいるのかがあいまい。ウ・エはどちらも「父も叔父と一緒に海外に行く」のか、「父は叔父を見送りに行くだけ」なのかがあいまい。

チャレンジ実戦問題㉒

問1　①ウ　　　②ウ
問2　①ア　　　②ア
問3　①形容詞　　②助動詞

〔ヒント〕

問1　①は「活用がある」「自立語」で、最後が「い」で終わるから「形容詞」。アは動詞、イは「活用がない」連用修飾語なので副詞、エは形容動詞。
　②は「活用がある」「自立語」で、最後が「だ」で終わるから「形容動詞」。アは「活用がない」連用修飾語なので副詞、イは形容詞、エは動詞。
問2　①「活用がある」のはアしかない。最後が「だ」で終わるから「形容動詞」。残りは「活用がない」連用修飾語なので副詞。
　②すべて活用がある語だが、「自立語」はアしかない。アは形容動詞、残りは助動詞。
問3　①は「活用がある」「自立語」で、最後が「い」で終わるから「形容詞」。②は「活用がある」「付属語」なので「助動詞」。

チャレンジ実戦問題㉓

①エ　　　②エ

〔ヒント〕

①エだけ直前で文節に区切れるので「形容詞」、あとは「助動詞」。
②エだけ直前で文節に区切れないので「助動詞」、あとは「形容詞」。ア・ウは「く」があるので文節に区切る。

チャレンジ実戦問題㉔

問1　イ
問2　エ

〔ヒント〕

問1　「親しみがある」「悔しさが増す」のように、どちらも主語にできるので「名詞」。その他の選択肢を主語にすることはできない。アは「連体詞」、ウは活用のない連用修飾語なので副詞、エは「い」で終わるので形容詞。
問2　ア～ウは「こっちが良い」「それが問題だ」「これが欲しい」のように、いずれも主語にできるので「名詞」。エは活用のない連体修飾語なので「連体詞」。

チャレンジ実戦問題㉕

問1　イ
問2　①ア　　　②エ　　　③ア

〔ヒント〕

問1　アは「だ」で終わるので形容動詞、ウは「い」で終わるので形容詞、エは主語にできるので名詞。
問2　①すべて「活用がない単語」についての問題。アだけは「いわゆる天才」のように名詞しか修飾できないので「連体詞」、あとは「かえって楽しい」「やっと終わる」「決して許さない」「やはり無理だ」「うっかり寝た」のように、主に用言を修飾するので「副詞」。
　②すべて活用がない単語についての問題。エだけは名詞しか修飾できないので「連体詞」、あとは主に用言を修飾するので「副詞」。
　③すべて活用がない単語についての問題。アだけ動詞を修飾しているので「副詞」、あとは名詞を修飾しているので「連体詞」。

チャレンジ実戦問題㉖

問1　イ
問2　①a カ　　b エ　　c オ　　d ク
　　　　e キ
　　②f オ　　g コ　　h カ　　i ウ
　　　　j ケ
問3　イ

〔ヒント〕

問1　アは名詞、ウは接続詞、エは副詞。イも「名詞」のように思うかもしれないが、今回の「あれ？」は疑問の「声を出している」だけであって、主語になる「あれ」（例：あれはペンです）とは意味が異なる。
問2　a「あらゆる」は活用せず、名詞しか説明できないので連体詞。b「彼」は主語にできるので名詞。c「もはや」は活用せず、「もはや終わりだ」「もはや辞めるしかない」のように用言を修飾する。直後に来る「あとの祭りだ」は「手遅れ」を意味する形容動詞だと考えればよい。d「ああ」は、ただ声を出すだけの感動詞。e「しかし」は接続詞の代表パターン。f「じっと」は活用せず、後ろの「動く＝動詞」を修飾しているので副詞。g「られる」は「られ、られれ、られろ」のように活用する付属語なので助動詞。h「そ

の」は活用せず、後ろの「老婆＝名詞」を修飾しているので連体詞。i「静かな」は「静かだ、静かに、静かじゃ」のように活用し、「～だ」で終わるので形容動詞。j「や」は活用しない付属語なので助詞。
問3　「しばらく」は活用せず、「話をする＝動詞」を修飾する副詞。「めったに」も活用せず、後ろの「見る＝動詞」を修飾している。アは活用せず、「手段＝名詞」を修飾しているので連体詞。ウは「感謝状」と「記念品」を並立の関係で並べる接続詞。
エは「なつかしい、なつかしかっ、なつかしけれ」のように活用し、「～い」で終わるので形容詞。
オは「熱心だ、熱心な」のように活用し、「～だ」で終わるので形容動詞。

チャレンジ実戦問題㉗
問1　①ア　　②エ
問2　①連用形　　②未然形　　③連体形
　　　④未然形　　⑤終止形

ヒント
問1　①アは「ば」に接続しているので仮定形、残りは「て」、「、」「た」に接続しているので全て連用形。②ア～ウは「人」「聴き方」「口」と、すべて名詞に接続しているのでどれも連体形。エのみ「。」に接続しているので終止形。「聴き方」は「聴き方が悪い」のように、「が」をつけて主語になれるので名詞。連体形と終止形は形が同じ場合が多いので、形だけで判断せずに直後の語を必ず確認してから解くことが重要。
問2　①「て」に接続する。②「ない」に接続する。③名詞に接続する。④「う」に接続する。⑤「と」に接続する。「と」は、連体形接続と答える誤りが多いが、終止形接続なので注意。なぜなら、「と」はセリフや手紙の終わりにつける言葉だから。たとえば「『もう嫌だ。』と言った」という文を見れば、「と」の前でセリフが終わっているのがわかるだろう。つまりセリフ文の「終わり」の位置に「と」は来るので、「と」の直前は終止形だと言える。

チャレンジ実戦問題㉘
問1　①ア　　②エ　　③イ
問2　①エ・A　　②ウ・E
問3　①下一段活用・連用形　　②五段活用・終止形　　③サ行変格活用・終止形
　　　④上一段活用・未然形

ヒント
問1　①「過ぎィない」、ア「起きィない」はどちらも「iの音＋ない」になるので上一段活用。イ「来る」はカ変、ウ「書かァない」は五段、エ「開けェない」は下一段。
②「売らァない」、エ「やらァない」はどちらも「aの音＋ない」になるので五段活用。ア「触れェない」

は下一段、イ「～する」はサ変、ウ「見ィない」は上一段。
③「抑えェない」、イ「答えェない」はどちらも「eの音＋ない」になるので下一段活用。ア「咲かァない」は五段、ウ「来る」はカ変、エ「する」はサ変。
問2　①ア「見ィない」、イ「用いィない」、ウ「浴びィない」はどれも「iの音＋ない」になるので上一段活用。エは「飾らァない＝aの音＋ない」なので五段活用。
②ア「怒らァない」、イ「ちがわァない」、エ「思わァない」どれも「aの音＋ない」になるので五段活用。ウ「～する」はサ変。
問3　①「受け入れェない＝eの音＋ない」なので下一段活用、直後に「て」があるので連用形。
②「役立たァない＝aの音＋ない」なので五段活用、直後に「と」があるので終止形。
③「する」はサ変、直後に「と」があるので終止形。
④「見ィない＝iの音＋ない」なので上一段活用、直後に「れる／られる／せる／させる」が来るときは未然形。

チャレンジ実戦問題㉙
私は、大きく育てた鳥を、カゴから逃がした。

ヒント
文中の「育った（育つ）」と「逃げた（逃げる）」の部分が自動詞になっている。これを「を」がつく他動詞の形に変えると「育てた（育てる）」と「逃がした（逃がす）」と変化する。

チャレンジ実戦問題㉚
問1　イ
問2　連用形

ヒント
問1　「枕草子」「清少納言」「京都」はすべて「世界に1つしかないもの」なので、固有名詞。「随筆」は大量に存在するので普通名詞。
問2　「動詞を連用形にすると名詞になる」と覚えておくとよい。ただし、「しきたり」「ならい」の形が、「ます」が付く形であることに気づけば、暗記していなくても正解することは可能。

チャレンジ実戦問題㉛
問1　①イ・キ　　②ウ・ケ
問2　ウ
問3　①c　　②b

ヒント
問1　①「たとえ」は下に「～としても」のような形を要求する呼応の副詞。キ「まるで」も、後ろに「～ようだ」のような決まった形を要求する。

②「どっしりと」「きらきら」は、ともに後ろの動詞がどんな様子かを説明する状態の副詞。カ「もっと」は、後ろの動詞の量・ボリュームを説明するので程度の副詞となる。ク「大きな」は連体詞。

問2　ウ「決して」は、後ろに「ない」を要求する呼応の副詞。ア「もっと」、エ「とても」は程度の副詞。イ「のんびり」は状態の副詞。

問3　①「はたして」は、後ろに疑問の表現を要求する。
②「あたかも」は比喩表現「～のようだ」を要求するので、答えの可能性はaかbのどちらか。ただしa「かつてのような」は「比喩」ではなく、「～と同様の」という意味しか持たない「例示」の表現。
b「意味をもたなくなったかのよう」は、「国境は現実には意味を持っている」ことを前提とした表現なので、これは「比喩」。「あたかも」がつながるのは「比喩」だけなので、aではなくbが答えになる。

チャレンジ実戦問題㉜
①格助詞　　②副助詞

ヒント
②「など」は、「その他にもある」という意味を付け足す副助詞。

チャレンジ実戦問題㉝
①エ　　②ア　　③ア　　④エ

ヒント
①「タイプ」「人」などに置き換え可能。アは「紹介」、イとオは「最初」、ウは「言葉」の意味を持つ。
②「遭遇する」「やられる」などに置き換え可能。
エが間違えやすいが、エは「人と出会う」という意味。「雨にあう」や「事故にあう」は、人間ではないが、しかも良くない事態に遭遇する点が共通している。イは「フィットする・ピッタリあう」、ウは「お互いに」、オは「気に入る・適合する」の意味を持つ。
③「とても」「本当に」などに置き換え可能。
イ～エは「ゼロ」「存在しない」という意味を持つ。
④「分野」などに置き換え可能。
アは「倫理・道徳」、ウは「希望・方法」のような意味を持つ。イは本当の「道路」。

チャレンジ実戦問題㉞
問1　①エ　　②イ
問2　オ

ヒント
問1　①「ぬ」に置き換え可能なので、助動詞。
アは形容詞「あどけない」の一部。イは「く」の直後にあり、「ありません」に置き換え可能なので「補助形容詞」。ウは「ありません」「存在しません」に置き換え可能なので、「補助形容詞」ではない普通の形容詞。

②「ありません」に置き換えられ、「で」の後にあり、「存在」の意味を持たないので「補助形容詞」。
（補助の関係を作る「て・で・く」は、その直後に「は・も」などの助詞が挟められる場合がある）
ア・エは「ぬ」に置き換えられるので「助動詞」。ウは形容詞「少ない」の一部。オは「ありません」に置き換えられ、「存在」の意味を持つので「補助形容詞」ではないノーマルタイプの形容詞。
問2　オだけ「ぬ」に置き換えられるので「助動詞」、あとは全て「で」の後ろにあり、「ありません」に置き換えられるので「補助形容詞」。

チャレンジ実戦問題㉟
問1　①ア　　②イ
問2　①ウ　　②エ　　③オ　　④イ

ヒント
問1　①「が」に置き換え可能なので、主格。
イは連体修飾、ウは「こと」に置き換え可能な準体言、エは接続助詞「のに」の一部。
②「昨日見た人」、イ「私のもの」に置き換え可能なので、準体言。アは連体修飾、ウ～オは文末に来る終助詞。
問2　①は「が」に置き換え可能なので、主格。
②は「もの」に置き換え可能なので、準体言。
③は連体修飾。（「乗客の誰か」は細かく言えば「同格」に当てはまるが、広い意味では「連体修飾」の一種と考える）
④は疑問の意味を表す終助詞。選択肢アも同じく終助詞だが、これは疑問の意味ではなく念押しや強調の意味。

チャレンジ実戦問題㊱
問1　①オ　　②ウ　　③ア
問2　ア

ヒント
問1　①は尊敬、②は受身、③は可能。
①・オは「旦那様たち・お客さま＝目上の人」の動作。
②とウは話し手が「命令」「嘲笑」を受けていることに気づけばよい。
③は「私」自身の動作なので、受身や尊敬ではない。気持ちに関係する内容でもないので、自発の可能性もない。よって、消去法的に言っても可能しかない。
ちなみに選択肢イは「思い出す＝気持ち関係」の動詞にくっついているので自発と判断できる。エは下一段動詞「あふれる」の一部であり、助動詞ではない。
問2　アだけ「考えることができなかった」なので可能、あとは全て受身の意味。
（アは「考える＝気持ち関係」とも言えるので、「自発」の意味を含むと考えてもよい）

チャレンジ実戦問題㊲

①イ　　②ウ　　③イ　　④イ

ヒント

問１　①直前が終止形であり、「と言う」に置き換えられるので、伝聞。アは「死にそうに見える」という意味なので様態。ウは助動詞ではなく、「指示語」の働きを持つ副詞。

②本物の「道」ではないし、「まるで」を補えるので、比喩。ウも「群れ」は本当の「一つの生き物」ではない。アは、本当に和歌に詠まれているので、例示。イは、「らしい」に置き換え可能なので、推定。

③「どうやら」を補えるので、推定。アは「たとえば」を補えるので例示、ウは目的、エは依頼の意味。

④はアとイで迷う問題だろう。問題文は、「家の外で声がするが、誰の声かが明確にわからない。しかし、おそらく郭公であろう」と推定している状況。

アは「ふさわしい」の意味を持つので、アが正解になると「郭公にふさわしい、いつもどおりの郭公の声」という意味になり、すでに「郭公」が近くにいることを話し手が知っているという意味になり、問題文のシチュエーションと合わなくなってしまう。

イは「雨かどうかハッキリわかっていない」推定の意味であり、「郭公かどうかハッキリわかっていない」問題文のシチュエーションと一致する。

ウは形容詞「いやらしい」の一部。

チャレンジ実戦問題㊳

①イ　　②ウ

ヒント

①とイは「とても」を補えるし、「な」に置き換え可能なので、形容動詞の一部。

アは直前が「日＝名詞」で、「～である」の意味を持つので「断定の助動詞」。ウは直前が「飛ぶ＝動詞」なので「過去・完了の助動詞」、エは助動詞「そうだ」の一部。

②は直前に「詠む」、ウも直前に「飲む」という動詞が来ているので「過去・完了の助動詞」。

アは直前に「勘＝名詞」が来ているので「断定の助動詞」。イは「とても」を補えるし、「盛んな」の形にできるので「形容動詞の一部」。エは助動詞「そうだ」の一部。

チャレンジ実戦問題㊴

①イ　　②イ

ヒント

①は直前に名詞があり、「方法」を表すので格助詞。イも「やかん」は名詞であり、かつお湯を沸かす「方法」なので、同じ格助詞と言える。アは「とても平和」「平和な」の形にできるので「形容動詞の一部」、ウは助

動詞「ようだ」の一部、エは直前が「飛ぶ＝動詞」なので接続助詞。エ「飛んでいる」は「補助の関係」だが、このように「補助の関係」を作る場合の「で」も接続助詞の一種として扱う。

②は直前に名詞があり、「である／でない」の意味を表すので断定の助動詞。

アは直前が「鉛筆＝名詞」であり、字を書く「方法」を表すので格助詞、ウは直前が「運ぶ＝動詞」なので接続助詞、エは「運動場＝名詞」であり、「場所」を表すので格助詞。

チャレンジ実戦問題㊵

①イ　　②ウ

ヒント

①は直前が「瞬間＝名詞」であり、「時間」を表すので格助詞。イも「季節＝名詞」であり、同じく「時間」を表す格助詞。アは副詞「さらに」の一部。ウは「とても自然」「自然な」の形にできるので、形容動詞の一部。エは助動詞「ようだ」の一部。

②は「とてもほのか」「ほのかな」の形にできるので、形容動詞の一部。ウも「とても素直」「素直な」の形にできる。アは直前が「ところ＝名詞」であり、「場所」を表す格助詞。イは直前が「ず＝助動詞」であり、「ずっと乗らないでいる」という「状態」の意味を表すので、これも格助詞。エは助動詞「ようだ」の一部。オは直前が「美しさ＝名詞」であり、「相手・対象」を表す格助詞。

チャレンジ実戦問題㊶

問１　①ア　　②イ　　③エ　　④エ
　　　⑤ア　　⑥オ
問２　イ

ヒント

問１　①は「ている」に置き換えが可能。「ている」に置き換えが可能な「た」は、「存続」と呼ばれる。「ている」に置き換えられないイ・ウ・オは「過去」を表す。エは「願望」を表す助動詞「たい」の一部。

②は「つつ」に置き換えが可能。２つの動作を「並行」して行う意味。ア・エは「だけれど」のような「逆接」の意味を持つ。ウは「のまま」「と変わらない」という意味。

③は「しかし」の意味を持つので「逆接」の意味。エ以外はすべて「主語」であることを表している。

④は「だけ」に置き換えが可能な、「限定」の意味。アは「ために」「せいで」に置き換え可能な、「理由・原因」を表す意味。イは「ぐらい」「だいたい」を表す「程度」の意味。ウは「終わって間もない」という意味を表す。

⑤は「すら」に置き換えが可能。「すら」の意味を持つ「さえ」は「類推」と呼ばれる。「プログラムを開発した者さえ予測ができない」ということは、「当然、素人には予測不可能」という意味を含む。「小学生で

「さえ解ける」ということは、つまり「大人ならもっと余裕で解ける」という意味を含む。「開発者／小学生」のように、「極端にレベルの高い存在／低い存在」に「さえ」を付けることで、「それ以外の者」についても読者に読み取れるよう「類推」させる働きを持つのである。イは「までも」に置き換え可能な「添加・累加」と呼ばれるタイプ。ウとエは「最低限」の意味を持つ「限定」と呼ばれるタイプ。

⑥は「もし〜なら」の意味を持つ「仮定」の接続助詞。同じく「もし〜」の意味を持つのはオしかない。アは「セリフ」の終わりにつくタイプで、これは格助詞に分類される（格助詞であることまでは覚えなくてよい）。イは直前が「友人＝名詞」であり、「一緒」「共同」を表す格助詞。ウも直前が「入る＝動詞」なので間違えやすいが、ウには「もし」の意味がないので正解にならない。エは副詞「ゆっくりと」の一部であり、助詞ではない。

問2　イだけが「理由」を表す。ア・ウ・エはすべて「〜という状態・場所から」を表す、英語でいう「from」に近い、「起点」と呼ばれる意味。

チャレンジ実戦問題㊷

①限ら／れる／らしかっ／た
（動詞／助動詞／助動詞／助動詞）
②引きずら／れる／こと／に／なる
（動詞／助動詞／名詞／助詞／動詞）
③一致し／なけれ／ば／なら／ない
（動詞／助動詞／助詞／動詞／助動詞）
④あばれ／させ／ない／ように
（動詞／助動詞／助動詞／助動詞）
⑤必死で／横走り／を／し／て／いる／に／すぎ／ない
（形容動詞／名詞／助詞／動詞／助詞／動詞／助詞／動詞／助動詞）
⑥けれども／しっかり／目／を／つぶっ／た／まま
（接続詞／副詞／名詞／助詞／動詞／助動詞／名詞）
⑦さまざまな／役割／を／担っ／た／人／が／住ん／で／いる
（形容動詞／名詞／助詞／動詞／助動詞／名詞／助詞／動詞／助詞／動詞）
⑧ゆっくりと／長く／つづけ／て／ゆき／たい／と／思っ／て／いる
（副詞／形容詞／動詞／助詞／動詞／助動詞／助詞／動詞／助詞／動詞）
⑨寿命／が／来／た／と／いう／わけ／で／も／ない／だろ／う
（名詞／助詞／動詞／助動詞／助詞／動詞／

名詞／助動詞／助詞／形容詞／助動詞／助動詞）

ヒント

①「限る→限ら」と、ラ行で活用している。助動詞「れる」は終止形のままの形なので、直後で句切る。助動詞「らしい」は形容詞型の活用をするので、「かっ」の直後で区切る。「た」は「たら／たろ」と活用するので、助詞ではなく助動詞。
②「引きずる→引きずら」と、ラ行で活用している。助動詞「れる」は終止形なので、その直後で句切る。「こと」は形式名詞、「に」は格助詞。
③サ変動詞「一致する」が「一致し」に変化している。「一致」の直後で区切らないよう注意。助動詞「ない」は形容詞型の活用をするので、「けれ」の直後で区切る。「ば」は接続助詞。「なる→なら」と、ラ行で活用している。「ない」は「ぬ」に置き換えられるので、形容詞ではなく助動詞。
④下一段動詞「あばれる」が「あばれ」と活用している。助動詞「させる」が「させ」と活用しており、下一段動詞と同じ活用のしかたをしている。「ない」は「ぬ」に置き換え可能なので、形容詞ではなく助動詞。助動詞「ようだ」が「ように」と、形容動詞と同じ活用をしている。「よう」の直後で区切らないよう注意。
⑤「必死だ」が形容動詞なので、「で」の直後で区切る。「横走り」は主語にできるので名詞。もともとは「横に走る」という動詞ではあるが、連用形になって主語にできる形になれば、それは名詞として扱う。「を」は格助詞。サ変動詞「する」が「し」に活用している。動詞の直後の「て」は接続助詞。「に」は格助詞。上一段動詞「すぎる」が「すぎ」と活用している。「ない」は「ぬ」に置き換え可能なので助動詞。
⑥「しっかり」は活用せず、動詞「つぶる」を修飾しているので副詞。「を」は格助詞。「つぶる」は五段動詞なので、「っ」の直後で区切る。「た」は「たろ」「たら」と活用するので、助詞ではなく助動詞。「まま」は主語にできる（「そのままがよい」など）ので、名詞。
⑦「さまざまだ」は形容動詞なので、「な」の直後で区切る。「を」は格助詞。「担う」は五段動詞なので、「っ」の直後で区切る。「た」は「たら／たろ」と活用するので助動詞。「が」は格助詞。「住む」は五段動詞なので、「ん」の直後で区切る。動詞の直後の「で」は接続助詞。
⑧「と」がつく副詞は、「と」の直前で区切らないよう注意。「長い」は形容詞なので、「く」の直後で区切る。下一段動詞「つづける」が「つづけ」と活用している。動詞の直後の「て」は接続助詞。五段動詞「ゆく」が「ゆき」に活用している。「たい」は形容詞型の活用をする助動詞。「と」は引用やセリフを表す格助詞。「思う」は五段動詞なので、「っ」の直後で区切る。動詞の直後の「て」は接続助詞。
⑨「が」は格助詞。カ変動詞「くる」が「き」と活用している。「た」は「たら／たろ」と活用できるので、過去・完了を表す助動詞。「と」は引用・セリフを表す格助詞。「で」は名詞の直後にあり、「だ／だっ／だろ」などに活用し、「である／でない」という意味を持つ

10

ので、断定の助動詞。「も」は副助詞。「ない」は「あ
りません」に置き換えられる補助形容詞。断定の助動
詞「だ」は、形容動詞型の活用をするので、「だろ」の
直後で区切る。「う」は推量の意味を持つ助動詞。「う
／よう／まい」の３つは形が変化することはないが、
助詞ではなく助動詞として扱うので要注意。この３つ
の助動詞は、古文においては語尾変化する語だったが、
現代語になって語尾変化が失われた語。国語の文法は
原則的に古典文法に合わせて名前をつけていくため、
あくまで「活用のある（あった）助動詞」として考える。

チャレンジ実戦問題㊸

①ア　　②イ　　③ウ

[ヒント]
①「ごらんになる」は「見る」の尊敬語。「見る」主
語は「先生」なので、明らかに目上の人間。
②「申し上げる」は「言う」の謙譲語。「おわびを言う」
のは「話し手本人」なので、明らかに自分が主語で、
相手が目上と判断できる。
③「です／ます／ございます」の３つが出てきたら、
無条件で「丁寧語」だと判断してよい。

チャレンジ実戦問題㊹

①いらっしゃる／おいでになる／来られる
②されて　　③おっしゃった／言われた
④召し上がって　　⑤くださる
⑥ご存じである／ご存じの

[ヒント]
①～③はいずれも主語が「先生」なので、尊敬語になる。
①「来る」の尊敬語には、「お越しになる」「お見えに
なる」という表現もあるので、それでも正解。②「なさっ
て」でも文法上は正しいが、「３字」という条件に従う。
③「お話しになった」でも意味は通るが、「お話しに
／なった」と２文節になるので条件に合わない。④は
「客」が主語なので、尊敬語になる。「お食べになって」
「食べられて」でも意味は通じるが、条件違反。⑤は「指
導員の方」が主語なので、尊敬語になる。⑤のように
補助動詞（「て」の直後）が尊敬動詞になる場合もある。
⑥「知る」は「れる」や「お～になる」の形は原則と
して使えない（「知られる」だと受身の意味になって
しまうし、「お知りになる」がおかしいのは感覚的に
わかるだろう）。よって、「ご存じ」を使うのが正しい。
「ご存じである」と「ご存じの」はどちらも使うこと
ができる。

チャレンジ実戦問題㊺

問１　①エ　　②ウ
問２　ウ
問３　①伺いたい／承りたい／お聞きしたい

②申し上げよう
③伺いたいと思っています。
問４　ウ・オ
問５　ご出席ください／ご出席になってくだ
さい／ご出席なさってください／出席な
さってください

[ヒント]
問１　①「お～する」、②「いただく」ともに謙譲語。
①のア～ウはすべて尊敬語、②のア・エは尊敬語、イ
は丁寧語。
問２　プリントを「もらう」動作であり、その主語は
「私」なので、謙譲語とすべき場面。ア・イは敬語で
はない。エは「聞く」の謙譲語なので、意味が合わない。
問３　①「聞く」のは「私」なので、謙譲語に直す。「聞
く」の謙譲語は「伺う」「承る」「お聞きする」のいず
れか。（ただし今回は「お伺いしたい」と答えても誤
りとは言えない。本来「お伺いする」の形は「二重敬語」
と呼ばれる誤った敬語とされるが、「お伺いする」に
ついては慣用表現として許容されている。同様のもの
として、尊敬語「お召し上がりになる」がある。これ
も本来は二重敬語だが、これも慣例として問題ないも
のとされている。
②「言う」のは「私」なので、謙譲語に直す。「言う」
は「お言いしよう」の形にはできないので注意。
③「行く」のは「私」なので、謙譲語に直す。「行く」
は「お行きしたい」の形にはできないので注意。「思う」
を謙譲語にして「お思いする」にする誤りが多いが、「思
う」は「先生＝目上の人を相手とした動作」ではない
ので、謙譲語にはせず、丁寧語「ます」だけを付ける。
「行く」は「先生のいる場所へ行く」のであり、これ
は「目上の人を相手とした動作」と言える。
問４　ウは「食べる」の意味。「食べる」の主語は「お
客さん」なので、尊敬語にしなければならないのに、「い
ただく＝謙譲語」になってしまっている。正しく直す
ならば、「召し上がって／お食べになって」。オは「言う」
の意味で、こちらもウと同様「お客さん」の動作なので、
尊敬語にしなければならないのに「申し上げる＝謙譲
語」になってしまっている。正しく直すならば、「おっ
しゃって」となる。
問５　「出席する」主語は「聞き手・相手」なので、本
来は尊敬語を使うべき場面なのに、「ご～する」とい
う謙譲語の形になっていることに気づく。よって、「ご
～になる」か「ご～ください」の形を使えばよい。また、
「～なさる」や「ご～なさる」の形を使うことも可能。

チャレンジ実戦問題㊻

問１　いただく
問２　①ウ　　②エ

[ヒント]
問１　「もらう」の謙譲語が「いただく」であること
を覚えていれば簡単。ちなみに「もらう」の謙譲語に

は「頂戴する」もあるが、「〜て」の後ろに「頂戴する」を使うことはできない。それと、問題文に（先生に対する「敬意」と書いてあるのを見て「尊敬語」に直そうとする生徒が多いが、「尊敬・謙譲・丁寧」すべて「目上への敬意」を示すための言葉なので、「敬意」と書いてあるからと言って「尊敬語」を使うとは限らないことも確認してほしい。

問2　①ウの「拝見」は謙譲語であり、「皆さん」を主語とした文には使えない。ア・エはこの項で習った「〜してもらう」の敬語表現であり、正しい用法。イは「私」が主語であり、謙譲語「お〜する」を使うのにふさわしい。
②エの「ご〜する」は謙譲語であり、「みなさん」を主語とした文には使えない。アはこの項で習った「〜してもらう」の敬語表現であり、正しい用法。
イ「ご〜ください」、ウ「お〜になる」は正しい尊敬語の用法である。

チャレンジ実戦問題㊼

①尊　　②芳（尊・高）③逝　　④生
⑤拙　　⑥粗

ヒント

特に決まったルールがあるわけではないので、それぞれのパターンごとに答えを覚えるしか方法はない。ただし「名詞の敬語」はごく一部の難関高校でしかほぼ出題されていないので、受験勉強としての優先レベルは決して高くない。

チャレンジ実戦問題㊽

問1　申し
問2　①ウ　　②ア
問3　エ
問4　①先生／見る／生徒から先生へ
　　　②お客様／食べる／店員からお客様へ
　　　③僕／預かる／僕から父の友人へ
　　　④母／言う／私からピアノの先生へ
　　　⑤私／話す／私からピアノの先生へ

ヒント

問1　「目上の人に向かって意見を言う」ような場合であれば謙譲語Ⅰを用いるが、今回のように「自己紹介をする」だけの場合は謙譲語Ⅱがふさわしい。よって「申し上げ（謙譲語Ⅰ）」は誤りであり、「申し（謙譲語Ⅱ）」を使うのが正しいことを理解する。
問2　①ア「連絡する」のは「私」なので本来は謙譲語だが、「なさいます」と尊敬語を用いている。イ「食べる」のは「お客」なので本来は尊敬語だが、「いただく」と謙譲語を用いている。ウ「引き換え作業をする」のは「私」なので謙譲語を用いるべき場面であり、「お〜します」と謙譲語を正しく用いている。エ「行く」のは「お客」なので本来は尊敬語だが、「参る」と謙

譲語を用いている。
②ア「言う」のは「私の母＝身内」であることを確認する。「身内」が主語の動作は謙譲語を用いるのがルールであり、実際に「申す（謙譲語Ⅱ）」と「おります（謙譲語Ⅱ）」を正しく用いている。「申して／おります」は「言う／いる」という2つの動詞をそれぞれ敬語にしているので、二重敬語の誤りには当てはまらない。
イ「〜れる」は尊敬語であり、「母＝身内」が主語の場合には不可。
ウ「お母さん」がそもそも尊敬の意味を持つので、「母＝身内」には使えない。ただし、あくまで「身内　vs　部外者」の関係が成立する場面でのみ成り立つルール。今回は「家庭外」の人間と会話をしている場面だから「母」に尊敬語を使ってはいけないのであって、家の中で「母」と二人で話している場面なら、当然「お母さん」と呼んでも何もおかしくない。
エ「お」「〜れる」が尊敬表現なので×。
問3　「なさる」は「する」の尊敬語なので、同じく「食べる」の尊敬語であるエ「召し上がる」が正解。ア・ウは丁寧語、イは謙譲語Ⅰ。
問4　「誰から誰への敬意」と問われた場合は、次のルールに従って答える。
★「誰から」・・・「尊敬／謙譲／丁寧」に関係なく答えが決まる。すべてその文の「話し手（セリフの場合）／書き手（地の文の場合）」からの敬意。
★「誰へ」・・・「尊敬／謙譲／丁寧」によって答えが変わる。「尊敬」の場合は「主語・その動作をする人」への敬意。「謙譲」の場合は「相手・その動作をされる人」への敬意。「丁寧」の場合は「聞き手」への敬意。
①「見る人＝先生」、「見られる人＝ニュースキャスター」、「話し手＝生徒」、「聞き手＝先生」。傍線部は尊敬語なので、「話し手＝生徒」から「見る人＝先生」への敬意となる。
②「食べる人＝お客様」、「食べられる人＝料理人（食材）」、「話し手＝店員」、「聞き手＝お客様」。傍線部は尊敬語なので、「話し手＝店員」から「食べる人＝お客様」への敬意となる。
③「預かる人＝僕」、「預かられる人＝父の友人」、「話し手＝僕」、「聞き手＝山田君」。傍線部は謙譲語なので、「話し手＝僕」から「預かられる人＝父の友人」への敬意となる。
④「申す人＝母」、「申される人＝ピアノの先生」、「話し手＝私」、「聞き手＝この文の読者」。傍線部は謙譲語なので、「話し手＝私」から「申される人＝ピアノの先生」への敬意となる。
⑤「話す人＝私」、「話される人＝ピアノの先生」、「書き手＝私」、「読み手＝読者」。傍線部は謙譲語なので、「書き手＝私」から「話される人＝ピアノの先生」への敬意となる。

第2部

①いえば　②いわく　③たとい　④さわり　⑤おもわく　⑥あたえき　⑦といくる　⑧いいがいなし　⑨すみたまえり　⑩いそがわし　⑪あらそい　⑫ついに　⑬あらわれぬ　⑭つくろい　⑮くわえて　⑯とわせたまえば　⑰つたわらず　⑱たがわず　⑲にわかにさむくさえなりぬ

①いたりける　②くちおしき　③もちいる　④うえて　⑤ゆえなり　⑥くわずうえて　⑦まいりたり

①よろず　②おもわん　③いずれ　④おとこならん　⑤なんじ　⑥かわず　⑦あじわい

①もうでて　②かろうじて　③ようよう　④いみじゅう　⑤こうぶり　⑥すくのう　⑦そうぞうし　⑧しょうと　⑨ちょうど　⑩ふうりゅう

ヒント

① 「mau」→「mou」　② 「rau」→「rou」
③ 「yau」→「you」　④ 「ziu」→「zyuu」
⑤ 「kau」→「kou」　⑥ 「nau」→「nou」
⑦ 「sauzau」→「souzou」　⑧ 「seu」→「syou」
⑨ 「teu」→「tyou」　⑩ 「riu」→「ryuu」

①きょう　②いうようなる　③おうぎ　④しゅうねし　⑤おがみとうとぶ　⑥りゅうしゃくじ　⑦なじょう　⑧かんなづき　⑨ひょうはく

ヒント

① 「けふ」→「けう keu」→「きょう kyou」
② 「いふやう yau なる」→「いうよう you なる」。「いう iu」を「ゆう yuu」と直す間違いが多いが、「い

う（言う）」は現代でもそのまま使う言葉なので直してはいけない。
③ 「あふぎ」→「あう au ぎ」→「おう ou ぎ」
④ 「しふねし」→「しう siu ねし」→「しゅう syuu ねし」。ちなみに「しふねし」とは「執念深い」という意味。
⑤ 「をがみたふとぶ」→「おがみたう tau とぶ」→「おがみとう tou とぶ」
⑥ 「りふしゃくじ」→「りう riu しゃくじ」→「りゅう ryuu しゃくじ」
つまり「立石寺」のことだが、現代では「りゅうしゃくじ」とは呼ばず「りっしゃくじ」と読むのが普通。
⑦ 「なでふ」→「なでう deu」→「なぢょう dyou」→「なじょう」。「なでふ」とは「どのような」という意味の疑問詞。
⑧ 「かむなづき」→「かんなづき」。「づき＝月」だから、「ず」に直してはいけない。
⑨ 「へう heu はく」→「ひょう hyou はく」。「ひょうはく＝漂泊」だから、「は」を「わ」に直してはいけない。

問1　ウ
問2　①イ　②オ
問3　けれ

ヒント

問1　「なむ」に注目。
問2　①「ぞ」があるので文末が「連体形」になる。「連体形」の具体的な形は中学の学習内容を超えているが、「連体形」のほとんどが「uの音」で終わることを知っていれば解答が可能。
②文末が「見ゆれ＝eの音」で終わっていることに注目する。「こそ」のときだけ文末が「已然形」になり、「已然形」はほとんどが「eの音」で終わる形をとる。
問3　問2-②と同様「こそ」があるので、文末は「已然形」。よって「eの音」に変えて「けり→けれ」にすればよい。過去を表す助動詞「けり」の形は比較的出題されやすいので、「けり」の連体形が「ける」、已然形が「けれ」であることは、難関私立受験生なら覚えてしまってもよいだろう。

問1　やがて～制せよ
問2　ウ
問3　ウ
問4　雛が蛇に食べられてしまう
問5　イ

チャレンジ実戦問題㊌

問1　Ａイ　　　Ｂア
問2　オ
問3　平家物語
問4　オ
問5　①兼好法師（吉田兼好）　　②清少納言　　③紫式部
問6　オ
問7　鎌倉時代
問8　エ
問9　源氏物語／平安時代
問10　イ
問11　エ
問12　エ
問13　今昔物語集
問14　イ
問15　イ
問16　ア・ク
問17　ウ
問18　エ
問19　ウ
問20　エ
問21　①ア　　②コ
問22　イ
問23　エ→イ→ア→ウ→オ

ヒント
問1　ア「六歌仙／繊細・優美／最初の勅撰」が古今和歌集を示すキーワード。
イ「素朴・雄健」が万葉集を示すキーワード。
ウ「幽玄」は新古今和歌集を示すキーワードだが、中学レベルで覚える必要性は低い。
エは西行法師「山家集」の説明だが、ハイレベルな知識なので覚える必要性はない。
問2　「藤原定家」といえば新古今和歌集。ウは平安時代に編まれた7番目の勅撰和歌集。高校生なら覚えたほうがいいが、中学レベルでは不要。
問3・問4　「琵琶法師」「栄枯盛衰（諸行無常）」は平家物語を示すキーワード。
問6　徒然草は「随筆」。アは紀行文、イは説話、ウは日記、エは物語。
問8　徒然草は「鎌倉後期」。アは平安初期、イは鎌倉前期、ウは平安中期、エは江戸、オは鎌倉前期。
問9　高校生レベルなら「紫式部日記」を答えるという手もあるが、中学レベルでは「源氏物語」だけ覚えればよい。
問10　アは随筆、ウは地誌、エは物語、オは作品名ではなくジャンル名。室町時代に流行した物語の一種。（覚える必要性はない）
問11　古今著聞集は「説話」。アは物語、イ・ウは随筆。

問12　ア・イは鎌倉の随筆、ウは平安の説話、オは鎌倉の軍記物語。ウはジャンルは一致しているが、時代が違うので不正解。中学レベルの文学史としては最難レベルの問題と言えよう。
問13　「今は昔」から「今昔」物語集を推測するのはさほど難しくないだろう。
問14　アは平安初期・紀貫之、ウは平安中期・紫式部、エは平安中期・清少納言。
問15　アは紀貫之同様「古今和歌集」の撰者のひとりで、紀貫之の従兄。高校レベルなら覚えたほうがよいが、中学では不要。ウは「六歌仙」のひとり。エは新古今和歌集の撰者のひとり。
問16　ウは藤原定家、エは兼好法師、オは鴨長明、カは清少納言、キは藤原道綱母。
問17　アは土佐日記、イは源氏物語（紫式部日記）、エは山家集、オは更級日記。オと混同しないよう注意。
問18　アは清少納言、イは鴨長明、ウは兼好法師、オは紫式部。
問20　アは「中国から日本に伝来した学問」のこと。イは孔子が始めた学問。ウは「オランダから日本に伝来した学問」のこと。
問21　①アのみ鎌倉時代。　②カ＆クは随筆、キは物語、ケは軍記物語。「大和物語」そのものは、高校生なら覚える必要があるが、中学生レベルでは要求されない知識。今回も「大和物語」を知らなくても、問題文を読めば答えは出せる。
問22　万葉集（奈良）→古今（平安初期）→源氏（平安中期）→十訓抄（鎌倉）→おくのほそ道（江戸）。
問23　竹取（平安初期）→源氏（平安中期）→大鏡（平安後期）→新古今（鎌倉初期）→徒然草（鎌倉後期）。この中で難しいのは「大鏡」。「大鏡」を一般の公立中学の授業で取り上げることは少ないだろうし、しかも選択問題ではないので消去法も使えない。難関高校対策をしていない生徒には難しい問題だろう。

チャレンジ実戦問題㊐

問1　ウ
問2　Ａ貝　　Ｂ待つ
問3　エ
問4　①枕詞　　②神

ヒント
問1　「二つの意」が掛詞を示すキーワード。
問2　「まつかひなし」の部分が掛詞。「まつ＝松＋待つ」「かひ＝貝＋甲斐」。松の木を探しに行ったわけではないので、Ａに「松」を入れてはいけない。
問3　「夜」に波が「寄る」のである。ア「家の裏」、イ「人の恨み」、ウ「並みの景色」は現代語訳をしっかり読めば、一切話に登場しない内容とわかる。
問4　①「特定の言葉を導く」が枕詞を示すキーワード。
②「ちはやぶる」は「神」と対応する枕詞。

チャレンジ実戦問題58

問1　水無月／6月
問2　ウ
問3　さつき
問4　Aエ　　Bア
問5　ウ
問6　秋
問7　イ・ケ・シ

チャレンジ実戦問題59

問1　23時から1時（午後11時から午前1時）
問2　aエ　　bオ　　cウ

ヒント
問2　「〜時ごろ」と答えるときは、「子の時＝0時スタート」で2時間ずつプラスしていけばよい。bを解くと、なぜ「12時」を「正午」と呼ぶのか、その意味が理解できるだろう。

チャレンジ実戦問題60

問1　①施しを受けては　②君子を問ふ　③畜類の所行を見て　④忘るべからず　⑤家書を作らんと欲す　⑥勇者は必ずしも仁有らず
問2

ヒント
問1

「レ点」があるときは「直後の字→レ点がついた字」の順番で読む、「一二点」があるときは「一がついた字→二がついた字」の順番で読むルールを守ることが重要。
①「レ点」があるので、「施→受」と返る。
②「一二点」があるので、「子→問」と返る。
③「一二点」があるので、「行→見」と返る。
④「レ点」があるので、「忘→可→不」と返る。「可／不」は助詞なので、漢字で書いてはいけない。
⑤「レ点」があるので、まず「欲」を飛ばす。「二点」があるので、「作」も飛ばす。「家書」を読むと「一点」

が登場するので、「書→作」と返る。すると直前に「レ点」があるので「作→欲」と返る。
⑥「二点」があるので、まず「不」を飛ばす。「一レ点」があるので、「有」も飛ばして、「仁→有」と返る。すると「一点」があるので「有→不」へと返る。「不」は助動詞なので漢字で書かない。

問2　まず漢字が出てくる順番をチェックして、番号を図のように振ってしまうほうが間違いが少なくてよいだろう。ただし「ず」「ざら／ざり／ざる／ざれ」は漢字「不」と対応することに注意が必要。そして直後から直前に返るときは「レ点」を、間に別の漢字を挟んで返るときは「一二点」を使えばよい。②③④⑧は「不」に注意すること。⑤は「而」は置き字であり、読まない。

チャレンジ実戦問題⑥

問1　①ウ　　②五言律詩
問2　起承転結
問3　エ

[ヒント]
問1　①「押韻」に注目して解く。4・6・8行目の末尾が全部「in」の音（心／金／簪）なので、2行目末尾の空欄部も「in」の音である「深」を選べばよい。②「タテが5字＝五言」「ヨコが8行＝律詩」。
問3　「春望＝杜甫」なので、杜甫以外の有名な詩人といえば李白。アは日本人。イは中国人だが、詩人ではなく儒教の始祖である思想家。ウは中国人だが、芭蕉よりも後の時代の人物。

チャレンジ実戦問題⑥

問1　イ・ウ・オ
問2　①コ　　②ク　　③ウ　　④エ
　　　⑤カ　　⑥イ

[ヒント]
問1　ア「呉越同舟」は「仲の悪いもの」が一緒にいることなので、「仲の良い兄弟」と合わない。
イ「推敲」は「文章を練り直すこと」なので適切。
ウ「矛盾」は「両立できない、つじつまの合わないこと」なので適切。
エ「五十歩百歩」は「大して変わらないこと」なので、「技術が進んでいる」と合わない。
オ「蛇足」は「余計な付け足し」なので適切。
問2　①自分のコメントを「蛇足＝余計な付け足し」と言うことで謙遜の気持ちを表している。
②「迷惑を被るような計画」なので、「杜撰＝いいかげん」が適切。
③「仲が悪いものが一緒にいる」状態なので「呉越同舟」が適切。
④「良いこともあれば悪いこともある」なので「塞翁が馬＝幸／不幸は予測できない」が適切。

⑤「作文を書き上げた」という状況と、直後の「〜を重ねる」という表現に合うのは「推敲」しかない。
⑥直後の「〜を欠く」という表現に注目する。これに合うのは「画竜点睛＝最後の決め手となる仕上げ」しかない。

チャレンジ実戦問題⑥

問1　①ウ　　②エ
問2　臣は仲尼を師とす
問3　イ
問4

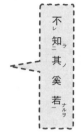

問5　ウ

第3部

問1　①カ　　②ア　　③ウ　　④エ
問2　①エ　　②エ

ヒント

問1　①「瞳」という名詞で終わっている。「空の色を映す」は、実際に瞳に映っているので、隠喩とは言えない。
②「〜必要がある」までの部分と、それ以降の順番が逆になっている。文末が「〜ために」という中途半端な形で終わっていることに注目するのもよい方法。
③「ように」があるし、本当に「水を打った」わけではないから直喩。
④人生や死の話をしているのであって、本物の「盃」ではないし、本物の「上澄み（酒）」ではないし、本当に「飲んだ」わけでもないので比喩。「ような」は使われていないので直喩ではなく隠喩。
問2　①「木々」という人間以外のものが、「息をひそめる」「立っている」という人間にしかできない動作を行っている。木々を人間に見立てて表現しているから、擬人法。
アは同じ形の表現を2つ並べているので対句であり、本物の「金／銀」ではないから隠喩でもあり、最後が名詞なので体言止めでもある。
イは「ごとし」があり、本物の「山」ではないから直喩。
ウは本物の「大黒柱」ではないから隠喩。
エは「鳥／花」という人間以外のものを、「歌う／笑う」と人間に見立てて表現している。同じ形の表現を2つ並べているので対句でもある。
②「〜なり」は「〜である」と訳す。人間の口は、本物の「門戸」ではないから隠喩。また「善悪」という人間以外のものを、「出入りする」と人間に見立てて表現しているから、擬人法でもある。ア〜ウは、特に表現技法が使われていない。
エは「年」という人間ではないものが、「行きかふ」という人間にしかできない動作を行っているので擬人法と言える。さらに「月日／年」を「過客／旅人」にたとえている。本物の「過客／旅人」ではないので隠喩も使われている。

問1　口語自由詩
問2　エ
問3　ここに在る
問4　エ
問5　イ

問1　イ

問2　ア
問3　四（句切れ）

ヒント

問1　「57／577」の部分で切れているので、「二句切れ」。
問2　切れ字「や」に注目する。
問3　「告げよ」が「命令の言い方」であることに気づけばよい。つまり「。」がつく場所になる。
和歌の意味……「大海原を、たくさんの島を目指して漕ぎ出して行った」と（都の）人々に告げてくれ、漁師の釣り船よ。

①イ　　②ウ　　③ア

ヒント

①「扇風機」「花いばら」がそれぞれ夏の季語。「涼しさを得るためのもの」はだいたい夏。「花いばら」は、野ばらのこと。ア「毛糸」は冬、ウ「菫」は春、エ「銀杏」は秋。「毛糸」のような「暖かさを得るもの」はだいたい冬。
②「菜の花」「雪どけ」「種」がそれぞれ春の季語。「雪どけ」は季節の変化に注目すればよいし、「種」のような「生命の息吹」を感じさせるものはだいたい春。ア「プール」は夏、イ「咳」は冬、エ「すすき」は秋。イ「咳」のような風邪に関するものはだいたい冬。
③「五月雨」「涼風」がそれぞれ夏の季語。「五月雨」は古文の季節から考える。イ「月見」は秋、ウ「鶯」は春、エ「霜」は冬。イ〜エはどれも有名なので、「五月雨」さえわかれば消去法でも解くことができるだろう。

問1　D
問2　E
問3　Ⅰ揺りおろし来ぬ　　Ⅱかすみのたなびきて居り

エ

問1　（例）製品の見た目が明らかに違うのに、測定結果は全て公差の範囲内に収まっていた（ということ）（36字）
問2　4
問3　（例）製品の仕上がりを均一にするためにマシニングセンタを使うべきだとい

う心の考えにあきれ、もの研では人の技術を追求することに意味がある（と考えている）(64字)

問4　1

問5　心はびっくり

問6　3

チャレンジ実戦問題⑦1

問1　ア④　　イ⑤

問2　①

問3　③

問4　②

問5　⑤

問6　⑤

チャレンジ実戦問題⑦2

問1　A　森林

　　　B　勢いよく駆け込んでくること

問2　イ

ヒント

問1　Aは、まず「精神的な美もそこにある」という部分をヒントにする。「そこ」は「場所」を表す指示語なので、つまり「美が存在する場所」を前から探せばいい。「精神的な美も」とあるので、「他の種類の美も同じ場所に存在する」こともわかる。すると前の行に「森林は五感すべてに対する美を持つ」と書いてあるので、「美が存在する場所」は「森林」であることがわかる。「五感（＝視覚・聴覚・味覚・嗅覚・触覚）に対する美」と「精神的な美」が、両方とも同じ「森林」という場所に存在するという意味。

Bは、「それだけの気持ちがあるのだから」「自分でそれをとめることはできない」の2か所をヒントにする。つまり「自分の意志で止められない」内容を前から探せばよい。また、何らかの「気持ち」があることが、「それを止められない」ことの理由になっていることもわかる。すると、前の行に「あれだけ勢いよく駆け込んでくる」とあるので、これが「自分の意志で止められない」内容であると判断できる。

問2　「そのことと作品の心をわかることとは違う」をヒントとして解く。つまり「そのこと」と「作品の心をわかること」を筆者が対比させているのである。であれば、指示語の答えは「作品の心をわかること」と反対の内容になることが予想できるだろう。「作品の心をわかること」の反対ということは、答えは「作品を表面的に、うわべでしか理解しない」のような内容になる可能性が高い。すると、前に「写真のようにリアルに描けている、というだけで安心してしまう」「〈真〉を描いた写実的な表現だと勘違いしてしまう」と書かれているので、これが答えになるとわかる。

アは「入手・複製できること」は、「作品の心をわか

ること」との対比にならない。そもそも「コピーすること」と「心で理解すること」が違うのは、言わなくてもわかる当たり前のことであって、筆者がわざわざ結論として述べるような内容ではない。

ウは「心がもつ知的能力によって感じられる」は「作品の心をわかること」と同じ意味になるので、指示語とは正反対の内容になってしまう。

エは最後の「当然の心のありようだと知ること」が余計。これは指示語「そのこと」に対する筆者の「感想」を述べた部分であって、指示語の内容そのものではない。また、「作品の心をわかること」との対比にもならないので、やはり不適切だとわかる。

チャレンジ実戦問題⑦3

a　ウ　　b　①オ　　②ア　　c　イ　　d　ウ

e　①エ　　②ウ　　f　①ク　　②ウ

g　ウ　　h　エ　　i　①カ　　②ア　　③イ

④ウ　　j　①ウ　　②ア　　k　ア

ヒント

a　空欄の前は「枝を切り落とす」話、後ろは「切り落とさない」話なので、前後が反対の内容。よって「逆接」の「しかし」を入れる。

b　①空欄の後ろが「実際にキツネザルが『ことば』もどきを使う例」になっている。よって、具体例を導く「たとえば」が正解。

②空欄の前は「警戒音を出すことで、身を守れる」話、後ろは「やり方を間違えると、身を守れない場合がある」話なので、前後が反対の内容と言える。前の話に「例外・注意事項」を付け加える「ただし」が適切。

c　空欄の前は「癒し」の話。「癒し」という言葉は当然「良い」意味であり、世間一般で流行しているという話。そして空欄の後ろには「『癒し』のせいでストレスが増える」という、マイナスの内容が来ている。プラス面からマイナス面へ移行しているので、前後が反対の内容と言える。同じ「癒し」というものに対するプラス面・マイナス面を述べているので、イ「逆に」が適切。

d　後ろの「しかし」とセットで意味を把握することが重要。空欄の前に、まず「希望実現よりも、出会いが大事」という筆者の主張が書かれる。そして空欄の直後には「余計なことを考えず、最短で希望を実現させるのが大事」という、筆者の主張とは逆の考えが書かれる。そして「しかし」の後で、筆者の主張がもう一度繰り返されるのである。「筆者の主張→主張したくないこと→筆者の主張」という、まさに「譲歩→逆接」の構造になっていることに気づいてほしい。つまり、空欄には「譲歩」を表す「たしかに」が入るのである。

e　①の直前は「すべての情報を一度に処理している」という考えが示され、それを否定している。そして直後に「情報を絞り込んで処理している」という正反対の考えが示され、それを肯定している。「前の考え方」と「後ろの考え方」を比べて、「後ろ」の方が適切だと言いたいときは、「むしろ」を入れるとよい。

②の前は「必要な情報にだけ目を向ける」、後ろは「不必要なことに無駄に注意を向けない」。まったく同じ内容を言いかえただけなので、「つまり」を入れるとよい。

f ①は、後ろに「～ても」の形があるので、「呼応の副詞」である。「～ても」の形が後ろに来るのは「たとえ」しかない。

②は「読書」のことを「織物」にたとえていることに注目。後ろに比喩が来るときは「いわば」を入れるとよい。

g 3段落の冒頭「さらには」と一緒に考えるとよい。1段落で「普通の人が、科学的であるにはどうすれば良いだろう」という問題提起を投げかけ、2段落（空欄の後ろ）がその1つめの答え。3段落「さらには」以降が2つ目の答えとして並べられているのである。よって、空欄には「複数ある答えのうちの、1番目」であることを示す「まずは」を入れればよい。

h 視覚を失ったのは「生まれつき」か「人生の途中から」の「どちらか一方」である。「2つのうちどちらか一方」を選ぶときは、「あるいは」を入れるとよい。

i ①は後ろの「～ても」に注目。「～ても」と対応するのは呼応の副詞「たとえ」しかない。

②の前は「自分と違う考え方の人と一緒に過ごす状況」の話をしている。後ろは「その中の代表例」である学校・職場の説明をしている。「具体例」の中で、「特に代表的なもの」を示す「とりわけ」を入れるとよい。

③の前も後ろも、どちらも「現代社会では、考え方が違う人と一緒に過ごさなければならない」ことを説明しているので、これは「前後が同じ内容」のパターン。それまで長々と説明してきたことを一言でまとめているので、「要点をまとめる」はたらきを持つ「つまり」が合う。

④の後ろ「気の合わない人と一緒にいる作法」をわざわざ考えなければならない理由は何だろうか。それは、④の前「現代社会では、考え方が違う人と一緒に過ごさなければならない」状況が多いからである。つまり「前が理由／後ろが結果」の関係になっているので「だから」が当てはまる。

j ①の前「馬車で鉄道の終点まで行く」のに加えて、「その鉄道に乗ってもっと遠くまで行く」のである。よって「つけたし」の働きをもつ「さらに」を入れればよい。

②の前の「～でさえ」という表現に注目するとよい。「～でさえ」の後に来る接続語は「まして」が合う。

k 空欄の前までは「雑草をエタノールにする」話を説明しているが、後ろでは「ミジンコ研究者の家に招待された」話をしている。まったく関係のなさそうな話が後ろに来ているので、「話題を変える」はたらきを持つ「ところで」が当てはまる。

チャレンジ実戦問題74

問1　エ
問2　イ
問3　（例）作品鑑賞によって心に感動を創り出し、そこから作品の価値を見出すこ

とが③、自分の精神を豊かに広げ、生活をいきいきした生きがいあるものに変えることが④である。（77字）
問4　ア
問5　ウ

チャレンジ実戦問題75

問1　エ
問2　Aア　　Bエ
問3　イ
問4　同化する
問5　ウ
問6　（例）日本語の豊かさは、自分の手で文章を書きながら、文字の種類を選んで使い分けるときの緊張感にある。（48字）